国家"985"工程南京大学"经济全球化与国际关系研究"哲学社会科学创新基地项目

全球视域下的国际关系

朱瀛泉 主编

国际经济新秩序

历史与现实

舒建中 著

南京大学出版社

图书在版编目(CIP)数据

国际经济新秩序:历史与现实 / 舒建中著. —南京:南京大学出版社,2013.9

(全球视域下的国际关系/朱瀛泉主编)

ISBN 978 - 7 - 305 - 11121 - 1

Ⅰ. ①国… Ⅱ. ①舒… Ⅲ. ①世界经济—经济史—研究 Ⅳ. ①F119

中国版本图书馆 CIP 数据核字(2013)第 022860 号

出版发行	南京大学出版社
社　　址	南京市汉口路 22 号　　　　邮　编 210093
网　　址	http://www.NjupCo.com
出 版 人	左　健
丛 书 名	全球视域下的国际关系
书　　名	**国际经济新秩序:历史与现实**
著　　者	舒建中
责任编辑	蒋桂琴　　　　　编辑热线　025 - 83592655
照　　排	南京紫藤制版印务中心
印　　刷	常州市武进第三印刷有限公司
开　　本	635×965　1/16　印张 22　字数 348 千
版　　次	2013 年 9 月第 1 版　2013 年 9 月第 1 次印刷
ISBN	978 - 7 - 305 - 11121 - 1
定　　价	55.00 元
发行热线	025 - 83594756　83686452
电子邮箱	Press@ NjupCo.com
	Sales@ NjupCo.com(市场部)

总　序

朱瀛泉

　　20世纪90年代以来，国际关系研究的状况发生了很大变化。理论上的多样化以及互为渗透的综合化趋势，一定程度上改变了这个学科以前由少数主流学派统驭的局面。研究的内容和视野得到空前的拓展，许多新的概念被提了出来，一些传统概念也被赋予了新的内涵。面对全球化发展对人类社会生活影响的日益彰显，国际关系学界越来越多的学者倾向于把他们所从事的学科领域称为"世界政治"或"全球政治"，而不再满意于过去的"国际政治"。18世纪晚期英国哲学家边沁创造的"international"这个词，反映的是他所处时代欧洲国家间政治的现实，即由建立在领土疆界上的民族国家之间关系构成的威斯特伐利亚体系。而今二百多年后，还继续用原来对国际体系的认识框架来解读这个跨国性和全球性的世界，显然不合适了，尽管国家仍然是国际关系中的主要行为体。这种认知的变化源于时代的变迁。全球化是一个恢宏和漫长的历史进程，但它的当代表现比以往任何时候都更清晰地昭示了全球性与国际关系研究这个学科的关联意义。有鉴于此，我们认为，全球视域对于促进国际关系学科的知识进步是必不可少的，无论对于审视历史上国际关系的演变，还是认识当今全球化时代国际关系的变化与趋势，都是如此。这也是本丛书题名为"全球视域下的国际关系"的初衷。

　　我国的国际关系研究伴随着国家的改革开放而生长发展，是我国人文社会科学中同国家战略目标与和平发展有紧密联系的一个重要学术领域。过去的 30 年间，我国这个领域知识共同体的学术自觉有了显著的提高，一是增强了把国际关系研究作为一门独立学科来建设的意识，二是致力于建立学术研究与国际关系实践中新问题、新趋势的联系。这些努力使我们这个学科的发展保持了应有的活力。而随着中国在全球政治和经济事务中影响力的提升以及与外部世界交融的日趋密切，我们的学科建设处在了一个新的历史坐标上，创建我国国际关系理论和知识体系已成为学术界共同的愿景。我们知道，世界政治是一个连续性和可变性并存的社会世界，国际关系研究的任务不仅要说明国际体系是怎样变化的，而且要说明应该怎样变化，因而它是一门有关人类社会实践与命运、具有规范性研究特性的学科。西方美英等国家从事这个领域的研究时间比较长，基础理论发达，其中有不少值得我们在学理上认真学习借鉴的成果，但他们的研究，特别是主流理论，主要是根据西方经验及其对现代历史的理解构建起来的，存在着一定的局限性或思想判断上的偏颇。中国是世界上最大的正在和平崛起的发展中国家，并以马克思主义科学原理作为理论思维的指导，我们的国际关系理论化之路不能重蹈西方的老路，它完全有可能建立在将中国经验和世界经验结合并以此来理解世界政治的基础上，以使中国国际关系理论和知识体系的建设适应时代发展的规范要求。任何学术进步和理论创新只有在扬弃前人已有成果的基础上才能获得，我们的国际关系研究也唯有循此而进行坚持不懈的探索，才会实现共同的愿景。

这套丛书系南京大学国际关系研究院依托国家"985"工程南京大学"经济全球化与国际关系研究"哲学社会科学创新基地项目而组织筹划，并作为国家新闻出版总署"十一五"期间规划图书由南京大学出版社从今年起陆续出版。这套丛书的出版，既受泽于南京大学国际关系研究之优良学统的浸润，更得惠于丛书作者们之激奋于时代和国家发展的感召。该丛书旨在以全球视域为基点，结合有关国际关系的重大理论问题和实践问题,着重探索全球化背景下世界政治和国际关系的发展、变化及其规律。丛书内容丰富,包括国际关系思想和理论、国际经济政治秩序和全球治理、全球化与民族国家主体性、20世纪以来的国际史、全球国际体系和地区体系、大国外交和战略等方面的专题研究,涵盖了国际关系研究的理论、历史和现状三大领域。我们希望,这套综合性国际问题研究丛书的出版,将对促进我国国际关系研究学术事业有所帮助。是所望焉,谨此序。

2008 年 10 月于南京

目　　录

导　言

第二次世界大战结束之后,随着亚非国家的相继独立以及发展中国家的兴起,南北问题逐渐凸显并成为影响国际关系的重要因素,从而为战后国际关系的发展注入了全新的内容。为争取有利的国际环境以平等参与国际经济活动并促进经济发展,发展中国家明确提出了改革国际经济制度规则、建立国际经济新秩序(NIEO)的战略目标,并为此作出了积极而不懈的努力,推动国际经济新秩序的制度规则建设在不同领域取得了程度不等的阶段性进展。随着经济全球化的深入发展,国际经济新秩序的重要性和紧迫性更加突出;面对世纪之交新一轮多边贸易谈判"多哈回合"(Doha Round)的举步维艰以及2008年国际金融危机的严重影响,国际经济秩序及其制度规则的改革再度引起了国际社会的广泛关注,2008年二十国集团领导人华盛顿峰会也发出了改革国际经济制度规则的呼声。在此背景下,进一步梳理国际经济新秩序的真实内涵、发展脉络及其与经济全球化的互动关系不仅具有重要的学术意义,而且还具有重要的现实意义。

首先,鉴于国际经济新秩序的提出与谈判是战后国际关系史上的重大事件,并对国际政治经济关系的演进产生了深远影响,国际经济新秩序研究具有重要的学术意义。随着战后民族解放运动的兴起,一大批发展中国家取得了政治独立,并以主权国家的身份参与到国际关系之中,成为国际关系的一支新兴力量,这在国际关系的历史进程中是前所未有的。同时,取得政治独立的发展中国家所面临的最艰巨、最紧迫的任务就是实现经济发展并以此巩固政治独立的成果。面对不平等的国际经济制度环境,发展中国家提出了建立国际经济新秩序的倡议并得到了联合国及有关国际组织的认可与支持,国际经济新秩序因之成为联合国确立的全球性改革与发展议程。从此以后,"国际经济新秩序以及其他机制变革的主张就成为南北关系互动的诸多方式之一",并"在南北关系中占据了突出地位"[1];而且,国际经济新秩序的提出以及有关多边谈判的展开亦对战后国际关系的演进产生了重要影响[2],推动了战后国际政治经济关系的全面发展。毫无疑问,国际经济新秩序倡议是发展中国家参与国际关系议程设置的重要体现,国际经济新秩序的谈判过程及其阶段性成果亦展示了国际经济关系的发展方向,成为发展中国家参与国际关系的有效方式之一,并成为战后国际关系演进的一个重要内容。鉴于此,在借鉴现有研究成果的基础上深入探寻国际经济新秩序的发展历程及其在国际贸易、国际金融、国际海洋及国际环境等领域的阶段性进展,无疑有助于拓展国际关系史的研究视野,进一步展现国际政治经济关系的发展全景。客观评价发展中国家首倡的国际经济新秩序及有关谈判和成果在推动国际关系发展以及国际制度建设中的积极作用,具有重要的学术意义。

其次,国际经济制度规则的调整与改革始终是国际社会面临的长期议题,面对经济全球化的深入发展以及国际政治经济关系的演进变化,以国际经济新秩序为代表的改革方案仍然具有政策指导意义。运转至今的国际经济秩序从根本上讲仍然是第二次世界大战结束后美国主导的国际经济秩序及其制度规则体系的延续,这一制度规则体系"主要体现了工业化的西方国家,尤其是美国的利益"[3]。随着发展中国家在取得政治独立之后开始参与国际经济活动,现行国际经济秩序的不平等性日益彰显,改革国际经济制度规则以使发展中国家能够平等参与国际经济关系并平等分享国际经济的发展成果日益成为国际社会必须直面的重大课题。正是在这样的背景下,发展中国家提出了国际经济新秩序的改革主张,其目标就是创造一个符合发展中国家需要

---

[1] Stephen D. Krasner, "Transforming International Regimes: What the Third World Wants and Why", *International Studies Quarterly*, Vol. 25, No. 1, 1981, pp. 123 – 124, 137.

[2] Jonathan I. Charney, "Technology and International Negotiations", *The American Journal of International Law*, Vol. 76, No. 1, 1982, p. 79.

[3] C. Clyde Ferguson, Jr., "The Politics of the New International Economic Order", *Proceedings of the Academy of Political Science*, Vol. 32, No. 4, 1977, p. 143.

并"有助于持续发展以及世界经济整体协调的必要的环境条件"①。因此,国际经济新秩序是以发展中国家广泛参与国际政治经济关系、逐步融入国际经济制度体系作为基本前提的,反映了国际政治经济关系发展的现实需要,彰显了全球贸易等经济关系转变与改革的内涵,其核心就是发展问题。② 从这个意义上讲,国际经济新秩序蕴含了改革与发展的理念,并持续影响着国际经济制度的改革与发展进程。更为重要的是,国际经济新秩序是在经济全球化逐步展开的背景下提出来的,而且,国际经济新秩序的基本原则体现了均衡、互利和共赢的发展模式,展示了世界经济在平等基础上实现共同发展的改革目标。因此,国际经济新秩序与经济全球化形成了有机的互动关系,即经济全球化的深入发展为国际经济新秩序的建立提供了有利契机,而国际经济新秩序则可以为经济全球化的均衡、协调发展提供重要的制度保障。换言之,对于经济全球化背景下的国际经济制度改革而言,国际经济新秩序的基本原则和改革方案仍然具有重要的政策借鉴与指导意义。

发展是构筑一个公平的全球体系的基石,同时也是维护世界和平与稳定的必不可少的前提③,因此,发展中国家的发展问题始终是国际社会的重要议题。另一方面,随着冷战的结束以及世纪之交经济全球化的纵深扩展,国际政治经济局势出现了新的变化。在国际经济领域,经济全球化的势头日趋强劲,各国经济的相互依赖明显加深;同时,发展仍然是发展中国家关注的首要问题,而不平等的国际经济制度规则依然是制约发展中国家经济发展的重要国际环境因素。为推动经济全球化的均衡发展以及世界各国的共同繁荣,有关学者开始重新检讨国际经济制度的规则调整和国际经济新秩序的现实意义,以期从中寻找应对之策及发展之道。实际上,这也是促使本书作者研究经济全球化与国际经济新秩序之间互动关系的一个重要动因。

---

① Richard L. Brinkman, "The New International Economic Order and Value Theory", *Journal of Economic Issues*, Vol. 18, No. 2, 1984, pp. 493, 495.

② 薛磊:《发展中国家与国际经济体系》,载于杨洁勉:《国际体系转型和多边组织发展:中国的应对和抉择》,北京:时事出版社 2007 年版,第 129 页。

③ Thomas Fues, "Millennium Development Goals and Streamlining the UN Development Architectures", *International Studies*, Vol. 44, No. 1, 2007, p. 23.

第一章　国际经济新秩序的提出与争论

第一节　国际经济新秩序的提出

一、国际经济新秩序提出的历史背景

第二次世界大战结束之后,亚非国家先后摆脱了西方的殖民统治并宣布独立;另一方面,取得政治独立的亚非国家,包括拉美国家在经济上却仍然依赖于发达国家,以美国为首的发达国家主导的国际经济秩序亦从国际制度环境方面严重束缚着亚非拉国家的经济发展。于是,发展中国家开始探索新的发展道路,同时寻求改善国际经济环境,国际经济新秩序倡议应运而生,并成为南北关系互动以及发展中国家参与国际经济关系的重要方式之一。概括地讲,促使发展中国家提出国际经济新秩序倡议的根本原因主要有三点。

首先,以美国为首的发达国家主导控制的国际经济秩序及其制度规则体系严重忽视了发展中国家的利益以及经济发展问题,这是发展中国家倡导国际经济新秩序的基本因素。

第二次世界大战结束后建立起来的一系列国际经济制度体系主要反映了西方发达国家的需要与利益,并演变成了以美国为首的西方发达国家共同主导国际经济秩序的基本格局,但"发展中国家(在这一系列国际经济制度体系的创建过程中,绝大多数发展中国家还处于殖民

地状态）的利益、需要以及特殊的环境条件却被严重忽视了"①，因此，战后国际经济秩序及其制度规则体系并没有为发展中国家的经济发展提供制度保障。换言之，缺乏经济发展规则是发达国家主导的国际经济制度体系的共同特征，因而引起了发展中国家的普遍不满。为平等参与国际经济活动并促进经济发展，发展中国家深感必须改革现行国际经济制度规则，扩大国际经济秩序的规则范围，制定有关经济发展的国际规则②，以便为经济发展创造有利的国际环境。鉴于此，战后世界"缺乏处理经济发展问题的国际规范体系"③是发展中国家倡导建立国际经济新秩序的基本原因，改革不平等的现行国际经济秩序及其制度规则亦成为发展中国家要求建立国际经济新秩序的基础和出发点。④正因为第二次世界大战结束后建立起来的国际经济制度体系忽视了发展中国家的利益与需要，所以，发展中国家要求建立国际经济新秩序是完全正确和合理的，即通过国际经济新秩序的建立确保发展中国家合法的经济利益与充分的政治参与。⑤

其次，国际贸易条件以及经济发展状况的持续恶化促使发展中国家开始密切关注贸易与发展的关系问题，这是发展中国家倡导建立国际经济新秩序的激励因素。

发展中国家在取得政治独立后所面临的一项紧迫任务就是发展经济以便为政治独立奠定牢固的基础，但作为资本主义世界体系中的边缘地区，发展中国家的产业结构和贸易结构长期被扭曲，作物模式单一，初级产品成为主要出口商品。第二次世界大战结束后，由西方发达国家主导的国际经济制度体系仍然竭力维护传统的国际经济贸易结构，将对发展中国家具有重要利益影响的农产品和初级产品排斥在国

① Karl P. Sauvant, "Toward the New International Economic Order", in Karl P. Sauvant and Hajo Hasenpflug, eds., *The New International Economic Order*: *Confrontation or Cooperation between North and South?* Boulder: Westview Press, 1977, p.3.

② Karl P. Sauvant, "Toward the New International Economic Order", p.3.

③ Sidney Dell, "The Origins of UNCTAD", in Michael Z. Cutajar, ed., *UNCTAD and the South-North Dialogue*: *The First Twenty Years*, New York: Pergamon Press, 1985, p.21.

④ 王丽萍：《寻求繁荣与秩序：当代世界经济与政治的政治学观察》，北京：北京大学出版社2006年版，第50—51页。

⑤ C. Fred Bergsten, "The Response to the Third World", *Foreign Policy*, No.17, Winter 1974–1975, pp.5–7.

际经济规则之外,致使发展中国家在国际贸易中继续处于不利地位。由于缺乏贸易规则的约束,发达国家对发展中国家的农产品和初级产品实施了严格的进口限制,导致初级产品价格持续下跌,发展中国家的初级产品贸易条件日趋恶化;而由单一作物模式及规则缺失引发的贸易条件恶化则导致发展中国家缺乏出口创汇能力以积累资金促进发展,因此不得不大举借债,进而增加了发展中国家债务负担,沉重的债务负担又引发了发展中国家大面积的贫困现象。这样,在现行国际经济秩序中,发展中国家陷入了单一作物综合征、债务综合征和贫困综合征的恶性循环。① 更为严重的是,初级产品贸易条件的长期恶化趋势还加深了发展中国家与发达国家之间的不平等。② 现行国际经济秩序的基本结构,尤其是贸易结构严重阻碍了发展中国家的经济发展,促使发展中国家重新审视贸易与发展的关系,积极寻求制定贸易与发展规则以促进经济发展。从这个意义上讲,正是"变革国际贸易规则的压力激发了发展中国家的一致努力",以改善国际经济制度环境。③ 换言之,发展中国家改革现行国际经济制度规则的理念首先源于对贸易与发展问题的关注,以及在此基础上萌发的建立国际经济新秩序的设想。因此,发展中国家贸易条件和经济状况的恶化是发展中国家倡导建立国际经济新秩序的重要激励因素。

第三,第三世界的形成及其联合的加强为发展中国家倡导建立国际经济新秩序奠定了广泛的政治基础,这是发展中国家提出国际经济新秩序构想的决定性因素。

随着亚非独立国家的增加,寻求亚非拉国家政治经济合作的呼声也日渐高涨,第三世界正是在这样的背景下逐渐形成,而万隆会议的召开、不结盟运动的兴起和七十七国集团的建立则是第三世界形成的主要标志。1955 年万隆会议是由亚非国家自主发起举行的一次国际会议,标志着亚非国家作为一支新兴力量登上了国际政治经济舞台。兴

---

① P. N. Agarwala, *The New International Economic Order: An Overview*, New York: Pergamon Press, 1983, p. 3.

② 董国辉:《经济全球化与"中心-外围"理论》,《拉丁美洲研究》2003 年第 2 期,第 51 页。

③ Kamal Hossain, "General Principles, the Charter of Economic Rights and Duties of States, and the NIEO", in Kamal Hossain, ed., *Legal Aspects of the New International Economic Order*, London: Frances Pinter Ltd., 1980, p. 4.

起于 1961 年的不结盟运动则强烈呼吁发展中国家加强国际经济合作以推动经济发展,成为第三世界兴起的又一个重要标志。成立于 1964 年的七十七国集团以联合国为平台,以经济问题作为主要关注点①,积极推动南南合作和南北对话,成为发展中国家寻求建立国际经济新秩序的一支重要力量。万隆会议的召开、不结盟运动的兴起和七十七国集团的建立激发了发展中国家加强团结合作、维护民族独立和实现经济发展的强烈愿望,从而为发展中国家倡导建立国际经济新秩序奠定了政治基础。同时,发展中国家还纷纷加入联合国,在一定程度上改善了发展中国家在联合国中的政治力量对比,从而为促使联合国发起并主持倡导国际经济新秩序创造了条件。因此,发展中国家政治力量的加强以及在联合国框架内的团结协作是促使联合国提出国际经济新秩序倡议的"决定性因素"。② 正是在发展中国家的积极支持与推动下,联合国成为催生国际经济新秩序倡议的主要论坛。③ 实际上,国际经济新秩序的理念最早可以追溯到 20 世纪 60 年代初期的"联合国国际发展战略"④,从某种意义上讲,正是"联合国国际发展战略"的提出与实施为发展中国家思考国际经济制度规则的改革并倡导建立国际经济新秩序提供了政策路径和组织动力。

总之,战后国际经济制度规则体系对发展中国家经济发展的漠视以及发展中国家经济贸易状况的恶化促使发展中国家开始关注贸易与发展的关系问题,催生了建立国际经济新秩序的战略构想,而第三世界政治力量的加强则为发展中国家推动联合国通过有关国际经济新秩序的纲领性文件并发起有关谈判奠定了政治基础。

1964 年 3 至 6 月,第一届联合国贸易和发展会议(United Nations

① Carol Geldart and Peter Lyon, "The Group of 77: A Perspective View", *International Affairs*, Vol. 57, No. 1, 1980 – 1981, p. 80.

② Richard N. Gardner, "The United Nations Conference on Trade and Development", *International Organization*, Vol. 22, No. 1, 1968, p. 103.

③ Chadwick F. Alger, "Role of People in the Future Global Order", in Richard A. Falk, Samuel S. Kim and Saul H. Mendlovitz, eds., *The United Nations and a Just World Order*, Boulder: Westview Press, 1991, p. 331.

④ Adeoye Akinsanya and Arthur Davies, "Third World Quest for a New International Economic Order: An Overview", *The International and Comparative Law Quarterly*, Vol. 33, No. 1, 1984, p. 209.

Conference on Trade and Development，简称 UNCTAD）在日内瓦举行，会议的一项重要成果就是有关国家发表了《七十七个发展中国家联合宣言》。该宣言明确表达了改革现行国际经济秩序并建立一种"完全符合加速发展需要的新的国际贸易体制"的强烈愿望，七十七国集团由此建立。在七十七国集团的积极努力下，联合国大会于 1964 年底通过决议，将联合国贸易和发展会议（以下简称联合国贸发会议）作为联合国大会的常设机构，并决定设立贸易和发展理事会作为联合国贸发会议的执行机构，同时在日内瓦设立会议秘书处。从此以后，联合国贸发会议就成为发展中国家与发达国家之间进行政治对话与沟通的主要国际机构之一。[1] 联合国贸发会议在建立之初就明确宣布，其宗旨是以贸易促进发展中国家的经济发展，并为此规定了一系列指导贸易与经济发展的政策原则，如国际经济关系领域的主权平等原则、自然资源主权原则、初级产品贸易与价格稳定原则、普遍优惠制原则、国际金融组织融资结构调整及决策机制改革原则、国际技术转让原则及跨国公司（Transnational Corporations，简称 TNCs）国际管理原则等[2]，从而为国际经济新秩序的提出奠定了初步的原则基础。正因为如此，从全球层面来看，第一届联合国贸发会议的召开无疑是国际社会关注发展中国家问题的一个重要里程碑。[3]

1964 年 10 月，第二次不结盟国家首脑会议在埃及首都开罗举行，会议通过的《和平与国际合作纲领》首次明确提出了建立"国际经济新秩序"的政策设想与战略目标[4]，开启了国际经济新秩序的酝酿进程。1973 年 9 月，第四次不结盟国家首脑会议在阿尔及利亚首都阿尔及尔举行，会议通过的《经济宣言》和《经济合作行动纲领》正式将建立国际经济新秩序确定为不结盟运动的基本纲领，从而为国际经济新秩序纲

---

[1]　Robert S. Walters, "International Organizations and Political Communication: The Use of UNCTAD by Less Developed Countries", *International Organization*, Vol. 25, No. 4, 1971, p. 831.

[2]　UNCTAD, *The History of UNCTAD: 1964 – 1984*, New York: United Nations Publication, 1985, pp. 13 – 15.

[3]　Robert E. Asher, "International Agencies and Economic Development: An Overview", *International Organization*, Vol. 22, No. 1, 1968, p. 432.

[4]　王绳祖：《国际关系史》（第 9 卷），北京：世界知识出版社 1995 年版，第 73—74 页。

领性文件的酝酿与制定创造了有利的条件。[1] 实际上,正是阿尔及尔会议的有关文件奠定了《建立国际经济新秩序宣言》(Declaration on the Establishment of a New International Economic Order)和《建立国际经济新秩序行动纲领》(Programme of Action on the Establishment of a New International Economic Order)的基础[2],再次展现了发展中国家寻求建立国际经济新秩序的努力。

万隆会议的召开、不结盟运动的兴起和七十七国集团的建立开创了发展中国家呼吁建立国际经济新秩序的先声,而 20 世纪 70 年代初期国际经济关系中的两个重大事件——布雷顿森林体系(Bretton Woods System)的解体和 1973 年石油危机——则推动国际经济新秩序最终进入国际社会的议事日程。

第二次世界大战结束之后,美国凭借强大的政治、经济和军事实力,主导建立了国际金融领域的布雷顿森林体系和国际贸易领域的关贸总协定制度(GATT Institution),确立了美国在战后国际经济体系中的霸权地位。[3] 自 20 世纪 60 年代中期以来,由于欧洲经济共同体的建立和日本的经济复兴,以及美国大规模卷入越南战争,美国主导国际经济体系的能力相对削弱。在此背景下,美国不得不于 1971 年 8 月宣布"新经济政策",停止各国政府或中央银行按官价用美元向美国兑换黄金,割断了美元与黄金的直接联系,标志着布雷顿森林体系的重要支柱黄金-美元制的解体。面对持续不断地抛售美元的浪潮,英法等国在 1973 年 3 月之前先后宣布实行浮动汇率制,布雷顿森林体系的另一个重要支柱固定汇率制不复存在,布雷顿森林体系遂告解体。就对国际经济新秩序构想的意义而言,布雷顿森林体系的解体成为美国实力相对下降以及美国主导国际经济秩序的能力相对削弱的主要标志[4],因

---

[1] Karl P. Sauvant, "Toward the New International Economic Order", p. 6.

[2] W. Howard Wriggins and Gunnar Adler-Karlsson, *Reducing Global Inequities*, New York: McGraw-Hill Book Company, 1978, p. 68.

[3] 有关美国在关贸总协定制度中的贸易霸权和美国在布雷顿森林体系中的金融霸权的论述,参见舒建中:《关贸总协定的建立与美国对外政策》,《世界历史》1999 年第 2 期,第 33—40 页;舒建中:《布雷顿森林体系的建立与美国外交》,载于朱瀛泉:《国际关系评论》(第 3 卷),南京:南京大学出版社 2003 年版,第 78—99 页。

[4] 王绳祖:《国际关系史》(第 10 卷),北京:世界知识出版社 1995 年版,第 279 页。

此,布雷顿森林体系的解体成为发展中国家倡导建立国际经济新秩序的有利契机。①

同时,1973 年 10 月,石油输出国组织对石油武器的成功运用使得发展中国家看到了自身的力量,并为发展中国家寻求变革国际经济关系增添了新的动力。② 另一方面,石油危机无疑使发达国家受到严重冲击,迫使发达国家不得不关注发展中国家的呼声,第一次明确表达了愿意同发展中国家讨论"国际经济机制改革"的意向。③ 石油武器的成功运用成为推动发展中国家掀起争取建立国际经济新秩序运动高潮的催化剂。

总之,由于 20 世纪 70 年代初期国际政治经济关系的发展变化,以及发展中国家的积极努力和推动,国际经济新秩序最终进入了国际谈判的视野并成为国际社会关注的重要问题之一。

二、国际经济新秩序纳入国际议程

1973 年 9 月,第四次不结盟国家首脑会议在通过《经济宣言》和《经济合作行动纲领》等文件的同时,还要求联合国召开一次特别会议专门讨论经济发展问题。联合国大会据此决定在 1975 年第 30 届联大会议召开之前举行一次特别会议,专门讨论国际经济合作与发展问题。然而,第四次中东战争的爆发和 1973 年的石油危机却改变了原来的议事日程,迫使联合国专门讨论发展问题的特别会议提前举行。

根据第四次不结盟国家首脑会议的有关决议,阿尔及利亚部长会议主席、时任不结盟运动主席的布迈丁于 1974 年 1 月向联合国秘书长瓦尔德海姆转交了一封信函,再次要求召开一次联合国大会特别会议以讨论"原材料与发展问题"。经磋商,联合国秘书长瓦尔德海姆于 1974 年 2 月通知联合国成员国,决定于 1974 年 4 月在联合国总部举行

---

① Craig N. Murphy, "What the Third World Wants: An Interpretation of the Development and Meaning of the New International Economic Order Ideology", *International Studies Quarterly*, Vol. 27, No. 1, 1983, p. 66.

② Kamal Hossain, "General Principles, the Charter of Economic Rights and Duties of States, and the NIEO", p. 5.

③ Craig N. Murphy, "What the Third World Wants", p. 68.

联合国大会第六届特别会议。[①]

　　1974 年 4 至 5 月,联合国大会第六届特别会议如期举行。会议期间,与会国围绕代表七十七国集团的 95 个发展中国家提出的有关建立国际经济新秩序的宣言和行动纲领草案展开了激烈争论。面对国际政治经济关系的发展变化,尤其是能源危机和通货膨胀,与会的发展中国家和发达国家均认识到国际合作的必要性[②],但涉及具体问题时,与会国仍然存在不同的政策观点与利益分歧。概括地讲,联合国大会第六届特别会议所争论的主要问题包括以下几点。

　　(一) 与贸易和发展有关的原材料及初级产品问题

　　鉴于发展中国家是世界主要的原材料及初级产品生产国和出口国,绝大多数发展中国家对这一问题给予高度关注,认为国际社会应当为原材料及初级产品的生产、加工和销售创造有利的条件,帮助发展中国家稳定出口收入。发达国家则强调了稳定原材料供应的必要性,认为所有国家均应在平等条件的基础上获得原材料。

　　此外,发展中国家还要求增加粮食援助,并以可接受的价格获得化肥等农业生产物资。作为讨论的成果,包括发展中国家在内的有关成员国支持于 1974 年 11 月在意大利首都罗马召开联合国世界粮食会议,认为此举为通过国际努力解决粮食危机提供了一个契机。

　　在国际贸易领域,发展中国家认为最重要的问题就是发展中国家贸易条件的恶化以及发展中国家贸易份额的下降,而造成这种局面的重要原因就是多边贸易体系中针对发展中国家的关税和非关税贸易壁垒以及贸易歧视。为此,发展中国家认为解决上述问题的基本途径是:制定初级产品多边协定,完善针对发展中国家的普惠制。

　　发展中国家对国际贸易中海运成本和保险费用的上涨也表示了极大的关切,并将其归因于发达国家对国际海运的垄断性控制。为此,发展中国家要求平等参与国际海上运输,稳定或削减国际海运费率,并在此基础上制定班轮公会行为守则。[③]

---

①　UN, *Yearbook of the United Nations* (cited as *YUN*) , 1974 , pp. 305 – 306.

②　UN, *YUN*,1974 , p. 317.

③　UN, *YUN*,1974 , pp. 317 – 318.

(二)国际金融体系与发展融资问题

在经历了因美元危机和布雷顿森林体系解体而引发的国际金融混乱之后,发展中国家以及包括联邦德国、日本在内的部分发达国家都表达了对国际金融体系与发展融资问题的关注,普遍要求改革现行国际金融体系,认为这一体系已经不能适应国际经济关系发展的需要。发展中国家尤其要求在平等基础上有效参与国际金融体系的管理,并主张将特别提款权(Special Drawing Rights,简称SDRs)与发展融资联系起来。发达国家则强调国际金融改革的首要目标应是维护国际货币关系的稳定,防止主要储备货币的贬值并促进国际收支的平衡。发展中国家日益增加的债务负担也成为热议的话题,为此,发展中国家希望取消对外债务,或重新安排对外债务,包括放弃利息或给予利息补贴等,目的就是借此减轻发展中国家的债务负担。[1]

(三)技术转让问题

技术转让问题是发展中国家和发达国家争论的焦点问题之一,发展中国家指出,在发达国家向发展中国家实行技术转让的过程中存在许多障碍,包括高昂的技术转让成本。发展中国家认为,在促进经济发展的进程中,寻求发达国家在技术转让领域的合作是必不可少的;发达国家应向发展中国家提供实用的现代技术和设备,并帮助发展中国家拟定有关的技术培训计划,鉴于此,发展中国家主张制定技术转让行为守则,就技术转让的程序和条件确立明确的标准。[2]

(四)跨国公司问题

跨国公司对国际经济关系的影响以及跨国公司在国际经济关系中的角色是与会国讨论的热门话题之一,争论集中在跨国公司的政策与运转模式等问题上。发展中国家指出,发达国家跨国公司存在垄断价格与市场、干预发展中国家经济和政治生活等情况,因而应制定跨国公司行为守则以强化跨国公司的国际管理;发达国家则认为,跨国公司的作用必须与国家利益保持一致,荷兰和土耳其等国尤其强调了跨国公

---

[1] UN,*YUN*,1974,p.318.

[2] UN,*YUN*,1974,pp.318-319.

司在资金和技术领域对推动经济发展的重要作用。①

（五）自然资源永久主权问题

发展中国家认为,自然资源永久主权原则是发展中国家实现经济发展和政治独立的必然要求及内在组成部分,而西方强国及其跨国公司却肆意违背这一原则,严重损害了发展中国家的权利和利益,因此,发展中国家强烈呼吁发达国家对自然资源永久主权原则作出积极回应,主张通过国际经济新秩序将这一原则制度化;同时,发展中国家还强调,自然资源永久主权原则的适用可以适当方式顾及国际社会和资源贫乏国家的利益。②

在联合国大会第六届特别会议上,初级产品问题、自然资源永久主权和国有化问题以及跨国公司的国际管理问题是引发争论的主要问题。③ 在广泛讨论之后,会议最终于 1974 年 5 月 1 日以不投票方式协商通过了《建立国际经济新秩序宣言》和《建立国际经济新秩序行动纲领》。对此,发展中国家普遍表示支持,呼吁有关国家继续合作以推动上述决议的贯彻实施。法国、英国、联邦德国、日本等发达国家尽管原则上支持上述决议,但仍然针对具体问题作出了相应的保留,例如,关于国有化问题,发达国家认为发展中国家应根据国际法而不是国内法承担赔偿责任;发达国家声称,《建立国际经济新秩序宣言》和《建立国际经济新秩序行动纲领》的实施不应以任何方式妨碍有关的国际义务。美国则对《建立国际经济新秩序宣言》和《建立国际经济新秩序行动纲领》的价值提出了质疑,但同时又强调,美国将在合作的基础上寻求解决国际社会所面临的问题。④

总之,尽管有关国家对国际经济新秩序的倡议存在不同观点,但随着《建立国际经济新秩序宣言》和《建立国际经济新秩序行动纲领》的通过,发展中国家关于改革现行国际经济制度规则体系以促进世界各

---

① UN, *YUN*, 1974, p. 319.

② UN, *YUN*, 1974, pp. 319 – 320.

③ Branislav Gosovic and John G. Ruggie, "On the Creation of a New International Economic Order: Issue Linkage and the Seventh Special Session of the UN General Assembly", *International Organization*, Vol. 30, No. 2, 1976, pp. 313 – 314.

④ UN, *YUN*, 1974, p. 320.

国共同发展的主张总体上得到了国际社会的积极回应,至此,"国际经济新秩序进入了国际政治的舞台"①,并纳入了联合国及其专门机构的议事日程,从而为国际经济新秩序有关谈判的渐次进行开辟了道路,同时也成为发展中国家与发达国家之间国际经济合作及发展谈判的一个"新起点"。②

鉴于拟议中的各国经济权利和义务宪章是发展中国家寻求建立国际经济新秩序的重要指导性文件之一,在《建立国际经济新秩序宣言》和《建立国际经济新秩序行动纲领》获得正式通过之后,发展中国家开始全力推动各国经济权利和义务宪章的谈判与制定。

实际上,各国经济权利和义务宪章的酝酿筹划早已在进行之中。根据七十七国集团的建议,第三届联合国贸发会议于 1972 年 5 月决定设立一个由 31 个成员国组成的工作组,负责起草各国经济权利和义务宪章草案文本。同年 12 月,联合国大会又决定将工作组成员国的数量增至 40 个。③ 1973 年 2 月,工作组第一次会议在日内瓦举行,与会国普遍认为,拟议中的宪章应通过合作以创造一个更加公平和理性的国际经济秩序,为此,与会国围绕宪章的性质、范围与结构展开了广泛讨论,并起草了初步的宪章草案供联合国贸发会议及其成员国审议。1973 年 7 月,工作组在日内瓦举行第二次会议,其主要任务是根据联合国贸发会议及其成员国反馈的意见再次磋商宪章文本。在审阅了工作组有关宪章草案的报告之后,联合国贸发会议贸易和发展理事会于1973 年 9 月建议将宪章草案提交第 28 届联合国大会,同时要求联合国大会延长工作组的授权,以使工作组能够继续磋商并向 1974 年联合国大会提交有关宪章草案的最后报告。1973 年 12 月,第 28 届联合国大会通过决议,"重申急需订立或改善普遍适用之规范的信念,以便在公正合理的基础上发展国际经济关系",为此,联合国大会"敦促工作组尽快完成各国经济权利和义务宪章最后草案的拟定并提交第 29 届联合国大会审议,以此作为该宪章编纂和发展的第一步",同时要求贸

---

① C. Clyde Ferguson, Jr., "The Politics of the New International Economic Order", p. 142.

② Denis Benn, *Multilateral Diplomacy and the Economics of Change: The Third World and the New International Economic Order*, Kingston: Lan Randle Publishers, 2003, p. 28.

③ UN, *YUN*, 1972, pp. 273, 292.

易和发展理事会将宪章草案"作为优先事项"。[1] 根据联合国大会决议,工作组于 1974 年 2 月举行第三次会议,经深入讨论,一个初具规模的宪章草案基本定型。1974 年 6 月,工作组最后一次会议在墨西哥首都墨西哥城举行,与会国对宪章草案展开了进一步磋商并形成了宪章草案的最终文本,以提交贸易和发展理事会及联合国大会审议。[2]

经磋商,贸易和发展理事会于 1974 年 9 月决定将宪章草案提交联合国大会审议。在第 29 届联合国大会期间,与会国围绕宪章草案展开了激烈争论。作为谈判的结果,第 29 届联合国大会于 1974 年 12 月以 120 票赞成、6 票反对(比利时、丹麦、联邦德国、卢森堡、英国、美国)、10 票弃权(奥地利、加拿大、法国、爱尔兰、以色列、意大利、日本、荷兰、挪威、西班牙)的表决结果通过了《各国经济权利和义务宪章》(Charter of Economic Rights and Duties of States)。[3]

在随后发表的声明中,联合国大会对《各国经济权利和义务宪章》给予高度评价,强调《各国经济权利和义务宪章》的根本目的就是在主权平等、相互依赖、公平合作、共同利益的原则基础上"推动建立国际经济新秩序",因为除有关国家应当为自身的发展承担责任之外,"有效的国际经济合作是实现发展目标的必不可少的因素"。[4] 发展中国家亦纷纷表达了对《各国经济权利和义务宪章》的支持,例如,中国认为,《各国经济权利和义务宪章》反映了发展中国家寻求经济独立的正当要求,确立了指导国际经济和贸易关系的基本原则;墨西哥更是明确表示,《各国经济权利和义务宪章》仅仅是走向国际经济新秩序的至关重要的第一步,而国际经济新秩序的建立将是一个发展变化的过程,需要有关国家循序渐进地作出新的努力。[5] 相比之下,发达国家的态度则明显消极,例如,美国认为,《各国经济权利和义务宪章》的条款对发达国家而言是不平衡的,因而不能达到协调国际经济关系、促进经济发展的目的,美国同时表示愿意同有关国家继续谈判,直至就《各国经济权利和义务宪章》的所有条款达成协议;法国尽管一再表达了改善发

---

[1]　UN, *YUN*, 1973, pp. 359 – 360.

[2]　UN, *YUN*, 1974, pp. 381 – 382.

[3]　UN, *YUN*, 1974, pp. 382, 402 – 403.

[4]　UN, *YUN*, 1974, p. 383.

[5]　UN, *YUN*, 1974, pp. 391 – 392.

达国家与发展中国家之间经济关系的愿望,但对《各国经济权利和义务宪章》的一些重要条款,尤其是自然资源主权条款却持明确的反对态度;联邦德国总体上反对《各国经济权利和义务宪章》,但愿意继续谈判;日本声称赞同《各国经济权利和义务宪章》所确立的目标,但认为其中的一些重要条款是难以接受的;英国指出,《各国经济权利和义务宪章》旨在向发达国家施加长期的义务,因而主张围绕《各国经济权利和义务宪章》继续进行谈判。①

总之,尽管发达国家表达了不同的观点和解释,但《各国经济权利和义务宪章》的通过仍然表明联合国进一步确认了国际经济新秩序的原则目标,《各国经济权利和义务宪章》也被视为"包含了国际经济关系不同领域基本原则的奠基性法典"。② 至此,国际经济新秩序总体框架的酝酿工作基本结束,《建立国际经济新秩序宣言》《建立国际经济新秩序行动纲领》以及《各国经济权利和义务宪章》共同构成了国际经济新秩序的纲领性文件。

三、国际经济新秩序的原则与内涵

作为国际经济新秩序的纲领性文件,《建立国际经济新秩序宣言》《建立国际经济新秩序行动纲领》及《各国经济权利和义务宪章》不仅构筑了国际经济新秩序的初步框架,而且还为国际经济新秩序制度规则的谈判与建设提供了原则指导,因此,分析上述纲领性文件的有关条款,无疑有助于正确认识国际经济新秩序的原则与内涵。

(一)《建立国际经济新秩序宣言》的主要内容

《建立国际经济新秩序宣言》[以下简称《新宣言》(New Declaration)]首先指出,国际经济新秩序将建立在主权平等、相互依赖、公平合作、共同利益的基础之上,因为在现行国际经济秩序下,国际社会不可能获得均衡的发展。《新宣言》认为,自 1970 年以来,世界经济经历了一系列严重危机,这些危机尤其对发展中国家产生了严重的影响;另

---

① UN,*YUN*,1974, pp. 393 - 394.

② Kamal Hossain, "General Principles, the Charter of Economic Rights and Duties of States, and the NIEO", p. 5.

一方面,发展中世界已经成为国际关系所有领域中的强有力的因素,世界力量关系中的这些不可逆转的变化要求发展中国家必须积极、充分和平等地参与事关国际社会所有决定的制定与实施。《新宣言》进而强调,相互依赖关系已经成为世界社会的现实,发达国家的利益与发展中国家的利益是密不可分的,发展的国际合作是所有国家共同的目标与责任。鉴于此,《新宣言》确立了国际经济新秩序的基本原则,主要包括:所有国家应在平等的基础上充分而有效地参与事关共同利益的世界经济问题的解决;每个国家有权选择最适合自身发展的经济和社会制度,且不应因此而遭受任何歧视;每个国家对本国的自然资源享有充分的永久主权,包括国有化的权利;为维护经济利益,国家有权采取措施以管理和监督跨国公司的活动;改善发展中国家的初级产品贸易条件并促进世界经济的发展;国际社会应积极向发展中国家提供不附加任何条件的援助;国际金融体系改革的主要目标之一就是促进发展中国家的经济发展,确保足够的实际资金流入发展中国家;在国际经济合作的所有领域向发展中国家提供优惠和非互惠待遇;促进有利于发展中国家的技术转让。[①]

《新宣言》阐明了建立国际经济新秩序的必要性和合理性,并为此确立了一系列基本原则,从而为国际经济新秩序奠定了原则基础。[②]

(二)《建立国际经济新秩序行动纲领》的主要内容

《建立国际经济新秩序行动纲领》[以下简称《行动纲领》(Programme of Action)]在《新宣言》的基础上进一步明确了国际经济新秩序的总体目标,并对不同领域国际经济新秩序的具体目标作出了详细的安排。《行动纲领》首先指出,为确保《新宣言》的实施,国际社会必须制定并执行一项史无前例的行动纲领,为此,《行动纲领》规划的国际经济新秩序的主要领域和目标是:

1. 与贸易和发展有关的原材料及初级产品的基本问题

关于原材料问题,《行动纲领》再次确认了自然资源永久主权原

---

① UN, *YUN*, 1974, pp. 324 – 326.

② R. P. Anand, "Towards a New Economic Order", *International Studies*, Vol. 15, No. 4, 1976, p. 474.

则,强调应采取措施以保障自然资源,特别是发展中国家自然资源的恢复、利用、开发、销售和分配,促进有序的初级产品贸易,扭转初级产品实际价格持续停滞或下降的趋势,进而改善发展中国家的贸易条件。

关于粮食问题,《行动纲领》指出,发展中国家面临严重的粮食问题,因此,国际社会应采取措施以解决发展中国家的粮食危机,同时设法提高发展中国家的粮食生产和储存能力,包括提供资金、技术和设备;发达国家的粮食贸易政策也应充分考虑发展中国家的利益。

关于一般贸易问题,《行动纲领》强调,为改善发展中国家贸易条件,国际社会应采取以下措施:逐步消除关税和非关税贸易壁垒及取消限制性商业措施,以提高发展中国家产品进入发达国家市场的机会;订立初级产品协定,建立缓冲储存制度,调节并稳定原材料和初级产品的世界市场,为此,应准备一份全面的综合计划以确立有关的指导原则,并为发展中国家分享市场份额创造公平合理的机会;对从发展中国家出口到发达国家的农业初级产品、制成品和半制成品确立并实行普遍优惠制度(Generalized System of Preferences,即普惠制,简称GSP);多边贸易谈判应遵循针对发展中国家的非互惠和优惠待遇原则。

关于运输和保险问题,《行动纲领》认为,国际社会应推动发展中国家公平地参与世界海上运输,遏制并降低日益抬升的运费费率以减轻发展中国家的进出口成本,同时最大限度地降低发展中国家的保险费用,尽早实施班轮公会行为守则。

2. 国际金融体系与发展中国家的发展融资

《行动纲领》指出,国际金融体系改革的目的及其相关措施应是:防止发达国家的通货膨胀转移到发展中国家,减轻发达国家通货膨胀对发展中国家经济的影响;消除国际金融体系的不稳定性,尤其是消除对初级产品贸易产生不利影响的汇率动荡;推动发展中国家充分有效地参与国际金融体系的决策过程,以制定公平持久的货币制度规则;增加国际货币基金组织(International Monetary Fund)中的特别提款权分配并应特别考虑发展中国家的需要,建立特别提款权与发展融资之间的联系;国际金融机构,尤其是世界银行(World Bank)应增加不附加任何条件的发展融资,有效地发挥作为发展融资银行的作用;促进发达国家向发展中国家实际转移资金净额,包括官方发展援助的增加;采取适当的紧急措施,包括国际行动以减轻苛刻条件下发展中国家所欠之外债及其对经济发展的不利影响,以逐项谈判的方式就取消债务、延期偿还、重新安排偿还计划或利息补贴等问题达成协议。

3. 技术转让

《行动纲领》呼吁国际社会作出努力以制定一项符合发展中国家需要与条件的国际技术转让行为守则,以逐步完善的条件向发展中国家提供现代技术,扩大发达国家在研究和发展计划等领域面向发展中国家的技术援助,调整与技术转让有关的商业惯例以适应发展中国家的需要。

4. 跨国公司活动的管理与控制

《行动纲领》要求尽一切努力订立跨国公司国际行为守则,防止跨国公司干涉东道国的内部事务,管理跨国公司在东道国的活动,取消跨国公司的限制性商业措施,推动跨国公司以公平优惠的条件向发展中国家提供技术转让与管理技能,促进跨国公司将利润重新投资于发展中国家。

5. 联合国体系在国际经济合作领域的作用

《行动纲领》强调,在建立国际经济新秩序的过程中,联合国所有成员国都应充分利用联合国体系,以加强联合国在世界范围内经济和社会发展合作领域的作用,为此,《行动纲领》的具体实施将委托给联合国体系内的有关组织、专门机构、附属机构以及相关的会议,联合国经济和社会理事会则承担在实施《行动纲领》的组织和机构间进行政策协调的职能。

6. 特别方案

《行动纲领》针对受经济危机影响最严重的发展中国家以及最不发达国家制定了特别方案和紧急措施,呼吁国际社会立即向上述国家提供紧急救济和适时援助,同时建议在联合国的主持下设立一个特别基金,专门负责提供紧急救济与发展援助。[①]

《行动纲领》在国际贸易、国际金融、国际海运等领域对国际经济新秩序作出了更加细致的规划,同时设计了国际经济新秩序在不同领域的具体内容、谈判议程、谈判机构和谈判程序,从而为联合国主持的国际经济新秩序有关谈判的有序展开奠定了程序基础。

---

① 　UN, *YUN*, 1974, pp. 326 – 332.

（三）《各国经济权利和义务宪章》的主要内容

《各国经济权利和义务宪章》［以下简称《经济宪章》（Economic Charter）］在《新宣言》和《行动纲领》的基础上进一步明确了国际经济新秩序的目标,并实现了国际经济新秩序原则的条约化和宪章化。首先,《经济宪章》进一步确认国际经济新秩序的原则基础就是主权平等、相互依赖、公平合作与共同利益,并将据此原则推动国际经济体系的改革与改善。同时,《经济宪章》进一步强调国际经济新秩序的目的就是促进更加公平合理的国际经济关系,推动国际经济贸易关系的自由化,实现世界经济的均衡发展。在各国经济权利和义务方面,除重申《行动纲领》的有关领域之外,《经济宪章》还为国际经济新秩序增添两个新的领域:第一,关于国际海洋制度问题。《经济宪章》指出,国家管辖范围外的海床、洋底及其底土以及该海域的资源是人类的共同财产,因国际海洋的勘探开发而获得的利益应由世界所有国家公平地分享,为此,《经济宪章》呼吁订立一项普遍性的国际条约,以便建立一个适用于国际海洋领域及其资源的国际制度及适当的国际机构。第二,关于国际环境保护问题。《经济宪章》强调,保护和改善环境是国际社会的共同责任,为此,《经济宪章》呼吁所有国家在合作的基础上订立有关环境领域的国际规范与规则,实现环境保护与经济发展的有机协调。[1]

《经济宪章》进一步阐述了国际经济新秩序的原则与目的,在此基础上规定了各国的经济权利和义务,并为国际经济新秩序增添了国际海洋与环境保护两个新领域,从而拓展了国际经济新秩序的内涵,同时也是联合国主持下制定的有关各国经济权利和义务的第一个全面的综合性文件。[2] 随着《经济宪章》的通过,国际经济新秩序的目标更加明确,层次更加清晰,因此,《经济宪章》是涉及国际经济新秩序的国际法

---

① UN, *YUN*, 1974, pp. 403 – 407.

② S. K. Chatterjee, "The Charter of Economic Rights and Duties of States: An Evaluation after 15 Years", *The International and Comparative Law Quarterly*, Vol. 40, No. 3, 1991, p. 683.

原则逐步发展的第一步①,为国际经济新秩序各领域谈判的渐次展开奠定了更加坚实的基础。

综上所述,以《新宣言》《行动纲领》和《经济宪章》的通过为标志,国际经济新秩序纳入了联合国和国际社会的议事日程,并成为南北谈判与争论的核心议题②,同时成为影响国际关系演进的重要因素。鉴于此,国际经济新秩序纲领性文件的通过具有重要的意义。

首先,《新宣言》《行动纲领》和《经济宪章》这三份纲领性文件"高度界定了国际经济新秩序所蕴涵的思想纲领和政策计划的总体框架"③,明确宣布国际经济新秩序的目标就是在相互依赖的基础上促进世界经济的互利合作与均衡发展,为此,应对现行国际经济制度规则进行调整和改革以平等地体现发展中国家和发达国家的共同利益,推动发展中国家平等地参与国际经济关系及国际经济活动,并公平地融入世界经济体系,在实现发展中国家经济发展的同时亦带动世界经济的整体发展。因此,《新宣言》《行动纲领》和《经济宪章》这三份纲领性文件昭示国际经济新秩序的真实内涵和本质特征就是规则改革与制度创新,以使国际经济体系及其制度规则更加符合国际政治经济关系发展的需要。国际经济新秩序并不是对现行国际经济制度规则的全盘否定,而是旨在通过制度改革与规则创新以推动南北关系的相互协调,并在一个一体化的全球经济框架内实现发展中国家以及世界经济的快速发展④,因此,国际经济新秩序的实质就是力图在一个相互依赖的世界

---

① Milan Bulajic, *Principles of International Development Law: Progressive Development of the Principles of International Law Relating to the New International Economic Order*, Dordrecht: Martinus Nijhoff Publishers, 1986, p.193.

② Harold K. Jacobson, Dusan Sidjanski, Jeffrey Rodamar and Alice Hougassian-Rudovich, "Revolutionaries or Bargainers? Negotiators for a New International Economic Order", *World Politics*, Vol.35, No.3, 1983, pp.335-336.

③ Denis Benn, *Multilateral Diplomacy and the Economics of Change*, pp.45-46.

④ Helge O. Bergesen, Hans H. Holm and Robert D. McKinlay, "The Origins of the NIEO Debate", in Helge O. Bergesen, Hans H. Holm and Robert D. McKinlay, eds., *The Recalcitrant Rich: A Comparative Analysis of the Northern Responses to the Demands for a New International Economic Order*, New York: St. Martin's Press, 1982, pp.13-14.

里寻求国际交流与合作的新基础。①

其次,《新宣言》《行动纲领》和《经济宪章》这三份纲领性文件第一次全面系统地提出了改革国际经济关系、建立国际经济新秩序的目的、基本原则和主要目标②,明确设计了国际经济新秩序的谈判领域、谈判目标和谈判议程,从而为国际经济新秩序构筑了一个总体的制度规则改革框架,同时亦表明南北双方在相互依赖的历史前提下就现行国际经济秩序的改革与完善达成了基本共识③,标志着发展中国家争取建立国际经济新秩序的努力发展到了一个新的历史转折点。④ 实际上,正是国际经济新秩序倡议直接推动了一系列深入细致且史无前例的南北对话与谈判。⑤ 从此以后,在联合国及其专门机构的主持与推动下,国际经济新秩序的有关谈判议程在国际贸易、国际金融、国际海运、国际技术转让、跨国公司、国际海洋等领域逐步展开,拉开了国际经济新秩序相关议程全面启动的帷幕,程度不等地推动了相关领域国际经济制度规则的改革、发展与完善。从这个意义上讲,国际经济新秩序的阶段性成果以及国际经济制度规则的渐进性调整与国际经济新秩序纲领性文件的政策和制度设计是紧密相连的,国际经济新秩序由此成为发展中国家参与国际议程设置的重要表现之一。

总之,国际经济新秩序是发展中国家为改革国际经济体系而提出的最全面的倡议,并赢得了广泛的国际支持⑥,体现了各国政府、国际组织以及国际社会就改革国际经济制度规则所达成的全球共识⑦;而且,通过倡导国际经济新秩序,发展中国家在南北对话和全球谈判中亦

---

① Linus A. Hoskins, "The New International Economic Order: A Bibliographic Essay", *Third World Quarterly*, Vol. 3, No. 3, 1981, p. 512.

② 王正毅、张岩贵:《国际政治经济学:理论范式与现实经验研究》,北京:商务印书馆 2003 年版,第 559 页。

③ 蔡拓等:《全球问题与当代国际关系》,天津:天津人民出版社 2002 年版,第 55 页。

④ 黄炳坤:《建立国际经济新秩序的斗争和前景:兼论其对国际法发展的影响》,《法学评论》1981 年第 2 期,第 3 页。

⑤ John W. Sewell and I. William Zartman, "Global Negotiations: Path to the Future or Dead-End Street", *Third World Quarterly*, Vol. 6, No. 2, 1984, p. 375.

⑥ Cedric Grant, "Equity in International Relations: A Third World Perspective", *International Affairs*, Vol. 71, No. 3, 1995, p. 576.

⑦ Richard N. Gardner and Robert G. Vambery, "Progress towards a New World Economic Order", *Journal of International Business Studies*, Vol. 6, No. 2, 1975, p. 5.

展示了团结合作的政策立场。① 更为重要的是,国际经济新秩序涉及发达国家与发展中国家之间经济关系的所有方面②,具有合作和参与的多边特征③,同时还具有长远性和全球性的特点④,其总体目标就是在改革现行国际经济秩序的基础上寻求建立新的国际机制,以便推动世界各国平等分享全球经济发展的成果,同时为发展中国家的经济发展提供更加稳定的世界经济环境。⑤ 因此,国际经济新秩序的核心就是改造不公正的国际制度,中心任务就是改革国际经济领域中不平等和不合理的规范、规则和决策程序,进而建立公正合理的国际经济制度体系。⑥ 国际经济新秩序并非旨在割断发展中国家与发达国家的联系,而是要求将发展中国家当作国际社会中平等的一员,其核心理念就是改革与发展。⑦ 从长远来看,国际经济新秩序并非零和关系,其改革成果将惠及所有国家,并促进世界各国的共同发展。⑧ 鉴于此,国际经济新秩序的提出是联合国历史上的一个重要里程碑,是国际社会发展进程中的一个重要转折点。⑨

---

① Keisuke Iida, "Third World Solidarity: The Group of 77 in the UN General Assembly", *International Organization*, Vol. 42, No. 2, 1988, pp. 375 – 376.

② Guy F. Erb, "'North-South' Negotiations", *Proceedings of the Academy of Political Science*, Vol. 32, No. 4, 1977, p. 107.

③ David A. Lake, "Power and the Third World: Toward a Realist Political Economy of North-South Relations", *International Studies Quarterly*, Vol. 31, No. 2, 1987, pp. 220 – 221.

④ Bob Reinalda, *Routledge History of International Organizations: From 1815 to the Present Day*, New York: Routledge, 2009, pp. 487, 490.

⑤ Joseph M. Grieco and G. John Ikenberry, *State Power and World Markets: The International Political Economy*, New York: W. W. Norton & Company, 2003, pp. 319 – 320.

⑥ 刘青建:《发展中国家与国际制度》,北京:中国人民大学出版社 2010 年版,第 259 页。

⑦ 巫宁耕:《世界经济格局变动中的发展中国家经济:巫宁耕文集》,北京:北京大学出版社 2005 年版,第 273—274 页。

⑧ K. Bhattacharya, "The Economics of NIEO: A Non-Zero Sum Game", in R. K. Sinha, ed., *New International Economic Order: Need, Implementation, Obstacles and Prospects*, New Delhi: Deep & Deep Publications, 1985, p. 95.

⑨ Rahmatullan Khan, "The New International Economic Order: This Side of the Hedge", *International Studies*, Vol. 16, No. 4, 1977, p. 483.

第二节　国际经济新秩序的争论

随着国际经济新秩序倡议的提出,国际经济新秩序随即成为有关国际会议、国际组织和国际论坛的重要议题。[①] 同时,国际学术界亦围绕国际经济新秩序展开了热烈讨论,其中,结构主义(Structuralism)、功能主义(Functionalism)和新功能主义(Neofunctionalism)更是展开了一场"国际经济新秩序大辩论"。[②] 因此,梳理国际经济新秩序的理论争鸣,无疑有助于深入思考经济全球化背景下建立国际经济新秩序的有效途径。

一、结构主义的观点

国际经济新秩序的结构主义理论"集中体现在国际经济新秩序的诉求之中"[③],是发展中国家倡导国际经济新秩序的理论基础和理论结晶,其主要倡导者是以普雷维什(Raul Prebisch)为代表的发展中国家学者。概括地讲,以普雷维什为代表的结构主义(又称"依附-改革论",其理论特点是:强调中心与外围之间的不平等,主张改革国际经济制度规则,积极支持建立国际经济新秩序[④])的理论观点可归纳为两个方面。

（一）关于现行国际经济秩序的结构失衡

结构主义认为,现行国际经济秩序的基本特征就是结构性不平等,这种结构性不平等主要体现为不平等的国际分工和国际生产体系、不平等的国际贸易体系和不平等的国际金融体系。

---

① Andre G. Frank, "Rhetoric and Reality of the New International Economic Order", in Herb Addo, ed., *Transforming the World-Economy? Nine Critical Essays on the New International Economic Order*, London: Hodder and Stoughton, 1984, pp. 165 - 166.

② Roger D. Hansen, *Beyond the North-South Stalemate*, New York: McGraw-Hill Book Company, 1979, p. 235.

③ Michael W. Doyle, "Stalemate in the North-South Debate: Strategies and the New International Economic Order", *World Politics*, Vol. 35, No. 3, 1983, p. 429.

④ 凌星光:《南北问题理论和国际经济新秩序》,《世界经济》1983 年第 11 期,第 31 页。

就不平等的国际分工和国际生产体系而言,结构主义指出,不合理的国际分工使发展中国家沦为发达国家的原材料和初级产品供应地以及工业品销售市场,并形成了单一的经济模式;而发达国家则完全控制了工业产品以及高科技产品的生产。正因为如此,单一的经济模式成为羁绊发展中国家经济发展的重要因素。

关于不平等的国际贸易体系,结构主义认为,发达国家主导的国际贸易秩序及其制度规则体系具有明显的亲西方属性,而发展中国家的利益则"完全被冷漠甚至边缘化"[1],其直接后果就是发展中国家贸易条件的普遍的、持续不断的恶化,而贸易条件的恶化又成为制约发展中国家经济发展的"关键障碍"[2];而且,发达国家在国际贸易关系中所奉行的针对发展中国家的贸易限制和歧视亦严重阻碍了发展中国家的经济和贸易发展。

至于不平等的国际金融体系,结构主义强调,战后国际金融体系的两大组织基石——国际货币基金组织和世界银行——完全为发达国家所控制,发展中国家则难以参与,更不用说平等参与国际金融规则的制定以及国际金融事务的决策。不仅如此,发达国家控制的国际金融机构在向发展中国家提供贷款时还附加苛刻条件。因此,不平等的国际金融体系同样是阻碍发展中国家经济发展的重要因素。

总之,结构主义对现行国际经济秩序的基本前提提出了质疑,认为现行秩序导致发达国家与发展中国家之间的差距不断扩大,并使发展中国家失去了平等的发展机会。[3] 基于现行国际经济秩序的结构性不平等,结构主义坚信对现行国际经济秩序及其制度规则必须予以改革和调整以平等地体现发展中国家的利益,因此,对国际经济关系不平等性的思考就"成为发展中国家倡导国际经济新秩序的基础"[4]。结构主义的

---

[1] John Loxley, *Interdependence, Disequilibrium and Growth: Reflections on the Political Economy of North-South Relations at the Turn of the Century*, New York: St. Martin's Press, 1998, p. 97.

[2] Jeffrey A. Hart, *The New International Economic Order: Conflict and Cooperation in North-South Economic Relations, 1974 – 77*, New York: St. Martin's Press, 1983, p. 16.

[3] James E. Dougherty and Robert L. Pfaltzgraff, Jr., *Contending Theories of International Relations: A Comprehensive Survey*, New York: Longman, 2001, p. 465.

[4] Mahbub ul Haq, *The Poverty Curtain: Choices for the Third World*, New York: Columbia University Press, 1976, p. 153.

理论归宿就是改革，即改革现行国际经济秩序及其制度规则，并在改革的进程中实现发展中国家的经济发展。[①]

（二）关于国际经济新秩序的基本内涵

《新宣言》《行动纲领》和《经济宪章》这三份国际经济新秩序纲领性文件总体上"体现了结构主义的理论精髓"[②]，因此，依据国际经济新秩序纲领性文件所确立的原则目标，结构主义进一步阐述了国际经济新秩序的真实涵义。

首先，结构主义明确诠释了国际经济新秩序的基本内涵就是通过调整与改革以推动发展中国家全面参与国际经济关系并实现经济发展，强调"国际经济新秩序最重要的特征之一就是促进世界经济贸易的发展"，进而"推动发展中国家更好地融入世界市场"[③]。

其次，结构主义明确指出国际经济新秩序的现实基础之一就是相互依赖，强调国际经济新秩序依托于一个"相互依赖的世界"，因此，寻求建立国际经济新秩序的方案将综合评估发展中国家与发达国家之间的"利益平衡"[④]，进而促进世界所有国家的共同利益和共同发展。

第三，结构主义并不否认发展中国家为实现经济发展而必须采取相应的国内改革措施，但结构主义强调指出，国际经济新秩序关注的是发展过程的另一个侧面，即影响经济发展的外部环境和"国际结构"问题，并力求为发展中国家的经济发展塑造有利的国际制度环境。[⑤]

总之，结构主义主要关心的是国际体系的公平问题。[⑥] 在结构主义看来，国际经济新秩序之所以成为发展中国家和国际社会的必然选择，不仅是因为现行国际经济秩序是不公正的，更为重要的是，现行国

[①]　Joan E. Spero, *The Politics of International Economic Relations*, New York: St. Martin's Press, 1985, p. 173.

[②]　Robert Gilpin, *The Political Economy of International Relations*, Princeton: Princeton University Press, 1987, p. 298.

[③]　Gilbert Rist, "The Not-So-New International Order", in Pradip K. Ghosh, ed., *New International Economic Order: A Third World Perspective*, Westport: Greenwood Press, 1984, p. 129.

[④]　Mahbub ul Haq, *The Poverty Curtain*, p. 147.

[⑤]　Karl P. Sauvant, "Toward the New International Economic Order", pp. 15 – 16.

[⑥]　Susan Strange, *States and Markets*, London and New York: Pinter Publishers, 1988, p. 179.

际经济秩序并不能够为世界所有国家带来实际利益。[①] 基于此种认识,结构主义强调,国际经济新秩序旨在"克服现行国际经济体系中的主要缺陷",从根本上讲是"要求在现行制度框架内对有关的程序和安排作出相应的调整和改革",因此,国际经济新秩序应"体现为一种制度安排,以便在世界经济发展的前提下推动发展中国家的经济和社会进步"[②]。结构主义的理论解读阐明了国际经济新秩序的真实内涵与本质特征,即国际经济新秩序并非是对现行国际经济制度规则的全盘否定,而是要求进行制度改革与创新,以使发展中国家能够平等地参与国际经济活动,促进"稳定的国际经济机制和规则的创建与维护"[③],进而推动发展中国家的经济发展乃至世界经济的均衡发展。

毫无疑问,结构主义关于现行国际经济秩序结构性不平等的论述"以世界(经济体系)为中心"[④],深中肯綮地揭示了不平等的国际分工、国际贸易和国际金融规则体系是阻碍发展中国家实现经济发展的重要国际环境因素,由此为国际经济新秩序提供了重要的理论借鉴与指导。同时,结构主义理论一再强调国际经济新秩序的宗旨是主权平等、相互依赖、平等互利和共同发展,实现途径则是"在全球规模上"寻求对现行国际经济制度规则体系进行必要的调整和改革以平等地体现发展中国家的利益[⑤],这就意味着国际经济新秩序应兼顾发展中国家与发达国家的利益平衡,促进世界经济持续稳定的均衡发展。总之,结构主义不仅为国际经济新秩序构想奠定了理论基础[⑥],而且,结构主义对国际经济新秩序的阐释无疑准确把握了国际经济新秩序的真实内涵和本质特征,从而为发展中国家坚持国际经济新秩序的基本原则提供了理论支撑。

---

① P. N. Agarwala, *The New International Economic Order*, p. 9.

② UNCTAD, "The Elements of the New International Economic Order", in Karl P. Sauvant and Hajo Hasenpflug, eds., *The New International Economic Order*, p. 39.

③ Craig N. Murphy, "What the Third World Wants", p. 68.

④ Osvaldo Sunkel, "Structuralism, Dependency and Institutionalism: An Exploration of Common Ground and Disparities", *Journal of Economic Issues*, Vol. 23, No. 2, 1989, p. 527.

⑤ Subrata Roy Chowdhury, "Legal Status of the Charter of Economic Rights and Duties of States", in Kamal Hossain, ed., *Legal Aspects of the New International Economic Order*, p. 79.

⑥ Robert Gilpin, *The Political Economy of International Relations*, p. 275.

二、功能主义的观点

对于发展中国家提出的建立国际经济新秩序的主张,发达国家作出了不同的反应,发达国家的学术界亦展开了热烈的讨论并形成了拒绝主义(Rejectionism)、功能主义和新功能主义等不同观点。尽管拒绝主义的观点失之偏颇,但由于其体现了发达国家有关学者对国际经济新秩序的反对立场并在一定程度上和一定时期内影响到发达国家的政策选择,因此,在评论功能主义和新功能主义之前,仍然有必要对拒绝主义的观点加以简要分析。

拒绝主义明确表示拒绝国际经济新秩序的原则主张,其代表人物主要是发达国家中持新自由主义观点的学者。例如,经济增长五阶段论的倡导者沃尔特·罗斯托就公开表达了对国际经济新秩序的反对态度,声称国际经济新秩序"是基于错误的知识观念、错误的议事日程、错误的谈判论坛和错误的谈判角色"[1]。

拒绝主义认为,现行国际经济秩序在规范和效率方面均是无可挑剔的,发展中国家的不发达或贫困是由发展中国家自己造成的,因此没有权利向发达国家提出任何要求[2],这是拒绝主义反对国际经济新秩序的基本前提。拒绝主义坚信,现行国际经济体系的基础是市场经济原则,而国际经济新秩序则试图从根本上摧毁这一制度基础[3],这成为新自由主义学者拒绝并反对国际经济新秩序的又一个重要依据。拒绝主义同时表示,发展中国家在经济结构、利益需要以及政治制度和价值观念等方面均存在巨大的差异,正因为如此,发展中国家之间的团结只是暂时现象,发达国家对此不必在意。[4] 拒绝主义进而认定,国际经济新秩序的有关主张表明发展中国家试图"在损害处于有利地位国家的

---

① Walt Rostow, "Beyond the Official Agenda: Some Crucial Issues", in Roger D. Hansen, ed., *The "Global Negotiation" and Beyond: Toward North-South Accommodation in the 1980s*, Austin: The University of Texas Press, 1981, p. 31.

② Roger D. Hansen, *Beyond the North-South Stalemate*, pp. 61, 63.

③ Hans Friderichs, "Basic Problems of the World Economy", in Karl P. Sauvant and Hajo Hasenpflug, eds., *The New International Economic Order*, pp. 85, 87.

④ Robert W. Tucker, *The Inequality of Nations*, New York: Basic Books, Inc., 1977, pp. 193 – 194.

现行利益的条件下谋求财富与权力"①,因此,国际经济新秩序在本质上体现了发展中国家与发达国家之间"在政治意识形态方面的冲突",是发展中国家发动的一场"新冷战",是一种"国际经济新秩序式的帝国主义"。② 此外,维护美国在现行国际经济秩序中的主导地位亦是拒绝主义反对国际经济新秩序的一个重要原因。拒绝主义认为,国际经济新秩序是发展中国家(甚至包括欧洲国家)试图独立于美国的经济轨道、实现更加紧密的经济和政治联合的一场运动③,因此,国际经济新秩序将危及美国的主导地位,是美国的灾星。④ 基于以上观点,拒绝主义认为发达国家,尤其是美国应明确反对国际经济新秩序的所有要求。

拒绝主义的观点并不符合国际政治经济关系发展演进的历史与现实,因此即使在发达国家也是应和者寡。另一方面,拒绝主义对发达国家政策决策的影响仍然不容忽视,从某种意义上讲,拒绝主义为有关发达国家反对或阻挠国际经济新秩序的谈判提供了理论依据。

在围绕国际经济新秩序的大辩论中,代表西方发达国家立场的典型观点就是功能主义。从总体上讲,功能主义理论对国际经济新秩序持怀疑甚至否定态度,认为国际经济新秩序"即使不是完全不切实际的,至少也是毫无效率的"⑤;而且,发展中国家亦缺乏实现国际经济新秩序的政治和经济筹码与手段。⑥ 世界银行前行长克劳森指出,南方-北方模式过于简单化,以南北划分为依据的国际经济新秩序倡议是将"教条和意识形态"强加于全球性经济问题。⑦ 相互依赖理论的奠基者

---

① Craig N. Murphy, "What the Third World Wants", pp. 56 – 57.

② Charles Ries, "The 'New International Economic Order': The Skeptics' Views", in Karl P. Sauvant and Hajo Hasenpflug, eds., *The New International Economic Order*, pp. 65, 80.

③ Michael Hudson, *Global Fracture: The New International Economic Order*, New York: Harper & Row, 1977, p. 1.

④ Fred Hirsch, "Is There a New International Economic Order?" *International Organization*, Vol. 30, No. 3, 1976, p. 522.

⑤ Michael W. Doyle, "Stalemate in the North-South Debate: Strategies and the New International Economic Order", p. 435.

⑥ Tariq O. Hyder, "Inchoate Aspirations for World Order Change", *International Security*, Vol. 2, No. 4, 1978, pp. 56 – 57.

⑦ 章士峨:《评对建立国际经济新秩序的一些看法》,《国际问题研究》1983 年第 4 期,第 10 页。

理查德·库珀更是坚信"国际经济新秩序的有关方案包含着难解的悖论"，其突出表现就是，国际经济新秩序在关注发展中国家利益的同时却忽视了发达国家的利益，结果只能是导致矛盾乃至冲突。[1] 具体地讲，功能主义的理论观点主要体现在四个方面。

首先，功能主义认为发展中国家贫穷落后的责任不能归咎于发达国家。克里斯·布朗指出，在以前的几个世纪，发达国家确实对发展中国家进行了大量剥削，另一方面，帝国主义的影响既有消极的方面，也有积极的方面；而且，随着时间的流逝，帝国主义的影响早已烟消云散，因此，今天的发达国家不必对很早以前的非正义行为负责。布朗认为，即使发达国家及其跨国公司的某些行为导致发展中国家的状况进一步恶化，但这并不是国际经济关系中不平等现象的决定性因素。鉴于此，发展中国家不应强求发达国家给予正义，而应采用说服的方式，推动南北双方在互惠的基础上展开合作以解决共同关心的问题。[2]

其次，功能主义声称世界经济秩序"并没有导致结构性不平等"，发展中国家已经从世界市场和国际投资中获得了利益，因此，国际经济新秩序的构想缺乏起码的道义依据。功能主义强调指出，发展中国家自身应当为经济发展作出积极努力，而发展中国家国内发展政策的选择将是影响经济增长的关键性因素，"国际规则调整充其量不过是辅助性的措施"。[3] 因此，借助于国际经济新秩序以实现经济发展的设想实际上回避了发展中国家理应承担的主要责任，围绕国际经济新秩序的争论只能是毫无结果的空谈。[4] 功能主义进而指出，国际经济新秩序包含了一系列虚假的模糊概念，其实施将阻碍而不是促进发展中国家的经济发展，因此，国际经济新秩序对发展中国家而言实际上是陷阱

---

[1] Richard N. Cooper, "A New International Economic Order for Mutual Gain", *Foreign Policy*, No. 26, Spring, 1977, pp. 116 – 117.

[2] James E. Dougherty and Robert L. Pfaltzgraff, Jr., *Contending Theories of International Relations*, pp. 465 – 466.

[3] Michael W. Doyle, "Stalemate in the North-South Debate: Strategies and the New International Economic Order", p. 437.

[4] James E. Dougherty and Robert L. Pfaltzgraff, Jr., *Contending Theories of International Relations*, p. 467.

和圈套。①

第三,功能主义承认现行国际经济秩序并非尽善尽美,需要作出特定的渐进式改革以在一定程度上回应发展中国家的需要,而调整或改革的最佳方法就是将发展中国家纳入现行国际经济体系以"确保该体系的持续运转及其价值观念和制度规范的完整性"②。作为"嵌入式自由主义"理论的首倡者,约翰·鲁杰明确指出,"自 60 年代初期以来,现行国际货币和贸易机制已经作出了一系列特别针对发展中国家的调整",其目的就在于体现发展中国家的改革要求③,这就意味着,现行国际经济秩序所包含的制度规则可以在渐进式改革的基础上应对发展中国家的经济发展问题并解决发展中国家的利益关切。

第四,在承认现行国际经济规则需要作出渐进式改革的同时,功能主义强调南北谈判应以功能性标准作为指导原则,将关注的重点聚焦于需要通过国际合作才能解决的全球性问题或"全球议程",诸如粮食问题、能源问题和环境问题等。④ 功能主义指出,现行国际经济秩序面临着全球议程的新挑战,另一方面,构成现行国际经济秩序基础的专门性多边制度在应对全球性问题上亦取得了积极进展。相反,围绕国际经济新秩序的全球谈判却陷入了僵局,更不用说在处理全球性问题上有所作为。鉴于此,功能主义认为迎接全球议程挑战的关键并不是建立国际经济新秩序,而是加强现行国际经济秩序及其规则体系,尤其是功能性的多边制度,如关贸总协定制度、国际货币基金组织和世界银行等。⑤

功能主义完全站在西方发达国家的立场上,对现行国际经济秩序以及发展中国家的正当要求作出了有失公允的评判。首先,功能主义竭力否认现行国际经济秩序的不平等性,这是不符合历史事实的。诚

---

① William Loehr and John P. Powelson, *Threat to Development: Pitfalls of the NIEO*, Boulder: Westview Press, 1983, pp. 2, 4, 12.

② Roger D. Hansen, *Beyond the North-South Stalemate*, pp. 64 – 65, 179.

③ John G. Ruggie, "Another Round, Another Requiem? Prospects for the Global Negotiations", in Jagdish N. Bhagwati and John G. Ruggie, eds., *Power, Passions, and Purpose: Prospects for North-South Negotiations*, Cambridge: The MIT Press, 1984, pp. 38, 42.

④ Roger D. Hansen, *Beyond the North-South Stalemate*, pp. 65 – 66.

⑤ Michael W. Doyle, "Stalemate in the North-South Debate: Strategies and the New International Economic Order", pp. 437 – 438, 443 – 444.

然,实现经济发展需要发展中国家作出积极的努力,但在现行国际经济秩序及其规则体系的桎梏下,发展中国家的努力实际上是难见成效的,因此,创造一个公平合理的国际经济制度环境对于发展中国家的经济发展无疑是至关重要的。实际上,国际社会的所有国家均不同程度地承认,如果没有良好的国际经济环境的支持,发展中国家改善国内经济政策结构的努力是不可能达到预期效果的。① 其次,功能主义夸大了现行国际经济制度在促进发展中国家经济发展方面的作用。不可否认,现行国际经济制度规则在推动世界经济发展方面确实发挥了一定程度的作用,但世界经济的发展又呈现出明显的非均衡性,而现行国际经济秩序的结构性不平等则是导致南北差距扩大化的主要根源之一。诚然,国际金融和贸易规则自60年代以来作出了某些有利于发展中国家的适度调整,但现行国际经济秩序的不平等性并未根本改变,创建公正合理的国际经济制度环境仍然任重而道远。第三,功能主义注意到全球性问题的挑战,因而具有一定的借鉴意义。随着世界经济的发展,全球性问题日益凸显,功能性的多边制度在处理全球性问题上确实发挥了相应的作用。但功能主义却忽视了这样一个事实:全球性问题的出现在很大程度上与现行国际经济秩序的不合理性是密切相关的,治理全球性问题的根本途径仍然是建立公正合理的国际经济新秩序,以使发展中国家和发达国家均能平等参与全球议程的谈判,共同应对全球性问题的挑战。第四,尽管功能主义有关渐进式改革的主张旨在维护现行国际经济秩序的完整性,而非从根本上解决世界经济的均衡发展问题,但渐进式改革的思路却为发展中国家寻求建立国际经济新秩序提供了有益的启示。应当承认,国际经济新秩序的建立不可能一蹴而就,因此,相关领域的渐进式改革就成为发展中国家寻求建立国际经济新秩序的现实的战略选择与政策策略,这就意味着发展中国家必须积极参与国际经济制度规则的谈判与制定,以国际经济新规则的阶段性成果推动国际经济新秩序的建立。

---

① Kenneth Dadzie, "The UN and the Problem of Economic Development", in Adam Roberts and Benedick Kingsbury, eds., *United Nations*, *Divided World*: *The UN's Roles in International Relations*, Oxford: Clarendon Press, 1993, p. 309.

三、新功能主义的观点

新功能主义对结构主义和功能主义均提出了质疑。首先,新功能主义认为,结构主义有关国际经济新秩序的计划是"不切实际的",理由是:结构主义没有考虑到南北方之间广泛而紧密的联系,连接南北关系的纽带是相互依赖而非依附,南方和北方共享的利益与义务必须成为全球改革的基础;结构主义的观点是肤浅的,它忽视了远比经济发展更为重要的价值观念,如全球环境保护、世界和平等。同时,新功能主义亦批评功能主义是"基于狭隘的相互依赖理念",主要表现在:功能主义以国家利益代替全球利益和人类利益,且零碎的渐进式改革将难以赢得南方的合作;功能主义所主张的基于北方主导的专门性多边制度的改革方案不足以应对全球挑战,因而不值得信赖。[1] 在批评结构主义和功能主义的基础上,新功能主义提出了全球改革的观点。

首先,新功能主义从相互依赖的角度重新审视了南北关系。国际发展问题独立委员会(勃兰特委员会)报告指出,当今世界面临诸多全球性问题,国际体系的相互依赖明显增强。就南北关系而言,"离开了北方,南方就不能获得充分的发展;同样,北方的繁荣也有赖于南方取得更大的发展",因此,"发展意味着相互依赖,这两者都是人类生存的先决条件",经济和社会发展已经成为"全球责任"。[2]

其次,新功能主义明确提出了全球改革的主张。新功能主义着重指出,现行国际经济秩序及其规则体系是不公平的,发展中国家实际上没有平等获益的机会;而且,现行世界经济体系的非均衡和不平等不仅影响到发展中国家,同时也影响到发达国家。[3] 正因为如此,新功能主义认为必须通过全球改革以增进全球范围的公平程度。[4] 勃兰特委员会报告持有同样观点,认为"国际关系,尤其是国际经济关系需要进行

[1]　Michael W. Doyle, "Stalemate in the North-South Debate: Strategies and the New International Economic Order", p.448.

[2]　Independent Commission on International Development Issues (Brandt Commission), *North-South: A Programme for Survival*, Cambridge: The MIT Press, 1980, pp.8, 23, 33.

[3]　John McHale and Magda Cordell McHale, "Meeting Basic Human Needs", *Annals of the American Academy of Political and Social Science*, Vol.442, Mar., 1979, p.24.

[4]　Roger D. Hansen, *Beyond the North-South Stalemate*, pp.70-72.

深刻的改革"，国际社会必须寻求"建立新的秩序并对发展问题采取新的综合处理的方式"。简言之，全球改革"必须遵循权利与机会平等的原则，进而达成公平的妥协以消除严重的不公正并促进世界各国的相互利益"。勃兰特委员会报告强调，解决全球公平问题、实现全球改革的途径应是南北对话与合作，而不是南北对抗。[①]

第三，新功能主义坚信全球改革的首要任务是满足"人的基本需要"。新功能主义认为，发展的核心目标就是满足"人的基本需要"。[②]因此，在关注全球公平问题的同时，新功能主义特别强调国际经济体系的改革应超越纯粹的经济增长，并致力于寻求生活必需品的公平分配以满足"人的基本需要"，因为"人的基本需要"从根本上讲体现了南北双方的共同利益。[③] 约翰·加尔通坚信，全球改革不应仅仅关注资本主义式工业和经济增长，而应将满足发展中国家人们的基本需要置于优先地位。[④] 新功能主义认为，"人的基本需要"包括三个核心内容：食物营养、医疗卫生和基础教育；只有将全球改革与"人的基本需要"紧密结合起来，南北谈判才能取得富有成效的进展；而作为达到这一目标的关键环节之一，发展中国家亦应承诺进行相应的国内改革。不仅如此，新功能主义还强调了全球改革对于南北双方的政治和战略意义，认为全球公平和"人的基本需要"的满足是确保世界和平与人类生存的必要条件。[⑤]

新功能主义从全球公平，尤其是满足"人的基本需要"的视角提出了全球改革的主张，因而具有重要的借鉴意义；但另一方面，新功能主

---

① Independent Commission on International Development Issues (Brandt Commission), *North-South*, pp. 11, 18, 22.

② Johan Galtung, "The New International Economic Order and the Basic Needs Approach", in Richard A. Falk, Samuel S. Kim and Saul H. Mendlovitz, eds., *The United Nations and a Just World Order*, pp. 292 – 293.

③ Michael W. Doyle, "Stalemate in the North-South Debate: Strategies and the New International Economic Order", pp. 450 – 451.

④ James E. Dougherty and Robert L. Pfaltzgraff, Jr., *Contending Theories of International Relations*, p. 468.

⑤ Roger D. Hansen, *Beyond the North-South Stalemate*, pp. 249, 291 – 292, 301; Independent Commission on International Development Issues (Brandt Commission), *North-South*, pp. 13, 15 – 16.

义又以"人的基本需要"方式为着眼点对国际经济新秩序提出了质疑，认为国际经济新秩序"并不是改善发展中国家在世界经济中地位的有关方案的必要组成部分"①，鉴于此，新功能主义的观点仍有值得商榷之处。首先，新功能主义认为现行国际经济秩序对发展中国家是不公平的，这一观点与结构主义对现行国际经济秩序的认识具有相通之处，但新功能主义有关国际经济新秩序没有考虑到南北之间相互依赖关系的论述却是缺乏说服力的。实际上，国际经济新秩序的宗旨就是相互依赖、平等互利和共同发展，发展中国家亦作出了积极的努力以寻求同发达国家展开全球谈判，进而推动国际经济新秩序的制度建设取得了积极的阶段性进展。其次，新功能主义明确提出了全球改革的主张，但其目标并不是支持建立国际经济新秩序，而是致力于全球公平，尤其是满足"人的基本需要"。从本质上看，满足"人的基本需要"显然是符合南北双方的共同利益的，就这个意义而言，新功能主义的全球改革目标具有合理的内涵。而"人的基本需要"的满足除了发展中国家必须采取积极有效的国内政策措施之外，在很大程度上还有赖于发展中国家获得平等发展以及国际经济的平等获益的机会，关键环节就是建立一个公正合理的国际经济新秩序。换言之，国际经济新秩序是全球公平和满足"人的基本需要"的制度基础和前提条件。新功能主义着眼于全球公平和"人的基本需要"无疑是值得借鉴的，但离开了世界经济，包括发展中国家经济的共同发展，"人的基本需要"的满足将成为无源之水，无本之木。因此，即使从全球公平和满足"人的基本需要"的角度看，建立公正合理的国际经济新秩序仍然是一个必要步骤。

综上所述，结构主义、功能主义和新功能主义的不同观点清楚地表明：国际经济新秩序不仅体现为南北之间的谈判过程，而且还"彰明较著地展示了有关世界经济关系的现实与预期结构的理论争鸣"②。结构主义揭示了现行国际经济秩序的结构性不平等，阐明了国际经济新秩序的真实内涵，从而为发展中国家倡导建立国际经济新秩序奠定了理论基础和发展方向；但结构主义对于建立国际经济新秩序的政策策

---

① Jeffrey A. Hart, *The New International Economic Order*, p.15.

② Robert W. Cox, "Ideologies and the New International Economic Order: Reflections on Some Recent Literature", *International Organization*, Vol.33, No.2, 1979, pp.258-259.

略却未能作出充分完整的论述,发展中国家必须根据国际政治经济关系的发展变化不断充实国际经济新秩序的时代内涵,探索建立国际经济新秩序的有效途径。功能主义以西方发达国家的利益考虑为出发点,竭力维护现行国际经济秩序及其制度规则体系,并成为西方发达国家反对建立国际经济新秩序的理论依据;尽管如此,功能主义有关渐进式改革的观点仍然在一定程度上为发展中国家制定相应的政策与谈判策略提供了可资借鉴的启示。新功能主义剖析了现行国际经济秩序的不公平性质,但又对国际经济新秩序提出了质疑,并从全球公平和满足"人的基本需要"的角度阐述了全球改革的主张;尽管新功能主义未能就全球改革提出切实可行的方案,尽管在发展中国家看来,相对于国际经济新秩序的制度规则改革而言,"人的基本需要"方式是"更廉价的选择"①,但全球改革倡议及"人的基本需要"方式仍然为发展中国家从更深远的层面思考国际经济新秩序提供了新的视角。②

除了上述争论之外,约翰·怀特的观点亦富有借鉴意义。怀特认为,国际经济新秩序体现了发展中国家的谈判立场和行动纲领,且内容广泛而具体,因此,对国际经济新秩序的解读必须基于有关的文本和议程。在怀特看来,西方学术界已经就国际经济新秩序的诸多原则(如增加面向发展中国家的援助、促进有利于发展中国家的贸易安排、推动发展中国家参与国际货币金融关系的改革与决策等)达成了共识。从这个意义上讲,国际经济新秩序应被视为发展过程的组成部分。③ 毫无疑问,国际经济新秩序是发展中国家参与国际经济关系的一个全面的、综合性的议程设置,对国际经济新秩序的认识与评价必须以国际经济新秩序的纲领性文件以及有关的计划和议程安排为基础,只有这样,才能准确理解国际经济新秩序的改革与发展的本质内涵。

---

① John McHale and Magda Cordell McHale, "Meeting Basic Human Needs", p. 26.
② 舒建中:《国际经济新秩序的理论争鸣:结构主义、功能主义和新功能主义》,《世界经济与政治论坛》2009 年第 2 期,第 110 页。
③ John White, "The New International Economic Order: What Is It?" *International Affairs*, Vol. 54, No. 4, 1978, pp. 626 – 628.

第三节 经济全球化与国际经济新秩序

建立国际经济新秩序是广大发展中国家不懈追求的战略目标,其政策基石就是将发展中国家作为全球秩序的组成部分,进而寻求现行国际体系及其机制与关系的结构性改革。[①] 从 20 世纪 70 年代起,发展中国家就为寻求建立国际经济新秩序作出了积极的努力。随着世纪之交经济全球化的深入发展,国际经济新秩序的建立变得更加必要,因为国际经济新秩序的原则目标与经济全球化的发展方向是完全一致的:经济全球化的发展为国际经济新秩序的建立提供了强大的动力,另一方面,经济全球化也需要国际经济新秩序的制度保障。鉴于此,经济全球化与国际经济新秩序实际上构成了有机的互动关系。

一、国际经济新秩序的基本原则与经济全球化

经济全球化经历了一个逐步发展的历程,资本主义制度的诞生以及产业革命的兴起推动了生产、贸易和资本的跨国发展,开启了经济国际化的进程并拉开了经济全球化的序幕。第二次世界大战结束之后,以新科技革命的成果为强大动力,以国际经济组织(主要是国际货币基金组织、世界银行和关贸总协定)的建立及其规则体系为制度保障,经济全球化进入了实质性发展的时期。随着冷战的结束,经济全球化加速发展,成为影响国际政治经济关系发展演进的一个重要因素。经济全球化是以生产力的发展为根本动力,以商品、服务、资本和技术在世界性生产、贸易和投资等领域的广泛扩散为基本表现形式,以国际经济关系的制度规则为保障而形成的世界各国经济日益相互融合、相互依赖并相互制约的历史过程。[②]

经济全球化浪潮席卷了包括发展中国家在内的世界所有国家,加深了世界各国间的相互依赖,因此,经济全球化对国际经济关系的发展

---

① Gamani Corea, "UNCTAD and the New International Economic Order", *International Affairs*, Vol. 53, No. 2, 1977, pp. 177 - 178.

② 对于经济全球化的含义、性质和发展历程,学术界存在着不同的观点,有关争论可参见李琮:《经济全球化新论》,北京:中国社会科学出版社 2005 年版,第 1—37 页。

提出了新的要求，即经济全球化背景下的国际经济关系和国际经济秩序必须遵循平等互利和共同发展的原则。所谓平等互利，就是指国际经济关系应建立在主权平等、合作互利的基础上，所有国家均应据此共同参与经济全球化的进程。所谓共同发展，就是指经济全球化的成果应在平等互利的基础上惠及世界所有国家，包括发展中国家，全球化的经济发展应是所有国家经济的共同发展和共同繁荣。简言之，全球化意味着"国家的相互依赖、经济的共享本质、利益的相互依存以及交流的共享利益"①。

诚然，第二次世界大战结束之后建立的国际经济秩序及其制度规则体系在一定程度上推动了经济全球化的发展，但这一秩序是以不合理的国际分工结构、不平等的国际贸易关系以及不公正的国际金融关系等制度规则为基础的，因此，现行国际经济秩序规范下的当今经济全球化就具有强烈的非均衡性②，主要体现了西方发达国家的利益，发展中国家则很难平等参与经济全球化的进程并平等分享经济全球化的发展成果。换言之，经济全球化始终是一个不平等、非对称性的进程，具有非均衡的基本特点，发达国家和发展中国家在地位、作用与收益等诸多方面存在着严重的不平等。③ 实际上，在经济全球化进程中，世界的融合与分裂同时进行，其中贫富两极分化是最核心的全球性问题；受益的不均衡分布，以及在制定全球规则方面的失衡，是当今经济全球化的特点④，而发达国家主导的国际经济秩序则是造成世界经济两极分化与南北差距扩大化的根源所在。⑤ 显然，这种非均衡性与经济全球化对国际经济关系的客观要求是极不相符的，改革不平等、不公正、不合理的现行国际经济秩序，建立与经济全球化相适应的公正合理的国际经济新秩序因此提上了国际社会的议事日程。换言之，解决经济全球

---

① 艾利克斯·柯林尼克斯：《全球化、帝国主义与资本主义世界体系》，载于戴维·赫尔德、安东尼·麦克格鲁《全球化理论：研究路径与理论论争》，王生才译，北京：社会科学文献出版社 2009 年版，第 64 页。

② 贾都强：《全球化与建立国际经济新秩序》，《当代亚太》2001 年第 4 期，第 3—6 页。

③ 俞正樑、陈玉刚、苏长和：《21 世纪全球政治范式》，上海：复旦大学出版社 2005 年版，第 211 页。

④ 肖巍、钱箭星：《论经济全球化和国际经济秩序失衡》，《毛泽东邓小平理论研究》2002 年第 2 期，第 84 页。

⑤ 徐泉：《国家经济主权论》，北京：人民出版社 2006 年版，第 269 页。

化进程中存在的不公正、不平等问题,根本出路就在于建立平等互利的国际经济新秩序。[①]

如前所述,国际经济新秩序从根本上讲涉及世界经济发展进程中有关"全球层面的治理体系问题"[②],其原则、目标和议程充分展示了发展中国家期望平等参与国际经济活动、促进世界经济发展的强烈愿望。更为重要的是,从经济全球化的角度看,国际经济新秩序的基本原则顺应了经济全球化的历史潮流,体现了经济全球化的客观要求。

(一)国际经济新秩序的基本原则与经济全球化

根据国际经济新秩序纲领性文件,国际经济新秩序的基本原则就是主权平等、相互依赖、合作互利和共同发展,即所有国家应在平等互利的基础上参与国际经济活动并制定国际经济规则,进而促进所有国家的共同利益。国际经济新秩序的基本原则和总体目标同经济全球化的客观要求是完全一致的,充分体现了经济全球化协调发展所必须具备的原则基础——平等互利和共同发展。

(二)国际经济新秩序的具体原则和目标与经济全球化

根据所涉范畴,国际经济新秩序可细化为国际贸易新秩序、国际金融新秩序、国际投资新秩序、国际技术新秩序和国际海运新秩序等,其具体原则和目标同样符合经济全球化的发展趋势和客观要求。

国际贸易新秩序的原则和目标是:通过商品综合方案和共同基金(Common Fund)以稳定初级产品价格,改善发展中国家的贸易条件;通过削减关税和非关税贸易壁垒以改善发展中国家产品进入发达国家市场的条件;确立有利于发展中国家的以普遍性、非互惠和非歧视原则为基础的普惠制,多边贸易谈判亦应遵循对发展中国家的优惠原则。由此可见,国际贸易新秩序旨在鼓励发展中国家积极参与国际贸易,促进世界贸易的发展,推动贸易多边化和自由化的进程,因此,国际贸易新秩序的原则目标与贸易全球化的发展方向是完全一致的。

国际金融新秩序的原则和目标是:维持汇率稳定,减轻通货膨胀对

---

① 何志鹏:《全球化经济的法律调控》,北京:清华大学出版社 2006 年版,第 363 页。
② Richard N. Cooper, "A New International Economic Order for Mutual Gain", p. 75.

发展中国家经济的影响;改革国际货币金融制度以使发展中国家充分参与国际金融机构的决策,增加有利于发展中国家的特别提款权分配;促进面向发展中国家的不附带任何条件的官方援助,国际金融机构亦应增加发展贷款;减轻发展中国家的债务负担。由此可见,国际金融新秩序旨在改善发展中国家在国际货币金融领域的不利地位,支持发展中国家积极参与国际金融关系的决策过程以及全球金融的发展进程,促进有利于发展中国家的资金转移以推动经济发展,因而是符合金融全球化发展的要求的。

国际投资新秩序的原则和目标是:促进有利于发展中国家的国际投资;制订跨国公司国际行为守则以规范跨国公司的投资活动,推动跨国公司以公平优惠的条件向发展中国家提供技术转让和管理技能,确保国际投资的健康发展。因此,国际投资新秩序旨在鼓励国际投资的进一步发展,规范跨国公司在发展中国家的投资行为,以此促进投资全球化以及发展中国家的经济发展。

国际技术新秩序的原则和目标是:制订以平等互利为基础的国际技术转让行为守则,促进有利于发展中国家的技术转让,增强发展中国家的技术能力。由此可见,国际技术新秩序旨在加强国际技术合作,规范国际技术转让行为,以使发达国家和发展中国家能够共享现代科学技术的成果,因而顺应了经济全球化的历史潮流。

国际海运新秩序的原则和目标是:在联合国班轮公会行为守则的基础上促进发展中国家平等参与国际海运及其规则的制定,确保国际海运的有序发展。毫无疑问,平等参与国际海运是发展中国家投身经济全球化的重要途径之一,并将有助于发展中国家对外贸易的发展,因此,国际海运新秩序无疑是符合经济全球化的发展趋势的。

综上所述,经济全球化客观上要求世界所有国家共同参与国际经济活动,共同决定国际经济事务,进而达到共同发展的目标,因此,发展中国家的参与程度将是考量经济全球化发展水平的重要标准之一。但西方发达国家主导的现行国际经济秩序却阻碍了发展中国家充分参与经济全球化的进程,致使发展中国家无法分享经济全球化的成果。为积极参与国际经济活动,发展中国家提出了建立国际经济新秩序的主张,由此表明"战后国际经济秩序的制度结构必须予以重组以便反映南方国家的意愿和利益"。[1] 更为重要的是,经济全球化的深入发展对国际经济秩序的构建提出了新的要求,而国际经济新秩序的原则和目标从根本上讲是符合经济全球化的客观要求及发展趋势的,因此,经济全球化更加凸显了建立国际经济新秩序的重要性。

二、经济全球化与国际经济新秩序的互动关系

由发展中国家倡导的国际经济新秩序是在经济全球化逐步展开的大背景下提出的,其原则和目标顺应了经济全球化的历史潮流,鉴于此,国际经济新秩序与经济全球化实际上构成了有机的互动关系,这种互动关系主要体现在以下两个方面。

(一) 经济全球化为国际经济新秩序的建立提供了强大动力

国际经济新秩序的构建需要以国际经济的发展作为根本依托,而经济全球化则在客观上为国际经济新秩序的建立奠定了重要的经济基础,并提供了强大的动力。

首先,经济全球化进一步昭示了现行国际经济秩序的不合理性,呼唤着新的国际经济秩序及其规则体系的建立。

运转至今的国际经济秩序基本上是第二次世界大战结束后由美国主导的国际经济制度规则体系的延续,主要体现了以美国为首的西方发达国家的利益,因此,战后国际经济秩序及其规则体系没有考虑到发展中国家与发达国家之间在经济结构和发展水平上的差异以及发展中国家在世界经济体系中处于边缘地位的历史特征,明显将发展中国家置于不利地位,即战后国际经济秩序及其制度规则体系忽视了发展中国家的利益与要求,基本排斥了发展中国家的平等参与权和决策权。"结构失衡"是战后国际经济秩序的基本特征,"在结构严重失衡的束缚下,一个相互依赖的世界经济将不可能有效运转"。[2] 从经济全球化的层面来看,经济全球化的中心是发达国家,起主导作用的也是发达国

---

[1]　Jagdish N. Bhagwati, "Rethinking Global Negotiations", in Jagdish N. Bhagwati and John G. Ruggie, eds. , *Power*, *Passions*, *and Purpose*, p. 25.

[2]　Ervin Laszlo, Robert Baker, Jr. , Elliott Eisenberg and Venkata Raman, *The Objectives of the New International Economic Order*, New York: Pergamon Press, 1978, p. XXIV.

家,这成为全球经济发展不平衡的根源。① 更为重要的是,随着经济全球化的深入发展以及统一的全球市场的逐步形成,发展中国家亦深深卷入了经济全球化的浪潮,世界经济日益联结成为一个整体,发展中国家与发达国家之间的相互依赖明显增强,在此背景下,主要体现发达国家利益的现行国际经济秩序更加暴露出不平等性和不合理性,并导致了经济全球化的不平衡发展以及世界贫富的两极分化,"两极分化这一人类文明的耻辱……(在经济全球化的)今天似乎愈显突出了"②,而南北鸿沟的扩大从根本上讲与所有人的利益都是背道而驰的。③ 因此,现行国际经济秩序框架下的经济全球化存在严重缺陷,难以为持久的世界和平与发展提供真正可靠的保障,现行国际经济秩序也难以推动经济全球化的均衡与顺利发展。④ 经济全球化的发展日益凸显出现行国际经济规则和经济秩序对发展中国家的不公正性和不适应性⑤,同时亦清楚地表明现行国际经济秩序及其制度体系与经济全球化的客观要求和发展趋势是背道而驰的,即违背了全球化经济发展的平等互利和共同发展原则,因而成为发展中国家经济发展及世界经济相互融合的巨大障碍,并最终有损于经济全球化的均衡发展。鉴于此,为推动经济全球化的平稳有序发展并使其成果公平合理地惠及世界所有国家,确立一系列兼顾发达国家与发展中国家利益的国际经济制度规则就成为历史的必然选择,改革不公正、不合理的现行国际经济秩序,寻求公正与合理的国际经济新秩序亦成为经济全球化发展的必然要求。换言之,一个公平、公正、合理的国际秩序,是发展中国家成功应对全球化的必要的外部条件,否则,经济全球化将难以达到共赢、共存和共同发展的目的。⑥ 正因为如此,经济全球化的深入发展无疑为国际经济

① 李琮:《经济全球化与当代资本主义》,《当代世界与社会主义》2001 年第 2 期,第 44—45 页。
② 邱尊社:《马克思主义与当代经济全球化问题研究》,北京:北京大学出版社 2006 年版,第 125 页。
③ Joseph M. Grieco and G. John Ikenberry, *State Power and World Markets*, p.335.
④ 赵景峰:《经济全球化的马克思主义经济学分析》,北京:人民出版社 2006 年版,第 241 页。
⑤ 伍贻康、钱运春:《经济全球化与发展中国家》,《世界经济与政治论坛》2000 年第 1 期,第 12 页。
⑥ 俞正樑、陈玉刚、苏长和:《21 世纪全球政治范式》,第 214 页。

新秩序的建立提供了强大的推动力。

其次,经济全球化推动了全球性以及区域性的国际经济对话与合作,为国际经济新秩序的建立创造了更为有利的条件。

随着经济全球化的深入发展,世界各国的经济更加紧密地联系在一起。为应对经济全球化的机遇与挑战,世界各国均采取了积极的措施以加强国际经济合作,而全球性和区域性的南北对话以及南南合作则是其重要表现形式。就区域性南北对话而言,从20世纪70年代起,区域性南北对话在经济全球化的背景下逐步兴起;进入21世纪后,区域性南北对话更加频繁并呈现出制度化的趋势。就南南合作而言,发展中国家展开了全球性以及区域、次区域和区域间的经济合作并取得了积极的进展,以中国-东盟对话机制和中非合作论坛的发展为重要标志,南南合作的制度化程度不断提高。区域性南北对话和南南合作的发展及其间形成的国际经济规则不仅冲击着现行国际经济秩序,而且充实了国际经济新秩序的内涵。就全球性的南北对话而言,在经济全球化的背景下,发展中国家和发达国家围绕与国际经济新秩序有关的国际贸易、国际金融、国际海运、国际技术转让等展开了程度各异的磋商,并在国际贸易规则、国际融资规则、国际海运规则以及国际海洋规则等方面取得了一定的成果,标志着发展中国家寻求建立国际经济新秩序的努力在特定领域取得了阶段性进展。经济全球化促使发达国家与发展中国家以及发展中国家之间展开了不同层次的磋商与合作,推动了国际经济新规则的制定与发展,并为国际经济新秩序的建立创造了更为有利的国际环境。

总之,经济全球化不仅为国际经济新秩序的建立提供了强大的动力,而且为国际经济新秩序的构建创造了有利的条件。作为社会生产力发展的结果,经济全球化必将挣脱现行国际经济秩序中不合理规则的羁绊,并为国际经济新秩序的建立奠定牢固的经济基础。

（二）国际经济新秩序将为经济全球化提供制度保障

随着经济全球化的发展,国际经济秩序及其规则的制度保障功能更显突出,"经济全球化程度越高,就越需要制定国际规则来协调和约束世界各国在国际经济活动中的行为,以求国际经济的有序运转"①。由于西方发达国家主导的现行国际经济秩序具有明显的不平等性，忽视了发展中国家在国际经济关系中的利益与地位，因此不能适应全球化的经济发展。而国际经济新秩序则积极倡导规范国际经济体系的新方法和新途径，并致力于从全球层面处理发展中国家与发达国家之间的关系②；更为重要的是，国际经济新秩序兼顾了发展中国家与发达国家的利益，强调了发展中国家平等参与国际经济活动的权利。换言之，国际经济新秩序的核心就是致力于推动建立有利于发展中国家经济发展的国际制度体系，其最终目标就是实现全球经济的公平与均衡发展。③ 正因为如此，国际经济新秩序能够为经济全球化的顺利发展提供可靠的制度保障，推动经济全球化朝着均衡、互利、共赢的方向发展。

均衡是经济全球化的内在要求，这就意味着经济全球化必须具备相应的均衡机制以兼顾世界各国的利益考虑，推动有关国家共同参与经济全球化进程并促进不同发展水平国家经济的共同发展。但现行国际经济秩序及其制度规则体系却导致了西方发达国家"经济权力的巩固和集聚"，在漠视发展中国家利益的同时亦"很难实现公平均衡的发展"④；如果任由这种状态持续下去，经济全球化的进程必将受到严重损害。而国际经济新秩序以公正合理作为指导思想，强调了世界经济的平等发展，由此表明国际经济新秩序具有均衡机制的特点，即国际经济新秩序旨在寻求世界经济，尤其是南北经济的平衡与协调，力图构筑国际经济关系及其规则体系的均衡机制，并为经济全球化的均衡发展奠定制度基础。

互利是经济全球化的重要保障，这就意味着经济全球化必须建立在平等互利的基础上，只有遵循互利原则，经济全球化才会具有均衡的激励机制并获得持久的发展。但现行国际经济秩序规范下的经济全球化却主要体现了西方发达国家的利益，直接导致了世界经济的非均衡

---

① 王和兴：《全球化时代的南北关系》，《世界经济与政治》2002年第12期，第60页。

② Johan Galtung, "The New International Economic Order and the Basic Needs Approach", p. 292.

③ 何志鹏：《国际经济法与国际经济新秩序》，《法制与社会发展》1999年第1期，第86页。

④ Mangat Ram Aggarwal, *New International Economic Order: Interdependence and Southern Development*, New York: Envoy Press, 1987, p.4.

发展;换言之,西方发达国家主导的全球利益分配格局违背了经济全球化的互利原则,并将使经济全球化最终失去发展的利益驱动力。而国际经济新秩序则以平等互利作为基本原则,强调了国际经济关系的平等参与以及国际经济利益分配的互利互惠,充分展示了经济全球化条件下国家间利益分配的新内涵,因此,国际经济新秩序的互利机制将为经济全球化的均衡发展提供有力的制度保障。

共赢是经济全球化的最终目标,这就意味着经济全球化必须在均衡和互利的基础上实现所有国家的共同发展;换言之,经济全球化不应以损害发展中国家的利益为代价,而应实现合作共赢的目标。但现行国际经济秩序规范下的经济全球化却不同程度地损害了发展中国家的利益,导致南北差距扩大化,因而背离了经济全球化本应具有的合作共赢的原则和目标。另一方面,经济全球化背景下提出的国际经济新秩序始终以世界上所有国家的合作与共同发展作为基本原则和政策目标,强调发达国家与发展中国家应共同参与全球经济的发展,共同分享国际经济的成果,由此表明国际经济新秩序具有共赢机制的属性,并将为经济全球化的均衡发展提供进一步的制度保障。

综上所述,国际经济新秩序是发展中国家为寻求改革现行国际经济秩序而提出的,体现了发展中国家在现行国际机制的范围内寻求有利环境的努力,是一种体系内的变革[1];而且,基于相互依赖的原则,国际经济新秩序强调了发展中国家融入全球经济体系的必要性。[2] 因此,国际经济新秩序的根本目的就是"确保发展中国家更加公平地参与世界经济的进步与发展"[3]。更为重要的是,随着经济全球化的发展,发展中国家迫切希望通过建立公正合理的国际经济新秩序以推动发展中国家平等参与经济全球化的进程,平等分享经济全球化的收

---

[1] Robert L. Rothstein, "Regime-Creation by a Coalition of the Weak: Lessons from the NIEO and the Integrated Program for Commodities", *International Studies Quarterly*, Vol. 28, No. 3, 1984, pp. 308, 311.

[2] Albert Fishlow, Carlos F. Diaz-Alejandro, Richard R. Fagen and Roger D. Hansen, *Rich and Poor Nations in the World Economy*, New York: Mcgraw-Hill Book Company, 1978, pp. 23 - 24.

[3] P. N. Agarwala, *The New International Economic Order*, p. 335.

益。[①] 在此背景下,经济全球化与国际经济新秩序实际上形成了动力与保障的互动关系,即经济全球化是建立国际经济新秩序的根本动力,而国际经济新秩序则为经济全球化提供制度保障。公平的全球化议程同联合国 1974 年有关国际经济新秩序的基本原则和内涵是一脉相承的。[②] 因此,在经济全球化时代,国际经济新秩序的建立不仅具备了历史的合理性,而且还增添了时代的必要性。

实际上,在经济全球化深入发展的背景下,发展中国家进一步强化了寻求建立国际经济新秩序的努力。如 1995 年 10 月举行的不结盟运动第十一次首脑会议通过了《最后宣言》,强调发展是当今世界的主题,是实现和平的保障,为此,《最后宣言》明确提出在冷战结束之后,应以建立国际经济新秩序作为不结盟运动的基础和行动纲领。[③] 2000 年 2 月,第十届联合国贸发会议在泰国首都曼谷举行,会议通过的《曼谷宣言》和《行动计划》再次呼吁建立公正、合理的国际经济新秩序。[④] 国际经济新秩序既是发展中国家长期追求的目标,也是经济全球化背景下和平与发展的时代要求。

---

① 徐伟忠:《全球化条件下发展中国家的发展走向》,载于谈世中、王耀媛、江时学等:《经济全球化与发展中国家》,北京:社会科学文献出版社 2002 年版,第 64—65 页。

② Jenny Clegg, *China's Global Strategy*: *Towards a Multipolar World*, London: Pluto Press, 2009, p.219.

③ 樊勇明:《西方国际政治经济学》,上海:上海人民出版社 2006 年版,第 297 页。

④ 刘青建:《当代国际关系新论:发展中国家与国际关系》,北京:清华大学出版社 2004 年版,第 36 页。

第二章　国际贸易新秩序的阶段性进展

国际贸易新秩序是国际经济新秩序的关键组成部分,发展中国家寻求建立国际经济新秩序的努力首先就是在国际贸易领域内展开并取得了阶段性进展。随着贸易全球化的纵深推进,国际贸易新秩序的制度建设及其地位与作用更显突出。

按照赫尔德等人的解释,"贸易全球化意味着存在商品与服务贸易的全球市场"以及"适用于国家间……贸易政策的全球法律框架",鉴于此,贸易全球化的一个关键维度就是"贸易关系的制度化"。① 从贸易关系史的角度来看,贸易全球化经历了一个逐步发展的过程,资本主义制度的诞生以及产业革命的兴起推动了贸易关系的国际化进程,从而拉开了贸易全球化的序幕。第二次世界大战结束后,以新科技革命的成果作为强大动力,以关贸总协定制度的建立作为规则保障,贸易全球化进入了实质性发展的时期。随着冷战的结束,贸易全球化在广度、深度和速度上均获得了空前的发展,成为影响国际政治经济关系的重要因素之一。

正因为贸易全球化浪潮席卷了包括发展中国家在内的世界所有国家,加深了世界各国间的相互依赖,所以,贸易全球化对国际贸易关系的发展提出了新的要求,即贸易全球化背景下的国际贸易关系必须遵循平等互利和共同发展的原则,所有国家均应在主权平等、合作互利的基础上平等参与贸易全球化的进程,平等分享贸易全球化的成果。但事实却是,"在全球贸易体系中,不同国家的参与程度是相当不平等

---

① David Held, Anthony G. McGrew, David Goldblatt and Jonathan Perraton, *Global Transformations: Politics, Economics and Culture*, Stanford: Stanford University Press, 1999, pp. 19, 151 – 152.

的",发达国家主导世界贸易的趋势一直没有改变。[1]

诚然,以关贸总协定制度为核心的多边贸易体系在一定程度上推动了贸易全球化的发展。但关贸总协定制度规范下的国际贸易秩序是以不平等的国际关系为基础的并致力于调整发达国家之间的贸易关系,根本没有顾及发展中国家的利益。[2] 首先,关贸总协定制度致力于规范发达国家占据优势的工业制成品贸易,将对发展中国家具有重要意义的农产品、初级产品和纺织品贸易排斥在规则体系之外,致使发展中国家的利益"完全被冷漠甚至边缘化"。[3] 实际上,发达国家所奉行的工业品自由贸易政策与初级产品贸易保护政策是导致南北分歧的主要原因之一。[4] 其次,关贸总协定制度的互惠原则强调贸易谈判的条件性和对等性[5],完全忽视了发展中国家与发达国家之间在经济结构和发展水平上的巨大差异,明显将发展中国家置于不利地位;换言之,关贸总协定制度的互惠原则所带来的贸易自由化收益很少惠及发展中国家[6],因此,关贸总协定制度对发展中国家实际上是一种"间接歧视"。[7] 第三,关贸总协定规则在形式上的同等适用漠视了国家间经济发展水平的差异以及发展中国家在国际贸易关系中的不平等地位[8],因而在很大程度上削弱了发展中国家的贸易参与能力,阻碍了发展中国家的经济发展。总之,关贸总协定制度体系主要服务于发达国家的

---

[1]　Susan Strange, *States and Markets*, p. 172.

[2]　Sidney Wells, "The Developing Countries, GATT and UNCTAD", *International Affairs*, Vol. 45, No. 1, 1969, p. 64.

[3]　John Loxley, *Interdependence, Disequilibrium and Growth*, p. 97.

[4]　L. Rangarajan, "The Politics of International Trade", in Susan Strange, ed., *Paths to International Political Economy*, London: George Allen & Unwin, 1984, p. 137.

[5]　Robert O. Keohane, "Reciprocity in International Relations", *International Organization*, Vol. 40, No. 1, 1986, pp. 5 − 7.

[6]　Martin Wolf, "Two-Edged Sword: Demands of Developing Countries and the Trading System", in Jagdish N. Bhagwati and John G. Ruggie, eds., *Power, Passions, and Purpose*, p. 210.

[7]　Marc Williams, *Third World Cooperation: The Group of 77 in UNCTAD*, London: Pinter Publishers, 1991, p. 23.

[8]　John W. Evans, "The General Agreement on Tariffs and Trade", *International Organization*, Vol. 22, No. 1, 1968, p. 73.

利益,几乎没有涉及国家间的平等原则问题[1],正因为如此,"发展中国家在以关贸总协定为基础的多边贸易体系中实际上长期处于二等公民的地位"。[2] 关贸总协定制度规范下的贸易全球化具有强烈的不平等性和非均衡性,改革现行国际贸易秩序,建立与贸易全球化相适应的公正合理的国际贸易新秩序因此提上了国际社会的议事日程。

改革国际贸易体系是国际经济新秩序的重要组成部分[3],按照国际经济新秩序纲领性文件的规定,国际贸易新秩序的原则目标和谈判议程一是改善发展中国家的贸易条件,其主要途径就是制订商品综合方案,谈判国际商品协定(International Commodity Agreements,简称ICAs)以及建立缓冲储存制度,以稳定原材料和初级产品的贸易价格;二是改善发展中国家产品进入发达国家市场的条件,其主要内容就是削减关税和非关税贸易壁垒以及取消限制性商业措施;三是在多边贸易体系中确立有利于发展中国家的以普遍性、非互惠和非歧视原则为基础的普遍优惠制度(普惠制),多边贸易谈判亦应遵循对发展中国家的非互惠的优惠原则。总之,国际贸易新秩序旨在鼓励发展中国家积极参与国际贸易规则的制定以及多边贸易谈判,消除针对发展中国家的不平等的贸易限制和歧视,推进贸易自由化的进程,因而充分展示了发展中国家期望参与国际贸易关系的愿望。在国际经济新秩序纲领性文件确立了国际贸易新秩序的原则目标与谈判议程之后,国际贸易新秩序有关领域的谈判随即渐次展开。

第一节　国际商品谈判

由于殖民地时代所形成的单一产业结构模式,初级产品成为发展中国家的主要出口商品;另一方面,初级产品的市场需求与价格经常处于波动之中且利润微薄,严重影响了初级产品的出口收益以及发展中国家的贸易条件。为此,稳定初级产品贸易价格,改善发展中国家的贸

[1]　Andrew Shonfield,"Trade as a Tool of Development:The Issues at Geneva", *International Affairs*, Vol. 40, No. 2, 1964, p. 225.

[2]　Bernard M. Hoekman and Michel M. Kostecki, *The Political Economy of the World Trading System:From GATT to WTO*, Oxford:Oxford University Press, 1995, p. 244.

[3]　L. Rangarajan,"The Politics of International Trade", p. 140.

易条件，进而促进经济发展就成为国际贸易新秩序的重要目标之一。

一、国际商品政策的演进

国际商品政策主要是指与初级产品有关的贸易政策。实际上，在20世纪30年代"大萧条"期间，有关国家就开始尝试采取共同措施以稳定初级产品价格。面对经济衰退以及初级产品价格下跌对殖民地经济的影响，英、法等国与有关殖民当局签订了一系列国际商品协定，试图以此稳定初级产品价格，维护宗主国的投资利益。这些商品协定主要包括：1931年的《国际锡协定》（这是最早以政府间商品协定形式出现的初级产品协定）、1933年的《国际小麦协定》、1933年的《国际茶叶协定》、1934年的《国际橡胶协定》和1937年的《国际砂糖协定》。作为国际贸易关系中稳定初级产品价格的早期尝试，这些国际协定在一定程度上为谈判国际商品协定提供了经验和先例。[1]

随着第二次世界大战的爆发，美国旋即着手筹划美国领导下的战后国际秩序。在国际贸易领域，为设计美国主导下的战后多边贸易体系，美国相继提出了"多边自由贸易计划"（Plan for Multilateral Free Trade）、"2·6备忘录"（Memorandum of February 6）和"宪章建议案"（Suggested Charter）三份政策方案，由此体现了美国寻求贸易自由化的最雄心勃勃的努力[2]，并为建立美国主导下的以关贸总协定制度为核心的多边贸易体系奠定了政策设计蓝图。[3] 由于原材料等初级产品的获取对美国维持战后经济繁荣具有重要意义，美国认为应当通过国际商品协定以确保原材料市场的平等进入与平等获取[4]，因此，美国拟定的"宪章建议案"中亦包含了有关的政府间商品协定条款，从而表明初

---

① Gamani Corea, *Taming Commodity Markets：The Integrated Programme and the Common Fund in UNCTAD*, Manchester：Manchester University Press, 1992, p.19. 在1974年4月至1984年12月期间，加米利·科里亚曾担任联合国贸发会议秘书长，主持并直接参与了《商品综合方案》，包括共同基金的设计与谈判。

② G. John Ikenberry, "Rethinking the Origins of American Hegemony", *Political Science Quarterly*, Vol.104, No.3, 1989, p.381.

③ 舒建中：《多边贸易体系与美国霸权：关贸总协定制度研究》，南京：南京大学出版社2009年版，第120、177页。

④ Wallace Parks, "Post-War International Commodity Trade：Public Problems and Policies", *Political Science Quarterly*, Vol.60, No.2, 1945, p.252.

级产品贸易问题纳入了战后国际贸易政策的规划谈判议程。

1946 年伦敦会议（London Conference）是谈判美国设计的"多边自由贸易计划"和"宪章建议案"的第一次多边国际会议，针对有关国家提出的将农产品和初级产品交由其他国际组织或机构管辖的问题，美国明确表示反对，并强调初级产品贸易政策和政府间商品协定必须顺应"重建多边贸易体系的目标"，因此，政府间商品协定必须置于国际贸易组织的管辖之下，业已存在的国际商品协定也必须予以调整以遵循多边贸易规则。[①] 美国的意图就是将初级产品贸易政策纳入统一的多边贸易规则之中，维护美国主导下的多边贸易体系的完整性。

在 1947 年 11 月至 1948 年 3 月举行的哈瓦那会议（Havana Conference）期间，与会国围绕国际贸易组织宪章展开了激烈争论，发展中国家强调，全球经济机制的构筑应有利于促进发展中国家的经济发展。[②] 关于政府间商品协定问题，委内瑞拉针对美国的"宪章建议案"提出一个修正案，强调为了防止初级产品的供需不平衡以及价格波动，所有政府间商品协定均应包含初级产品价格稳定条款。该修正案得到了巴基斯坦、哥伦比亚等发展中国家的支持，但英国、法国等发达国家却认为初级产品价格稳定条款旨在限制生产和管理价格，妨碍贸易的发展，因此明确表示反对。[③] 美国则强调，初级产品价格稳定条款从根本上背离了国际贸易组织宪章的原则，因此是不可接受的。[④]

在美国等发达国家的坚持下，哈瓦那会议通过的《国际贸易组织宪章》（International Trade Organization Charter）承认"国际贸易中的初级产品在特定条件下需要通过政府间协定予以特殊对待"，鉴于此，《国际贸易组织宪章》为政府间商品协定规定了基本的原则和规则：（1）政府间商品协定对初级产品市场的调控是一般国际贸易政策原则

---

① Clair Wilcox, *A Charter for World Trade*, New York: The Macmillan Company, 1949, p. 118.

② Brian M. Pollins, "Breaking Trade Dependency: A Global Simulation of Third World Proposals for Alternative Trade Regimes", *International Studies Quarterly*, Vol. 29, No. 3, 1985, p. 297.

③ U. S. Department of State, *Foreign Relations of the United States* (cited as *FRUS*), 1948, Vol. I, Part 2, pp. 814 – 815.

④ Richard Toye, "Developing Multilateralism: The Havana Charter and the Fight for the International Trade Organization, 1947 – 1948", *The International History Review*, Vol. 25, No. 2, 2003, p. 302.

的例外，即政府间商品协定只是特殊情况下的紧急措施；（2）所谓"特殊情况"，是指初级产品贸易领域出现或即将出现"严重剩余"，初级产品生产领域出现或即将出现"普遍失业"，而且，这种"特殊情况"已经无法通过市场的力量予以纠正；（3）在订立政府间商品协定时，必须确保所有具有重大利益关系的国家，包括初级产品生产国和消费国，达成一致协议；（4）政府间商品协定应采用逐项谈判的方式，其存续期每次不应超过 5 年；（5）政府间商品协定应确保足够的、公平价格基础上的初级产品供应，有关国家亦应采取国内调整措施以尽快恢复正常的初级产品贸易；（6）业已存在的国际商品协定如有不符合《国际贸易组织宪章》原则之处，均应予以调整或重订。[1] 显然，《国际贸易组织宪章》的政府间商品协定条款"哈瓦那原则"（Havana Principles）是极其苛刻的，旨在维护发达国家（主要的初级产品进口国）的利益[2]，体现了发达国家在初级产品贸易领域和国际经济体系中的权力优势[3]，而初级产品出口国（发展中国家）则将承受市场调控的主要负担。[4]《国际贸易组织宪章》力图对政府间商品协定施加严格的限制条款[5]，因此，即使"哈瓦那原则"付诸实施，也难以达到稳定初级产品贸易价格以及促进经济发展的目的。基于上述原因，发展中国家对《国际贸易组织宪章》的政府间商品协定条款深感失望。[6]

尽管《国际贸易组织宪章》从一开始就体现了美国的政策理念[7]，但由于美国国会和利益集团的反对，《国际贸易组织宪章》最终流产，关贸总协定制度遂成为战后多边贸易体系的核心与实际载体[8]，同时

---

[1]　Clair Wilcox, *A Charter for World Trade*, pp. 287 - 295.

[2]　UNCTAD, *The History of UNCTAD*, pp. 54 - 55.

[3]　Mark W. Zacher, "Trade Gaps, Analytical Gaps: Regime Analysis and International Commodity Trade Regulation", *International Organization*, Vol. 41, No. 2, 1987, p. 179.

[4]　L. N. Rangarajan, *Commodity Conflict: The Political Economy of International Commodity Negotiations*, Ithaca: Cornell University Press, 1978, p. 22.

[5]　谈谭:《国际贸易组织（ITO）的失败：国家与市场》，上海：上海社会科学院出版社 2010 年版，第 224 页。

[6]　Jock A. Finlayson and Mark W. Zacher, *Managing International Markets: Developing Countries and the Commodity Trade Regime*, New York: Columbia University Press, 1988, p. 28.

[7]　Herbert Feis, "The Geneva Proposals for an International Trade Charter", *International Organization*, Vol. 2, No. 1, 1948, p. 40.

[8]　舒建中:《多边贸易体系与美国霸权：关贸总协定制度研究》，第 194—201 页。

也成为美国在国际贸易领域实现政治、经济、安全和对外政策等全球目标的主要工具[1]，制度化形式与多边模式亦成为美国主导的以关贸总协定制度为核心的多边贸易体系的突出特点。[2] 另一方面，随着《国际贸易组织宪章》的流产，对发展中国家具有重要意义的初级产品和农产品贸易政策实际上被排斥在多边贸易规则体系之外，关贸总协定制度亦对国际商品协定采取了消极的立场，既承认初级产品国际协定的存在，但又不推动国际商品协定的谈判与规则制定。[3] 应当看到，通过《国际贸易组织宪章》的谈判，普遍性和全球性的政府间商品协定谈判第一次进入了国际议程，由此体现了国际社会对初级产品贸易的关注。更为重要的是，《国际贸易组织宪章》所确立的处理初级产品问题的基本方法"哈瓦那原则"在相当长的时期内影响了国际社会对待初级产品价格稳定的立场与态度，实际上，战后初期的初级产品国际谈判总体上是以"哈瓦那原则"作为基础的。[4] 由于《国际贸易组织宪章》的政府间商品协定条款及其"哈瓦那原则"为初级产品的国际谈判设定了繁琐的条件和程序，由此衍生的政策观念在很大程度上增加了初级产品贸易政策谈判的难度与复杂性[5]，国际商品协定谈判的漫漫崎岖路平添了诸多政策与观念障碍。

二、《商品综合方案》的提出

尽管政府间商品协定规则因《国际贸易组织宪章》的夭折而化为泡影，尽管初级产品贸易政策理念因《国际贸易组织宪章》的影响而出现巨大分歧，但国际政治经济关系的发展却使初级产品问题在 20 世纪

---

[1] Anders Ahnlid, "Comparing GATT and GATS: Regime Creation under and after Hegemony", *Review of International Political Economy*, Vol. 3, No. 1, 1996, pp. 69 – 70.

[2] Charles Lipson, "The Transformation of Trade: The Sources and Effects of Regime Change", *International Organization*, Vol. 36, No. 2, 1982, p. 425.

[3] Michael Rom, "The Analysis of the GATT Provisions", in Jimmy Weinblatt, ed., *The Economics of Export Restrictions: Free Access to Commodity Markets and the NIEO*, Boulder: Westview Press, 1985, pp. 237 – 238.

[4] I. S. Chadha, "The North-South Negotiating Process in the Field of Commodities", in Arjun Sengupta, ed., *Commodities, Finance, and Trade: Issues in North-South Negotiations*, Westport: Greenwood Press, 1980, p. 6.

[5] Gamani Corea, *Taming Commodity Markets*, pp. 20 – 21.

60 年代再次凸显。发展中国家在获得政治独立之后，经济发展成为首要关注的问题。另一方面，由于世界经济体系的结构性影响，发展中国家长期严重依赖初级产品出口以作为实现经济发展的重要途径。由于初级产品价格持续下跌，以及因合成材料的广泛运用而导致的初级产品国际市场的萎缩，因此引发了发展中国家贸易条件的普遍恶化。在此背景下，初级产品问题就成为更加广阔的发展问题的一部分，同时也成为发展中国家与发达国家关系的一个重要方面。[①] 更为重要的是，由于现行初级产品国际机制运转失灵，如果不对初级产品国际机制进行改革，发展中国家将难以改善其经济发展前景。[②] 从这个意义上讲，制定初级产品贸易规则以解决发展中国家所面临的初级产品贸易困境是发展中国家和发达国家都必须直面的现实问题，初级产品贸易政策亦成为国际发展战略不可分割的重要组成部分[③]，初级产品贸易问题同时成为南北问题相关国际会议的最主要的争论点。[④]

实际上，在思考战后国际经济贸易秩序时，英国著名经济学家凯恩斯就提出一项方案，主张建立缓冲库存机制或其他制度以稳定国际贸易中的初级产品价格[⑤]，但这一方案由于多种原因的影响而未能付诸实施。面对初级产品贸易的严峻形势，1964 年第一届联合国贸发会议将综合性商品协定问题置于特别重要的地位。[⑥] 为此，秘书长普雷维什发表了题为"走向促进发展的新贸易政策"的主题报告["普雷维什报告"（Prebisch Report）]。该报告着重从价格波动、发展动力以及发达国家对初级产品的贸易歧视政策等方面分析了发展中国家所面临的初级产品贸易问题，呼吁国际社会采取综合行动以稳定初级产品价格，

---

① Gamani Corea, *Taming Commodity Markets*, p. 22.

② Robert L. Rothstein, "Regime-Creation by a Coalition of the Weak", p. 325.

③ James Mayall, "The Pressures for a New International Commodity Regime", in Geoffrey Goodwin and James Mayall, eds., *A New International Commodity Regime*, New York: St. Martin's Press, 1980, p. 13.

④ 张兆荣:《国际商品协定阐微》,《国际贸易问题》1981 年第 2 期,第 21 页。

⑤ Sidney Weintraub, "The Role of the United Nations in Economic Negotiations", *Proceedings of the Academy of Political Science*, Vol. 32, No. 4, 1977, p. 95.

⑥ Jere R. Behrman, "International Commodity Agreements: An Evaluation of the UNCTAD Integrated Commodity Programme", in William R. Cline, ed., *Policy Alternatives for a New International Economic Order: An Economic Analysis*, New York: Praeger, 1979, p. 82.

提供旨在抵消发展中国家贸易条件恶化的补偿性融资(这种补偿性融资应是发展融资的一部分),同时在初级产品贸易政策与经济发展政策之间建立直接的联系,以此促进发展中国家的经济发展。[1] 1964 年联合国贸发会议的新方案赋予初级产品国际协定以完全不同的含义,即初级产品国际协定应有助于改善发展中国家的贸易条件。[2]

对于普雷维什代表联合国贸发会议提出的初级产品贸易政策新方案,美国、英国、联邦德国和日本等发达国家明确表示反对。发达国家认为,初级产品贸易同工业产品贸易一样应遵循自由市场原则,对市场力量的任何调控都将导致资源分配的滥用以及经济灾难。[3] 由于发达国家的阻挠,第一届联合国贸发会议并未就初级产品贸易政策达成任何协议。鉴于此,联合国贸发会议贸易和发展理事会遂于 1965 年设立初级产品委员会,专门就初级产品贸易政策进行磋商。从此以后,联合国贸发会议就成为"国际商品协定谈判的主要论坛"[4]。

关贸总协定"肯尼迪回合"(Kennedy Round,1963—1967 年)期间,发达国家就部分初级产品,尤其是热带产品达成了关税减让协议,但对于严重影响发展中国家初级产品出口的非关税壁垒以及发达国家的国内农业支持政策,"肯尼迪回合"却没有达成任何协议。[5] 因此,"肯尼迪回合"之后,有关初级产品贸易政策的制度规则建设依然悬而未决。

面对初级产品贸易政策谈判陷入停滞不前的局面,联合国贸发会议秘书处在 1968 年第二届联合国贸发会议上提出"商品综合政策"(Integrated Commodity Policy)构想。该构想指出,发展中国家主要依赖初级产品出口以换取外汇并筹措发展资金,除价格波动之外,发达国家的关税政策与国内价格支持政策也是阻碍发展中国家初级产品出口的重要因素,因此,国际商品政策不仅应当包含应对初级产品价格波动和产品剩余的临时措施,而且还应是国际社会支持发展中国家经济发

---

① UNCTAD, *The History of UNCTAD*, pp. 56 – 57.

② Bob Reinalda, *Routledge History of International Organizations*, pp. 468 – 469.

③ UNCTAD, *The History of UNCTAD*, pp. 57 – 58.

④ Gamani Corea, *Taming Commodity Markets*, p. 24.

⑤ Autar K. Koul, *The Legal Framework of UNCTAD in World Trade*, Leyden: A. W. Sijthoff, 1977, p. 84.

展计划的一部分。该构想认为,鉴于初级产品的多样性,具体的初级产品贸易问题可以采用逐项谈判的方式,但有关国家应就商品安排达成一个"总的协定"以便为具体的初级产品贸易政策谈判提供指导原则。总之,为解决发展中国家的初级产品贸易问题,国际社会需要一个"总体战略"。对于"商品综合政策"构想,发达国家在坚持逐项谈判方式的同时,拒绝谈判总的原则问题,因此,第二届联合国贸发会议并没有就"商品综合政策"达成共识。① 尽管如此,"商品综合政策"构想所蕴涵的政策理念仍然"为联合国贸发会议确立处理初级产品问题的方式奠定了基础"。② 联合国贸发会议处理初级产品问题的基本方式可以称为"综合性方式",这种方式创立了两个前提:一是初级产品的逐项谈判必须囊括在一个总的原则框架下;二是国际商品政策必须置于国际发展政策的背景下。在"综合性方式"的构想内,对初级产品市场的国际调控应是一种规范而不是紧急性的例外措施,从这个意义上讲,"综合性方式"实际上对"哈瓦那原则"作了重大调整。③

鉴于初级产品贸易的逐项谈判几乎没有取得实质性进展,1972 年第三届联合国贸发会议再次呼吁将包含价格条款的国际商品协定置于国际社会的"优先事项",但这一呼吁同样没有得到发达国家的积极回应。④ 就在初级产品贸易政策谈判陷入困境之际,1973 年石油危机推动初级产品综合方案成为国际贸易谈判的重要领域⑤;国际经济新秩序纳入联合国和国际社会的议事日程亦为有关谈判取得进展注入了新的动力。

国际经济新秩序《行动纲领》明确要求,"就涉及发展中国家出口利益的所有初级产品领域订立一项全面的综合方案",以便为初级产品贸易谈判确立有关的政策指导原则,从而重申了联合国贸发会议的有关主张,正式确立了有关初级产品的综合性方案在国际经济新秩序

① UNCTAD, *The History of UNCTAD*, pp. 58 – 60.
② Gamani Corea, *Taming Commodity Markets*, p. 24.
③ Gamani Corea, *Taming Commodity Markets*, p. 30.
④ UNCTAD, *The History of UNCTAD*, pp. 61 – 62.
⑤ Vincent A. Mahler, "The Political Economy of North-South Commodity Bargaining: The Case of the International Sugar Agreement", *International Organization*, Vol. 38, No. 4, 1984, p. 709.

中的地位,并为综合性方式基础上的初级产品贸易政策谈判"开创了一个新的起点"。[1] 以此为契机,联合国贸发会议秘书处于 1974 年 8 月向贸易和发展理事会提出了一份"综合方案大纲"(Outline of an Overall Integrated Programme)以便有关国家和国际机构就此展开磋商,进而提交第四届联合国贸发会议审议。[2] 联合国贸发会议秘书处特别强调,"综合方案大纲"的目标并不是提高初级产品的价格或限制初级产品的供应,而是旨在建立一个初级产品缓冲库存制度及相应的资金机制,以减缓初级产品的价格波动及其对发展中国家的影响。[3]

发展中国家对"综合方案大纲"普遍持欢迎态度,因为该大纲所确立的有关初级产品的综合性方式正是发展中国家着力追求的目标,符合国际经济新秩序的基本原则。发达国家则继续坚持初级产品的逐项谈判方式,反对"综合方案大纲"的综合性方式;发达国家尤其反对"综合方案大纲"所提出的建立一个共同基金的设想,认为共同基金将有可能在国际商品协定的框架之外运转并调节初级产品市场,因而是综合方案中"最危险的因素"。[4] 其中,美国对初级产品"综合性方式"的反对尤为强烈,声称不同的初级产品具有不同的市场特性,针对不同的初级产品采用共同的程序与规则是缺乏根据的,同时也是毫无意义的。[5] 初级产品价格稳定问题成为国际经济新秩序贸易政策议程中最具争议性的部分。[6]

面对发展中国家改善初级产品市场结构和贸易条件的强烈愿望,1975 年 9 月举行的联合国大会第七届特别会议再次强调了国际经济新秩序的原则和目标,发展中国家亦推动会议就"综合方案大纲"达成

---

[1] Gamani Corea, *Taming Commodity Markets*, p. 29.

[2] UNCTAD, *The History of UNCTAD*, p. 63.

[3] John Toye and Richard Toye, *The UN and Global Political Economy*: *Trade*, *Finance*, *and Development*, Bloomington and Indianapolis: Indiana University Press, 2004, p. 243.

[4] Gamani Corea, *Taming Commodity Markets*, p. 45.

[5] Jere R. Behrman, *International Commodity Agreements*: *An Evaluation of the UNCTAD Integrated Commodity Programme*, Washington, D. C.: Overseas Development Council, 1977, p. 40.

[6] Robert E. Baldwin, John H. Mutti, and J. David Richardson, "Crucial Issues for Current International Trade Policy", in David B. H. Denoon, ed., *The New International Economic Order*: *A U. S. Response*, New York: New York University Press, 1979, p. 63.

一定共识。作为会议的磋商成果,联合国大会第 3362 号决议承认了基于价格稳定的初级产品国际储备制度的地位,但在共同基金问题上仍然没有达成一致,为此,第 3362 号决议规定第四届联合国贸发会议的重要目标就是根据综合方案原则就初级产品问题达成协议。① 基于国际经济新秩序的原则理念以及发展中国家的积极推动,"综合方案大纲"最终列入了第四届联合国贸发会议的议程,并为商品综合方案的谈判提供了新的动力。

在第四届联合国贸发会议召开之前,为进一步协调政策立场,发展中国家于 1976 年 1 至 2 月在菲律宾首都马尼拉举行了一次部长级会议。经讨论,发展中国家就"综合方案大纲"达成了一致意见并发表了《马尼拉宣言》(Manila Declaration),同意共同基金支持下的国际储备机制以及其他市场调节安排都应以特定的国际商品协定作为媒介,即共同基金将作为具体的国际商品协定的融资机构。② 总之,马尼拉会议的有关决议在共同基金与特定的国际商品协定之间建立了联系,并为商品综合方案的谈判开辟了更为有效的途径。

根据联合国大会的有关决议,第四届联合国贸发会议于 1976 年 5 月在肯尼亚首都内罗毕如期举行,"综合方案大纲"及其共同基金成为会议争论的焦点并主导着谈判的进程。③ 鉴于共同基金在"综合方案大纲"中的核心地位,发展中国家普遍要求就此达成协议并将其作为谈判其他问题的前提条件。发达国家对共同基金却存在不同看法,部分发达国家甚至持反对或消极态度,例如,美国国务卿基辛格提出设立一个"国际资源银行",旨在促进原材料领域的国际投资并以此作为抵消共同基金的方式。④ 法国和荷兰等国则对共同基金采取了较为积极的立场,表示愿意进行谈判。面对会议陷入僵局的危险,联合国贸发会议秘书处随即建议有关国家先就"综合方案大纲",包括共同基金达成

---

① UN,*YUN*,1975, p. 348.

② John Toye and Richard Toye, *The UN and Global Political Economy*, p. 245.

③ Javed A. Ansari, *The Political Economy of International Economic Organization*, Boulder: Rienner, 1986, p. 273.

④ Edmund Dell, "The Common Fund", *International Affairs*, Vol. 63, No. 1, 1986 – 1987, p. 30.

原则协议,进而为共同基金的具体谈判奠定基础。[1]

　　鉴于第四届联合国贸发会议临近结束,与会国均不愿内罗毕会议(Nairobi Conference)无果而终,会议最终以联合国贸发会议秘书处的建议为基础,通过了有关《商品综合方案》(Integrated Programme for Commodities,简称IPC)的决议(美国和联邦德国等发达国家提出了保留意见)。该决议指出,根据国际经济新秩序纲领性文件所确立的有关原则,《商品综合方案》的主要内容为:(1)建立初级产品国际储备制度并为此设立一个国际融资机构——共同基金;(2)确立稳定初级产品价格的中长期计划方案;(3)为缺乏出口收入的发展中国家提供补偿性融资。为此,《商品综合方案》确定了18种初级产品以寻求展开国际商品协定谈判,并作为履行《商品综合方案》的具体方式。《商品综合方案》决议强调,《商品综合方案》的目的就是稳定初级产品价格,改善发展中国家的贸易条件,同时通过多边贸易谈判及多边措施以改善初级产品贸易的市场准入环境,消除发达国家与发展中国家之间的经济不平衡,促进发展中国家的出口贸易与经济发展。作为落实《商品综合方案》的步骤,该决议授权联合国贸发会议发起并组织有关共同基金以及特定的国际商品协定的谈判。[2]

　　作为发展中国家寻求建立国际经济新秩序的重要组成部分,《商品综合方案》包含了改革初级产品国际贸易制度的两个重要支柱,即共同基金和国际商品协定[3],因而是发展中国家致力于改善初级产品贸易条件、增加出口收益的一项综合性计划[4],体现了发展中国家寻求改革初级产品国际贸易制度的最具力度的政策努力[5],并为初级产品

---

①　Gamani Corea, *Taming Commodity Markets*, p.57.

②　UNCTAD, *The History of UNCTAD*, pp.64-65; Gamani Corea, *Taming Commodity Markets*, pp.206-211.

③　曹建华:《联合国贸发会议主持下的综合商品方案初探》,《国际贸易问题》1991年第10期,第50页。

④　陈立成、谷源洋、谈世中:《发展中国家的经济发展战略与国际经济新秩序》,北京:经济科学出版社1987年版,第209页。

⑤　Robert H. Johnson, "The New Populism and the Old: Demands for a New International Economic Order and American Agrarian Protest", *International Organization*, Vol.37, No.1, 1983, p.56.

贸易领域的制度和结构改革设计了一个总体框架。[①] 至此，在发展中国家的推动下，《商品综合方案》成为内罗毕会议的一项重要成果，"正如普惠制决议是 1968 年第二届联合国贸发会议（新德里会议）的标志一样，《商品综合方案》则成为 1976 年第四届联合国贸发会议（内罗毕会议）的标志"[②]。更为重要的是，《商品综合方案》以改革全球初级产品贸易机制与规则为目标[③]，首次在共同框架的范围内确立了有关国家一致同意的国际商品政策的谈判议程[④]，促使发展中国家和发达国家第一次就初级产品贸易政策与经济发展之间的联系达成了原则共识并承担了政治责任，进而为共同基金以及国际商品协定的谈判提供了共同的原则基础。鉴于此，《商品综合方案》是"国际商品政策史上的一个重要里程碑"[⑤]，同时也是发展中国家推动建立国际贸易新秩序的一个重要步骤。

三、共同基金的谈判及《共同基金协定》的签署

在《商品综合方案》中，作为融资机制的共同基金既是关键性要素[⑥]，同时也是最具争论性的问题。[⑦] 鉴于共同基金是初级产品缓冲库存制度的融资机制，共同基金实际上成为《商品综合方案》的重要标志。[⑧] 在发展中国家看来，共同基金还是国际经济新秩序的一个重要支撑点，因此，共同基金甚至可视为发达国家促进国际经济新秩序建设的一个重要试金石。[⑨] 按照《商品综合方案》决议的相关要求，联合国贸发会议应在 1977 年 3 月以前召集有关国家举行会议，以便就共同基

---

① David Evans, "International Commodity Policy: UNCTAD and NIEO in Search of a Rationale", *World Development*, Vol. 7, No. 3, 1979, p. 260.

② Jagdish N. Bhagwati, "Rethinking Global Negotiations", p. 25.

③ Jock A. Finlayson and Mark W. Zacher, *Managing International Markets*, p. 251.

④ UNCTAD, *The History of UNCTAD*, p. 64.

⑤ Gamani Corea, *Taming Commodity Markets*, p. 63.

⑥ Edmund Dell, "The Common Fund", p. 22.

⑦ Robert L. Rothstein, "Consensual Knowledge and International Collaboration: Some Lessons from the Commodity Negotiations", *International Organization*, Vol. 38, No. 4, 1984, p. 740.

⑧ Karsten Laursen, "The Integrated Programme for Commodities", *World Development*, Vol. 6, No. 4, 1978, p. 427.

⑨ L. N. Rangarajan, "Commodity Conflict Revisited: From Nairobi to Belgrade", *Third World Quarterly*, Vol. 5, No. 3, 1983, p. 590.

金问题展开谈判,为此,应先期举行相应的预备会议,其主要任务就是确定共同基金的政策目标、资金来源、资金结构与规模、运转模式及决策程序和资金管理等。[①] 另一方面,共同基金谈判的启动从一开始就困难重重,步履维艰,这主要是因为:首先,《商品综合方案》对共同基金的规定是原则性的,仅仅强调共同基金将为初级产品国际贸易的价格稳定提供融资,但对共同基金的具体条款和规则却没有作出任何说明,而是留待有关国家谈判解决,这在很大程度上导致了对共同基金的不同解释,进而妨碍了共同基金谈判的顺利展开;其次,尽管《商品综合方案》在内罗毕会议上获得了一致通过,但美国、英国、联邦德国等发达国家都提出了程度不等的保留意见,而这些保留意见的重点均集中在共同基金问题上,美国甚至认为共同基金是发展中国家"试图控制初级产品市场的工具";此外,鉴于发达国家普遍倾向于逐项谈判国际商品协定,对共同基金支持下的国际商品谈判缺乏兴趣,以美国为首的发达国家对共同基金的反对在很大程度上增加了谈判的难度,"共同基金遂成为南北关系中的关键问题"。[②]

　　1976 年 11 月,关于共同基金的第一次筹备性会议如期举行,发达国家和发展中国家就共同基金的原则与目标分别阐发了各自的立场,争论的核心问题之一就是共同基金的资金来源与构成问题。[③] 发展中国家认为,共同基金应是"资源型"机构,是直接服务于初级产品价格稳定的独立金融资源,并应在国际商品协定的谈判及其运转中发挥有效的促进作用。发达国家则强调,共同基金应是"共享型"机构,国际商品协定的谈判应由生产国和消费国政府发起,不需要共同基金在其中发挥促进作用,因此,共同基金不需要拥有自己的资金资源;换言之,共同基金的初级产品国际储备资金应直接来自于国际商品协定,从而形成一种资金共享模式,为此,发达国家表示愿意与发展中国家平等分摊特定国际商品协定中的国际储备融资。[④] 显然,发达国家力图弱化共同基金的"资源型"内涵,而且,"共享型"模式也不利于促进新的国

① Gamani Corea, *Taming Commodity Markets*, p.210.

② Gamani Corea, *Taming Commodity Markets*, pp.70, 88.

③ Jock A. Finlayson and Mark W. Zacher, *Managing International Markets*, p.56.

④ UNCTAD, *The History of UNCTAD*, p.71; Gamani Corea, *Taming Commodity Markets*, pp.77 – 78.

际商品协定的建立,因而遭到了发展中国家的普遍反对①,共同基金的谈判遂陷于停顿。

面对共同基金谈判的僵局,欧洲共同体的态度首先出现了松动。出于维护同亚非国家传统关系的考虑,欧洲共同体于 1977 年 3 月宣布原则上同意建立一个共同基金。为避免在南北关系中陷入政治孤立,美国和日本亦于 1977 年 5 月宣布承认将共同基金作为实现《商品综合方案》目标的关键途径。② 随着基本共识的达成,发达国家在 1977 年 11 月举行的关于共同基金的第二次筹备性会议上提出了一个系统的"共同基金方案"(Proposal for Common Fund),从而对发展中国家倡导的共同基金首次作出了正式回应。"共同基金方案"建议,拟议中的共同基金应是国际商品协定所筹集资金的保管机构,国际商品组织在需要时可提取这些资金用于国际商品储备安排;共同基金在规定条件下可从金融市场筹措资金,而国际商品协定的成员国则应分摊担保责任并在必要时向共同基金提供即期资金。③ 尽管"共同基金方案"主要体现了发达国家的意愿,离发展中国家的要求还有相当的距离,但随着"共同基金方案"的提出,共同基金的谈判毕竟有了具体的磋商文本,发达国家也正式表示愿意在特定国际商品协定的框架下为初级产品的国际储备融资提供担保,从这个意义上讲,"共同基金方案"的提出无疑有助于谈判的进一步展开。

非洲国家在谈判中提出了共同基金的"第二窗口"(Second Window)问题。非洲国家认为,除了初级产品国际储备融资和价格稳定之外,共同基金还应当承担促进发展中国家产品多样化并提高生产率的融资功能。为此,联合国贸发会议秘书处迅速作出回应,建议共同基金分为两个部分:"第一窗口"(First Window)将根据融资原则并利用成员国提供的资金和担保以及从资本市场筹措的资金实施初级产品国际储备安排,"第二窗口"则将利用援助方根据自愿原则并在减让基础上提供的资金或捐款,以支持发展中国家实现产品多样化,提高发展中国

---

① Jock A. Finlayson and Mark W. Zacher, *Managing International Markets*, p. 57.

② Barbara B. Crane, "Policy Coordination by Major Western Powers in Bargaining with the Third World: Debt Relief and the Common Fund", *International Organization*, Vol. 38, No. 3, 1984, pp. 420 – 421.

③ Gamani Corea, *Taming Commodity Markets*, pp. 82 – 83.

家初级产品的生产和研发能力。[1] 对于联合国贸发会议秘书处的建议,发达国家立即表示反对,声称在共同基金的特征及其在储备融资中的地位尚未确定之前,"第二窗口"问题的讨论是不可行的,美国明确指出,援助融资应是世界银行这类机构的责任,共同基金不应越俎代庖。[2] 面对发达国家与发展中国家之间新旧分歧的交替影响,共同基金的谈判再度中止。

为挽救面临危机的共同基金,联合国贸发会议秘书长加米利·科里亚随即穿梭于有关国家之间进行协调,最终推动共同基金的谈判于1978 年 11 月恢复。在谈判中,共同基金的资金结构再度成为争论焦点。鉴于发达国家均不愿向共同基金直接出资,发展中国家设想的"资源型"方案前景渺茫,为此,联合国贸发会议秘书处提出了一个方案。该方案在发达国家提出的"共同基金方案"的基础上,建议进一步调整共同基金的资金结构,由有关国家直接出资 5 亿美元以扩大共同基金的资金规模,进而确保共同基金更加有效地履行初级产品国际储备的职责。[3] 鉴于共同基金与国际商品协定的联系已经获得发达国家和发展中国家的普遍认可,以及上述模式下的共同基金仍然可以根据《商品综合方案》的原则发挥初级产品国际储备与价格稳定的作用,联合国贸发会议秘书处的方案赢得了发展中国家和发达国家的原则同意,共同基金的资金结构问题基本解决。发达国家还表示愿意接受共同基金的"第二窗口"方案。共同基金的谈判终于取得了一定进展。

1979 年 3 月,关于共同基金的第三次会议在日内瓦举行。经过紧张谈判,与会国就共同基金的基本框架达成了一个初步一致的方案,此即"共同基金纲要"[4],其主要内容如下。

（一）关于共同基金的目标

"共同基金纲要"指出,共同基金是《商品综合方案》的关键工具,"第一窗口"的目标就是为国际商品协定框架下的初级产品国际储备

---

[1]　Gamani Corea, *Taming Commodity Markets*, p. 86.

[2]　Gamani Corea, *Taming Commodity Markets*, p. 87.

[3]　Gamani Corea, *Taming Commodity Markets*, pp. 91 – 92.

[4]　Gamani Corea, *Taming Commodity Markets*, pp. 96 – 101.

提供融资并推动国际商品协定的谈判与运转;"第二窗口"的目标则是为发展中国家初级产品产业的发展提供资金支持。

(二)关于共同基金的资金来源与资金结构

"共同基金纲要"规定了共同基金的三个资金来源。(1)有关国家政府直接出资。这部分资金将用于增强共同基金的信用,应对短期流动资金需求,以及共同基金的管理费用,而不是用于初级产品国际储备融资。(2)源自国际商品协定的资金。与共同基金建立了联系的国际商品协定机构应将 33.3% 的资金存入共同基金,而国际商品协定机构则可以从共同基金提取资金用于国际储备安排;在国际商品协定的谈判中,发达国家和发展中国家应共同承担缓冲储备融资;国际商品协定成员国还应当直接向共同基金提供即期资金或担保。(3)借款、自愿捐款及利润。除了国际商品协定的存款外,共同基金的"第一窗口"还可以在资本市场融资,共同基金"第二窗口"的资金来源除成员国政府的少量直接捐款外,大部分将依靠自愿捐款。"共同基金纲要"强调,共同基金的"第一窗口"和"第二窗口"应实行账户分立。

(三)关于共同基金的投票与决策程序

"共同基金纲要"规定,共同基金的投票权分配将依据集团原则,并确保任何集团均不得拥有简单多数票,而每个成员国的投票权则将考虑平等及出资比例等因素。具体的投票分配为:发展中国家 47%,发达国家 42%,社会主义集团 8%,中国 3%。"共同基金纲要"同时规定,共同基金的重大决策必须经 3/4 多数通过,其他决策则可以 2/3 或简单多数通过。

"共同基金纲要"的议定标志着有关国家就共同基金的建立及其核心问题达成了共识并构筑了共同基金协定的主体框架,进而为共同基金协定的签署铺平了道路,就连美国亦明确表示,"共同基金纲要"是共同基金谈判的一个重大进展。①

1980 年 6 月,关于共同基金的第四次会议如期举行。经周密磋

---

① Robert K. Olson, *U. S. Foreign Policy and the New International Economic Order: Negotiating Global Problems*, 1974－1981, Boulder: Westview Press, 1981, p. 39.

商,与会 82 个国家最终签署了包括《共同基金协定》(Agreement on Common Fund)在内的最后文件。[①] 至此,在经历了长时间的讨价还价之后,共同基金的谈判终于画上了局号。

由于共同基金谈判是南北对话的重要途径,共同基金也是发展中国家寻求建立国际经济新秩序的关键机制之一[②],因此,对于《共同基金协定》的签署,发展中国家普遍表示欢迎,认为《共同基金协定》是"国际经济新秩序最显著的成果之一",并将有力地推动发展中国家融入现代世界发展的轨道。联合国贸发会议秘书长科里亚则进一步指出,《共同基金协定》的签署是"贯彻《商品综合方案》的一个重大突破"。就连美国也不得不承认,共同基金的谈判检验了国际社会应对发展中国家合法需要的能力,"体现了发展中国家在全球经济中日益增强的地位"[③]。

按照约定程序,《共同基金协定》将在占资金总额 66.66% 的 90 个国家批准后方可生效。[④] 经长期努力,《共同基金协定》于 1989 年 6 月生效,共同基金随之宣布建立,从而确立了"以初级产品为导向的融资制度"[⑤],同时也是第一个非援助性的国际金融机构。[⑥]

总之,作为《商品综合方案》的关键要素,共同基金的谈判决定性地影响并主导着《商品综合方案》的谈判进程。[⑦] 同时,共同基金的谈判虽历经波澜却取得了积极进展,《共同基金协定》的生效表明国际社会认可了服务于《商品综合方案》及国际商品协定的资金制度,承认了初级产品价格稳定以及国际商品缓冲储备的必要性,进而推动了国际商品贸易政策的观念进步与更新。鉴于共同基金是《商品综合方案》的基石,《共同基金协定》的生效和共同基金的建立至少在法律上标志

---

① Gamani Corea, *Taming Commodity Markets*, pp. 104 – 105.

② Alister McIntyre, "The Current State of International Commodity Negotiations", in Geoffrey Goodwin and James Mayall, eds. , *A New International Commodity Regime*, p. 68.

③ Gamani Corea, *Taming Commodity Markets*, pp. 103, 105, 107.

④ Jock A. Finlayson and Mark W. Zacher, *Managing International Markets*, p. 65.

⑤ UNCTAD, *The History of UNCTAD*, p. 67.

⑥ Edmund Dell, "The Common Fund", p. 37.

⑦ Robert L. Rothstein, *Global Bargaining*: *UNCTAD and the Quest for a New International Economic Order*, Princeton: Princeton University Press, 1979, p. 82.

着《商品综合方案》的全面实施[1]，是发展中国家致力于改革国际商品制度、建立国际贸易新秩序的一项重要成果。诚然，随着贸易全球化的发展，国际经济局势发生了很大变化，但初级产品价格稳定仍然是影响全球经济发展的重要因素，因此，以《共同基金协定》为指南的初级产品价格稳定与储备规则仍然具有现实意义。同时，共同基金的规则也应与时俱进，初级产品价格稳定不仅应当包括防止价格持续下跌的内涵，而且应当增加防止价格过度上涨的目标，进而促进初级产品国际贸易的平稳发展，全面推动贸易全球化的进程。作为唯一专门涉及初级产品价格稳定与储备规则的国际协定，《共同基金协定》仍然可以在贸易全球化的进程中发挥积极的制度保障作用。

四、国际商品协定的谈判

在发起并组织共同基金谈判的同时，联合国贸发会议还根据《商品综合方案》决议，就国际商品协定组织了一系列谈判。另一方面，由于《商品综合方案》包含了 18 种初级产品，且每一种初级产品国际协定的谈判都必须遵循《商品综合方案》的原则并采用逐项谈判的方式，进而构筑一个国际商品协定网络，因此，国际商品协定谈判的范畴相当广泛。同时，鉴于国际商品协定与共同基金的紧密联系以及共同基金谈判的举步维艰，两个层面的谈判交互影响，所有这些都增加了国际商品协定谈判的难度。

尽管联合国贸发会议围绕有关的初级产品组织了相应的预备性磋商，但由于相关国家以及国际社会的注意力均集中在共同基金的谈判上，因此，到 1978 年底，《商品综合方案》决议所预期的国际商品协定甚至没有一个得以完成谈判，更谈不上根据《商品综合方案》的原则签署相应的国际商品协定。随着时间的推移，国际商品协定的谈判前景越发令人担忧。面对共同基金谈判以及《共同基金协定》批准的经年累月，《商品综合方案》下的共同基金与国际商品协定暴露出互为钳制的两难局面：一方面，国际商品协定必须包含价格稳定条款，而价格稳定条款的确立又依赖于共同基金的建立；另一方面，共同基金的运转则必须以国际商品协定的存在为前提和媒介。基于这种设计，共同基金

---

[1]　曹建华：《联合国贸发会议主持下的综合商品方案初探》，第 52 页。

的缺失将对国际商品协定谈判产生严重的不利影响,而"国际商品协定谈判的微薄成果又削弱了建立共同基金的动力"。[①]《商品综合方案》既有制度设计上的创新,同时又存在程序上的设计缺陷,程序缺陷成为制约国际商品协定谈判的因素之一。

尽管谈判的历程坎坷曲折,但谈判仍在进行。经过艰苦磋商,有关天然橡胶的《国际橡胶协定》于 1980 年 1 月重新签署,这成为列入《商品综合方案》的 18 种初级产品中第一个包含有价格稳定条款的国际商品协定,也是根据《商品综合方案》的原则签署的第一个国际商品协定。由于天然橡胶是发展中国家的主要出口商品之一,在世界初级产品贸易中占有重要地位,因此,《国际橡胶协定》的重新签署是国际商品协定谈判取得的一项积极成果,"标志着《商品综合方案》实际贯彻的开始"。[②] 1980 年 11 月,《国际可可协定》重新签署,这成为《商品综合方案》框架下第二个包含有价格稳定条款的国际商品协定。此后,有关国家于 1982 年和 1983 年分别达成《国际黄麻协定》和《国际热带木材协定》。尽管这两个协定均没有包含价格稳定条款,但由于其谈判与签署都源自《商品综合方案》的议程且规定有共同基金的"第二窗口"援助条款,因此,《国际黄麻协定》和《国际热带木材协定》仍然是《商品综合方案》谈判议程的重要成果。除此之外,《商品综合方案》所列其他初级产品协定的谈判均没有达到《商品综合方案》规定的目标,因此,国际商品协定谈判的成果从总体上讲是相当有限的,这从一个侧面表明,国际经济新秩序的建立将是一个漫长而艰巨的过程。

毫无疑问,导致国际商品协定谈判仅仅取得了有限成果的原因是多方面的,除了国际商品协定谈判的广泛性、复杂性和多样性以及漫长的共同基金谈判进程的影响之外,制约《商品综合方案》框架下国际商品协定谈判的主要因素还有以下几点。

首先,发达国家的消极态度是阻碍国际商品协定谈判的关键因素。《商品综合方案》的通过有其特定的历史背景,这就是:在第一次石油危机的影响余波尚存之际,同时出于冷战格局下与苏联争夺发展中国

---

① UNCTAD, *The History of UNCTAD*, p. 66; Gamani Corea, *Taming Commodity Markets*, p. 144.

② Gamani Corea, *Taming Commodity Markets*, p. 140.

家的战略考虑,发达国家希望避免南北关系遭遇挫折,因此,在讨论《商品综合方案》时,发达国家表现出建设性的态度,并愿意在逐项谈判的基础上参与初级产品问题的国际磋商。但正如美国、联邦德国等国在通过《商品综合方案》时所做的保留一样,发达国家对国际商品储备安排和价格稳定的设想是持有异议的,甚至担心一个全面的国际商品储备机制的建立将可能导致初级产品价格上涨、市场干预以及发展中国家在初级产品贸易领域权力的提升。[①] 鉴于美国在多边贸易体系中的主导地位,美国一再主张在关贸总协定制度及其多边贸易谈判的框架内磋商初级产品贸易问题。[②] 因此,在具体的国际商品协定的谈判过程中,发达国家又采取了拖延乃至变相阻挠的立场,不愿就国际商品储备安排承担具体义务。正是以美国为首的发达国家的消极政策导致了国际商品协定谈判难以有效进行,更不用说取得积极成果。

其次,发展中国家的谈判能力缺乏整合是影响国际商品协定谈判的一个重要因素。尽管《商品综合方案》的原则获得了发展中国家的一致支持,但由于经济发展水平以及产业结构模式等方面的差异,有关国家在具体的国际商品协定谈判中所关注的重点却是不尽相同的,甚至陷入了"只见树木,不见森林"的迷惘。[③] 针对《商品综合方案》所列之产品,有关国家在谈判中更倾向于讨论同自身利益密切相关的问题,这在很大程度上导致了发展中国家整体谈判力量的分散,严重影响了发展中国家谈判立场的协调,进而难以共同采取切实有效的措施以推动谈判进程,更谈不上就具体的国际商品协定谈判提出共同的方案。[④] 同时,有的发展中国家已经是业已存在的国际商品协定的成员国,因而担心《商品综合方案》框架下新的国际商品协定将有可能导致其市场份额的损失[⑤],由此对有关谈判心存疑虑。此外,由于参与谈判的发展中国家数量众多,要在 100 多个国家间达成共识是相当困难的,除非存

---

① UNCTAD, *The History of UNCTAD*, p. 72.

② Council on Foreign Relations, *American Foreign Relations 1974: A Documentary Record*, New York: New York University Press, 1977, pp. 96 – 97.

③ UNCTAD, *The History of UNCTAD*, p. 71.

④ UNCTAD, *The History of UNCTAD*, pp. 66, 72.

⑤ Marc Williams, *Third World Cooperation*, pp. 142 – 143.

在实际收益的广泛前景。① 毫无疑问,《商品综合方案》的原则与目标本身是发展中国家首倡的,但在具体的谈判中,由于缺乏发展中国家的强力推动,国际商品协定谈判成果有限也就不足为奇了,而发展中国家难以整合谈判能力的关键因素就在于针对具体的国际商品协定谈判,发展中国家缺乏共同利益,或者说存在利益分歧。②

第三,国际政治经济关系的变化是影响国际商品协定谈判的重要环境因素。"在国际政治经济领域,没有任何议题比国际商品政策更具争议性。"③如果说第一次石油危机之后的国际环境曾一度为国际商品协定的谈判创造了有利条件的话,那么,随着 20 世纪 80 年代初期以来国际关系的发展变化,这种有利条件已不复存在。就经济方面而言,肇始于 1981 年的世界经济衰退导致初级产品价格跌至 30 年代"大萧条"以来的最低水平,发展中国家的初级产品贸易面临更加严峻的世界经济环境,发达国家的保护性贸易壁垒也严重阻碍了发展中国家的出口贸易;同时,发达国家出于减轻危机压力的考虑也乐于看到初级产品价格下跌,无意谈判初级产品价格稳定以及国际商品储备安排问题。就政治方面而言,20 世纪 80 年代初期,美国、英国等发达国家的保守派政府开始上台执政并致力于解决国内经济问题,对国际发展合作的关注度明显下降;不仅如此,发达国家还竭力渲染自由市场经济,将诸如稳定初级产品贸易的国际安排等视为国家主义的扩展,从而为国际商品协定谈判再添纠葛。80 年代初期以来国际政治经济环境的变化进一步增加了国际商品协定谈判乃至南北合作的难度,导致《商品综合方案》框架下的国际商品协定谈判严重受阻,甚至无法取得实质性进展。

诚然,全面实现《商品综合方案》的目标并通过国际商品协定网络建立一个稳定的初级产品贸易机制尚需发展中国家继续作出不懈的努力,但在国际经济新秩序有关原则的指导下,发展中国家毕竟促使国际社会就《商品综合方案》达成了原则共识,推动了《共同基金协定》的生

---

①　Robert L. Rothstein, *Global Bargaining*, p. 76.

②　Thomas G. Weiss, *Multilateral Development Diplomacy in UNCTAD: The Lessons of Group Negotiations*, *1964－84*, New York: St. Martin's Press, 1986, pp. 106－108.

③　Marc Williams, *Third World Cooperation*, p. 133.

效以及共同基金的建立，并根据《商品综合方案》的原则重新签署了两个国际商品协定，从而标志着发展中国家寻求建立国际贸易新秩序的努力在初级产品贸易领域取得了阶段性成果，进而在很大程度上推动了发展中国家积极参与国际贸易活动。从这个意义上讲，《商品综合方案》、共同基金和国际商品协定的谈判过程实际上就是发展中国家参与国际经济关系以及国际经济制度设计与规则建设的过程，由此展示了发展中国家期望参与全球贸易发展的强烈愿望。

需要强调的是，在贸易全球化深入发展的背景下，国际贸易新秩序在初级产品贸易领域的阶段性成果更加具有现实意义。众所周知，世界经济体系的制度结构和历史特征在很大程度上决定了发展中国家初始资源配置的不利地位，初级产品成为发展中国家的主要出口商品，这就意味着初级产品贸易将是发展中国家参与国际贸易的主要方式（尽管新兴工业国家的产业结构和贸易结构在一定程度上有所改善，但迄今为止，绝大多数发展中国家的贸易仍然以初级产品为主），同时也是发展中国家实现经济发展的重要途径。鉴于此，国际贸易新秩序将稳定初级产品价格、扩大初级产品出口作为重要内容，而《商品综合方案》和共同基金则旨在确立初级产品贸易规则，改善发展中国家的贸易条件，促进发展中国家的贸易扩展，推动发展中国家更加广泛地参与国际贸易关系，进而积极地融入贸易全球化的进程。更为重要的是，尽管发展中国家的制成品出口明显增加，但这并不意味着初级产品问题可以忽视。[1] 实际上，初级产品贸易仍然是国际贸易的重要组成部分，因此，初级产品价格的过度波动将严重影响世界贸易的平稳运转以及贸易全球化的发展进程，并最终有损发展中国家和发达国家的利益。基于此，通过适当的国际安排以稳定初级产品价格仍然是必要的，"在建设一个更加稳健和强劲的全球经济环境的进程中，初级产品价格稳定协定的有效性将更显突出"[2]，以国际经济新秩序有关原则为基础的《商品综合方案》和共同基金及其目标与贸易全球化的发展进程和客观要求是完全一致的。

---

① Robert L. Rothstein, "Regime-Creation by a Coalition of the Weak", p. 322.

② Gamani Corea, *Taming Commodity Markets*, p. 162.

第二节　普惠制的确立

根据《新宣言》《行动纲领》和《经济宪章》这三份国际经济新秩序纲领性文件所确立的有关原则,在多边贸易体系中确立有利于发展中国家的以普遍性、非互惠和非歧视原则为基础的普遍关税优惠制度(普惠制)是国际贸易新秩序的重要目标之一。在发展中国家看来,实现经济发展需要拓展制成品的出口市场,尤其是进入发达国家的市场;但由于发展中国家的制成品在发达国家市场上缺乏有效的竞争力,因此,必须寻求确立有利于发展中国家的普遍关税优惠制度,以此促进发展中国家的贸易和经济发展,这就是国际经济新秩序倡导普惠制的基本出发点。[1] 值得注意的是,普惠制原则首先由联合国贸发会议提出,但其具体谈判与确立的过程却是在关贸总协定制度及其多边贸易谈判的框架内完成的。随着普惠制作为一项具有约束力的规则在多边贸易体系中的确立,国际贸易新秩序取得了重要的阶段性成果,因此,普惠制的确立充分体现了发展中国家在多边贸易体系中的议程设置能力[2],有力地推动了关贸总协定制度的完善以及发展中国家对贸易全球化进程的参与。

一、普惠制的提出

在建立之初,关贸总协定制度并没有关注经济发展问题[3],仅在第18条对不发达国家的经济发展作出了含糊的规定,根本无法满足发展中国家实现经济发展的要求。按照关贸总协定制度第18条"经济发展所需之协调"条款的规定,发展中国家出于保护幼稚工业的目的可以撤回或修改业已作出的关税减让,但此种措施必须得到缔约国全体的事先批准,且不得构成对国际贸易的不合理限制,同时必须遵循非歧视原则以及缔约国全体就此设定的条件。[4] 1955 年关贸总协定修订本

---

① Brian M. Pollins, "Breaking Trade Dependency", p. 299.

② Helge O. Bergesen, Hans H. Holm and Robert D. McKinlay, "The Origins of the NIEO Debate", p. 8.

③ Javed A. Ansari, *The Political Economy of International Economic Organization*, p. 270.

④ 《国际条约集 1945—1947》,北京:世界知识出版社 1959 年版,第 561—563 页。

进一步规定,发展中国家在面临贸易收支困难时,可以根据适当放宽的条件实施数量限制措施,这就是关贸总协定制度新修订的第 18 条"经济发展政府援助"条款。[1] 但在实际操作的过程中,沿用第 18 条的发展中国家往往会被要求作出相应的补偿,或面临贸易报复的威胁。[2] 即使是关贸总协定制度中仅有的经济发展条款及其程序也是相当苛刻和繁琐的,"并没有为发展中国家提供丝毫的适用空间"[3],而发展中国家在多边贸易体系中所面临的不利的制度环境亦成为制约发展中国家经济和贸易发展的重要因素。

20 世纪 50 年代,发展中国家的对外贸易经历了艰难的时期,贸易条件恶化成为所有发展中国家都面临的一个重要问题,在这种背景下,有关各方应采取积极措施以帮助发展中国家贸易发展的观念开始为国际社会所接受,多边贸易体系的发展导向问题因之凸显。[4] 面对国际社会的强烈呼声,关贸总协定缔约国大会于 1957 年 11 月任命了一个以美国经济学家哈伯勒为主席的专家小组,专门研究发展中国家的经济与贸易问题。1958 年 10 月,专家小组向关贸总协定缔约国提交了著名的"哈伯勒报告"(Haberler Report),该报告追溯了发达国家与发展中国家的贸易关系,认为发达国家针对发展中国家的贸易壁垒是造成发展中国家贸易困难的主要原因。[5]"哈伯勒报告"的意义就在于:它为关贸总协定缔约国重新思考涉及发展中国家的贸易规则并改善发展中国家的贸易收益提供了新的动力。[6] 作为对"哈伯勒报告"的回应,关贸总协定缔约国大会于 1958 年 11 月设立了第三委员会(1964 年 11 月更名为贸易与发展委员会),专门负责研究制约发展中国家的贸易限制措施,同时就通过削减贸易壁垒以促进发展中国家贸易发展

[1] Marc Williams, *Third World Cooperation*, p. 24.

[2] UNCTAD, *The History of UNCTAD*, p. 104.

[3] Andrew G. Brown, *Reluctant Partners: A History of Multilateral Trade Cooperation, 1850 - 2000*, Ann Arbor: The University of Michigan Press, 2003, p. 95.

[4] UNCTAD, *The History of UNCTAD*, p. 126.

[5] T. N. Srinivasan, *Developing Countries and the Multilateral Trading System: From the GATT to the Uruguay Round and the Future*, Boulder: Westview Press, 1998, p. 23.

[6] John W. Evans, "The General Agreement on Tariffs and Trade", p. 84.

的政策方案提出建议。[①] 1963 年 5 月举行的关贸总协定缔约国部长级会议作出决定,成立一个工作小组以研究专门针对发展中国家的关税优惠问题[②],由此预示着关贸总协定制度将在涉及发展中国家的关税和贸易优惠问题上出现新的政策调整。

在 1964 年举行的第一届联合国贸发会议上,有关国家探讨了解决发展中国家贸易困难的有效措施问题,寻求在国际贸易领域创立有利于发展中国家的关税优惠制度成为会议关注与讨论的焦点。发展中国家指出,传统的最惠国(Most-Favoured-Nation, 简称 MFN)待遇原则并没有考虑到发达国家与发展中国家之间在经济结构和发展水平上的不平等性,"在经济上不平等的国家之间实行平等待遇实质上就是创造了一种不平等",在互惠与最惠国待遇原则基础上的多边关税和贸易谈判成果并没有鼓励发展中国家的出口贸易,反而在很大程度上阻碍了发展中国家的经济贸易发展。鉴于此,发展中国家认为,关税优惠制度有助于实现国际贸易关系的真正平等。[③] 欧洲经济共同体国家原则上支持关税优惠计划,但反对建立普遍性的关税优惠制度,而是主张在双边谈判的基础上建立临时性和选择性的关税优惠体系。作为原则上反对建立关税优惠制度的唯一发达国家,美国认为,关税优惠制度对发展中国家没有任何意义,而且,新的关税优惠体系将削弱关贸总协定缔约国在最惠国待遇原则基础上削减关税壁垒的意愿,进而危及"肯尼迪回合"的关税谈判。[④] 尽管美国明确反对有关建立关税优惠制度的构想,但基于发展中国家的一致支持,第一届联合国贸发会议通过的决议仍然强调应当确立有利于发展的国际贸易关系,建议发达国家在非互惠的基础上对发展中国家实施优惠的关税减让并寻求尽快达成协议。[⑤] 诚然,联合国贸发会议的决议并不具有约束力,但该决议中所包含的有利于发展中国家的关税优惠理念无疑是"国际贸易政策领域旨

---

① John I. Huhs, "Trade Preferences for Developing Countries: Options for Ordering International Economic and Political Relations", *Stanford Law Review*, Vol. 20, No. 6, 1968, p. 1165.

② Anwarul Hoda, *Developing Countries in the International Trading System*, New Delhi: Allied Publishers Private Limited, 1987, p. 47.

③ UNCTAD, *The History of UNCTAD*, p. 107.

④ John I. Huhs, "Trade Preferences for Developing Countries", pp. 1171 – 1174.

⑤ UNCTAD, *The History of UNCTAD*, pp. 107 – 108.

在促进经济发展的最具原创性的创新之一"①,同时也为普惠制在多边贸易体系中的确立提供了有利的政策和舆论环境。

在联合国贸发会议关税优惠制度构想的鼓舞下,关贸总协定中的发展中缔约国亦强烈要求关贸总协定应充分关注发展中国家的经济发展问题。更为重要的是,随着战后国际政治经济关系的发展嬗变,关贸总协定制度体系囊括了越来越多的发展中国家,关贸总协定的缔约国构成与其建立之初相比发生了明显的变化,发展中国家通过加入关贸总协定而首次成为多边贸易体系以及国际贸易制度的重要参与者。因此,在发展中国家逐步参与的背景下,关贸总协定制度规则必须予以调整和改革,进而反映发展中国家的利益关切并顺应关贸总协定制度框架内国际贸易关系的新发展。鉴于发展中国家以贸易促发展的呼声日渐高涨,同时作为对第一届联合国贸发会议的针对性回应②,关贸总协定制度在 1965 年 2 月增设了关于贸易与发展的第四部分,确立了针对发展中国家的非互惠原则。根据约定程序,关贸总协定制度第四部分于 1966 年 6 月正式生效。③ 尽管关贸总协定制度第四部分没有规定具体的法律义务,但其增设仍然具有不容忽视的重要意义,它标志着发展中国家在关贸总协定制度体系的框架内争取贸易平等权和发展权的努力取得了积极的进展,促使关贸总协定制度"首次作出了有利于发展中国家的实质性原则规定,即非互惠的关税和贸易优惠原则"。④ 尽管新增的关贸总协定制度第四部分具有"指导性质",但它却为发展中国家在关贸总协定制度的框架内以及贸易自由化和全球化的进程中寻求有利的特殊和差别待遇(Special and Differential Treatment)"奠定了基础"⑤,展示了创建有利于发展中国家的贸易优惠体系的前景,并为普惠制的建立创造了有利条件⑥;从关注贸易与发展关系的角度看,关

---

① Tracy Murray, *Trade Preferences for Developing Countries*, New York: John Wiley & Sons, 1977, p. 5.

② T. N. Srinivasan, *Developing Countries and the Multilateral Trading System*, p. 25.

③ *FRUS*, 1964 – 1968, Vol. Ⅷ, p. 702.

④ 赵龙跃:《发展中国家与关贸总协定》,《国际问题研究》1996 年第 2 期,第 32 页。

⑤ Anwarul Hoda, *Developing Countries in the International Trading System*, p. 36.

⑥ Rorden Wilkinson and James Scott, "Developing Country Participation in the GATT: A Reassessment", *World Trade Review*, Vol. 7, No. 3, 2008, pp. 496 – 497.

贸总协定第四部分的增设无疑承认了贸易在促进经济发展中的作用，标志着"发展标准"在多边贸易体系中的确立[①]，由此表明发展中国家在关贸总协定制度框架内寻求贸易与发展的努力达到了第一个高潮[②]；更为重要的是，鉴于特殊和差别待遇是确保发展中国家顺利融入以关贸总协定制度为核心的多边贸易体系的一个关键问题[③]，关贸总协定第四部分的增设同时还是发展中国家在多边贸易体系内寻求特殊和差别待遇规则所取得的"一个政治胜利"[④]，开创了多边贸易体系新发展的先例。此后，强化关贸总协定制度非互惠原则的法律基础就成为发展中国家的追求目标。[⑤]

　　基于同非洲国家的传统联系并出于维护贸易利益的考虑，欧洲经济共同体国家在关税优惠问题上采取了更为积极的立场。早在 1963年 7 月，欧洲经济共同体就根据联系国制度同 18 个非洲国家签订了《雅温得协定》(Yaounde Convention)，规定非洲 18 国的主要出口商品可享受欧洲经济共同体免除关税和进口限制的贸易优惠，标志着欧洲经济共同体与非洲国家之间贸易优惠关系的建立。1966 年，澳大利亚宣布，根据关贸总协定第四部分的规定，对来自发展中国家的工业产品给予普遍性的关税优惠，从而成为第一个实施普惠制理念的关贸总协定缔约国。[⑥] 同时，出于全面拓展同发展中国家经济贸易关系的考虑，欧洲经济共同体国家于 1966 年底决定支持建立普遍性的关税优惠制度，呼吁第二届联合国贸发会议就此进行磋商。[⑦]

　　欧洲经济共同体的政策与美国的态度形成了鲜明的对照，而发展

① 　Bob Reinalda, *Routledge History of International Organizations*, pp. 403 – 404.

② 　John W. Evans, "The General Agreement on Tariffs and Trade", p. 85.

③ 　杜明、李红波：《GATT/WTO 体制中特殊和差别待遇的历史考察》，《世界经济与政治》2005 年第 8 期，第 69 页。

④ 　Carlos A. P. Braga, "The Threat of a Cold Trade War and the Developing Countries", *SAIS Review*, Vol. 11, No. 2, 1991, p. 56.

⑤ 　R. Krishnamurti, "Multilateral Trade Negotiations and the Developing Countries", *Third World Quarterly*, Vol. 2, No. 2, 1980, p. 252.

⑥ 　Judith L. Goldstein, Douglas Rivers and Michael Tomz, "Institutions in International Relations: Understanding the Effects of the GATT and the WTO on World Trade", *International Organization*, Vol. 61, No. 1, 2007, p. 46.

⑦ 　John I. Huhs, "Trade Preferences for Developing Countries", p. 1176.

中国家要求确立关税优惠制度的普遍呼声也使美国感受到巨大的压力,在此背景下,美国不得不调整在关税优惠制度问题上的立场。1967年4月,美国总统约翰逊发表声明,承认现行的关税减让并没有能够促进发展中国家的经济发展,因此,由所有发达国家向所有发展中国家提供临时性的关税优惠是解决发展中国家贸易问题的途径之一。① 由此可见,尽管美国认可了探讨关税优惠制度的可能性,但这一政策转变仍然强调了两个重点,即关税优惠制度的临时性和普遍性。从总体上讲,美国政策转变的主要动机是:避免因关税优惠制度的争议导致美国与发展中国家关系的疏远,进而使美国在政治上陷入孤立;同时,通过普遍性的关税优惠制度遏制欧洲经济共同体主导的区域性贸易优惠安排的蔓延,维护美国在全球性多边贸易体系中的领导地位。② 鉴于美国在多边贸易体系中的主导地位,美国的政策转变无疑为关税优惠制度的谈判创造了转机,同时也为有关国家在即将召开的第二届联合国贸发会议上谈判普惠制问题扫除了障碍。

随着美国政策的转变,西方发达国家开始在经济合作与发展组织(OECD)内协调立场,最终就针对发展中国家的关税优惠制度安排达成了共识并提出了一个具体的政策方案,这就是"经合组织方案"(OECD Scheme),该方案在非互惠原则的基础上规定了适用于发展中国家的关税优惠制度的产品范围,同时建议发达国家实施关税优惠制度的初步期限为 10 年,且关税优惠制度安排应具有临时性和递减性。③ "经合组织方案"不仅为发达国家参与关税优惠制度谈判提供了政策依据,而且还奠定了发达国家具体实施普惠制的基本框架;同时,"经合组织方案"的实质就是确保发达国家在普惠制谈判与运转中的主导地位。在达成政策共识之后,发达国家随即将"经合组织方案"提交第二届联合国贸发会议以期就此展开磋商。

1968 年 2 月,第二届联合国贸发会议在印度首都新德里举行,关税优惠制度成为谈判的中心问题。发展中国家本期望会议能够就关税

---

① UNCTAD, *The History of UNCTAD*, p. 108.

② R. I. Meltzer, "The Politics of Policy Reversal: The US Response to Granting Trade Preferences to Developing Countries and Linkages between International Organizations and National Policy Making", *International Organization*, Vol. 30, No. 4, 1976, pp. 663 – 668.

③ Marc Williams, *Third World Cooperation*, p. 120.

优惠制度的原则及其实施规则达成协议,但发达国家明确表示只能在
"经合组织方案"的框架内协商贸易政策原则问题,拒绝在联合国贸发
会议的论坛上谈判关税优惠制度的具体细则。[①] 经过紧张的谈判,新
德里会议(New Delhi Conference)最终通过了有关普惠制原则的决议。
该决议规定,有利于发展中国家的普惠制应遵循普遍性、非互惠和非歧
视的原则,而建立普惠制的主要目标就是增加发展中国家的出口收入,
促进发展中国家的工业化,提高发展中国家的经济增长率。[②] 新德里
会议同时决定,在联合国贸发会议内设立一个贸易优惠特别委员会,以
作为具体讨论普惠制的制度性论坛。[③] 至此,发展中国家以及联合国
贸发会议倡导的普惠制原则得到了有关国家的共同认可,标志着联合
国贸发会议框架内的普惠制谈判取得了积极进展。需要强调的是,尽
管第二届联合国贸发会议未能就普惠制的产品涵盖范围以及适用期限
等具体问题达成协议,但有关决议却成功地将普惠制的普遍性、非互惠
和非歧视原则联结为一个整体,形成了系统的"普惠制三原则"[④],从而
体现了联合国贸发会议的政策创新,并为具体的普惠制谈判指明了方
向,同时也为普惠制在多边贸易体系中的正式确立"开辟了道路"。[⑤]
至此,南北关系中的普惠制问题由一般原则的争论转入实际落实的阶
段[⑥],将普惠制原则转化为具有约束力的贸易规则就成为国际社会关
注的重点。

二、普惠制在多边贸易体系中的确立

　　战后多边贸易体系是以关贸总协定制度为核心的,因此,关贸总协
定制度规则不仅对缔约国具有约束力,更为重要的是,关贸总协定制度
从根本上决定着多边贸易规则以及多边贸易体系的发展方向,从这个

---

① Marc Williams, *Third World Cooperation*, pp. 124 – 125.

② UNCTAD, *The History of UNCTAD*, pp. 108 – 109.

③ David Wall, "Problems with Preferences", *International Affairs*, Vol. 47, No. 1, 1971, p. 92.

④ 薛淑云:《普惠制探析》,《天津大学学报》(社会科学版)2000 年第 1 期,第 8 页。

⑤ Anthony Payne, *The Global Politics of Unequal Development*, New York: Palgrave Macmillan, 2005, p. 128.

⑥ Anindya K. Bhattacharya, "The Influence of the International Secretariat: UNCTAD and Generalized Tariff Preferences", *International Organization*, Vol. 30, No. 1, 1976, p. 76.

意义上讲,联合国贸发会议通过的普惠制原则必须通过关贸总协定制度内化为多边贸易规则才能够具有普遍的约束力和适用性。鉴于此,将普惠制原则融入关贸总协定制度并推动多边贸易规则的发展就成为发展中国家必须面对的一项任务。

在普惠制原则获得通过之后,关贸总协定中的发展中缔约国随即展开了积极的外交努力,以期将普惠制纳入多边贸易谈判范畴并实现规则化。同时,普惠制原则的确立及欧洲经济共同体与非洲国家贸易优惠关系的发展亦表明国际贸易关系出现了新的变化,在此背景下,美国深感必须进一步调整政策,在普惠制问题上采取积极立场。1969 年2 月,尼克松总统指示国家安全事务助理基辛格会同国务院等有关部门研究针对发展中国家的贸易优惠问题。[1] 经初步酝酿,美国政府就给予发展中国家的关税优惠达成基本共识,认为美国应参加普遍关税优惠体系。从对外关系的角度看,美国的政策考虑主要基于以下两点:首先,通过参加普遍关税优惠体系以维护美国同发展中国家的合作;其次,鉴于欧洲经济共同体已在贸易优惠问题上采取了积极立场并赢得了发展中国家的支持,美国必须调整政策以避免"陷入孤立"。[2] 1969 年10 月,尼克松总统同意并宣布,经国会批准,美国将支持赋予发展中国家以关税优惠的政策构想并将寻求建立相应的关税优惠体系。[3] 1971 年3 月,欧洲经济共同体和日本先后宣布了各自的关税优惠计划,从而展示了与美国竞争发展中国家市场的战略意图。面对挑战,国务卿罗杰斯于4 月致函尼克松总统,建议尽速向国会提交有关关税优惠的立法方案以推动美国关税优惠政策的制定与实施,确保美国在关税优惠制度体系中的领导地位。[4] 但随着美元危机的接连爆发以及1971 年8 月"新经济政策"的公布,尼克松政府对外经济政策的重点迅速转向国际货币金融领域,有关关税优惠的立法方案最终未能提交国会审议。不仅如此,面对美元危机和贸易赤字的双重压力,尼克松政府的贸易政策重新回到了以强调互惠为基础的轨道上,一度讨论热烈的

---

① U.S. Department of State, *FRUS*, 1969 – 1976, Vol. IV, p. 470.

② U.S. Department of State, *FRUS*, 1969 – 1976, Vol. IV, pp. 552 – 555.

③ U.S. Department of State, *FRUS*, 1969 – 1976, Vol. IV, pp. 565, 596.

④ U.S. Department of State, *FRUS*, 1969 – 1976, Vol. IV, p. 647.

关税优惠政策不了了之。从国际关系的角度来看,美国在关税优惠计划中的无所作为从另一个侧面表明,面对经济实力的相对削弱以及国内的贸易保护主义压力,美国在多边贸易体系中发挥领导作用的能力已大打折扣。

尽管美国在具体谈判和落实普惠制原则上踌躇不前,但随着普惠制原则决议的通过,在多边贸易体系中确立有利于发展中国家的普惠制规则已是大势所趋。在发展中缔约国的支持下,关贸总协定缔约国大会于1971年6月通过决议,以临时豁免义务的形式授权发达缔约国可在10年内背离关贸总协定规则,以便对发展中国家实行普惠制[1],从而将发达国家单方面给予发展中国家的普惠制非正式地引入了关贸总协定制度体系之中。诚然,关贸总协定缔约国大会决议强调了普惠制措施的临时性,并体现了发达国家以及"经合组织方案"的政策设想,但该决议毕竟首次在关贸总协定制度中确认了普惠制的地位,开启了普惠制具体实施的进程,因而仍然是发展中国家致力于推进普惠制的积极成果。随着联合国贸发会议有关普惠制决议的通过,发达国家主导下的关贸总协定制度规则亦出现了相应调整,对发展中国家的要求作出了适当回应。

鉴于普惠制的制度化及其有效实施对发展中国家的经济贸易发展以及多边贸易体系的完善具有不容低估的重要意义,有关国际经济新秩序的《行动纲领》和《经济宪章》均重申了在多边贸易体系中正式确立普惠制规则的原则目标,从而为普惠制的规则建设与进一步谈判提供了新的动力。此后,发展中国家作出了不懈的努力,以期通过普惠制的形式将国际经济新秩序的理念融入关贸总协定制度体系。[2]

在关贸总协定制度"东京回合"(Tokyo Round, 1973—1979年)期间,70多个发展中国家"第一次作为具有凝聚力的整体参加了多边贸

---

[1]　UNCTAD, *The History of UNCTAD*, p. 109.

[2]　Surya P. Subedi, "The Road from Doha: The Issues for the Development Round of the WTO and the Future of International Trade", *The International and Comparative Law Quarterly*, Vol. 52, No. 2, 2003, p. 426.

易谈判"①,力图将普惠制原则的实施程序规范化,进而在关贸总协定制度及其多边贸易体系中长期稳定地确立普惠制的地位。经过紧张谈判,关贸总协定缔约国决定通过授权方式解决普惠制的长期实施与运转问题。1979 年 11 月,关贸总协定缔约国大会通过了"差别和更加优惠的待遇以及互惠和发展中国家更充分参与的决议",这就是著名的"授权条款"(Enabling Clause)。该条款授权发达缔约国可以不受关贸总协定义务豁免程序的约束,以根据普惠制原则向发展中缔约国提供关税优惠待遇;发展中缔约国在区域性或全球性贸易中亦可相互提供关税优惠待遇;"授权条款"还规定,关贸总协定制度内的非关税壁垒谈判应遵循针对发展中国家的"差别和更加优惠的待遇"原则;除此之外,"授权条款"强调,关贸总协定制度的多边关税和贸易谈判应给予最不发达国家以特殊考虑和特别待遇。② 同时,"东京回合"达成的有关非关税壁垒守亦规定了"特殊和差别待遇"的条款。③ 至此,发展中缔约国所享受的"特殊和差别待遇"在多边贸易体系中获得了正式的法律地位;另外,"授权条款"还将发展中国家倡导的普惠制正式引入关贸总协定制度规则之中,从而为普惠制的运转提供了一个永久的法律基础。④ 从此以后,关贸总协定制度中的"特殊和差别待遇"原则就成为基于规则的多边贸易体系的不可或缺的重要组成部分⑤,其目的就是纠正国际经济贸易关系中的不平等状况。⑥

诚然,普惠制的具体实施仍然面临着发达国家设置的诸多附加条件,甚至"非贸易领域"条件(诸如政治条件)的限制。根据"授权条款",

① T. N. Srinivasan, "Developing Countries in the World Trading System: From GATT, 1947, to the Third Ministerial Meeting of WTO, 1999", *The World Economy*, Vol. 22, No. 8, 1999, p. 1052.

② Martin Wolf, "Differential and More Favorable Treatment of Developing Countries and the International Trading System", *The World Bank Economic Review*, Vol. 1, No. 4, 1987, p. 649.

③ Carlos A. P. Braga, "The Threat of a Cold Trade War and the Developing Countries", p. 58.

④ Bernard M. Hoekman and Michel M. Kostecki, *The Political Economy of the World Trading System*, p. 238.

⑤ Gary P. Sampson, *The WTO and Sustainable Development*, Tokyo and New York: United Nations University Press, 2005, p. 229.

⑥ Sidney Weintraub, "The New International Economic Order: The Beneficiaries", *World Development*, Vol. 7, No. 3, 1979, p. 254.

具体的普惠制方案(包括普惠制的实施范围、对象、条件和期限)均由发达国家单方面确定;此外,"授权条款"还包含了一个"毕业规则",即享受普惠制的发展中国家在经济发展水平达到一定程度之后,将不再适用普惠制并应更多地承担多边贸易规则所确定的义务。[1] 所有这些都表明,普惠制的主导权依然实质性地掌握在发达国家手中,发达国家在普惠制的具体运转中仍然拥有最后决定权。[2] 因此,尽管普惠制原则是联合国贸发会议确定的,但普惠制的具体运转却基本体现了发达国家"经合组织方案"所设定的政策目标。同时,作为发展中国家首倡的贸易政策创新,以"特殊和差别待遇"为特征的普惠制纳入关贸总协定制度规则框架毕竟是发展中国家"推动世界贸易体系发展演进的一个重要方面"[3],也"为发达国家与发展中国家之间的贸易合作提供了切实可行的途径"[4];而且,鉴于普惠制旨在弥合互惠原则的缺陷并鼓励发展中国家融入多边贸易体系,相对于发达国家在关贸总协定制度中的优势地位而言,有利于发展中国家的普惠制可称为"积极的歧视"[5],从这个意义上讲,"普惠制仍然是迈向更加均衡和更加协调的全球贸易关系的积极步骤"。[6] 更为重要的是,"授权条款"的通过和普惠制的确立在一定程度上"增强了发展中国家在关贸总协定制度和多边贸易体系中的地位",展示了发展中国家在多边贸易谈判中凝聚并整合力量的能力。[7] 鉴于此,普惠制在关贸总协定制度体系中的正式确

---

[1] T. N. Srinivasan, *Developing Countries and the Multilateral Trading System*, pp. 24 – 25.

[2] Javed A. Ansari, *The Political Economy of International Economic Organization*, p. 250.

[3] John H. Jackson, *The World Trading System: Law and Policy of International Economic Relations*, Cambridge: The MIT Press, 1989, p. 279.

[4] UNCTAD, *The History of UNCTAD*, p. 111.

[5] Bernard M. Hoekman, "Multilateral Trade Negotiations and Coordination of Commercial Policies", in Robert M. Stern, ed., *The Multilateral Trading System: Analysis and Options for Change*, Ann Arbor: The University of Michigan Press, 1993, p. 47.

[6] Norma Breda dos Santos, Rogerio Farias and Raphael Cunha, "Generalized System of Preferences in General Agreement on Tariffs and Trade/World Trade Organization: History and Current Issues", *Journal of World Trade*, Vol. 39, No. 4, 2005, p. 638.

[7] Donald G. Beane, *The United States and GATT: A Relational Study*, New York: Pergamon, 2000, p. 166.

立是发展中国家致力于国际经济新秩序建设的一个重要成果。[①] 需要指出的是，虽然美国在普惠制问题上一度采取了消极立场[②]，但"授权条款"的通过和普惠制在多边贸易体系中的确立仍然从一个侧面表明，美国对关贸总协定制度规则的控制力呈现出相对削弱的趋势，发展中国家在多边贸易体系中的整体力量则明显增强。

普惠制的总体目标是增加发展中国家的出口收入，促进发展中国家的工业化，提高发展中国家的经济增长率，因此，普惠制的确立将为扩大发展中国家的工业制成品出口"创造国际贸易的激励机制"[③]，进而推动发展中国家充分参与贸易全球化的进程。普惠制的原则目标是符合贸易全球化的平等互利和共同发展原则的，普惠制纳入关贸总协定制度规则体系既是发展中国家改革关贸总协定制度规则的第一个重要标志，也是发展中国家推动国际贸易新秩序建设的一个积极进展，更是发展中国家为广泛参与贸易全球化进程而取得的一项重要成果。

第三节　多边贸易体系的新发展与国际贸易新秩序

《新宣言》《行动纲领》和《经济宪章》这三份国际经济新秩序纲领性文件明确规定，国际社会应采取措施，通过逐步消除关税和非关税贸易壁垒及取消限制性商业措施，改善发展中国家产品进入发达国家市场的机会。纺织品和农产品均是发展中国家主要的出口商品，且这两类产品长期被排斥在多边贸易体系之外，因此，发展中国家根据国际经济新秩序的有关原则作出了积极努力，以期将纺织品和农产品纳入多边贸易体系，促进多边贸易体系的改革与完善，推动发展中国家更好地参与国际贸易的发展以及贸易全球化的进程。

---

① Shalendra D. Sharma, "The World Trade Organization and Implications for Developing Countries", *SAIS Review*, Vol. 17, No. 2, 1997, p. 68.

② 面对欧洲经济共同体和日本与发展中国家贸易优惠关系的发展，美国不得不在 1976 年 1 月宣布加入普惠制体系，见 Joan E. Twiggs, *The Tokyo Round of Multilateral Trade Negotiations: A Case Study in Building Domestic Support for Diplomacy*, Lanham: University Press of America, 1987, p. 122.

③ Peter J. Ginman and Tracy Murray, "The Generalized System of Preferences: A Review and Appraisal", in Karl P. Sauvant and Hajo Hasenpflug, eds., *The New International Economic Order*, p. 190.

一、"乌拉圭回合"与国际贸易新秩序的阶段性进展

"乌拉圭回合"(Uruguay Round, 1986—1994 年)是关贸总协定制度八轮多边贸易谈判中的最后一轮谈判,也是关贸总协定制度框架内持续时间最长、谈判范围最广的一轮多边贸易谈判;更为重要的是,"乌拉圭回合"的显著特点就是:发展中国家从一开始就全面而积极地参与了整个谈判进程。[1] 作为谈判的成果,有关国家于 1994 年 4 月以一揽子协议的方式通过了"乌拉圭回合"最后文件。按照约定的程序,《建立世界贸易组织协定》及其附件于 1995 年 1 月 1 日生效,正式的世界贸易组织(World Trade Organization, 简称 WTO)宣告成立,由此标志着第二次世界大战结束之后建立起来的多边贸易体系进入了一个新阶段。需要强调的是,在发展中国家的积极推动下,"乌拉圭回合"达成了《纺织品与服装协定》(Agreement on Textiles and Clothing),将对发展中国家具有重要利益的纺织品和服装贸易重新纳入多边贸易规则体系,从而推动了纺织品贸易的多边化和自由化。同时,发展中国家还利用美欧之间在农业政策上的分歧,促使"乌拉圭回合"达成了《农业协定》(Agreement on Agriculture),结束了农业贸易政策长期游离于关贸总协定制度体系之外的局面,农产品贸易开始受到多边贸易规则的规范和制约。"乌拉圭回合"标志着发展中国家在国际贸易新规则的制定中发挥了前所未有的积极作用,是"发展中国家融入多边贸易体系的一个重要里程碑"。[2]

(一)《纺织品与服装协定》与国际贸易新秩序

作为劳动密集型和低技术含量产业,基础纺织品与服装是发展中国家出口贸易的支柱性产品之一,在发展中国家的对外贸易中占有举足轻重的地位。从贸易额的角度来看,纺织品与服装出口长期以来约

---

[1] Raed Safadi and Sam Laird, "The Uruguay Round Agreements: Impact on Developing Countries", *World Development*, Vol. 24, No. 7, 1996, p. 1223.

[2] Will Martin and L. Alan Winters, "The Uruguay Round: A Milestone for the Developing Countries", in Will Martin and L. Alan Winters, eds., *The Uruguay Round and the Developing Countries*, Cambridge: Cambridge University Press, 1996, p. 1.

占发展中国家制成品出口的 1/3 左右，在部分发展中国家甚至超过了 50%。[1] 从国际贸易关系和多边贸易体系的角度来看，20 世纪 60 年代之前，纺织品与服装贸易一直受关贸总协定多边贸易制度规则的约束，并没有被视为"特殊商品"。

从 20 世纪 50 年代末期起，面对纺织品与服装进口的竞争压力，发达国家开始寻求保护措施。在 1959 年关贸总协定缔约国大会上，美国负责经济事务的助理国务卿狄龙首次提出"市场扰乱"（Market Disruption）的概念，从而为发达国家"以多边协定的方式使纺织品和服装贸易全面脱离关贸总协定的正常体制打开了突破口"[2]，直接催生了国际纺织品贸易安排的出台。

在关贸总协定制度第五轮多边关税谈判"狄龙回合"（Dillon Round，1960—1961 年）期间，美国总统肯尼迪于 1961 年 5 月指示国务院会同有关国家寻求签署一个棉纺织品协定，以期通过限制性措施削减美国的纺织品进口，进而达到保护美国纺织品产业的目的。[3] 根据美国的提议，有关国家于 1961 年 7 月签署了《国际棉纺织品贸易短期安排》，其目标就是限制棉纺织品的市场准入，防止市场扰乱，为此，发达国家可以采取单方面的配额限制措施。《国际棉纺织品贸易短期安排》开创了纺织品贸易数量限制合法化的第一步[4]，同时也是为纺织品与服装贸易设定特殊规则的第一个多边贸易协定。[5] 从此以后，棉纺织品贸易开始游离于关贸总协定制度体系之外，并对发展中国家的棉纺织品出口造成了严重的不利影响。

1962 年 2 月，有关国家签署了为期 5 年的《国际棉纺织品贸易长期安排》，将歧视性限制范围扩大到全部棉纺织品。该协定随后曾两

---

① Vinod K. Aggarwal, "The Unraveling of the Multi-Fiber Arrangement, 1981: An Examination of International Regime Change", *International Organization*, Vol. 37, No. 4, 1983, p. 617.

② 张向晨：《发展中国家与 WTO 的政治经济关系》，北京：法律出版社 2000 年版，第 108 页。

③ Thomas W. Zeiler, "Free-Trade Politics and Diplomacy: John F. Kennedy and Textiles", *Diplomatic History*, Vol. 11, No. 2, 1987, pp. 132 – 133.

④ Bernard M. Hoekman and Michel M. Kostecki, *The Political Economy of the World Trading System*, p. 207.

⑤ Caf Dowlah, *Backwaters of Global Prosperity: How Forces of Globalization and GATT/WTO Trade Regimes Contribute to the Marginalization of the World's Poorest Nations*, Westport: Praeger, 2004, p. 79.

次延期,直至 1973 年。以《国际棉纺织品贸易长期安排》为标志,国际纺织品贸易游离于关贸总协定制度体系之外的趋势进一步加强,免于多边规则约束的纺织品与服装贸易亦成为关贸总协定制度剥夺发展中国家贸易利益的最典型的案例。[①]

在《国际棉纺织品贸易长期安排》行将到期之际,美国等发达国家积极寻求签署更为全面的国际纺织品贸易协定。在关贸总协定制度"东京回合"的帷幕拉开不久,42 个纺织品贸易国和地区于 1973 年 12 月签署了《多种纤维协定》(Multi-Fiber Arrangement, 简称 MFA),并于 1974 年 1 月正式生效。该协定规定,为避免纺织品市场遭受扰乱性影响,发达国家可以继续实施严格的进口配额限制。[②] 此后,《多种纤维协定》经数次续签持续生效至 1994 年 12 月,且在具体实施的过程中,发达国家不断添加新的限制条款,导致《多种纤维协定》的"歧视特征逐步加强,所囊括的国家以及所覆盖的产品范围逐步扩大"。[③] 总之,《多种纤维协定》具有两个显著特点:首先,《多种纤维协定》奠定了纺织品贸易通过进出口国家之间签订双边协定的制约模式,从而背离了关贸总协定制度的多边原则;其次,《多种纤维协定》只规定了发达国家对发展中国家设立的限制,而发达国家之间则没有限制,从而违背了关贸总协定制度的非歧视原则。[④]《多种纤维协定》所具有的贸易限制性和适用歧视性为发展中国家的纺织品与服装出口增加了特别的负担,其目的就是限制发展中国家与发达国家之间的纺织品与服装贸易[⑤],同时也为发达国家实施纺织品与服装贸易的进口限制提供"多边保护伞"。[⑥] 另一方面,《多种纤维协定》为南北纺织品与服装贸易设置

---

①　John W. Evans, "The General Agreement on Tariffs and Trade", p. 83.

②　John Croome, *Reshaping the World Trading System: A History of the Uruguay Round*, Geneva: WTO, 1995, pp. 106 – 107.

③　Bernard M. Hoekman and Michel M. Kostecki, *The Political Economy of the World Trading System*, pp. 207 – 208.

④　曹建明、贺小勇:《世界贸易组织》,北京:法律出版社 2004 年版,第 220 页。

⑤　Vincent Cable, "Textiles and Clothing in a New Round of Trade Negotiations", *The World Bank Economic Review*, Vol. 1, No. 4, 1987, p. 619.

⑥　John Croome, *Reshaping the World Trading System*, p. 107.

了严格的配额管制体系[①],剥夺了发展中国家的比较优势[②],进而制度性地滞缓了纺织品与服装贸易的自由化进程,"成为强势的工业化发达国家歧视弱势的发展中国家主要出口商品的工具",同时也是发展中国家融入多边贸易体系的一个巨大障碍。鉴于此,《多种纤维协定》是多边贸易史上最具歧视性的贸易机制之一[③],再次充分展示了发达国家与发展中国家之间经济和贸易关系的不平等特性。[④]

正因为《多种纤维协定》与贸易自由化和全球化的进程严重不符,且严重损害了发展中国家的利益,所以,发展中国家强烈要求改善纺织品与服装贸易的市场准入条件,废除歧视性的《多种纤维协定》,将纺织品与服装贸易重新纳入关贸总协定制度,以期在多边贸易体系的框架内进一步推动纺织品与服装贸易的自由化进程。

1986年9月,关贸总协定缔约国在乌拉圭的埃斯特角城举行部长级会议,就新一轮多边贸易谈判的议程达成一致,发展中国家尤为关注的纺织品与服装贸易被列为谈判议题之一,从而为纺织品与服装贸易新规则的制定赢得了转机,"乌拉圭回合"亦随之启动。根据埃斯特角城部长级会议所发表的宣言,纺织品与服装领域的谈判目标就是将纺织品与服装贸易纳入关贸总协定制度规则体系,进而促进纺织品与服装贸易的多边化与自由化。[⑤]

在"乌拉圭回合"谈判期间,为实现废止《多种纤维协定》的目标,发展中国家积极努力,将纺织品与服装贸易谈判取得进展作为服务贸易和知识产权谈判达成协议的前提,从而改善了发展中国家的谈判地位[⑥],推动"乌拉圭回合"达成了《纺织品与服装协定》并促使该协定于1995年1月正式生效,其目的就是根据多边贸易规则逐步规范纺织品与服装贸易。《纺织品与服装协定》规定:(1)有关各方应在《世界贸

---

① Diana Tussie, *The Less Developed Countries and the World Trading System: A Challenge to the GATT*, New York: St. Martin's Press, 1987, p. 64.

② Sumitra Chishti, "Globalization, International Economic Relations and the Developing Countries", *International Studies*, Vol. 39, No. 3, 2002, p. 233.

③ Caf Dowlah, *Backwaters of Global Prosperity*, p. 80.

④ Andrew G. Brown, *Reluctant Partners*, pp. 105 – 107.

⑤ Vincent Cable, "Textiles and Clothing in a New Round of Trade Negotiations", pp. 639 – 640.

⑥ Bernard M. Hoekman and Michel M. Kostecki, *The Political Economy of the World Trading System*, p. 209.

易组织协定》生效后 10 年内分阶段逐步取消根据《多种纤维协定》所实施的所有进口配额限制,同时禁止实施新的数量限制;(2) 在协定实施期间,如因特定纺织品与服装的大量进口而对国内相同产品或直接竞争产品造成严重损害或损害威胁,则有关进口国可对特定成员国采取过渡性保障措施;(3) 成立纺织品监督机构,作为执行《纺织品与服装协定》的专门监督机关。①

　　作为具有约束力的多边贸易协定,《纺织品与服装协定》消除了发展中国家纺织品与服装贸易的最大制度障碍《多种纤维协定》,推动了纺织品与服装贸易全面回归多边贸易规则体系,因此,《纺织品与服装协定》是发展中国家在"乌拉圭回合"谈判中所取得的"最重要的成果"②,是全球贸易史上的一个里程碑。③ 更为重要的是,《纺织品与服装协定》的签署与生效标志着发展中国家在多边贸易谈判中发挥了前所未有的积极作用,同时也是发展中国家根据国际贸易新秩序的有关原则"积极寻求在多边贸易体系的框架内确立国际贸易新规则的一项重大成果,是发展中国家运用国际贸易新规则的制定以推进贸易全球化的一个重要步骤"④,因此,《纺织品与服装协定》堪称发展中国家致力于国际贸易新秩序建设的重要组成部分。

　　(二)《农业协定》与国际贸易新秩序
　　农业贸易是贸易保护主义最为盛行的领域,关贸总协定制度建立之初,正是在美国的坚持下,农业贸易政策实际上并不受关贸总协定制度的约束,导致农业贸易政策长期游离于关贸总协定制度规则体系之外。不仅如此,为确保农业支持计划的实施,美国还于 1955 年敦促关贸总协定对美国作出义务豁免授权,允许美国对农产品进口施加数量限制或征收高额关税。⑤

---

①　《乌拉圭回合多边贸易谈判结果法律文本》,对外贸易经济合作部国际经贸关系司译,北京:法律出版社 2000 年版,第 73—87 页。

②　T. N. Srinivasan, *Developing Countries and the Multilateral Trading System*, p. 42.

③　Caf Dowlah, *Backwaters of Global Prosperity*, p. 93.

④　舒建中:《多边贸易体系与美国霸权:关贸总协定制度研究》,第 248 页。

⑤　Bernard M. Hoekman and Michel M. Kostecki, *The Political Economy of the World Trading System*, pp. 166 – 167.

随着欧洲经济共同体的建立以及共同农业政策的酝酿和逐步实施,美国的农业贸易政策开始面临严峻挑战。为确保欧洲市场对美国农产品的开放,美国随即主张将农业政策纳入多边贸易谈判的范畴并试图以此制约欧洲经济共同体共同农业政策的制定与实施。关贸总协定制度"肯尼迪回合"期间,美国一再强调"农业谈判是美国的最大关切",有关国家必须就农产品贸易达成实质性的自由化协定。[1] 但另一方面,欧洲经济共同体国家在"肯尼迪回合"期间的"中心目标则是防止因与美国的谈判而阻碍共同农业政策的制定",即确保在"没有外来干涉的情况下拟定共同农业政策"。[2] 由于欧洲经济共同体国家在农业贸易政策上采取了毫不妥协的立场,"肯尼迪回合"的农业贸易政策谈判并未取得积极进展。"东京回合"期间,美国再次寻求结束农业政策在关贸总协定制度中的特殊地位,但由于欧洲经济共同体国家坚持认为共同农业政策的原则是不可谈判的,"东京回合"仍然未就农业贸易政策达成实质性协议。[3] 从历史发展进程来看,美欧间在农业贸易政策上的对峙与较量持续了30余年,因其旷日持久且波澜迭起而被称为"横跨大西洋的乒乓球赛"[4],由此展示了农业贸易政策谈判的复杂性和艰巨性。

发达国家,主要是美国与欧洲经济共同体国家,在农业贸易政策上的对峙与较量不仅阻碍了农业贸易自由化的进程,而且,鉴于农产品是发展中国家的主要出口商品,发达国家的农业保护政策亦使发展中国家蒙受了巨大损失。实际上,发达国家高水平的农业保护政策是发展中国家面临的最严重的贸易保护主义问题。在20世纪60年代中期,发展中国家每年都因发达国家的保护主义政策而损失数十亿美元,其中最主要的部分就是源自发达国家的农业保护主义。[5] 发达国家农业

---

① U. S. Department of State, *FRUS*, 1964 – 1968, Vol. Ⅷ, p. 646.

② Sophie Meunier, *Trading Voices: The European Union in International Commercial Negotiations*, Princeton: Princeton University Press, 2005, p. 83.

③ Bernard M. Hoekman and Michel M. Kostecki, *The Political Economy of the World Trading System*, p. 201.

④ Bernard M. Hoekman and Michel M. Kostecki, *The Political Economy of the World Trading System*, p. 202.

⑤ Roger D. Hansen, "The Political Economy of North-South Relations: How Much Change?" *International Organization*, Vol. 29, No. 4, 1975, p. 927.

保护政策(包括农业领域的关税和非关税贸易壁垒)对发展中国家的直接影响就是:导致世界市场农产品价格的持续下跌以及发展中国家出口收入的急剧减少,由此削弱了发展中国家偿还外债的能力并进一步增加了发展中国家的外债负担。[1] 面对发达国家盛行的农业保护主义,规范国际农产品市场对发展中国家而言无疑是有利的。鉴于此,在参与多边贸易谈判的进程中,发展中国家普遍要求强化多边贸易规则对农产品贸易的约束力,而改善发展中国家农产品进入发达国家市场的条件、确立农业贸易新规则亦是国际贸易新秩序的应有之义。

在包括发展中国家在内的有关国家的支持下,启动"乌拉圭回合"的埃斯特角城部长级会议将农业贸易自由化作为新一轮多边贸易谈判的重要目标,谈判的内容涉及国内补贴与出口补贴等所有影响农产品贸易的政策,从而"第一次用综合性的方法将农业贸易问题摆到了谈判桌上"[2],并为新的农业贸易规则的制定创造了契机。

随着"乌拉圭回合"谈判议程的铺开,有关国家在农业贸易政策上的分歧再度激化,农业谈判亦成为影响"乌拉圭回合"进程的关键因素。[3] 作为农业谈判的老对手,美国与欧洲经济共同体再次围绕农业贸易自由化问题展开了激烈角逐。美国强调,"乌拉圭回合"农业谈判的主要目标之一就是取消农产品出口补贴,欧洲经济共同体则嘲笑美国的目标是不切实际的乌托邦。[4] 面对农业谈判的巨大分歧,美国在主要由发展中国家组成的"凯恩斯集团"(Cairns Group)的鼎力支持下,强烈要求对欧洲经济共同体的共同农业政策进行根本性的改革,从而使欧洲经济共同体的共同农业政策"面临着前所未有且步调一致的挑战"。[5] 在此背景下,欧洲经济共同体不得不承诺采取措施以回应农业贸易政策的谈判。经过长期艰苦的磋商,美欧最终于 1992 年底在华

---

[1] Alberto Valdes, "Agriculture in the Uruguay Round: Interests of Developing Countries", *The World Bank Economic Review*, Vol. 1, No. 4, 1987, pp. 574 - 575.

[2] Bernard M. Hoekman and Michel M. Kostecki, *The Political Economy of the World Trading System*, p. 202.

[3] 储玉坤:《乌拉圭回合谈判中的农业补贴问题》,《世界经济与政治》1992 年第 8 期,第 81 页。

[4] 蒋德恩:《关贸总协定与农产品贸易问题》,《国际贸易问题》1989 年第 12 期,第 31 页。

[5] John Croome, *Reshaping the World Trading System*, p. 239.

盛顿就农业贸易政策达成了《布莱尔宫协议》(Blair House Accord),最终打破了"乌拉圭回合"的农业谈判僵局①,并为《农业协定》的签署以及"乌拉圭回合"的结束铺平了道路。

尽管农业博弈主要是在美国与欧洲经济共同体之间进行的,但发展中国家在"乌拉圭回合"的农业谈判中也发挥了不容低估的推动作用。"乌拉圭回合"启动之前,在农业贸易领域拥有重大利益的14个国家(阿根廷、澳大利亚、巴西、加拿大、智利、哥伦比亚、斐济、匈牙利、印度尼西亚、马来西亚、新西兰、菲律宾、泰国和乌拉圭)于1986年8月在澳大利亚凯恩斯城举行会议并发表宣言,强烈呼吁将农业贸易政策全面纳入关贸总协定制度的谈判议程,"凯恩斯集团"(其中绝大多数是发展中国家)由此形成。② 1989年11月,"凯恩斯集团"发表"农业改革综合方案"并将其提交"乌拉圭回合"农业谈判小组,借此阐述了"凯恩斯集团"的农业改革主张:削减农业关税,将涉及农产品的非关税壁垒转化为关税并逐步削减;削减扭曲市场的国内支持措施;逐步取消农业出口补贴并禁止实施新的农业出口补贴;在农业贸易领域确认针对发展中国家的"特殊和差别待遇"原则。"凯恩斯集团"关注的核心就是农业贸易领域的补贴政策和市场准入问题,集中体现了发展中国家在全球农业贸易中的政策立场。③ 基于上述考虑,"凯恩斯集团"总体上赞同美国的建议,反对以欧洲共同体共同农业政策为代表的农业保护主义政策,从而使欧洲共同体在谈判中面临着空前的政治与外交压力并有陷入孤立之虞,鉴于此,"凯恩斯集团"的鼎力推动无疑是促使欧洲共同体最终调整谈判立场的关键因素之一。从多边贸易谈判的历程来看,与"肯尼迪回合"和"东京回合"的农业贸易谈判完全不同的是,在"乌拉圭回合"谈判期间,包括"凯恩斯集团"在内的发展中国家均以积极的姿态参与到农业谈判之中,并"作为美欧之间的制衡力

---

① Robert Paarlberg, "Agricultural Policy Reform and the Uruguay Round: Synergistic Linkage in a Two-Level Game?" *International Organization*, Vol. 51, No. 3, 1997, p. 414.

② Richard A. Higgott and Andrew F. Cooper, "Middle Power Leadership and Coalition Building: Australia, the Cairns Group, and the Uruguay Round of Trade Negotiations", *International Organization*, Vol. 44, No. 4, 1990, pp. 601, 612.

③ Richard A. Higgott and Andrew F. Cooper, "Middle Power Leadership and Coalition Building", pp. 601, 612 - 613.

量"发出了第三种声音,从而改变了农业贸易谈判的格局,促使美欧难以继续"掩饰农业贸易领域的矛盾",并不得不采取切实有效的措施以推进农业贸易的自由化。[1]"凯恩斯集团"的制衡作用有效地防止了农业贸易谈判因美欧争论再次陷入毫无结果的僵局,有力地推动了《农业协定》的签署以及"乌拉圭回合"谈判的成功结束。[2]从这个意义上讲,美欧在农业贸易政策上的矛盾实际上为发展中国家影响"乌拉圭回合"的谈判进程提供了新的机遇[3],包括"凯恩斯集团"在内的发展中国家无疑是推动"乌拉圭回合"达成《农业协定》的重要力量,进而从一个侧面再次体现了发展中国家致力于在多边贸易体系的框架内寻求改革农业贸易规则的积极努力。

　　进一步磋商与协调之后,有关国家最终认可了新的农业贸易规则。1993年12月6日,《农业协定》在比利时首都布鲁塞尔正式通过,"乌拉圭回合"的农业谈判就此结束。概括地讲,《农业协定》的主要内容是:(1)关于农产品的市场准入问题。该条款的核心就是实现农业贸易领域非关税措施(包括进口数量限制、进口差额税、自动出口限制以及其他类似措施等)的关税化并逐步予以削减,同时还规定了最低市场准入量标准,目的就在于降低市场准入障碍,开放农产品市场。(2)关于农产品的国内支持措施。所谓国内支持,是指政府给予农业生产的资助,但不包括出口补贴。该协定规定,农业国内支持措施应根据其贸易扭曲特性分为"黄箱"措施、"绿箱"措施和"蓝箱"措施。"绿箱"措施和"蓝箱"措施属于经济上中立而不需限制的支持措施,因而无须约束和减让;"黄箱"措施属于对农产品价格有影响而须受到限制的支持措施,因而应予约束和削减,成员国按照综合支持量——农业国内支持措施的削减指标——承担的"黄箱"减让义务应列入关税减让表。(3)关于出口补贴措施。该条款明确规定,鉴于出口补贴是扭曲并扰乱国际农产品贸易的主要因素,因此应予削减或取消,即对于列入减让表的出口补贴应予削减,对于没有列入减让表的出口补

① Timothy E. Josling, Stefan Tangermann and Thorald K. Warley, *Agriculture in the GATT*, London: MacMillan Press, 1996, pp. 133, 144.

② T. N. Srinivasan, *Developing Countries and the Multilateral Trading System*, p. 34.

③ Jane Ford, "A Social Theory of Trade Regime Change: GATT to WTO", *International Studies Review*, Vol. 4, No. 3, 2002, p. 126.

贴则一律予以禁止。（4）关于特殊和差别待遇。根据关贸总协定制度的"特殊和差别待遇"原则，该协定在市场准入（关税减让）、国内支持措施和出口补贴措施等方面均规定了对发展中国家的特殊和差别待遇。[①]

正是由于包括"凯恩斯集团"在内的发展中国家这一新因素的介入，农业贸易谈判最终结束了长达30年的僵持局面，"乌拉圭回合"因此达成了《农业协定》，农业贸易政策开始回归关贸总协定制度及其多边贸易体系并受到多边贸易规则的制约，从而"为农产品贸易自由化奠定了法律基础"[②]，从这个意义上讲，《农业协定》的签署与生效再次表明发展中国家的积极参与在很大程度上推动了以世界贸易组织为中心的多边贸易体系的新发展。同时，《农业协定》还确认了发展中国家所享受的特殊和差别待遇，一定程度上改善了发展中国家的农产品贸易条件，有利于发展中国家更加充分地融入农业贸易自由化的进程，进而推动发展中国家全面参与国际贸易关系，因此，特殊和差别待遇就成为《农业协定》中针对发展中国家的"最突出的因素"。[③] 更为重要的是，《农业协定》确立了农产品贸易的新规则，重建了多边贸易体系的农业贸易制度规范，在政策规则的制定上部分满足了发展中国家的要求，一定程度上调整了美国和欧洲共同体在世界农业贸易领域的传统主导地位。[④] 因此，《农业协定》体现了有关国家将农业贸易政策纳入关贸总协定制度框架的第一次全方位的努力[⑤]，并"为农业贸易政策的

[①] 《乌拉圭回合多边贸易谈判结果法律文本》，第33—47页。

[②] 曾令良、韩桢：《世界贸易组织农产品贸易安排与发展中国家：兼论入世对我国农业的影响与对策》，《法学评论》2001年第4期，第80页。

[③] Richard R. Barichello, Alex McCalla and Alberto Valdes, "Developing Countries and the World Trade Organization Negotiations", *American Journal of Agricultural Economics*, Vol. 85, No. 3, 2003, p. 677.

[④] 威廉·科尔曼：《农业贸易与世界贸易组织》，载于刘易斯·波利、威廉·科尔曼：《全球秩序：剧变世界中的机构、制度与自主性》，曹荣湘等译，北京：社会科学文献出版社2009年版，第72页。

[⑤] Tim Anderson, "Globalization and Agricultural Trade: The Market Access and Food Security Dilemmas of Developing Countries", in B. N. Ghosh and Halil M. Guven, eds., *Globalization and the Third World: A Study of Negative Consequences*, New York: Palgrave MacMillan, 2006, p. 253.

长期改革提供了一个基本框架"。[1] 作为农业贸易自由化的第一个步骤,《农业协定》对发展中国家是有利的[2],在一定程度上顺应了发展中国家融入多边贸易体系的历史潮流与现实需要,因而是发展中国家寻求改革国际贸易秩序及其制度规则的积极成果,标志着国际贸易新秩序的制度建设在农产品贸易领域取得了阶段性进展。

　　总之,"乌拉圭回合"的谈判成果对发展中国家具有重要的意义。首先,《农业协定》以及《纺织品与服装协定》的签署与生效在很大程度上改善了发展中国家的市场准入条件,通过促进纺织品与服装贸易以及农产品贸易的自由化,发展中国家在推动"乌拉圭回合"谈判、加强多边贸易体系的进程中发挥了关键性作用,并在多边贸易制度中赢得了更大的影响力。[3] 换言之,正是借助《纺织品与服装协定》以及《农业协定》的签署与生效,"乌拉圭回合"推动了全球贸易体系的全面改革。[4] 同样值得重视的是,争端解决机制的强化也有助于发展中国家通过多边途径解决与发达国家之间的贸易争端,从而为发展中国家提供了更为有效的法律保护。因此,"乌拉圭回合"及其谈判成果在很大程度上"加强并深化了多边贸易体制,为发展中国家更好地融入(世界贸易组织)提供了可能"。[5] 通过构筑有利于发展中国家的贸易制度规则,"乌拉圭回合"的谈判成果以及世界贸易组织的建立是对南北贸易关系的一个重大改进,并为建立一个更加公平的全球经济秩序奠定了基础。[6]

　　除了《纺织品与服装协定》以及《农业协定》之外,"乌拉圭回合"还成功达成了《服务贸易总协定》(GATS)、《与贸易有关的知识产权协定》(TRIPs 协定)和《与贸易有关的投资措施协定》(TRIMs 协定),从而前所未有地拓展了多边贸易体系的涵盖领域,将服务贸易、与贸易

---

① T. N. Srinivasan, *Developing Countries and the Multilateral Trading System*, p. 38.

② Raed Safadi and Sam Laird, "The Uruguay Round Agreements", p. 1239.

③ Jane Ford, "A Social Theory of Trade Regime Change", pp. 125 – 126, 138.

④ Caf Dowlah, *Backwaters of Global Prosperity*, p. 56.

⑤ 康斯坦丁・米查洛普罗斯:《WTO 中的发展中国家》,黄震华译,北京:中国商务出版社2004 年版,第29—30 页。

⑥ Shalendra D. Sharma, "The World Trade Organization and Implications for Developing Countries", p. 73.

有关的知识产权和与贸易有关的投资措施等纳入了世界贸易组织的管辖范围。至此，以世界贸易组织为核心的多边贸易体系进入了多领域、多层次发展的新时期，并为发展中国家参与多边贸易体系及其制度规则的建设、改革与创新提供了新的机遇，同时也为建立公平合理的国际贸易新秩序开辟了更为广阔的空间。

二、"多哈回合"与国际贸易秩序的进一步改革

自世界贸易组织成立以来，有关国家就深感必须尽快发起新一轮多边贸易谈判以维护世界贸易组织的权威性并应对贸易保护主义的严峻挑战。[①] 同时，世界贸易组织框架内的南北关系已经成为经济全球化时代国际关系的一个重要内容[②]，越来越多的发展中国家加入世界贸易组织并成为经济全球化进程的重要参与者，发展问题再度引起了密切关注，并在多边贸易谈判中占据了前所未有的重要地位，公平与分配正义亦成为多边贸易谈判的全新理念。[③] 国际社会普遍认为，一个有利于发展中国家的多边贸易体系是确保发展中国家实现可持续发展的重要组成部分和制度保障[④]，正是在这样的背景下，"多哈回合"正式启动。

2001 年 11 月，世界贸易组织第四次部长级会议在卡塔尔首都多哈举行，会议发表的《多哈宣言》(Doha Declaration)指出，多边贸易谈判应致力于提升贸易对经济发展的促进作用，同时寻求解决最不发达国家在经济全球化进程中面临的边缘化问题，为此，多哈会议一致同意于 2002 年 1 月启动世界贸易组织成立以来的首轮多边贸易谈判"多哈回合"，明确规定"发展议程"在"多哈回合"谈判中的中心地位，强调所有谈判议程均应充分考虑发展中国家和最不发达国家的特殊需要和利

---

① John S. Odell, "Breaking Deadlocks in International Institutional Negotiations: The WTO, Seattle, and Doha", *International Studies Quarterly*, Vol. 53, No. 2, 2009, p. 288.

② 李兴：《浅析 WTO 规制下的南北关系与中国对策》，《武汉大学学报》（哲学社会科学版）2010 年第 3 期，第 373 页。

③ Amrita Narlikar, "New Powers in the Club: The Challenges of Global Trade Governance", *International Affairs*, Vol. 86, No. 3, 2010, pp. 721 – 722.

④ Gary P. Sampson, *The WTO and Sustainable Development*, pp. 194 – 195.

益。① 鉴于此,"多哈回合"又被称为"发展回合"(Development Round),而进一步强化面向发展中国家的特殊和差别待遇则是"多哈发展议程"的一个重要组成部分。② "多哈回合"及其发展议程的启动再次表明发展中国家在多边贸易体系中的地位得到了进一步提升③,多边贸易体系框架内贸易制度规则的发展与完善无疑将为国际贸易新秩序的建设创造新的条件和机遇。

迄今为止,启动于世纪之交的"多哈回合"已艰难跋涉了 12 个年头,达成协议并结束谈判的日子似乎依然遥遥无期。尽管影响谈判的因素是多种多样的,但从根本上讲,发达国家与发展中国家的利益分歧是制约谈判进程的主要原因。凭借政治、经济和技术领域的优势,发达国家力图主导"多哈回合"并借助世界贸易组织以"构筑 21 世纪国际经济秩序"④;发展中国家则秉承相互依赖、平等互利、共同发展的原则,积极寻求通过"多哈回合"以进一步改革国际贸易制度规则,建立公正、公平、合理的国际经济贸易秩序。从这个意义上讲,"多哈回合"实际上就是一场"错综复杂的政治角逐和利益博弈"。⑤ 鉴于此,"多哈回合"的谈判轨迹无疑可以清楚地展现发展中国家致力于进一步改革国际贸易制度规则的艰苦历程。

按照《多哈宣言》的安排,"多哈回合"共设定了 19 项议程,其中,谈判的焦点集中在三个领域,即农业谈判、非农产品市场准入谈判和"新加坡议题"(Singapore Issues)谈判。除此之外,发展中国家还强调,"多哈回合"应强化"乌拉圭回合"协议的执行问题以及多边贸易体

---

① 黄志雄:《WTO 体制内的发展问题与国际发展法研究》,武汉:武汉大学出版社 2005 年版,第 197—199 页。

② Joel P. Trachtman, "Developing Countries, the Doha Round, Preferences, and the Right to Regulate", in Chantal Thomas and Joel P. Trachtman, eds., *Developing Countries in the WTO Legal System*, Oxford: Oxford University Press, 2009, p. 113.

③ Richard R. Barichello, Alex McCalla and Alberto Valdes, "Developing Countries and the World Trade Organization Negotiations", p. 674.

④ 曹建明、贺小勇:《世界贸易组织》,第 463 页。

⑤ 沈大勇、王火灿:《"多哈回合"的进展、困境及其原因探析》,《世界经济研究》2008 年第 11 期,第 29 页。

系中的特殊和差别待遇规则。[1]

（一）"多哈回合"的农业谈判

"多哈回合"启动之际,农业贸易政策依然是最具争议性的问题,核心就是讨论《农业协定》的继续实施与规则完善。按照《农业协定》的规定,在实施期(即按约定比例实施关税减让以及国内支持措施和出口补贴削减的时限,发达国家为 6 年,发展中国家为 10 年)结束前一年,世界贸易组织应当就改善农产品贸易继续展开谈判。发达国家的实施期即将在 2001 年结束,因此,自 2000 年 3 月起,有关国家就围绕农业问题展开了磋商。在《多哈宣言》规定的新一轮多边贸易谈判议程中,农业贸易政策谈判亦是其中的一个重要内容。根据《多哈宣言》,农业谈判的长期目标是建立一个公平且以市场为导向的农产品贸易体制,为此,应采取根本性的改革措施,切实改善市场准入,包括实质性削减关税、减少直至取消各种形式的出口补贴、实质性削减扭曲贸易的国内支持等,同时将针对发展中国家的特殊和差别待遇作为农业谈判的重要组成部分纳入整个谈判之中。[2] "多哈回合"最大的发展问题就是纠正发达国家严重扭曲的农业贸易政策[3],实现农产品贸易自由化亦是发展中国家参与"多哈回合"谈判的主要目标之一。[4] 随着"多哈回合"的启动,有关国家在"乌拉圭回合"《农业协定》的规则基础上,继续围绕农产品市场准入、国内支持措施和出口补贴措施这三个关键问题展开了激烈的争论。[5]

实际上,自"多哈回合"启动以来,农业谈判始终是整个谈判的核

---

[1]　盛斌:《迟到的"千年回合"多边贸易谈判——从西雅图会议到多哈会议》,《世界经济》2002 年第 3 期,第 35 页。

[2]　孙振宇:《WTO"多哈回合"谈判中期回顾》,北京:人民出版社 2005 年版,第 2 页。

[3]　王红梅、穆忠和:《"多哈回合"谈判解决发展问题的困境与出路》,《国际贸易》2010 年第 5 期,第 58 页。

[4]　Surya P. Subedi, "The Road from Doha", p. 433.

[5]　Kym Anderson and Will Martin, "Agricultural Tariff and Subsidy Cuts in the Doha Round", in Larry Crump and S. Javed Maswood, eds., *Developing Countries and Global Trade Negotiations*, London and New York: Routledge, 2007, p. 68.

心问题,也是最为困难的一个谈判议题。① 正因为如此,有关成员国在农业谈判中的分歧极大地影响了"多哈回合"的进程,直接导致了2003年9月世界贸易组织第五次部长级会议(坎昆会议)的无果而终,"多哈回合"谈判因此陷入僵局。"多哈回合"农业贸易谈判僵局的主要症结就在于发达国家特别是欧盟不愿更多地开放农业市场,不愿更多地削减国内农业补贴;发展中国家则要求发达国家削减国内农业补贴,开放农业市场。② 农业问题是"多哈回合"面临的首要挑战,发展中国家是主要的农业生产国和出口国,因此,为完成"多哈回合"的发展议程,实现农业贸易的进一步自由化显然是必不可少的。③

毫无疑问,作为世界贸易组织发起的首轮多边贸易谈判,如果"多哈回合"最终破裂,将不仅会严重损害世界贸易组织的威望,而且也将危及所有国家的利益。为此,有关国家部分调整了农业谈判的立场。2005年12月,世界贸易组织第六次部长级会议在中国香港举行,并发表了《香港宣言》(Hongkong Declaration),宣布发达国家将于2013年之前、发展中国家则于2016年之前取消所有出口补贴措施,以及与出口补贴具有同等效果的所有出口支持措施。④ 尽管农业谈判的道路依然坎坷,但《香港宣言》的发表却标志着"多哈回合"的农业谈判在出口补贴问题上取得了积极进展,同时体现了针对发展中国家的"特殊和差别待遇"原则,因而是发展中国家致力于改革多边贸易体系的农业贸易规则所取得的又一项阶段性成果。

(二)"多哈回合"的非农产品市场准入谈判

根据《多哈宣言》的规定,非农产品市场准入谈判旨在进一步削减或适时取消关税及非关税贸易壁垒,而且,非农产品市场准入谈判应是

---

① 黄志雄:《世贸组织进程和"多哈回合"》,载于杨洁勉:《国际体系转型和多边组织发展:中国的应对和抉择》,第107页。

② 王勇:《国际贸易政治经济学:全球贸易关系背后的政治逻辑》,北京:中国市场出版社2008年版,第247页。

③ Christina L. Davis, "International Institutions and Issue Linkage: Building Support for Agricultural Trade Liberalization", *The American Political Science Review*, Vol. 98, No. 1, 2004, p. 154.

④ 沈大勇、王火灿:《"多哈回合"的进展、困境及其原因探析》,第32页。

涵盖所有产品的全面的谈判；有关谈判应充分考虑发展中国家和最不发达国家的特殊需要与利益，包括削减承诺方面的非完全互惠等；针对发展中国家的特殊和差别待遇应是非农产品市场准入谈判的不可分割的重要组成部分。①

发达国家在非农产品贸易领域占有绝对优势，因此，发达国家普遍主张加快非农产品市场准入的自由化进程，包括最大限度地削减关税和非关税壁垒，美国甚至建议在 2015 年之前取消所有工业品和消费品的关税。毫无疑问，基于竞争优势，发达国家在非农产品贸易领域不需要传统的关税保护措施，因为优势就是最好的保护；而且，非农产品市场准入的自由化还有助于发达国家拓展包括发展中国家在内的国际市场并获取贸易利益。鉴于此，发达国家在非农产品市场准入谈判中采取了积极立场。发展中国家则对非农产品市场准入的自由化表示了程度不同的忧虑，尤其担心其对本国工业造成巨大的冲击，因此，在非农产品市场准入谈判中，发展中国家采取了谨慎的态度，强调非农产品市场准入谈判应考虑发展中国家同发达国家之间在经济发展水平上的差异，主张涉及非农产品市场准入的自由化规则应包含针对发展中国家的特殊和差别待遇。由于发达国家与发展中国家之间的分歧，非农产品市场准入谈判难以取得进展。

（三）"多哈回合"的"新加坡议题"谈判

在 1996 年 12 月举行的世界贸易组织第一次部长级会议（新加坡会议）上，发达国家提出了包括贸易与投资、竞争政策、贸易便利化以及政府采购透明度等新的多边谈判议题，此即"新加坡议题"。② 多哈会议期间，有关国家围绕"新加坡议题"展开了激烈争论，鉴于无法达成一致意见，会议决定将上述新议题留待世界贸易组织第五次部长级会议（坎昆会议）再行讨论，《多哈宣言》亦宣布"新加坡议题"将在有关国家"就谈判模式达成明确协商一致的基础上启动"。③

在 2003 年 9 月的坎昆会议上，发达国家与发展中国家围绕"新加

---

① 孙振宇：《WTO"多哈回合"谈判中期回顾》，第 56 页。

② 孙振宇：《WTO"多哈回合"谈判中期回顾》，第 164 页。

③ 孙振宇：《WTO"多哈回合"谈判中期回顾》，第 166 页。

坡议题"再度展开了激烈争论。在发展中国家看来,"新加坡议题"的谈判及其规则将加重发展中国家的负担,"限制政策选择空间,降低发展预期"[1],因此,发展中国家总体上反对立即启动"新加坡议题"的谈判。由于发达国家与发展中国家之间存在着不同的立场和观点,坎昆会议并没有就"新加坡议题"达成共识,"新加坡议题"之争由此成为坎昆会议不欢而散的主要因素之一。[2]

在坎昆会议失败后,有关国家开始调整"多哈回合"的谈判重点,对发展中国家的要求作出适当回应。经多方努力,世界贸易组织成员国最终于 2004 年 7 月达成了《多哈发展议程框架草案》,重新确立了农业、非农产品市场准入、发展、服务贸易、知识产权、贸易与环境以及贸易便利化等议题的谈判范围与基本方向,并决定原"新加坡议题"中的投资、竞争政策和政府采购透明度不再列入"多哈回合"的谈判范畴[3],从而在一定程度上体现了发展中国家的呼声。发展中国家的广泛参与亦成为"影响世界贸易组织核心议程的重要因素"。[4]

总之,发展中国家在"多哈回合"的基本目标就是"通过含有广泛而均衡议程的谈判来全面落实'乌拉圭回合'成果",在新的多边贸易体系中再次充分确认针对发展中国家的特殊和差别待遇并转化为实际利益。[5] 基于此,发展中国家对发达国家提出的新议题总体上持谨慎甚至反对态度,从而与发达国家的谈判目标形成了尖锐矛盾,这成为导致"多哈回合"久拖不决的重要原因之一,同时也从一个侧面表明发展中国家改革贸易规则的努力将是一个漫长而艰辛的历程。

由于非农产品市场准入谈判和"新加坡议题"谈判,以及农业谈判步履维艰,"多哈回合"的其他议程(包括服务贸易、知识产权、贸易与环境、贸易与技术转让等)也难以取得进展。尽管导致"多哈回合"停

---

① 徐伟忠:《坎昆会议的影响》,《现代国际关系》2003 年第 10 期,第 36 页。

② Pradeep S. Mehta and Nitya Nanda, "The Future of Singapore Issues", in Larry Crump and S. Javed Maswood, eds., *Developing Countries and Global Trade Negotiations*, p.150.

③ 沈大勇、王火灿:《"多哈回合"的进展、困境及其原因探析》,第 30 页。

④ Robert Wolfe, "Crossing the River by Feeling the Stones: Where the WTO Is Going after Seattle, Doha and Cancun", *Review of International Political Economy*, Vol. 11, No. 3, 2004, p.586.

⑤ 张幼文等:《多哈发展议程:议题与对策》,上海:上海人民出版社 2004 年版,第 22 页。

滞不前的因素复杂多样,但"多哈回合"谈判议题的广泛性以及利益分配的复杂性无疑是影响谈判进程的关键因素。[①]

进入 2008 年之后,"多哈回合"仍然没有达成协议并结束谈判的迹象。在国际金融危机的冲击下,贸易保护主义成为有关国家赖以应对金融海啸的重要手段。面对世界贸易组织及其多边贸易体系所面临的困境,包括中国在内的发展中国家再次呼吁国际社会加快"多哈回合"的谈判进程,切实削减关税和非关税贸易壁垒,尤其是要求发达国家削减针对发展中国家的贸易壁垒,增加发展中国家产品进入发达国家市场的机会。从这个意义上讲,2008 年国际金融危机既为"多哈回合"增添了新的挑战,同时也为进一步改革多边贸易规则创造了新的契机。鉴于此,发展中国家应当着力推进"多哈回合"核心议题的谈判进程,力争取得新的谈判成果,在世界贸易组织以及多边贸易体系的框架内寻求规则改革与规则创新,进而推动多边贸易制度规则的完善以及国际贸易新秩序的建立。发展是国际经济新秩序的最终目标,而发展问题的解决与多边贸易体系的完善是密切相关、不可分割的,因此,发展导向已经成为决定多边贸易体系完善程度的关键性因素[②],这也正是"多哈回合"发展议程的意义所在。从长远来看,发展中国家的参与对于世界贸易组织的有效、持续运转至关重要,因此,改革世界贸易组织以更好地适应发展需要就成为一个备受关注的课题。[③]

在"多哈回合"启动之际,中国作为世界贸易组织的正式成员国参与了有关谈判,并就新一轮多边贸易谈判的目标明确阐述了中国的原则立场,即新一轮多边贸易谈判应有利于世界经济的发展,尤其是有利于发展中国家的经济发展,实现发达国家和发展中国家的利益平衡;更为重要的是,新一轮多边贸易谈判应有利于建立公平、公正和合理的国

---

① 王晓东:《"多哈回合"谈判举步维艰的原因》,《国际经济合作》2008 年第 4 期,第 29—34 页。

② 黄志雄:《WTO"千年回合"中的发展问题:反思与前瞻》,《国际论坛》2001 年第 2 期,第 59 页。

③ Gerhard Erasmus, "Accommodating Developing Countries in the WTO: From Mega-Debates to Economic Partnership Agreements", in Debra P. Steger, ed., *Redesigning the World Trade Organization for the Twenty-first Century*, Ottawa: Wilfrid Laurier University Press, 2010, pp. 367 – 368.

际经济新秩序。① 中国的主张同"多哈回合"的发展议程以及国际经济
制度改革的方向是完全一致的,同时也再次表明了中国支持建立国际
经济新秩序的基本立场。

---

① 赵仁康:《WTO 新的多边贸易谈判的矛盾及前景》,《南京师范大学学报》(社会科学版)
2002 年第 4 期,第 71 页。

第三章　国际金融新秩序的阶段性进展

所谓国际金融[1]秩序是指特定时期有关国家按照一定的原则、规范和规则在国际金融关系领域相互联系、相互作用而形成的相对稳定的结构状态,其制度基础主要包括汇率规则、国际融资规则、金融监管规则以及决策程序规则等。从历史进程来看,国际金融关系史上的国际金融秩序经历了英国主导下的国际金本位体系[2]、美国主导下的布雷顿森林体系以及以美国为首的西方发达国家共同主导的牙买加体系(Jamaica System)这三个时期。另一方面,随着第二次世界大战后亚非国家相继取得政治独立,广大发展中国家迫切希望参与国际经济与金融关系以促进经济发展,并为此提出了建立国际经济新秩序的主张,而国际金融新秩序则是国际经济新秩序的至关重要的组成部分。伴随着世纪之交金融全球化的推进,国际金融新秩序的制度建设再度成为关注的焦点,因为金融全球化推动了国际货币金融关系的新发展,所以需要建立与之相适应的国际金融秩序;国际金融新秩序则顺应了金融全球化的潮流并将为其均衡发展提供制度保障。

金融全球化"是世界大部分国家金融活动走向世界在全球范围内展开的过程,也是世界性金融市场和金融体系的形成和发展过程"。[3]从国际金融关系的演进来看,金融全球化经历了一个逐步发展的过程。

---

[1] 学术界对于国际金融的内涵有两种不同观点:一种观点认为国际金融包括各种形式的产业资本和货币资本的国际流动;另一种观点则将产业资本的国际流动称为国际直接投资,而国际金融专指货币资本的国际流动。本书的国际金融概念采用后一种观点。

[2] 有关英国在国际金本位体系中的主导地位及其对国际关系的影响,参见 Samuel Knafo, "The Gold Standard and the Origins of the Modern International Monetary System", *Review of International Political Economy*, Vol. 13, No. 1, 2006, pp. 78 – 102.

[3] 李琮:《经济全球化新论》,第 73 页。

资本主义制度的诞生和国际贸易的扩大推动了金融关系的国际化进程以及 19 世纪 70 年代以国际金本位制度为基础的国际金融秩序的形成。第二次世界大战后，以新科技革命以及金融全球化的逐步展开作为强大动力，以布雷顿森林体系作为制度保障，金融全球化步入实质性发展的时期。尽管以黄金-美元制和固定汇率制为支柱的布雷顿森林体系在 20 世纪 70 年代初宣告瓦解，但以国际货币基金组织为核心的国际金融体系仍然发挥着相应的制度保障功能。随着冷战的结束，金融全球化进入快速发展时期，成为影响国际政治经济关系的重要因素之一。"金融全球化发展的核心内容是各类金融市场一体化的增强，其结果是各国金融关联度的进一步提高"，而越来越多的发展中国家融入全球金融体系则是"金融全球化最明显的表现"。[①]

正因为金融全球化浪潮席卷了包括发展中国家在内的世界所有国家，加深了世界各国间的相互依赖，所以，金融全球化对国际金融关系的发展提出了新的要求，即金融全球化背景下的国际金融关系必须遵循平等互利和共同发展的原则，所有国家均应在主权平等、合作互利的基础上平等参与金融全球化的进程，平等分享金融全球化的成果。

诚然，现行国际金融秩序及其规则体系在一定程度上推动了金融全球化的进程，但现行全球金融体系却是以不平等的国际金融制度规则为基础的，具有"高度的等级化和不平衡性"[②]，由此导致发展中国家难以平等参与金融全球化的进程并分享金融全球化的成果。全球化的金融关系和金融结构是在一个严重不平等的世界经济体系中孕育成长的，因此，当今的金融全球化同样具有强烈的非均衡性。[③] 正是从这个意义上讲，"不平等"和"不公正"成为金融全球化的基本特征。[④] 现行国际金融秩序及其制度规则体系的不平等性从根本上讲同金融全球化

① 张幼文、周建明等：《经济安全：金融全球化的挑战》，上海：上海社会科学院出版社 1999 年版，第 8、69 页。

② David Held, Anthony G. McGrew, David Goldblatt and Jonathan Perraton, *Global Transformations*, p. 213.

③ Ankie Hoogvelt, *Globalization and the Postcolonial World: The New Political Economy of Development*, Baltimore: The Johns Hopkins University Press, 2001, pp. 87 – 88.

④ 弗朗索瓦·沙奈等：《金融全球化》，齐建华、胡振良译，北京：中央编译出版社 2001 年版，第 256、260 页。

对国际金融关系的客观要求是不相吻合的,改革不平等的国际金融秩序及其制度规则,建立与金融全球化相适应的国际金融新秩序因此提上了国际社会的议事日程。

按照国际经济新秩序纲领性文件的规定,国际金融新秩序的原则目标和谈判议程如下:一是改革国际金融机构的决策机制以使发展中国家充分参与相关决策;二是改革国际金融组织的融资制度与规则,增加发展贷款以及有利于发展中国家的特别提款权分配;三是致力于减轻发展中国家的债务负担。在国际经济新秩序纲领性文件确立了国际金融新秩序的原则目标与谈判议程之后,国际金融新秩序有关领域的谈判随即逐步展开。

第一节　国际金融机构的融资改革与国际金融新秩序

美国主导建立的国际货币基金组织(IMF)和国际复兴开发银行(IBRD)是战后国际金融体系的核心机构,同时也是国际金融问题的主要谈判论坛。随着国际政治经济关系的发展,战后国际金融体系及其制度规则同样经历了相应的调整,而发展中国家寻求建立国际金融新秩序的努力及其阶段性成果亦是这种调整的重要组成部分。

一、战后国际金融体系的演进

凭借强大的实力,美国致力于在战后国际金融秩序的重建中承担领导责任。[1] 为此,早在第二次世界大战期间,美国就开始了有关的政策设计与筹划工作。经反复研究,主持战后国际金融政策规划工作的怀特于1942年5月提出了"联合国家稳定基金和复兴开发银行计划草案",即"怀特计划"(White Plan),该计划由"稳定基金计划"和"复兴开发银行计划"两部分组成。作为"怀特计划"的核心,"稳定基金计划"的主要内容为:稳定基金的资本金由成员国按比例认缴,投票权依据认缴额确定;稳定基金有权规定黄金比价和外汇汇率,成员国汇率的变动仅限于修正基本的贸易收支失衡且须稳定基金同意;成员国应放

---

[1]　B. H. Beckhart, "The Bretton Woods Proposal for an International Monetary Fund", *Political Science Quarterly*, Vol. 59, No. 4, 1944, p. 528.

弃外汇管制,实行自由的关税和贸易政策;成员国应接受稳定基金对其经济政策的监督和指导。"复兴开发银行计划"则规定:复兴开发银行的资本金由成员国按比例认缴,成员国依据其认缴额决定投票权,复兴银行将向成员国提供重建、救济和经济恢复所需之资金。[①]

"怀特计划"完整擘画了美国的国际金融战略目标:认缴制的规定是以经济实力为基础的,因而便于美国确立在国际金融组织中的优势地位;投票权与认缴额挂钩的设计则为美国控制国际金融组织、树立金融领导地位提供了有效手段。总之,"怀特计划"意在凭借美国的强大实力,问鼎战后国际金融领域的优势乃至霸权地位。[②]

出于突破重点的策略考虑,美国决定率先推进"稳定基金计划"的谈判,为此,美国于 1943 年 2 月向英国、苏联和中国递交了关于"稳定基金计划"的备忘录,并于 4 月 6 日公布了"稳定基金计划"。同时,为尽快将"稳定基金计划"纳入国际谈判的轨道,美国还进行了积极的外交准备,于 4 月 21 日向有关国家提出了有关谈判程序安排的建议,即"4·21 备忘录"(Memorandum of April 21),其主要内容为:美国拟先就"稳定基金计划"同有关国家分别举行双边会谈,然后再举行非正式的专家小组会谈,最后召开各国财政部长的正式国际会议以商讨建立国际稳定基金。[③] 此后,有关"稳定基金计划"的谈判基本上是按照"4·21备忘录"所设计的程序进行的。由此可见,在"稳定基金计划"正式公布后,美国采取了有力的步骤,积极组织有关国家参与"稳定基金计划"的谈判并取得了重大进展,随后,美国不失时机地于 1943 年10 月公布了"复兴开发银行计划"。

1944 年 7 月,正式的国际货币金融会议在美国的布雷顿森林开幕,与会国根据"稳定基金计划"和"复兴开发银行计划"的谈判成果,草签了《国际货币基金协定》和《国际复兴开发银行协定》。具体地讲,《国际货币基金协定》的主要内容与规则是:(1) 国际货币基金组织采用认缴制;(2) 美元与黄金挂钩,实行黄金-美元制,各国货币则同美元挂钩,实行固定汇率制;(3) 基金组织有权对各国的经济、货币政策进

①　U. S. Department of State, *FRUS*, 1942, Vol. I, pp. 178 – 190.

②　舒建中:《布雷顿森林体系的建立与美国外交》,第80—81 页。

③　U. S. Department of State, *FRUS*, 1943, Vol. I, p. 1069.

行监督和指导,成员国币值的变更须经基金组织同意;(4) 成员国的投票权与认缴额挂钩,采用加权投票权原则。《国际货币基金协定》的主要条款同"稳定基金计划"的原则是基本一致的,充分体现了美国的利益目标和政策意图:该协定通过黄金-美元制下的双挂钩原则,确立了美元在国际货币体系中作为基本计价单位、支付手段和储备手段的中心货币地位,确立了美国在国际金融领域的霸权地位;而认缴制和加权投票权制则从根本上为美国控制国际货币基金组织、维护霸权地位提供了制度依托。简言之,黄金-美元制和加权投票权制奠定了美国金融霸权地位的制度基础与制度保障。① 同时,《国际复兴开发银行协定》的制度规则条款也基本沿袭了"复兴开发银行计划"的有关规定,同样体现了美国政策意图和战略目标。尽管部分发展中国家出席了布雷顿森林会议,但发展中国家的声音却非常微弱,对布雷顿森林会议的谈判进程以及有关规则的确立几乎没有影响。② 正因为如此,布雷顿森林会议的谈判成果并没有体现发展中国家的利益与呼声。

1945 年 12 月,28 个国家在华盛顿正式签署了《国际货币基金协定》和《国际复兴开发银行协定》(史称《布雷顿森林协定》,苏联等国没有参加),国际货币基金组织和国际复兴开发银行(又称世界银行)宣布建立,美国领导下的国际货币金融体系布雷顿森林体系终于建立起来。从国际制度的角度来看,在布雷顿森林体系的诸多规则中,以美元为中心的固定汇率制处于核心地位③,而美元的中心地位则构成美国霸权的重要基础之一。④ 总之,在布雷顿森林体系的建立过程中,美国发挥了积极的政策设计和谈判推动作用,布雷顿森林体系及其制度规则也主要源自美国的政策构想,集中体现了美国的主导地位。⑤ 因此,国际货币基金组织和世界银行从一开始就具有"美国特征",集中

---

① 门洪华:《霸权之翼:美国国际制度战略》,北京:北京大学出版社 2005 年版,第 186—187 页。

② 张学斌:《经济外交》,北京:北京大学出版社 2003 年版,第 80 页。

③ William Bernhard, J. Lawrence Broz and William R. Clark, "The Political Economy of Monetary Institutions", *International Organization*, Vol. 56, No. 4, 2002, p. 700.

④ Robert Gilpin, *The Political Economy of International Relations*, p. 134.

⑤ Klaus Knorr, "The Bretton Woods Institutions in Transition", *International Organization*, Vol. 2, No. 1, 1948, p. 19.

体现了美国的对外政策目标。[1] 从国际货币金融关系的角度来看,布雷顿森林体系所确立的美元优势地位亦奠定了全球金融不对称依存的基础。[2]

另一方面,尽管金融关系是国际关系的一个重要方面,但国际社会却长期缺乏系统处理金融关系的国际组织。[3] 作为布雷顿森林体系的支柱性机构,国际货币基金组织为国际货币金融政策的对话与协调提供了一个制度化的多边论坛,在世界历史上第一次确立了国际金融领域的制度性多边合作机制,从而体现了布雷顿森林体系的制度创新[4],并为多边金融制度与国际金融体系的进一步发展奠定了重要的基础。同时,以国际复兴开发银行(世界银行)为主干的融资制度与机制开启了由国际金融组织提供多边化的复兴与发展融资的先例,国际复兴开发银行亦是国际金融体系中第一个致力于世界发展援助的国际金融机构,并对国际发展融资的演进产生了重要影响[5],由此推动了国际融资制度的发展,因而同样体现了布雷顿森林体系的制度创新。[6] 因此,布雷顿森林体系堪称国际货币史上第一个具有正式约束力(包括制度规范和机构支持)的国际货币制度[7],是国际货币史上的一个重要里程碑。[8]

作为美国金融霸权确立的标志,布雷顿森林体系的建立是以美国的政策计划和实力优势为基础的,因此,随着美国实力的相对削弱以及国际政治经济关系的发展变化,布雷顿森林体系必然会出现相应的变化和调整。

---

[1] Jack N. Behrman, "Political Factors in U. S. International Financial Cooperation, 1945 – 1950", *The American Political Science Review*, Vol. 47, No. 2, 1953, p. 446.

[2] 詹宏毅:《全球经济的非对称依存》,北京:中国人民大学出版社 2010 年版,第 180 页。

[3] Josiah Charles Stamp, "Financial Aspects of International Relations", *Political Science Quarterly*, Vol. 45, No. 3, 1930, pp. 328, 331.

[4] Barry Eichengreen, *Globalizing Capital: A History of the International Monetary System*, Princeton: Princeton University Press, 1996, p. 93.

[5] David A. Phillips, *Reforming the World Bank: Twenty Years of Trial-and Error*, New York: Cambridge University Press, 2009, p. 21.

[6] Charles P. Kindleberger, "Bretton Woods Reappraised", *International Organization*, Vol. 5, No. 1, 1951, pp. 43, 46.

[7] 鲁世巍:《美元霸权与国际货币格局》,北京:中国经济出版社 2006 年版,第 185 页。

[8] 王德迅、张金杰:《国际货币基金组织》,北京:社会科学文献出版社 2004 年版,第 10 页。

自 20 世纪 50 年代中期以来,随着西欧经济的复兴以及欧洲经济共同体的建立,西欧国家的实力明显增强,日本也走上了复兴之路。而同时,美国的实力却呈相对下降之势,国际收支状况日趋恶化。到 1960 年,美元的发行总量已经超过了美国的黄金储备①,美元的可兑换性和美元信用开始动摇,最终导致了 1960 年 10 月的第一次美元危机。这次美元危机是"布雷顿森林体系演进的转捩点"②,标志着该体系进入动荡时期。在此情况下,美国同英国、联邦德国、法国、意大利、比利时、荷兰及瑞士等 8 国于 1961 年 10 月达成协议,决定设立黄金总库(Gold Pool)以稳定伦敦黄金市场,维护布雷顿森林体系的美元官价,进而达到保卫美元的目的。③ 1962 年 10 月,美国、英国、法国、联邦德国、日本、意大利、比利时、荷兰、瑞典和加拿大等 10 个西方国家达成的"借款总安排"(General Arrangements to Borrow)协议生效,规定由十国集团[又称"巴黎俱乐部"(Paris Club)]共同出资 60 亿美元以协助国际货币基金组织稳定国际货币市场,维护布雷顿森林体系。④ 以美国为首的发达国家所采取的政策措施旨在维护以美元为中心的国际货币金融体系,并未从根本上消除美元危机的内在成因。⑤ 另一方面,黄金总库的设立和"借款总安排"协议的生效亦清楚地表明,美国已经无力单独维持布雷顿森林体系的运转,转而寻求西欧国家及日本的合作与支持,同时亦表明西欧国家和日本开始参与布雷顿森林体系的建设。

作为维护布雷顿森林体系的重要步骤,美国于 1965 年提出了在国际货币基金组织内创设特别提款权的方案,目的就是将特别提款权作为主要国际储备资产以逐步取代黄金,同时扩大国际货币基金组织的资金规模,进而为确立一个脱离黄金但又不触动美元中心地位并保证美国主导权的新规则创造条件。1968 年,美元危机再度爆发,在美国

① Bob Reinalda, *Routledge History of International Organizations*, p. 435.

② Alfred E. Eckes, Jr., *A Search for Solvency*: *Bretton Woods and the International Monetary System 1941－1971*, Austin and London: University of Texas Press, 1975, p. 250.

③ 王在帮:《霸权稳定论批判:布雷顿森林体系的历史考察》,北京:时事出版社 1994 年版,第 177 页。

④ U. S., Department of State, *American Foreign Policy*: *Current Documents*, 1962, pp. 265－266.

⑤ 王在帮:《布雷顿森林体系的兴衰》,《历史研究》1994 年第 4 期,第 161 页。

的积极推动下,国际货币基金组织于 1969 年 10 月通过了在《国际货币基金协定》中增设特别提款权条款的决议,决定设立 95 亿美元的特别提款权,规定特别提款权只能用于成员国间的官方结算。[1] 尽管美国的实力已相对削弱,但作为布雷顿森林体系建立以来的第一次重大调整,特别提款权的创设仍然是美国政策计划的产物,表明美国继续扮演着国际货币金融体系的主导角色。

特别提款权的创设延缓了布雷顿森林体系的崩溃,但影响布雷顿森林体系稳定的关键因素即美国财政经济状况的持续恶化并未得到扭转。随着越南战争的升级,美国的国际收支出现持续逆差,美元信用严重受损,美元危机接连不断。同时,欧洲经济共同体的建设却取得了长足进展,日本亦成为位居世界第二的经济大国。在此背景下,美国不得不进一步调整政策以最大限度地维护自身利益,同时寻机捍卫美国的金融霸权。1971 年 8 月,美国总统尼克松提出"新经济政策",宣布美国将征收 10% 的进口附加税,同时暂停美元对黄金的可兑换性[2],从而割断了美元与黄金的直接联系,"摧毁了布雷顿森林体系的中心支柱"[3],标志着布雷顿森林体系的制度核心黄金-美元制的解体,"新经济政策"因此被称为"尼克松冲击波"(Nixon Shocks)。[4]

从总体上讲,黄金-美元制的解体对美国意义重大。首先,美国单方面宣布暂停美元对黄金的可兑换性是美国迫使拥有盈余的贸易伙伴重新评估其币值的政策工具[5],同时也是美国促成国际货币与汇率安排重新组合的重要手段[6],因此,黄金-美元制的解体为美国实施美元贬值,同时促使其他国家货币升值创造了条件。其次,黄金-美元制的

---

[1] U.S. Department of State, *FRUS*, 1969 – 1976, Vol. Ⅲ, p.375.

[2] The National Archives of the United States, *Public Papers of the Presidents of the United States: Richard Nixon*, 1971, Washington, D.C.: U.S. Government Printing Office, 1972, pp.888 – 889.

[3] Robert Gilpin, *The Political Economy of International Relations*, p.140.

[4] Diane B. Kunz, *Butter and Guns: America's Cold War Economic Diplomacy*, New York: The Free Press, 1997, p.192.

[5] Susan Strange, "The Dollar Crisis 1971", *International Affairs*, Vol. 48, No. 2, 1972, pp.204 –205.

[6] John S. Odell, *U.S. International Monetary Policy: Markets, Power, and Ideas as Sources of Change*, Princeton: Princeton University Press, 1982, p.253.

解体是美国迫使其盟国分摊货币政策调整责任与贸易负担的政策选择。① 第三,黄金-美元制的解体并没有改变美元作为主要国际储备货币和支付手段的地位,但却免除了黄金-美元制对美国货币政策以及美元发行的束缚,同时也免除了美国奉行赤字政策的所有风险。② 正因为如此,美国前财政部长康纳利得意地声称,从此以后,美元就是"我们的货币,你们的问题"。③ 从广泛的意义上讲,黄金-美元制的解体为国际美元本位制的形成开辟了新的途径,通过暂停美元对黄金的可兑换性,美国实际上将国际货币金融体系置于纯粹的美元本位制之上④,进而增强了美国运用经济手段影响国际货币政治的权力。⑤ 至此,尼克松专横地将一个明显的挫折——布雷顿森林体系(黄金-美元制)的终结——转变为美国的胜利。⑥

为维持布雷顿森林体系的固定汇率制,美国推动十国集团于1971年12月达成《史密森协定》(Smithsonian Agreement),正式确定美元贬值,其他国家的货币程度不同地升值;坚持固定汇率制,规定各国货币对美元汇率的波动幅度扩大为2.25%。⑦ 美国推动达成《史密森协定》的政策意图是:一方面通过美元贬值以改善美国的国际竞争地位,另一方面又试图通过固定汇率制以维持美元的中心地位。⑧ 从根本上讲,《史密森协定》是应对美元危机的紧急措施,并没有解决布雷顿森林体系及其制度规则的内在矛盾,"未能有效地阻止预示着布雷顿森

---

① Henry R. Nau, *The Myth of America's Decline*: *Leading the World Economy into the 1990s*, Oxford: Oxford University Press, 1990, p. 162.

② Mark R. Brawley, *Power, Money, and Trade*: *Decisions that Shape Global Economic Relations*, New York: Broadview Press, 2005, pp. 324, 331.

③ Barry Eichengreen, *Globalizing Capital*, p. 136.

④ C. Fred Bergsten, *Dilemmas of the Dollar*: *The Economics and Politics of United States International Monetary Policy*, New York: M. E. Sharpe, 1996, p. 399.

⑤ Joanne Gowa, *Closing the Gold Window*: *Domestic Politics and the End of Bretton Woods*, Ithaca: Cornell University Press, 1983, pp. 20 – 21.

⑥ Francis J. Gavin, *Gold, Dollars, and Power*: *The Politics of International Monetary Relations*, *1958 – 1971*, Chapel Hill: The University of North Carolina Press, 2004, p. 195.

⑦ 有关《史密森协定》的谈判过程,参见 *FRUS*, 1969 – 1976, Vol. Ⅲ, pp. 594 – 601.

⑧ C. Fred Bergsten, *Toward a New International Economic Order*: *Selected Papers of C. Fred Bergsten, 1972 – 1974*, Lexington: Lexington Books, 1975, p. 27.

林机制崩溃的一系列外汇危机"。① 面对抛售美元的浪潮,美国于 1973 年 2 月宣布美元再次贬值 10%,英、法等国随即在 1973 年 3 月先后宣布实行浮动汇率制。② 至此,《史密森协定》试图维持固定汇率制的努力失败,布雷顿森林体系的另一个支柱固定汇率制不复存在,布雷顿森林体系遂告瓦解,从固定汇率制向浮动汇率制的转变则是 1944 年以来国际货币金融制度发生变革的最突出的标志。③

　　面对布雷顿森林体系解体后汇率的巨幅振荡,发达国家深感应加强货币政策协调以应对汇率动荡所引发的通货膨胀和经济危机。④ 为此,美国、英国、法国、联邦德国、日本和意大利于 1975 年 11 月在法国朗布依埃举行首脑会议(加拿大于 1976 年加入,七国集团正式形成),重点讨论汇率问题并通过了《货币协议备忘录》[又称"朗布依埃备忘录"(Rambouillet Memorandum)]。该备忘录规定,为维护汇率稳定,与会各国应采取必要的联合干预措施,并建立制度化的磋商机制,包括财政部长和中央银行行长的定期磋商机制。作为七国集团第一次首脑会议的重要成果,"朗布依埃备忘录"中有关汇率制度的安排为牙买加会议的谈判奠定了基础,并最终纳入《牙买加协定》(Jamaica Agreement),由此体现了七国集团在牙买加体系及其制度规则建立过程中所发挥的主导作用。更为重要的是,朗布依埃峰会以及"朗布依埃备忘录"清楚地表明,发达国家在国际货币金融领域的合作进入了一个新阶段⑤,国际金融制度初步形成了以美国为首的七国集团共同主导的新格局,即七国集团先就国际货币金融的重大问题展开磋商,形成共同政策,然后寻求在国际货币基金组织和世界银行中予以贯彻实施。

　　需要强调的是,在后布雷顿森林体系时代,国际货币基金组织作为

① Robert O. Keohane and Joseph S. Nye, *Power and Interdependence: World Politics in Transition*, Boston: Little, Brown and Company, 1977, p. 83.

② Richard N. Cooper, "Prolegomena to the Choice of an International Monetary System", *International Organization*, Vol. 29, No. 1, 1975, p. 87.

③ John S. Odell, "The U. S. and the Emergence of Flexible Exchange Rates: An Analysis of Foreign Policy Change", *International Organization*, Vol. 33, No. 1, 1979, p. 57.

④ 曹丽玮:《七国集团与世界经济初探》,《国际政治研究》2001 年第 4 期,第 101—102 页。

⑤ 鲁世巍:《美元霸权与国际货币格局》,第 143、147、155 页。

国际货币金融秩序的中心机构仍然发挥着重要作用，是有关国家协调国际货币金融政策、谈判国际货币金融问题的主要论坛。1976 年 1 月，国际货币基金组织在牙买加首都金斯顿举行会议，讨论修订《国际货币基金协定》并达成了《牙买加协定》，其要点为：（1）再次确认了认缴制原则，调整并扩大成员国的认缴额，美国仍然维持最大认缴国地位；（2）规定固定汇率制与浮动汇率制并存，承认浮动汇率制的合法性；（3）正式规定黄金与货币脱钩，黄金不再作为各国货币的定值标准，废除黄金官价；（4）重申国际货币基金组织对成员国货币政策的监督权。1978 年 4 月，囊括《牙买加协定》主要内容的《国际货币基金协定》第二次修正案生效[①]，由此奠定了牙买加体系时代国际货币金融秩序的制度基础，而美国在牙买加体系中仍然保持着关键性主导地位。

进入 20 世纪 80 年代后，发达国家加强了国际货币金融政策协调。1985 年 9 月，美国、英国、法国、联邦德国和日本在纽约广场饭店达成《广场协议》（Plaza Accord），决定采取适当措施以维护有序的外汇市场。[②] 1987 年 2 月，以美国为首的七国集团在法国巴黎达成《卢浮宫协议》（Louvre Accord），规定七国集团财政部长和中央银行行长应定期聚会以协调国际货币金融政策，采取多边措施干预外汇市场并维护美元汇率的稳定，因而形成了较为稳定的管理浮动汇率制度，再次展示了"汇率机制的根本性变革"。[③]《卢浮宫协议》进一步巩固了七国集团共同主导控制国际金融制度的格局，同时表明在牙买加体系时代，以美国为首的七国集团及其主导下的国际货币基金组织仍然占据着国际金融体系的中心地位。[④]

二、国际金融组织的融资结构改革与国际金融新秩序

布雷顿森林体系和牙买加体系时代的国际金融规则均侧重于调整

① 陈彪如：《国际货币体系》，上海：华东师范大学出版社 1990 年版，第 84—86 页。

② C. Randall Henning and I. M. Destler, "From Neglect to Activism: American Politics and the 1985 Plaza Accord", in Benjamin J. Cohen, ed., *The International Political Economy of Monetary Relations*, Aldershot: Edward Elgar Publishing, 1993, p. 593.

③ Barry Eichengreen, "Managing the World Economy under the Bretton Woods System: An Overview", in Peter B. Kenen, ed., *Managing the World Economy: Fifty Years after Bretton Woods*, Washington, D. C.: Institute for International Economics, 1994, p. 49.

④ Anthony Payne, *The Global Politics of Unequal Development*, pp. 142, 146.

发达国家之间的货币金融关系,基本没有顾及发展中国家的利益,不平等的国际金融秩序从制度环境上削弱了发展中国家的金融参与能力并阻碍了发展中国家的经济发展。

国际货币基金组织具有国际收支平衡的调节功能和融资功能以及国际宏观经济政策的规则协调功能,因而处于国际货币金融体系的关键地位。[①] 基于此种结构,国际货币基金组织制度规则的不平等实际上是现行国际货币金融秩序不平等性的集中体现,这种不平等性主要表现在两个方面:首先,国际货币基金组织认缴额制度不平等。虽历经多次调整,但《国际货币基金协定》及其制度规则的不平等性并未发生重大改变,其中最突出的问题就是认缴额制度。[②] 根据认缴额制度的规定,有关国家的投票权和最高借款限额均由认缴额决定,即认缴额决定了成员国在国际货币基金组织中的利益。[③] 发展中国家在认缴额分配中始终处于弱势地位,认缴额制度不仅根本性地限制了发展中国家的借款能力,而且还削弱了发展中国家的平等决策权,致使发展中国家"完全处于国际货币金融决策的边缘地位"[④],由此严重削弱了发展中国家维护自身利益的能力,同时严重影响了发展中国家对国际货币基金组织的认同感。[⑤] 正因为如此,不平等的认缴额制度实质性地制约了发展中国家国际金融地位的提升。其次,国际货币基金组织借贷条件不平等。在向发展中国家提供贷款或援助时,国际货币基金组织常常附加各种苛刻的指导原则和贷款条件,并借此影响发展中国家的经济政策,进而损害发展中国家的主权[⑥];更为严重的是,国际货币基金组织的指导原则和贷款条件主要反映了美国以及西方发达国家的政策意志,在很大程度上甚至成为西方发达国家用以影响发展中国家政治

---

① Graham Bird, "Changing Partners: Perspectives and Policies of the Bretton Woods Institutions", *Third World Quarterly*, Vol. 15, No. 3, 1994, p. 483.

② 杨松:《国际货币基金协定研究》,北京:法律出版社 2000 年版,第 19 页。

③ B. H. Beckhart, "The Bretton Woods Proposal for an International Monetary Fund", p. 504.

④ Mahbub ul Haq, *The Poverty Curtain*, p. 158.

⑤ 鲁茉莉:《新的份额公式:国际货币基金组织治理改革的关键》,《外交评论》2007 年第 6 期,第 101 页。

⑥ Graham Bird, "The International Monetary Fund and Developing Countries: A Review of the Evidence and Policy Options", *International Organization*, Vol. 50, No. 3, 1996, pp. 483, 487.

经济政策及其走势的工具。① 从实际效果上看,附带条件的国际货币基金组织贷款并没有改善发展中国家的经济状况,反而使发展中国家深受其害。② 不平等的借贷条件和融资制度是国际货币基金组织的显著特征之一,"附带条件的贷款政策成为国际货币基金组织融资制度中最具争议性的问题"。③ 总之,基于不平等的认缴额制度,发达国家完全控制了国际货币基金组织的决策权,国际货币基金组织基本上追随发达国家的政策原则并成为发达国家的政策代言人。④

作为现行国际金融秩序的两大支柱之一,世界银行的制度规则同样具有明显的不平等性,这种不平等性也集中体现在两个方面。首先,同国际货币基金组织一样,世界银行的决策机制采用认缴额与投票权挂钩的原则,因此,西方发达国家在世界银行及其附属机构中仍然占据着优势和主导地位,而作为世界银行的最大认缴国,美国的政策对世界银行具有重大影响力⑤;发展中国家则因认缴额的限制,始终难以有效参与世界银行的重大决策,其融资能力亦受到认缴额制度的根本性制约。其次,世界银行向发展中国家提供的贷款与援助仍然被发达国家强加了诸多苛刻条件并试图以此影响发展中国家的政策,因此,世界银行的融资制度具有强烈的政治倾向⑥,世界银行面向发展中国家的融资制度依然是不平等的。

作为现行国际金融秩序的组织机构与规则载体,国际货币基金组织和世界银行的不平等性主要体现为基于认缴额制度的决策机制与融资规则,因此,发展中国家寻求建立国际金融新秩序的重点就是改革国

---

① 邹三明:《布雷顿森林体系对国际关系的影响》,《世界经济与政治》1999 年第 10 期,第 40—41 页。

② Richard Peet, *Unholy Trinity*: *The IMF*, *World Bank and WTO*, London and New York: Zed Books, 2003, pp. 101 – 103.

③ C. Roe Goddard, "The International Monetary Fund", in C. Roe Goddard, Patrick Cronin and Kishore C. Dash, eds., *International Political Economy*: *State-Market Relations in a Changing Global Order*, Boulder: Lynne Rienner Publishers, 2003, p.254.

④ Stephen D. Krasner, "The International Monetary Fund and the Third World", *International Organization*, Vol.22, No.3, 1968, p.671.

⑤ David A. Baldwin, "The International Bank in Political Perspective", *World Politics*, Vol.18, No.1, 1965, p.81.

⑥ David A. Baldwin, "The International Bank in Political Perspective", p.79.

际金融组织的决策机制和融资制度,国际货币金融体系,尤其是国际货币基金组织的运转亦成为南北争论最重要的领域之一。[1]

根据国际经济新秩序的原则与目标,发展中国家寻求改革国际金融组织决策机制的目的就是推动发展中国家在平等的基础上充分参与国际金融组织的决策。但如前所述,美国设计认缴额与投票权挂钩的目的就是确保美国在国际金融组织中的主导权,虽然国际货币基金组织与世界银行的认缴额分配经历了数次调整,但以美国为首的发达国家始终占据着认缴额优势,从而决定性地掌控着国际货币基金组织与世界银行的决策权。根据 1976 年修订的《国际货币基金协定》,国际货币基金组织的所有重大决策必须经 85% 的绝对多数票通过,因此,作为国际货币基金组织的最大认缴国,美国依然拥有实质性的否决权,而位居认缴额前 5 名的发达国家(美国、英国、联邦德国、法国和日本)则从根本上决定着国际货币基金组织的政策走向。世界银行的认缴额分配是与国际货币基金组织相匹配的,因此,发达国家同样控制着世界银行的决策权。[2] 不难看出,基于认缴额分配的加权投票权原则是发达国家主导控制国际货币基金组织与世界银行的制度基础[3],发达国家不可能在此问题上轻易让步。正因为如此,发达国家始终坚持认缴额与投票权挂钩的原则,拒绝对国际货币基金组织与世界银行的决策机制进行实质性改革。由于发达国家的阻挠,国际货币基金组织和世界银行的投票模式与决策机制改革没有取得积极进展,发展中国家对国际货币金融政策及其决策过程的影响力仍然十分有限。

另一方面,资金短缺是制约发展中国家经济发展的关键因素之一,因此,通过改革国际货币基金组织和世界银行的融资规则与结构以增加发展贷款,进而促进经济和社会发展就成为国际金融新秩序的重要目标之一。经过长期努力,发展中国家寻求建立国际金融新秩序的努力在改革国际金融组织的融资结构上取得了阶段性进展。

---

[1] G. K. Helleiner, "The Less Developed Countries and the International Monetary System", *World Politics*, Vol. 36, No. 1, 1983, p. 149.

[2] R. J. Wickes, "The New International Economic Order: Progress and Prospects", in Pradip K. Ghosh, ed., *New International Economic Order*, p. 76.

[3] Denis Benn, *Multilateral Diplomacy and the Economics of Change*, p. 127.

（一）国际货币基金组织融资结构的阶段性调整

国际货币基金组织不平等的融资制度和结构是导致发展中国家难以获得发展融资的重要因素，为此，发展中国家为改革国际货币基金组织的融资制度和融资结构作出了不懈努力。早在 20 世纪 60 年代初期，面对因初级产品价格波动、出口收入减少而出现的贸易收支困难，发展中国家就推动国际货币基金组织于 1963 年 2 月设立了"补偿融资贷款"（Compensatory Financing Facility，简称 CFF），专门用于补偿发展中国家因初级产品出口价格波动而导致的贸易收支平衡问题，此项贷款的额度为成员国认缴额的 25%。"补偿融资贷款"的贷款条件规定，申请贷款国出口收入的减少必须是暂时性的，且为该国所无法控制；而且，申请贷款国必须与国际货币基金组织合作并采取适当措施以解决其贸易收支困难，同时接受国际货币基金组织的审查与监督。[1]作为国际货币基金组织设立的第一个专门针对初级产品出口融资的贷款项目，"补偿融资贷款"尽管存在诸多缺陷，但该项贷款的设立毕竟表明国际货币基金组织在应对发展中国家的特殊问题方面迈出了重要一步[2]，是国际货币基金组织对发展中国家的要求作出的第一个正式的制度回应[3]，拉开了改革国际货币基金组织融资结构的序幕。

为进一步扩展初级产品出口融资，发展中国家随即又推动国际货币基金组织于 1969 年 6 月增设了"缓冲库存融资贷款"（Buffer Stock Financing Facility），其目的就在于资助有关国家，尤其是发展中国家参与初级产品国际缓冲库存安排，稳定国际市场的初级产品价格。[4] 至此，国际货币基金组织开辟了第二个有利于发展中国家的融资渠道。

在建立国际经济新秩序的纲领性文件获得通过之后，发展中国家根据国际金融新秩序的有关原则，再次要求改革国际货币基金组织的融资结构。面对发展中国家的强烈呼声，国际货币基金组织作出了适

---

[1]　Charles A. Jones, *The North-South Dialogue：A Brief History*, New York：St. Martin's Press, 1983, pp. 32 – 33.

[2]　Edward M. Bernstein, "The International Monetary Fund", *International Organization*, Vol. 22, No. 1, 1968, pp. 140 – 141.

[3]　Stephen D. Krasner, "The International Monetary Fund and the Third World", p. 676.

[4]　Benjamin J. Cohen, "Balance-of-Payments Financing：Evolution of a Regime", *International Organization*, Vol. 36, No. 2, 1982, p. 470.

当回应。1974 年 6 月,国际货币基金组织设立了第一个 1 年期"石油贷款"(Oil Facility),并于 1975 年设立了第二个 1 年期"石油贷款",专门用于解决国际货币基金组织成员国,尤其是发展中国家因 1973 年石油价格上涨而引起的临时性贸易收支困难。[1] 同时,国际货币基金组织还于 1974 年 9 月设立"中期基金贷款"(Extended Fund Facility),该项贷款的期限为 10 年,贷款额度为认缴额的 140%,目的就在于为面临结构性贸易收支困难的发展中国家提供调整融资。[2] 与"补偿融资贷款"和"缓冲库存融资贷款"的支持范围仅限于特定领域不同,"中期基金贷款"的融资适用范围明显拓展,因此,"中期基金贷款"是国际货币基金组织致力于扩大成员国,尤其是发展中国家融资能力改革的第一个高潮[3],同时也是对发展中国家改革国际货币金融体系的积极回应[4],更是国际经济新秩序倡议影响国际货币基金组织融资结构改革的一个重要成果。[5] 作为对《国际货币基金协定》的第二次修订,1976 年《牙买加协定》进一步扩大了发展中国家的融资渠道,规定国际货币基金组织以出售黄金所得收入拨充设立一个特别的"信托基金"(Trust Fund),该基金将以优惠条件援助低收入的发展中国家并扩大信用贷款总额,由此展示了国际货币基金组织利用国际货币改革惠及发展中国家的政治意愿。[6] 此外,《牙买加协定》还规定放宽"补偿融资贷款"的融资额度,由占成员国认缴额的 50% 提高到 75%[7],从而进一步展

---

[1]　Benjamin J. Cohen, "Balance-of-Payments Financing", p. 470.

[2]　UNCTAD, "International Monetary and Financial Issues and the NIEO", in Pradip K. Ghosh, ed., *New International Economic Order*, p. 224.

[3]　Stephan Haggard, "The Politics of Adjustment: Lessons from the IMF's Extended Fund Facility", *International Organization*, Vol. 39, No. 3, 1985, p. 506.

[4]　Karel Holbik, "The Financial Challenge of the New International Economic Order", in William G. Tyler, ed., *Issues and Prospects for the New International Economic Order*, Lexington: Lexington Books, 1977, p. 52.

[5]　Anthony Elson, *Governing Global Finance: The Evolution and Reform of the International Financial Architecture*, New York: Palgrave MacMillan, 2011, p. 62.

[6]　Graham Bird, *Managing Global Money: Essays in International Financial Economics*, London: MacMillan Press, 1988, pp. 207 – 208.

[7]　Joseph Gold, *The Second Amendment of the Fund's Articles of Agreement*, Washington, D. C.: IMF Pamphlet Series, No. 25, 1978. 现在,"补偿融资贷款"的贷款额度已增加到不超过成员国认缴额的 100%。

示了发展中国家致力于改善其在国际货币基金组织中的融资能力与融资地位的积极努力①,同时也表明《牙买加协定》以及《国际货币基金协定》第二次修正案承认了国际经济新秩序有关改革国际金融组织融资结构的要求。② 1977 年,国际货币基金组织又根据总裁威特文的提议,设立了"补充融资贷款"[Supplementary Financing Facility,又称"威特文贷款"(Witteveen Facility)],专门用于向遭受严重贸易逆差的成员国,尤其是发展中国家提供额外贷款。随着国际货币基金组织融资结构的调整,至 1979 年,包括发展中国家在内的国际货币基金组织成员国的融资额度已达其认缴额的 467.5%③,从而在一定程度上为发展中国家以国际货币基金组织为依托并扩大融资规模与融资渠道创造了更为有利的条件。在发展中国家的积极努力下,尤其是在国际金融新秩序倡议的推动下,国际货币基金组织在扩大发展中国家的融资渠道方面作出了相应的改进,在一定程度上满足了发展中国家的融资需求,增强了发展中国家的融资能力,因而是国际货币基金组织在提供发展资金方面所取得的实际进展。④ 换言之,国际货币基金组织中新的贷款项目的设立无疑承认了发展中国家的特殊地位和需要,同时给予发展中国家以一定程度的特殊待遇,因而是发展中国家寻求建立国际金融新秩序的努力在改革国际货币基金组织的融资结构方面所取得的阶段性的"最重要成果"。⑤

促进有利于发展中国家的特别提款权分配是国际金融新秩序的重要目标之一,而且,在特别提款权创立之初,发展中国家就呼吁将特别提款权分配与发展援助联系起来。由于发达国家的反对,国际货币基金组织没有采用"特别提款权-发展融资"的联系规则。⑥ 改革国际货币基金组织的特别提款权分配规则仍需发展中国家继续努力。

---

① Charles A. Jones, *The North-South Dialogue*, p. 66.

② A. Jayagovind, "The New International Monetary Order", *International Studies*, Vol. 18, No. 3, 1979, p. 336.

③ Benjamin J. Cohen, "Balance-of-Payments Financing", p. 470.

④ 李庆云:《国际货币制度与发展中国家》,北京:北京大学出版社 1988 年版,第 61 页。

⑤ Stephen D. Krasner, *Structural Conflict: The Third World against Global Liberalism*, Berkeley: University of California Press, 1985, pp. 133, 140.

⑥ P. N. Agarwala, *The New International Economic Order*, p. 48.

综上所述,在国际经济新秩序倡议的影响下,发展中国家和发达国家的争论在国际货币基金组织的运转乃至国际金融体系的改革中占据了更加突出的位置,并推动国际货币基金组织从一个纯粹的国际货币机构转向兼具发展目标的国际货币金融机构。[1] 在发展中国家的推动下,国际货币基金组织在融资结构上作出了适度调整,"在一定程度上满足了发展中国家长期和结构性的国际收支调节对资金的需要"。[2] 另一方面,发展中国家在国际货币基金组织中的弱势地位并未发生根本性改变。首先,根据第三次修订的 1992 年《国际货币基金协定》,美国等发达国家的认缴额仍位居前列,这就意味着国际货币基金组织的决策权仍然实质性地掌握在以美国为首的发达国家手中,发展中国家依然难以有效参与国际货币基金组织的重大决策,国际金融新秩序所倡导的改革国际货币基金组织决策机制的目标远远没有达到。其次,尽管国际货币基金组织改革了融资结构,扩大了发展中国家的融资渠道,但发达国家仍然试图在贷款协议中添加不利于发展中国家的附带条件,繁杂的申请和审批程序亦增加了发展中国家的融资难度,因此,国际货币基金组织的融资结构调整仍然带有相当的局限性,融资制度的主导权仍然实质性地掌握在发达国家手中。第三,国际货币基金组织的特别提款权分配仍然基于认缴额制度,发展中国家在特别提款权分配与发展援助之间建立联系的有关主张并没有得到发达国家的回应,鉴于此,特别提款权分配同样体现了国际储备和金融制度的不平等。[3]

值得注意的是,随着冷战的结束以及苏联和东欧社会主义国家经济转型的启动,自由市场是唯一可行的发展道路的观念得到了进一步强化。1990 年,以美国国际经济研究所所长约翰·威廉森为代表的经济学家与国际货币基金组织和世界银行对发展中国家的经济发展战略达成共识,此即新自由主义"华盛顿共识"(Washington Consensus),其

---

[1] Anthony Elson, *Governing Global Finance*, p. 65.

[2] 赵长峰:《国际金融合作:一种权力与利益的分析》,北京:世界知识出版社 2006 年版,第 122 页。

[3] Michael Hudson, "The Structure of the World Economy: A Northern Perspective", in Ervin Laszlo and Joel Kurtzman, eds., *The Structure of the World Economy and Prospects for a New International Economic Order*, New York: Pergamon Press, 1980, p. 13.

主要内容为:强调市场化,反对国家干预;主张私有化,坚决维护私有财产所有权;倡导自由化,希望建立美国主导下的全球自由经济体系。此后,国际货币基金组织以"华盛顿共识"为纲领调整了融资政策,将有关国家接受国际货币基金组织的结构调整方案作为提供贷款的前提条件[1],从而再次展示了以美国为首的发达国家在国际货币基金组织中的主导地位,同时也为发展中国家进一步改革国际货币基金组织的融资结构和融资制度增添了新的障碍。

(二) 世界银行融资结构的阶段性调整

增加国际金融机构的发展融资以促进发展中国家经济发展是国际金融新秩序的重要目标之一,因此,发展中国家在推动世界银行提供发展融资等方面所取得的成果亦是国际金融新秩序的重要组成部分。

随着《布雷顿森林协定》的生效,国际复兴开发银行(世界银行)于1946 年 6 月正式投入运转。[2] 在创建之初,世界银行首先关注的是欧洲重建问题。随着马歇尔计划的实施以及西欧国家经济的逐步恢复,促进发展就成为世界银行的长期性任务[3],于是,从 40 年代末期起,世界银行开始将贷款的重点转向为发展中国家实现经济发展提供资金支持。[4] 值得注意的是,世界银行贷款政策和贷款重点的转变与美国的政策导向是基本一致的,世界银行面向发展中国家的贷款首先服务于美国"第四点计划"的实施,并与美国的"第四点计划"形成紧密配合、相互呼应的态势,总体上符合"第四点计划"的政策目标[5],由此进一步体现了美国对世界银行的政策控制力和影响力。

另一方面,鉴于世界银行的决策机制和贷款安排难以满足发展中

---

① 方连庆、刘金质:《国际关系史》(第 12 卷),北京:世界知识出版社 2006 年版,第 674 页。

② Roy Blough, "The World Bank Group", *International Organization*, Vol. 22, No. 1, 1968, p. 152.

③ J. W. Beyen, "The International Bank for Reconstruction and Development", *International Affairs*, Vol. 24, No. 4, 1948, p. 535.

④ Louis Galambos and David Milobsky, "Organizing and Reorganizing the World Bank, 1946 – 1972: A Comparative Perspective", *The Business History Review*, Vol. 69, No. 2, 1995, p. 165.

⑤ Jack N. Behrman, "Political Factors in U. S. International Financial Cooperation, 1945 – 1950", p. 451.

国家的现实需要,发展中国家于是呼吁建立新的国际金融机构以扩大发展资金的来源。面对发展中国家的要求,美国国际发展咨询委员会主席纳尔逊·洛克菲勒于 1951 年 3 月向杜鲁门总统提交了一份题为"进步伙伴"的报告[简称"洛克菲勒报告"(Rockefeller Report)],建议在国际复兴开发银行的框架内设立一个国际金融公司以促进发展中国家私有企业的发展,增强私有企业在经济发展中的地位。① 经过长期磋商并在发展中国家的推动下,国际金融公司(International Finance Corporation, 简称 IFC)于 1956 年 7 月成立并成为世界银行的附属机构,其宗旨是鼓励向发展中国家的私有企业投资且无需政府担保,目标则是促进发展中国家的经济发展。

20 世纪 50 年代中期以后,发展中国家继续要求在联合国的倡导下开辟新的发展资金来源;出于分摊援助负担的政策考虑,美国亦寻求建立一个新的多边援助机构。1958 年秋,美国财政部长罗伯特·安得森正式提议在世界银行的框架下建立一个国际开发协会。② 在发展中国家的支持下,世界银行发展历程中最重要的附属机构国际开发协会(International Development Association, 简称 IDA)于 1960 年 9 月正式成立,其宗旨是向发展中国家提供长期无息优惠贷款(软贷款)以推动经济发展。③ 毫无疑问,国际开发协会的软贷款制度旨在为发展中国家提供更具减让性和保障性的融资④,因而体现了世界银行发展融资理念的实质性转变。⑤ 随着国际开发协会的建立,世界银行有效地实现了多边发展机构的重新定位。⑥ 鉴于此,国际开发协会的建立实现

---

① B. E. Matecki, "Establishment of the International Finance Corporation: A Case Study", *International Organization*, Vol. 10, No. 2, 1956, pp. 263 – 265.

② 何曼青、马仁真:《世界银行集团》,北京:社会科学文献出版社 2011 年版,第 35—36 页。

③ Edward S. Mason and Robert E. Asher, *The World Bank since Bretton Woods: The Origins, Policies, Operations, and Impact of the International Bank for Reconstruction and Development and the Other Members of the World Bank Group*, Washington, D. C.: The Brookings Institution, 1973, p. 80.

④ David A. Phillips, *Reforming the World Bank*, p. 21.

⑤ Roy Blough, "The Furtherance of Economic Development", *International Organization*, Vol. 19, No. 3, 1965, p. 572.

⑥ Christopher L. Gilbert and David Vines, "The World Bank: An Overview of Some Major Issues", in Christopher L. Gilbert and David Vines, eds., *The World Bank: Structure and Policies*, New York: Cambridge University Press, 2000, p. 15.

了多边合作促发展的制度化①，标志着世界银行开始直接承担崭新的发展使命②，堪称世界银行"最重要的制度改革"，同时也体现了发展中国家在其中所发挥的积极作用。③ 总之，国际金融公司和国际开发协会的建立是发展中国家共同推动的结果，体现了国际社会对发展中国家"发展需要"的积极回应④，由此表明发展中国家争取改革世界银行融资结构的努力取得了相应进展。

在国际金融新秩序原则目标的指引下，发展中国家促使世界银行及其国际金融公司和国际开发协会（统称世界银行集团）加大了发展融资的力度。为此，世界银行于1976年增设"利息补贴基金"（Interest Subsidy Fund），专门用于向低收入的发展中国家提供优惠贷款；由于其贷款条件介于世界银行一般贷款和国际开发协会优惠贷款之间，因此又称"第三窗口贷款"（Third Window）。随着国际金融公司和国际开发协会的成立以及"第三窗口贷款"的设立，世界银行集团逐渐以更加广泛的方式向发展中国家提供更大数量的贷款⑤，世界银行的发展融资亦填补了国际体系中缺乏发展融资的空白。⑥ 自20世纪80年代中期以来，就资金规模以及影响程度而言，世界银行集团已成为提供发展贷款和发展融资的"最重要的国际金融机构"⑦，同时也是全球最大的发展援助机构。⑧ 因此，世界银行集团融资结构的调整仍然是发展中国家致力于国际金融制度改革所取得的积极成果，标志着发展中国家争取发展融资以及建立国际金融新秩序的努力在世界银行集团的框架内取得了阶段性进展。

需要指出的是，由于发达国家在世界银行集团中仍然占据认缴额

---

① Milan Bulajic, *Principles of International Development Law*, p. 240.

② Devesh Kapur, John P. Lewis and Richard Webb, *The World Bank: Its First Half Century*, Vol. 1, Washington, D. C. : Brookings Institution Press, 1997, p. 153.

③ Stephen D. Krasner, *Structural Conflict*, pp. 142, 146.

④ Edward S. Mason and Robert E. Asher, *The World Bank since Bretton Woods*, p. 79.

⑤ Stephen D. Krasner, *Structural Conflict*, p. 143.

⑥ Anthony Elson, *Governing Global Finance*, p. 54.

⑦ Richard N. Gardner, "The Bretton Woods-GATT System after Fifty Years: A Balance Sheet of Success and Failure", in Orin Kirshner, ed. , *The Bretton Woods-GATT System: Retrospect and Prospect after Fifty Years*, New York: M. E. Sharpe, 1996, pp. 201 – 202.

⑧ 何曼青、马仁真：《世界银行集团》，第1页。

优势,因此,世界银行集团的制度规则(包括融资制度规则)及其运转仍然受到发达国家,尤其是美国的控制①,发展中国家的贷款申请仍面临诸多附加政治经济条件的限制。通过主导融资规则,美国仍然将世界银行作为影响发展中国家的工具。②

20 世纪 90 年代以后,同样是基于"华盛顿共识",世界银行调整了融资政策,将推动发展中国家的结构调整作为提供贷款的重点。③ 因此,世界银行融资政策的调整主要体现了美国以及发达国家的政策主张与利益,忽视了发展中国家的特殊处境,因而削弱了世界银行促进发展、维护经济稳定的能力④,同时也在很大程度上限制了发展中国家的发展融资空间。

在寻求改革国际货币基金组织和世界银行及其制度规则的同时,出于改善国际金融地位的目的,发展中国家还推动建立了区域性的国际金融机构。⑤ 这些区域性国际金融机构主要包括:美洲开发银行(1960 年)、非洲发展银行(1964 年)和亚洲开发银行(1966 年)。区域性国际金融机构的建立体现了发展中国家对国际货币基金组织和世界银行的不满与失望,⑥因而在一定程度上是发展中国家改革现行国际金融秩序的重要开端之一,"本质上是一种对发达国家在世界经济中霸权地位的政治抵抗行为"⑦;从更广阔的意义上讲,区域性国际金融机构的建立与发展为发展中国家改革国际金融制度规则、寻求建立国际金融新秩序开辟了新的途径。

综上所述,国际金融新秩序的制度建设在改革国际货币基金组织和世界银行的决策机制等问题上没有取得实质性进展,正因为如此,发

---

① Stephen D. Krasner, *Structural Conflict*, pp. 149 – 150.

② Robert H. Wade, "US Hegemony and the World Bank: The Fight over People and Ideas", *Review of International Political Economy*, Vol. 9, No. 2, 2002, p. 203.

③ 邹加怡、莫小龙:《从世界银行政策变化看全球化的矛盾和发展援助的职能》,《世界经济与政治》2002 年第 1 期,第 2—3 页。

④ 方连庆、刘金质:《国际关系史》(第 12 卷),第 678 页。

⑤ Stephen D. Krasner, *Structural Conflict*, p. 151.

⑥ Stephen D. Krasner, "Power Structures and Regional Development Banks", *International Organization*, Vol. 35, No. 2, 1981, p. 326.

⑦ John White, *Regional Development Banks: The Asian, African, and Inter-American Development Banks*, New York: Praeger, 1972, p. 28.

展中国家在国际金融关系的重大决策上仍然扮演着被动的角色，发达国家仍然掌握着国际货币金融关系的决策权，包括制定政策、达成协议并作出决定的权力。[1] 但另一方面，发展中国家根据国际金融新秩序的原则，推动国际货币基金组织和世界银行扩大了发展融资的渠道和规模，促进了多边融资结构的改革[2]，由此标志着发展中国家寻求建立国际金融新秩序的努力在国际融资领域取得了阶段性进展。

在世纪之交来临之际，包括金融服务在内的服务贸易迅猛发展，关贸总协定制度"乌拉圭回合"由此达成了《服务贸易总协定》及其金融服务附件，从而为进一步的金融服务谈判开辟了新的途径。经磋商，世界贸易组织成员国于 1997 年 12 月达成了包括相关议定书和金融服务承诺表在内的《金融服务协定》（Financial Services Agreement），其主要内容为：全球金融服务贸易应遵循最惠国待遇和国民待遇原则；发达国家承诺开放金融市场（包括银行和保险市场等），基本解除市场准入和国民待遇限制；发展中国家则提高金融市场准入和国民待遇的承诺水平，但可以保留相应的限制条件。[3] 诚然，《金融服务协定》是金融全球化的结果，初步奠定了全球金融服务领域自由贸易的框架，但发达国家在金融服务贸易领域占据着优势，因此，《金融服务协定》无疑强化了西方发达国家在国际金融领域的主导地位。《金融服务协定》的签署亦表明：在金融全球化的背景下，发展中国家必须广泛参与国际金融规则的谈判，力争制定有利于发展中国家的国际金融新规则并以其阶段性成果逐步推动国际金融新秩序的建立。

第二节　债务减免的阶段性进展与国际金融新秩序

自 20 世纪 60 年代以来，债务负担成为困扰发展中国家经济发展的重要因素之一，为此，国际经济新秩序纲领性文件明确将减轻发展中国家的债务负担作为原则目标，进而推动债务减免问题纳入国际社会

---

[1]　P. N. Agarwala, *The New International Economic Order*, p.46.

[2]　Joan E. Spero, *The Politics of International Economic Relations*, pp.209－210.

[3]　杨松：《国际法与国际货币新秩序研究》，北京：北京大学出版社 2002 年版，第 176—178 页。

以及南北对话的议事日程并取得了阶段性成果。

一、发展中国家的债务问题与债务危机

早在 20 世纪 60 年代,发展中国家的债务问题就引起了国际社会的关注。在 1964 年第一届联合国贸发会议上,发展中国家呼吁国际社会采取综合性的方式以审视有关的债务问题,并将债务减免同促进发展中国家的经济发展结合起来。[①] 但由于发达国家的冷漠态度,发展中国家的要求并没有得到足够重视。随着国际经济新秩序纲领性文件的通过,发展中国家进一步要求国际社会采取切实措施以缓解债务负担,其目标就是实现普遍性的债务减免。[②] 为此,1976 年第四届联合国贸发会议围绕债务问题展开了激烈争论,发展中国家再次要求在多边框架的范围内磋商债务减免问题。[③] 发达国家虽然不反对债务减免的多边磋商,但强调发展中国家所面临的债务问题具有不同的特点,因此,具体的债务减免应采用逐项谈判的方式。[④] 实际上,逐项谈判方式一直是发达国家处理发展中国家债务问题的基本原则,除经济因素之外,发达国家还认为,普遍性的债务减免将不利于债权国对债务国的控制,进而削弱发达国家的政治优势。[⑤] 鉴于发展中国家与发达国家在债务减免问题上的政策分歧,此间的债务谈判并没有取得任何实际进展。直到 1982 年波及众多发展中国家的债务危机爆发之后,发展中国家的债务问题以及相应的债务减免谈判才真正成为南北关系中的一个焦点问题。从此以后,债务问题一直是影响发展中债务国与发达债权国之间关系的一个重要因素。[⑥]

---

① UNCTAD, *The History of UNCTAD*, p. 94.

② Stephen D. Cohen, "Forgiving Poverty: The Political Economy of the International Debt Relief Negotiations", *International Affairs*, Vol. 58, No. 1, 1981–1982, p. 59.

③ UNCTAD, *The History of UNCTAD*, p. 96.

④ Denis Benn, *Multilateral Diplomacy and the Economics of Change*, p. 60.

⑤ Chandra Hardy, "Debt Negotiations and the North-South Dialogue, 1974–1980", in I. William Zartman, ed., *Positive Sum: Improving North-South Negotiations*, New Brunswick: Transaction Books, 1987, p. 267.

⑥ Jesus Silva-Herzog, "Problems of Policy Making at the Outset of the Debt Crisis", in Rudiger Dornbusch and Steve Marcus, eds., *International Money and Debt: Challenges for the World Economy*, San Francisco: ICS Press, 1991, p. 51.

对于债务危机的定义，学术界尚存在不同的观点，较为权威的解释是，所谓"债务危机"（Debt Crisis），是指发展中国家在面临巨额的债务支付时出现普遍性困难，进而危及国际金融体系的稳定。[1] 因此，发展中国家的债务危机同国际金融关系的发展以及国际金融体系的运转是密切相关的，这也就意味着发展中国家的债务危机从一开始就是一个国际性问题，需要国际社会共同采取措施予以应对和解决。

在取得政治独立之后，实现经济发展就成为发展中国家面临的首要任务。但由于殖民时代的历史遗留原因，发展中国家普遍缺乏资金，且在经济起步阶段，发展中国家自身的资金积累能力亦相当薄弱，因此，经济发展所需之资金主要依靠外部。在外部资金来源中，除了外援和外国私人直接投资之外，借贷（包括政府间借贷以及向外国商业银行的借贷）成为发展中国家发展融资的重要渠道。出于通过加大资金投入以实现经济发展的考虑，发展中国家的外债呈逐年上升的趋势。"在 1955 年和 1962 年间，发展中国家的外债每年上升 15%。在 20 世纪 50 年代中期，发展中国家的债务支出平均占其出口收入的 6%，10 年后则上升到 12%。"[2]实际上，整个 20 世纪 60 年代，发展中国家的债务呈现出缓慢而稳定增长的态势，债务年均增长率约为 17%。[3] 20 世纪 70 年代以后，发展中国家进一步加快了经济发展的步伐，资金需求急剧扩大，为此，发展中国家开始更大规模地对外举债。在 1973 至 1980 年间，发展中国家的长期债务每年以 21.6% 的速度增长，由此导致发展中国家的债务总额迅猛膨胀，到 1980 年，发展中国家的债务总额已高达 5 599 亿美元。[4] 面对日益加重的债务负担和偿债压力，发展中国家最终不堪重负。1982 年 8 月，墨西哥宣布无力履行偿债义务。继墨西哥之后，又有一些国家宣布暂时停止偿还外债，到 1983 年底，共

---

[1] Miles Kahler, "Politics and International Debt: Explaining the Crisis", in Miles Kahler, ed., *The Politics of International Debt*, Ithaca: Cornell University Press, 1986, p.11.

[2] J. F. 佩克：《国际经济关系：1850 年以来国际经济体系的演变》，卢明华等译，贵阳：贵州人民出版社 1990 年版，第 377 页。

[3] Robert H. Girling, *Multinational Institutions and the Third World: Management, Debt, and Trade Conflicts in the International Economic Order*, New York and London: Praeger, 1985, p.21.

[4] 李琮：《第三世界简论》，载于宦乡：《当代世界政治经济基本问题》，北京：世界知识出版社 1989 年版，第 262 页。

有 42 个国家陆续宣称存在偿债困难。[①] 至此,以墨西哥债务危机为触发点,波及世界的债务危机全面爆发,发展中国家的债务问题最终演化成为全球性的债务危机,以债务为核心的国际金融问题遂成为南北矛盾的热点。[②] 更为严重的是,在 20 世纪 80 年代,发展中国家的债务负担一直有增无减,并且呈现出滚雪球般扩大的趋势。从权威统计数字来看,发展中国家的债务总额在 1982 年为 8 310 亿美元,1985 年为 9 500 亿美元,1987 年迅速增至 11 695 亿美元,到 1988 年底则飙升至 13 200 亿美元;许多发展中国家的负债额对出口额的比率已经超过了 100%,与此相对应,发展中国家的偿债率(还本付息对出口额的比率)亦远远高于国际公认的 20% 的债务危险线。[③] 除了债务额在数量上的增加之外,发展中国家的债务负担还呈现出债务涉及范围扩大、偿债能力下降、到期偿还额增大、债务累积现象严重等基本特征。[④] 全球性债务危机的发展与蔓延已经"对国际金融体系以及发展中国家的经济增长构成了严重的威胁",因此,成功应对发展中国家的债务危机在世界历史上第一次成为事关国际经济秩序平稳运行的重大问题。[⑤]

诚然,引发债务危机的因素是复杂的,既有发展中国家的内在原因,也有国际经济秩序以及国际经济环境的外在影响。

就发展中国家方面而言,"国内政策对发展中国家的外债状况产生了明显的影响"[⑥]。在获得政治独立之后,发展中国家普遍存在加速经济发展的强烈愿望与冲动,这本来无可厚非,但如果经济政策脱离了本国的实际情况与经济发展水平,其潜在的危害性就不可低估。从 20 世纪 60 年代初期至 70 年代,发展中国家一味追求经济发展的高速度,为寻求资金投入,发展中国家过分依赖外国投资和外国贷款,甚至不顾

---

① 张明莉:《谈谈发展中国家的债务危机》,《外交学院学报》1991 年第 2 期,第 36 页。

② 李琮:《当代资本主义论》,北京:社会科学文献出版社 2007 年版,第 494 页。

③ 汪慕恒:《发展中国家的债务危机》,《厦门大学学报》(哲社版)1991 年第 1 期,第 42 页。

④ 伍海华、张健君、陈敬:《发展中国家债务问题再思考》,《世界经济与政治》1992 年第 3 期,第 5—6 页。

⑤ M. Jagadeswara Rao, "Developing Country Debt: Problems and Prospects", in K. C. Reddy, M. Jagadeswara Rao and S. Chandrasekhar, eds. , *The New International Economic Order Perspectives*, New Delhi: Ashish Publishing House, 1991, pp. 109 - 110.

⑥ Peter Nunnenkamp, *The International Debt Crisis of the Third World: Causes and Consequences for the World Economy*, New York: St. Martin's Press, 1986, p.87.

本国国力大举借债。更为严重的是，一些发展中国家将大量的外来融资用来弥补贸易收支逆差以及财政赤字，并没有形成实际的生产能力与偿债能力；即使将外来融资运用到生产领域，发展中国家也较多地将融资资金投入到耗资大、周期长、见效慢的大型建设项目上，从而导致外来融资的利用效率低下，甚至没有很好地发挥有效促进经济发展的作用。从国内经济环境的层面上讲，发展中国家利用外来融资的政策失误，包括融资资金的财政管理政策失误，是引发债务问题与债务危机的诱因之一。①

石油冲击与债务危机之间的联系同样值得关注。在 20 世纪 70 年代，石油价格经历了两轮大幅度的上涨。1973 至 1974 年间，石油价格上涨了 4 倍；在 1978 至 1980 年间，石油价格再次上涨了 125%。② 除对发达国家的经济造成严重影响之外，石油价格上涨与债务危机生成之间的关系直接或间接地体现在两个方面。首先，随着石油价格的持续上扬，石油输出国组织（欧佩克，OPEC）成员国出现了巨额的贸易盈余，而这些贸易盈余基本上被作为存款存入了欧洲国家的商业银行，从而客观上增强了国际资本市场的借贷能力。为充分利用和调动储蓄资源，欧洲国家的商业银行开始扩大向发展中国家的贷款规模，从 70 年代中期至 70 年代末期，欧洲发达国家商业银行以年均 30% 以上的增幅向发展中国家大举放贷。③ 大规模的银行信贷涌入发展中国家一方面缓解了发展中国家因石油价格上涨对经济发展造成的不利影响，另一方面也在短时间内急剧增加了发展中国家的债务总额。至此，石油输出国—欧洲货币市场—发展中石油进口国之间形成了一个资金循环链④，同时也带动了发展中国家债务的迅猛增长。石油价格的大幅度上涨还增加了非石油出口国的发展中国家的贸易赤字，为弥补巨额贸易赤字，这些国家不得不依靠大量借贷，从而增加了发展中国家的债务负担，同时削弱了发展中国家的债务清偿能力。在石油价格剧烈上涨

---

① M. Jagadeswara Rao, "Developing Country Debt", pp. 125 – 126.

② Stephen D. Krasner, *Structural Conflict*, p. 106.

③ M. Jagadeswara Rao, "Developing Country Debt", p. 114.

④ Charles P. Kindleberger, *The International Economic Order：Essays on Financial Crisis and International Public Goods*, Cambridge：The MIT Press, 1988, p. 58.

的冲击下,发展中国家的债务状况确实变得越来越糟。①

从更广泛的层面上讲,发展中国家的债务问题是整个南北关系问题的一个侧面,是历史遗留下来的不合理的国际经济关系的集中反映②,而且,引发发展中国家债务危机的不平等的国际经济关系亦违背了公平理念。③鉴于此,国际经济环境因素的不利影响是恶化债务问题并诱发债务危机的导火索。概言之,全球性的经济衰退、实际利率的上升以及发展中国家贸易条件的恶化等因素均对全球性债务危机的生成与蔓延产生了至关重要的影响④,由此展示了发展中国家债务危机的国际联系性。在南北相互依赖关系日益深化的国际背景下,"发展中国家应对债务问题的能力关键性地依赖于世界经济环境",这些环境因素主要包括:发展中国家出口市场的增加以及市场准入条件的改善,发展中国家的贸易条件状况,发达国家主导的国际金融市场的利率及与此相关的发展中国家的融资能力等。⑤

由于承受着巨额债务,发展中国家对外部经济环境的变化尤为敏感,而发达国家的宏观经济政策和贸易政策则直接影响着发展中国家的偿债成本、资金流动规模以及出口创汇能力。从 20 世纪 80 年代初期起,发达国家经济陷入严重衰退,由此导致发达国家的贸易政策和宏观经济政策均出现了不利于发展中国家的变化。就贸易政策而言,面对经济衰退,发达国家采取了一系列贸易保护主义措施,尤其是非关税壁垒措施,从而抬高了发展中国家的市场准入条件,限制了发展中国家的出口贸易,削弱了发展中国家的出口创汇能力,进而增加了发展中国家履行偿债义务的难度。从这个意义上讲,发达国家的保护主义政策无疑使发展中国家的债务负担雪上加霜⑥;同时,面对初级产品价格的持续下跌,发展中国家的贸易条件继续恶化,由此带来的出口收入降低

①　Peter Nunnenkamp, *The International Debt Crisis of the Third World*, pp. 3,11－12.

②　屠楠:《发展中国家的债务与贝克计划》,《国外社会科学》1986 年第 10 期,第 18 页。

③　Milan Bulajic, "Indebtedness of the Developing Countries and the New International Economic Order", in Detlev C. Dicke, ed., *Foreign Debts in the Present and a New International Economic Order*, Boulder: Westview Press, 1986, p. 73.

④　Robert Gilpin, *The Political Economy of International Relations*, p. 318.

⑤　M. Jagadeswara Rao, "Developing Country Debt", p. 124.

⑥　Robert Gilpin, *The Political Economy of International Relations*, p. 322.

则是发展中国家债务负担加剧的一个重要因素。就宏观经济政策而言，出于应对经济衰退的考虑，发达国家采取了紧缩性的财政与货币政策，尤其是奉行高利率和高汇率政策，直接导致了国际金融市场利率以及发展中国家债务利息的上涨，增加了发展中国家的偿债成本，这是发展中国家债务负担加重以及债务危机爆发的又一个重要因素。[1] 在世界经济衰退的背景下，发展中国家"必须同时应对高油价、高利率和出口产品低价格的冲击"[2]，诸多不利因素叠加的累积效果无疑加剧了发展中国家的偿债困难。此外，由于世界经济的衰退，发达国家明显减少了发展援助的规模与数量，对发展中国家的直接投资也呈现出日益下滑的趋势[3]；另一方面，面对世界经济的衰退以及债务负担的增加，发展中国家的融资能力亦迅速下降，缺乏新的资金投入反过来又进一步加深了发展中国家的经济困难，导致发展中国家的债务负担呈现出恶性循环的态势，最终演变成为全球性的债务危机。因此，发达国家的财政与货币政策以及贸易政策在很大程度上是导致发展中国家出现债务问题和债务危机的重要外部环境因素。[4] 更进一步讲，发展中国家所面临的贸易条件恶化、国际汇率的经常性波动、国际融资机制的不合理等均是现行国际经济秩序不平等的集中体现，而国际金融和贸易秩序的结构性不平等则直接导致发展中国家的债务负担激化为波及全球的债务危机。鉴于此，缓解发展中国家债务危机的根本出路就在于改革国际货币金融制度，寻求建立国际经济新秩序。[5]

二、债务减免的争论与阶段性进展

日益扩展的发展中国家债务危机引起了国际社会的广泛关注，寻求债务危机的缓解之道亦成为国际社会争论的热门话题。除相关国家

---

[1]　M. Jagadeswara Rao, "Developing Country Debt", p. 125.

[2]　A. Geske Dijkstra, *The Impact of International Debt Relief*, London and New York: Routledge, 2008, p. 15.

[3]　Peter Nunnenkamp, *The International Debt Crisis of the Third World*, pp. 3 – 6.

[4]　Kristin Hallberg, "International Debt, 1985: Origins and Issues for the Future", in Michael P. Claudon, ed., *World Debt Crisis: International Lending on Trial*, Cambridge: Ballinger Publishing Company, 1986, p. 10.

[5]　徐基新、张志超：《国际债务危机和发展中国家争取国际经济新秩序的斗争》，《世界经济》1983 年第 11 期，第 41 页。

政府及国际组织相继阐述了各自的主张之外,学术界同时也展开了热烈的讨论,并形成了"进化论"(Evolutionism)、"创造论"(Creationism)和"中间道路论"(Doctrine of Middle Way)等不同的理论观点。

"进化论"认为,缓解发展中国家债务危机的根本途径应基于债务逐项谈判战略,并应以自愿和市场导向为基本原则,因此,债务改革的目标是扩大并完善债务逐项谈判战略,而不是取代债务逐项谈判战略。"进化论"强调,自1982年以来,债务逐项谈判战略已经取得了一定成效并得到逐步改进,债务国与债权国之间围绕特定债务减免的直接谈判已经取得了积极进展。鉴于此,"进化论"坚信,债务逐项谈判战略的演进将为发展中国家债务危机的缓解以及国际债务机制的发展提供现实的选择。①

"创造论"主张采用综合性与强制性的方法来解决发展中国家的债务问题,包括创立新的多边债务机制以协调有关各方的政策行动。"创造论"认为,在缺乏有组织的集体行动的情况下,债务问题的解决不可能取得有效进展;而且,集体行动的目标应是债务的全面免除,而不仅仅是债务的削减。鉴于此,"创造论"坚信发展中国家债务问题的解决应采用全新的方法,尤其须依赖国际债务机制的制度创新。②

"中间道路论"则试图融合"进化论"与"创造论"的观点,强调债务机制的改革应寻求国际社会的集体行动,同时遵循自愿原则和市场导向原则,其目标就是获致债务国与债权国的共赢。"中间道路论"强调,创立一个多边债务机制的目的就是确立国际债务协调行动的原则与规则,并为全球债务谈判提供一个多边框架,但具体的债务安排则应采用债务国与债权国之间根据逐项原则直接谈判的方式。③

在学术界围绕国际债务问题展开争论的同时,发达国家和发展中国家也分别提出了解决债务危机的政策主张。概括地讲,发达国家处理债务危机的基本原则是:发达国家政府、国际组织和商业银行应联合采取行动,一方面通过谈判设法重新安排债务,另一方面则应向发展中

---

① Benjamin J. Cohen, "Developing Country Debt: A Middle Way", in Benjamin J. Cohen, ed., *The International Political Economy of Monetary Relations*, pp. 522 – 523.

② Benjamin J. Cohen, "Developing Country Debt", p. 523.

③ Benjamin J. Cohen, "Developing Country Debt", pp. 523 – 524.

国家提供相应的支付手段;发展中国家必须接受严格的经济调整和财政紧缩计划。总之,发达国家应对债务危机的基本战略与主要原则是:发展中国家应更多地承担债务缓解的义务。[1]

发展中国家认为,债务问题实际上是发达国家奉行过度限制性经济政策所造成的增长停滞问题,从广泛的意义上讲,发展中国家在国际债务危机中正成为不公正、不稳定的国际金融和经济体系的替罪羊[2],正是国际经济的结构特征恶化了债务问题并使其难以解决,因此,发展中国家要求发达国家分担债务问题及其解决方案的责任,争取降低国际利率以及新的资金投入;发展中国家还要求放宽贷款条件,主张债务问题的解决不应以损害发展中国家的经济增长为代价。在国际经济新秩序提出并纳入国际议程之后,要求国际社会采取共同措施以缓解发展中国家的债务负担亦成为国际经济新秩序的重要目标之一。[3]

作为国际金融体系的核心组织机构,国际货币基金组织早在20世纪50年代就开始关注发展中国家的债务重新谈判及债务延期偿付问题,并逐步形成了一套债务重新谈判的计划方案,这就是国际货币基金组织主持的"稳定计划"(Stabilization Program)。根据"稳定计划",凡是要求重新安排债务或寻求新贷款的发展中国家必须接受并实施国际货币基金组织制定的经济调整与稳定方案,其核心就是要求发展中国家实施紧缩性财政与货币政策,减少进口,削减公共开支,对本国货币予以贬值,同时接受国际货币基金组织对经济调整政策的监督指导。换言之,作为"稳定计划"的关键内容,"严格的限制条件及国际货币基金组织的监督是债务重新谈判的基础"。[4] 在1982年全球性债务危机爆发并蔓延之后,国际货币基金组织进一步强化了"稳定计划",将接受国际货币基金组织的结构调整方案作为进行债务重新谈判的基本前提,而对"稳定计划"的监督指导则是国际货币基金组织在债务重新谈

---

[1] Robert Gilpin, *The Political Economy of International Relations*, p. 319.

[2] Susan Strange, *States and Markets*, p. 113.

[3] Robert Gilpin, *The Political Economy of International Relations*, pp. 320 – 321, 323.

[4] Charles Lipson, "The International Organization of Third World Debt", *International Organization*, Vol. 35, No. 4, 1981, pp. 618 – 619.

判中发挥中心作用的关键。[1] 尽管发达国家此后又提出了一些新的债务谈判计划,但要求发展中国家进行经济结构调整并接受国际货币基金组织的监督始终是发达国家债务谈判计划的重要内容。

　　从表面上看,"稳定计划"旨在通过经济结构调整以恢复发展中债务国的偿还能力,但从根本上讲,"稳定计划"的调整方案实际上脱离了发展中国家的国情,并将解决债务危机的负担完全推给了发展中国家,因此,"稳定计划"及其限制条件主要体现了发达国家的意志与利益。[2] 尤其值得注意的是,鉴于美国在国际货币基金组织中的主导地位,"稳定计划"的背后实际上是一只"美国之手",即美国可以通过国际货币基金组织及其"稳定计划"对发展中国家的经济政策施加强有力的影响。[3] 从实际效果来看,"稳定计划"不仅没有缓解发展中国家的债务负担,反而导致了发展中国家经济增长速度的减慢,致使发展中国家跌入了"低增长、高债务的陷阱"。[4] 由于"稳定计划"并没有缓解发展中国家的债务负担,有关国家开始寻找新的解决债务危机的途径。

　　面对债务危机给世界经济带来的严重影响以及"稳定计划"的应对无力,发达国家深感必须调整政策。1985 年 10 月,美国财政部长贝克在国际货币基金组织与世界银行联合年会上提出了解决债务问题的新方法,这就是"贝克计划"(Baker Plan),其主要内容是:债务国、债权国和商业银行应举行三边磋商,以期通过经济发展而不是紧缩计划最终解决债务问题;为此,发展中债务国必须采取措施实现私有化并实施以市场为导向的经济政策;发达债权国应向发展中国家开放市场,同时加强世界银行在处理债务问题上的作用,扩大对发展中债务国,尤其是最贫穷的非洲债务国的融资规模,以使发展中债务国能够执行市场导向的经济政策,提高经济增长率。[5]

---

① Charles Lipson, "International Debt and International Institutions", in Miles Kahler, ed., *The Politics of International Debt*, pp. 232 - 233.

② Miles Kahler, "Politics and International Debt: Explaining the Crisis", p. 26.

③ Benjamin J. Cohen, "International Debt and Linkage Strategies: Some Foreign Policy Implications for the United States", *International Organization*, Vol. 39, No. 4, 1985, p. 723.

④ Anne O. Krueger, "Debt, Capital Flows, and LDC Growth", *The American Economic Review*, Vol. 77, No. 2, 1987, p. 163.

⑤ Robert Gilpin, *The Political Economy of International Relations*, pp. 325 - 326.

毫无疑问,"贝克计划"表明美国的债务政策出现了新的变化。首先,"贝克计划"将缓解债务问题的重点从奉行紧缩政策的、以国际货币基金组织为中心的强硬路线转向以世界银行为中心的温和路线,由此表明美国对发展中国家的债务问题给予了更大的关注。① 其次,"贝克计划"承认国际债务不仅是债务国与商业银行之间的问题,各国政府和国际金融机构亦应承担责任,同时把解决债务问题的重点从单纯要求债务国紧缩经济转向实现经济发展②,从而将发展中国家的经济发展与债务问题的解决联系在一起,因而具有积极意义。另一方面,"贝克计划"仍然将发展中国家实行经济政策调整作为获得融资的前提条件,体现了包括美国在内的发达国家试图通过债务解决方案以影响发展中国家政策走向的战略意图;而且,"贝克计划"并没有提出增加融资的有效方案,也没有涉及降低利率的问题,同时依然要求发展中债务国承担经济调整与债务缓解的主要责任,因此,"贝克计划"并没有放弃发达国家的债务战略,更没有从根本上改变债务危机的局面。③基于上述原因,"贝克计划"的实施仍然成效甚微,发展中国家的债务问题以及国际债务危机的缓解尚需国际社会作出进一步的努力。

进入 20 世纪 80 年代末期,发展中国家的债务负担没有出现丝毫缓解的迹象。面对日趋严峻的债务形势,美国财政部长布雷迪于 1989 年 3 月提出解决债务问题的新建议,此即"布雷迪计划"(Brady Plan)。该计划强调了债务本息的减免而不是新融资的提供,以此为核心,"布雷迪计划"的主要内容为:发达国家的商业银行同债务国应在自愿的基础上达成减免部分债务本息的协议,减免的方式是债权银行自愿将债权减价出让给债务国;为推动债权银行的债务减免,国际货币基金组织和世界银行将联合提供债务减免担保;同时,国际金融机构将为债务减免提供融资,但应以发展中债务国接受国际货币基金组织的经济改革方案为条件;此外,债权国政府将通过"巴黎俱乐部"继续向承诺进行改革的发展中国家提供出口信贷。④

---

① Jagdish Bhagwati, "Ideology and North-South Relations", *World Development*, Vol. 14, No. 6, 1986, p. 772.

② 陈立成、谷源洋、谈世中:《发展中国家的经济发展战略与国际经济新秩序》,第 215 页。

③ Robert Gilpin, *The Political Economy of International Relations*, p. 326.

④ M. Jagadeswara Rao, "Developing Country Debt", pp. 126 – 127.

尽管"布雷迪计划"主要涉及商业债务问题并设置了附加条件,但由于该计划的着眼点是债务减免,由此标志着美国以及其他发达国家第一次正式承认了债务减免的必要性,因而具有一定的积极意义[1],部分债务减免亦成为"布雷迪计划"最为突出之处。[2] 1989 年 5 月,西方七国集团财政部长就"布雷迪计划"达成一致意见,同意国际货币基金组织和世界银行为发展中国家提供债务减免担保,从而为"布雷迪计划"的实施铺平了道路。[3] 作为对"布雷迪计划"的积极回应,墨西哥率先按照"布雷迪计划"的有关原则同发达国家的债权银行展开了债务重新安排的谈判。[4] 鉴于"布雷迪计划"仍然坚持以国际货币基金组织的结构调整和稳定方案作为实施债务减免的前提条件[5],因而同样体现了以美国为首的发达国家试图主导债务减免的进程并贯彻发达国家意志的政策本质。另一方面,"布雷迪计划"呼吁发达国家的商业银行在自愿基础上采取债务减免行动,但又没有提出足以促使商业银行予以实施的动力与程序,这就使其实际效果大打折扣;而且,具体落实国际货币基金组织与世界银行的债务减免担保亦是一个悬而未决的问题。鉴于此,"布雷迪计划"只是提供了债务喘息机会[6],并没有从根本上缓解发展中国家的债务负担。

在关注发展中国家的普遍性债务问题的同时,最不发达国家的债务负担也引起了国际社会的特别重视。最不发达国家的债务绝大部分是官方债务,因此,寻求解决最不发达国家债务问题的方法主要是通过"巴黎俱乐部"主持的有关谈判重新安排官方债务,且重新安排官方债

---

[1]　John Loxley, *Interdependence, Disequilibrium and Growth*, p. 31.

[2]　姜凌:《当代国际货币体系与南北货币金融关系》,成都:西南财经大学出版社 2003 年版,第 146 页。

[3]　赵东海:《"布雷迪计划"的产生、进展及前景》,《国际经济合作》1989 年第 12 期,第 49页。

[4]　应世昌:《从"稳定计划"到"布雷迪计划":西方债权人调整发展中国家债务过程剖析》,《世界经济研究》1990 年第 3 期,第 31 页。

[5]　A. Geske Dijkstra, *The Impact of International Debt Relief*, pp. 15, 27.

[6]　Brian Pinto and Mona Prasad, "Lessons from Market-Access Countries on Public Debt Sustainability and Growth", in Carlos A. Primo Braga and Dorte Domeland, eds., *Debt Relief and Beyond: Lessons Learned and Challenges Ahead*, Washington, D. C.: The World Bank, 2009, p. 186.

务的前提条件就是有关国家必须遵循国际货币基金组织与世界银行的结构调整方案。根据上述方法与原则,"巴黎俱乐部"于 1987 年 6 月提出"威尼斯条款"(Venice Term),并明确规定,作为针对最不发达国家的债务重新安排方式,"巴黎俱乐部"同意将国际货币基金组织所提供的结构调整贷款的偿还期限延长至 20 年,贷款到期后的宽限期则延长至 10 年。① 随着"威尼斯条款"的提出,"巴黎俱乐部"成员国第一次就最不发达国家的债务问题达成了融资协调。② 在此之后,为减轻最不发达国家的出口信贷负担,"巴黎俱乐部"于 1988 年 6 月提出了"多伦多条款"(Toronto Term),规定对最不发达国家的出口信贷给予额外的债务减免,主要措施包括利息减让、削减债务、延长偿还期限等。作为后续措施,"巴黎俱乐部"于 1991 年 12 月修订了"多伦多条款",明确规定将最不发达国家到期贷款的偿还额削减 50%。③ 1994 年,"巴黎俱乐部"又提出"那不勒斯条款"(Naples Term),宣布将最不发达国家的债务削减幅度增至 67%;对于同国际货币基金组织或"巴黎俱乐部"有良好合作记录的国家,其债务总额均可在减让的基础上予以重新安排。④ 1999 年,八国集团科隆峰会针对发展中国家债务问题制定了"科隆条款"(Koln Term),决定拨款 1 000 亿美元逐步解决 40 个最贫穷国家的债务问题。2000 年,八国集团冲绳峰会再次将发展中国家的债务减免问题列入议事日程并提出"冲绳条款"(Okinawa Term),决定减免 9 个发展中国家的 150 亿美元债务。⑤ 在国际经济新秩序原则目标的指引下,发展中国家普遍要求减轻债务负担,尤其是减轻最不发达国家的债务负担。面对这样的国际背景以及国际社会的巨大压力,发达国家,尤其是八国集团不得不作出相应姿态予以正面回应,由此表明发达国家在减轻发展中国家债务负担方面已经承担起相应的义务。

① John Loxley, *Interdependence, Disequilibrium and Growth*, pp. 33 – 34.

② David Roodman, "Creditor Initiatives in the 1980s and 1990s", in Chris Jochnick and Fraser A. Preston, eds., *Sovereign Debt at the Crossroads: Challenges and Proposals for Resolving the Third World Debt Crisis*, Oxford: Oxford University Press, 2006, p. 25.

③ John Loxley, *Interdependence, Disequilibrium and Growth*, pp. 34 – 35.

④ John Loxley, *Interdependence, Disequilibrium and Growth*, p. 36.

⑤ 刘青建:《发展中国家与国际制度》,第 244 页。

诚然,在 20 世纪 80 年代至 90 年代中期,国际社会作出了诸多努力以期减轻发展中国家的债务负担,尽管如此,债务减免的结果却收效甚微,发展中国家的债务总额只是略有降低。概括地讲,导致债务减免的进程步履维艰的因素主要有两点:一是发达国家提供的债务减免幅度非常有限;二是债务减免的限制条件非常苛刻,从而严重制约了债务谈判与减免的实效。[①]

沉重的债务负担(包括高额的债务支付压力和大量的债务积压压力)不仅严重阻碍了发展中国家的经济发展,而且还影响到世界经济的稳定与发展,因此,缓解发展中国家的债务负担仍然是国际社会面临的共同问题。1996 年 9 月,国际货币基金组织和世界银行联合就发展中国家的债务问题提出一项新建议,这就是阶段性实施的"重债穷国倡议"(HIPC Initiative)。根据这一新倡议,贫穷且重债的发展中国家可以获得额外的债务减免,但条件是必须同国际货币基金组织和世界银行达成协议,接受并采取强有力的宏观经济调整与结构改革计划。在 1999 年的"重债穷国倡议"中,发展中国家起草并提交有关的"减贫战略方案"成为实施"重债穷国倡议"的另一个前提条件。[②] 随着"减贫战略方案"的提出,减少贫困被置于"重债穷国倡议"的核心地位,债务减免与减少贫困的结合无疑是一个重大进步。[③] 换言之,"重债穷国倡议"第一次将债务减免置于多边债务的基础上[④],进一步强化了债务减免、减少贫困与社会服务之间的联系[⑤],由此拓展了债务减免的目标领域,因而具有创新意义,同时也体现了寻求债务减免的最大规模的多

[①] A. Geske Dijkstra, *The Impact of International Debt Relief*, pp. 49, 96 – 99.

[②] A. Geske Dijkstra, *The Impact of International Debt Relief*, pp. 28, 107.

[③] Fantu Cheru, "Playing Games with African Lives: The G7 Debt Relief Strategy and the Politics of Indifference", in Chris Jochnick and Fraser A. Preston, eds., *Sovereign Debt at the Crossroads*, pp. 46 – 47.

[④] Boris Gamarra, Malvina Pollock and Carlos A. Primo Braga, "Debt Relief to Low-Income Countries: A Retrospective", in Carlos A. Primo Braga and Dorte Domeland, eds., *Debt Relief and Beyond*, p. 26.

[⑤] Juan Pedro Schmid, "Is Debt Relief Good for the Poor? The Effects of the HIPC Initiative on Infant Mortality", in Carlos A. Primo Braga and Dorte Domeland, eds., *Debt Relief and Beyond*, p. 66.

边努力。① 值得注意的是,作为"重债穷国倡议"的两个主要组成部分,债务减免同发展中国家实行宏观经济调整与经济结构改革是密切联系在一起的②,这同样体现了发达国家的政策意志。从实施效果来看,"重债穷国倡议"在一定程度上减少了重债国的债务总额,但由于过分强调包括结构调整在内的限制条件,"重债穷国倡议"并没有从总体上缓解发展中国家的债务负担,更没有推动发展中国家走上可持续的借贷融资之路。③

为应对发展中国家债务问题给全球经济带来的挑战,2005 年 7 月举行的八国集团爱丁堡峰会通过决议,决定对重债国给予进一步的债务减免,以期帮助重债国实现联合国倡导的"千年发展目标",为此,八国集团宣布立即全部取消 18 个重债穷国的 400 亿美元债务,其中包括 14 个非洲国家。④ 与爱丁堡峰会相呼应,国际货币基金组织和世界银行亦迅速制定了债务减免的新方案,这就是"多边债务减免倡议"(MDRI)。该倡议规定,在确保宏观经济稳定或履行削减贫困义务的前提下,重债国可以获得"多边债务减免倡议"的债务减免,即重债国于 2005 年之前所欠国际货币基金组织之债务,以及于 2004 年之前所欠世界银行之债务,将予以 100% 的全部免除;"多边债务减免倡议"同时规定,重债国只要完成"重债穷国倡议"的结构调整义务,就可以自动享受"多边债务减免倡议"的债务减免。在达成上述共识之后,国际货币基金组织和世界银行分别从 2006 年 1 月和 2006 年 7 月起开始实施"多边债务减免倡议"。⑤

综上所述,在债务问题的谈判进程中,发达债权国始终控制着谈判进程,发达国家的主导地位亦成为债务谈判的一个基本特征。⑥ 正因

---

① Alexander W. Cappelen, Rune J. Hagen and Bertil Tungodden, "National Responsibility and the Just Distribution of Debt Relief", in Christian Barry, Lydia Tomitova and Barry Herman, eds., *Dealing Fairly with Developing Country Debt*, Malden: Blackwell Publishing, Inc., 2007, p.151.

② 胡晓山:《浅论"重债穷国计划"对受援国的宏观经济影响》,《世界经济研究》2005 年第 7 期,第 33—34 页。

③ David Roodman, "Creditor Initiatives in the 1980s and 1990s", p.31.

④ 刘青建:《发展中国家与国际制度》,第 246 页。

⑤ A. Geske Dijkstra, *The Impact of International Debt Relief*, p.119.

⑥ Jesus Silva-Herzog, "Problems of Policy Making at the Outset of the Debt Crisis", p.60.

为如此,发达国家的债务减免方案仍然具有相当的局限性。首先,发达国家提出的债务重新安排计划以及债务减免承诺实际上仅占发展中国家债务总额的极少部分,并没有较大幅度地改善发展中国家的债务困境;其次,发达国家在减免发展中国家债务或重新安排债务时往往设置严格的附加条件,尤其是同国际货币基金组织和世界银行的结构调整方案以及发展中国家的人权状况与民主化程度挂钩,从而使发达国家的债务减免承诺大打折扣;第三,在具体实施债务减免方案和条款时,发达国家通常采用逐项谈判的方式,因其条件和程序繁琐,有关谈判往往经年累月,进而导致发展中国家陷入"债务重新谈判之苦"。[①]

　　应当看到,债务减免的谈判过程实际上就是南北双方围绕国际经济新秩序展开谈判的一个组成部分。[②] 随着债务危机的爆发,由国际经济新秩序倡议的债务重新安排谈判迅速成为国际关系的一个重要议题。面对国际社会的广泛要求,发达国家不得不调整政策,先后提出了一系列债务重新安排和减免计划,由此表明发达国家承认了债务问题与债务危机对国际经济关系以及南北关系的影响,并愿意采取措施以缓解发展中国家的债务负担。从这个意义上讲,国际经济新秩序的有关原则推动了债务问题纳入全球议程,并推动国际社会就减轻发展中国家的债务负担达成了基本共识,有限的债务减免亦在一定程度上缓解了发展中国家的债务压力,因而是发展中国家寻求国际金融新秩序的努力在减轻债务负担方面所取得的有益成果。更为重要的是,重新安排或减免债务程序的启动将有助于发展中国家更充分地参与金融全球化的进程,进而确保全球金融秩序的长期稳定以及金融全球化的均衡发展。

---

① John Loxley, *Interdependence*, *Disequilibrium and Growth*, p.36.
② Stephen D. Cohen, "Forgiving Poverty", p.70.

第四章　国际经济新秩序与对外援助的发展

　　包括对外援助在内的国际援助[①]在发展中国家实现经济社会发展的进程中具有不容低估的意义,因此,援助政策与机制的改革就成为国际经济新秩序关注的"关键领域之一"[②],发展融资亦成为南北对话的一个重要问题领域。[③] 根据国际经济新秩序纲领性文件的有关规定,除增加国际金融机构的发展融资之外,促进发达国家向发展中国家的资金转移(包括确保官方发展援助的实施)亦是国际金融新秩序的重要内容,而寻求发达国家以及相关国际组织扩大援助规模并改革对外援助政策与制度则是实现上述目标的基本途径之一。

[①]　国际援助与对外援助具有不同的含义,国际援助既包括主权国家的援助,也包括国际组织的援助;而对外援助主要是指主权国家提供的援助。参见丁韶彬:《国际援助制度与发展治理》,《国际观察》2008 年第 2 期,第 46 页。另外,根据经济合作与发展组织发展援助委员会的定义,所谓对外援助,是指以减让性条件(其中至少 25% 为赠与)向国外转移公共资源,其目标就是改善发展中国家的经济、政治和社会环境。参见 Carol Lancaster, *Transforming Foreign Aid*：*United States Assistance in the 21st Century*, Washington, D. C.：Institute for International Economics, 2000, p. 9. 鉴于主权国家提供的援助,尤其是发达国家提供的对外援助依然占据国际援助的绝大部分,本书总体上采用"对外援助"一词。

[②]　James M. McCormick, "The NIEO and the Distribution of American Assistance", *The Western Political Quarterly*, Vol. 37, No. 1, 1984, p. 102.

[③]　G. D. Arsenis, "The System of International Financial Co-operation for Development", in Arjun Sengupta, ed. , *Commodities*, *Finance*, *and Trade*, p. 193.

第一节 对外援助的缘起与初步发展

一、对外援助的缘起

在战后国际经济秩序的酝酿进程中,参与谈判的发展中国家就力图在有关制度规则中添加援助与经济发展的条款,进而为实现世界经济的繁荣与稳定创造更为有利的国际环境。但作为战后国际经济制度设计与谈判的主导者,美国却坚持认为,自由贸易和私人投资是促进经济发展的根本途径,对外援助仅仅是推动发展中国家经济发展的第三种手段。① 正是由于发达国家,尤其是美国的影响,战后国际经济制度规则并没有包含援助与发展之间关系的明确条款。② 作为最有可能涉足发展援助的多边国际组织,国际复兴开发银行(世界银行)虽然在名义上规定复兴与开发(发展)应予并重,但在建立之初,国际复兴开发银行却强调了对战后复兴问题的"特别关注",且在战后初期的运转中,国际复兴开发银行实际上也将帮助遭受战争破坏的国家实现复兴作为政策重点③,援助发展中国家此时尚未纳入国际议程。到 20 世纪40 年代末期,随着"马歇尔计划"以及美国援日计划的实施,西欧国家和日本步入了复兴的轨道,国际复兴开发银行开始将注意力转向发展中国家,但美国的政策不仅影响到国际复兴开发银行的援助规模,而且还影响到国际复兴开发银行的援助条件与援助方向④,因此,国际复兴开发银行对发展中国家的发展关注依然非常有限。

到 20 世纪40 年代末50 年代初,发展中国家寻求国际援助以促进发展的呼声日渐高涨,但由于发展中国家基本被排斥在战后国际经济组织的决策机制之外,因此,发展中国家将努力的方向转向联合国。在发展中国家的推动下,联合国经社理事会于 1949 年 3 月提出建议,要求在联合国主持下开辟新的国际融资渠道,成立联合国经济发展署,专

---

① David A. Baldwin, *Economic Statecraft*, Princeton: Princeton University Press, 1985, pp. 324 –325.

② Joan E. Spero, *The Politics of International Economic Relations*, pp. 180 – 181.

③ Edward S. Mason and Robert E. Asher, *The World Bank since Bretton Woods*, pp. 22 – 23.

④ Klaus Knorr, "The Bretton Woods Institutions in Transition", p. 33.

门从事国际发展融资。但该建议遭到发达国家的反对,建立联合国经济发展署的倡议无果而终。① 尽管面临发达国家的阻挠,但发展中国家并没有放弃改革国际融资机制、创立国际发展援助制度,进而推动经济发展的努力。1953 年,发展中国家又提出一项动议,希望建立一个联合国经济发展特别基金,以便向发展中国家提供软贷款。② 同样由于美国等发达国家的反对,经济发展特别基金计划最终仍被束之高阁,发展中国家创建发展援助机制的努力再遭挫折。

尽管美国总体上反对向发展中国家提供规模化、制度化的发展援助,但随着冷战格局的形成,美国的政策亦出现一定程度的变化。1949年 1 月,美国总统杜鲁门提出了援助发展中国家"第四点计划"(Point Four Program),强调美国应实行一项大胆的新计划,以便将美国先进科学与工业发展所带来的利益用于不发达地区的进步与经济增长。③ 为制定"第四点计划"的实施方案,美国国务院随即会同政府有关部门进行了周密研究与筹划,于 1949 年 3 月 14 日提出题为"第四点计划的目标与性质"的备忘录[简称"3·14 备忘录"(Memorandum of March 14)],从而为"第四点计划"确立了具体的政策基础。"3·14 备忘录"指出,"第四点计划"的总体目标是:通过援助以巩固有关国家同美国的友好关系并增强自由世界的力量,增进美国的国家安全;通过支持与经济发展有关的国际合作以加强美国主导下的联合国体系;推动不发达国家的政治民主化进程。④ 在"3·14 备忘录"确立的政策原则的指导下,美国开始有步骤地实施"第四点计划"。

毫无疑问,冷战方酣之际出台的"第四点计划"具有深远的战略考量。除技术援助和经济发展之外,民主、和平、非共产主义以及支持美国的对外政策亦是"第四点计划"所包含的政治理念。⑤ 在美国看来,

① Edward S. Mason and Robert E. Asher, *The World Bank since Bretton Woods*, pp. 382 – 383.

② Joan E. Spero, *The Politics of International Economic Relations*, p. 183.

③ The National Archives of the United States, *Public Papers of the Presidents of the United States: Harry S. Truman*, 1949, Washington, D. C.: U. S. Government Printing Office, 1964, p. 114.

④ U.S. Department of State, *FRUS*, 1949, Vol. I, pp. 777 – 778.

⑤ Robert A. Packenham, *Liberal America and the Third World: Political Development Ideas in Foreign Aid and Social Science*, Princeton: Princeton University Press, 1973, pp. 47 – 48.

"第四点计划"是"对共产主义最强烈的消毒剂"。[1] 正是从冷战与遏制共产主义的角度出发,美国开始考虑不发达国家和地区的发展问题,发展援助因此纳入了美国的冷战与遏制战略范畴。[2] 同时,"第四点计划"毕竟是美国提出的第一个发展援助计划[3],由此拉开了美国向不发达国家和地区提供经济援助的序幕[4],表明美国的对外援助政策出现了新的战略调整。

与此同时,英联邦国家于 1950 年 1 月在斯里兰卡首都科伦坡举行外长会议,正式提出了向南亚和东南亚国家提供援助的"科伦坡计划"(Colombo Plan),该计划经进一步细化后于 1951 年 7 月开始实施,美国和日本分别于 1951 年和 1954 年参与其中,从而提升了"科伦坡计划"的援助能力。[5] 从总体上讲,"科伦坡计划"的意义就在于:该计划是由发达国家和发展中国家共同倡导的,由此扩大了共同参与援助努力的范围,并在一定程度上增强了多边援助的理念[6],因而为对外援助政策与国际援助制度的进一步发展提供了有益的借鉴。

二、对外援助的初步发展

进入 20 世纪 50 年代中期之后,随着国际政治经济关系的发展,发达国家不得不采取措施进一步调整援助政策,此后,"援助成为南北经济关系互动的重要形式"。[7] 概括地讲,促使发达国家调整援助政策的因素主要有以下三点。首先,以 1955 年万隆会议为标志,发展中国家作为一支独立的政治力量登上了国际舞台。除探讨非殖民化与不结盟问题之外,万隆会议还要求建立新的援助制度,扩大世界银行的发展融

---

[1] 谢华:《对美国第四点计划的历史考察与分析》,《美国研究》2010 年第 2 期,第 74 页。

[2] 刘国柱:《第四点计划与杜鲁门政府在第三世界的冷战战略》,《历史教学》(高校版)2007 年第 6 期,第 14、18 页。

[3] 王慧英:《试论战后初期美国发展援助政策的实质》,《西南师范大学学报》(人文社会科学版)2003 年第 2 期,第 134 页。

[4] 娄亚萍:《对外经济援助与美国国家安全战略》,《国际论坛》2009 年第 5 期,第 74 页。

[5] Antonin Basch, "The Colombo Plan: A Case of Regional Economic Cooperation", *International Organization*, Vol. 9, No. 1, 1955, pp. 1 – 2, 8.

[6] David H. Lumsdaine, *Moral Vision in International Politics: The Foreign Aid Regime, 1949 – 1989*, Princeton: Princeton University Press, 1993, p. 238.

[7] Joan E. Spero, *The Politics of International Economic Relations*, p. 184.

资规模①,从而展示了发展中国家作为一个整体要求改革国际经济制度规则的形象。其次,在冷战背景下,亚非国家的战略地位日益凸显,出于维护传统政治优势地位的考虑,发达国家深感必须在援助政策上对发展中国家的要求作出适当回应。第三,从 20 世纪 50 年代中期起,苏联改变了仅向社会主义国家提供援助的政策,开始致力于拓展同发展中国家的经济和政治关系,并与有关国家签订了一系列贸易和援助协定。面对苏联的"援助竞争"②,包括美国在内的发达国家最终调整了援助政策,并试图通过援助方式以赢得冷战竞争中的有利地位。总之,在发达国家看来,向发展中国家提供经济援助有利于维护现行的国际经济关系结构,有利于巩固发达国家在发展中国家的政治影响力;美国甚至将援助视为进行冷战的有力工具。③ 除此之外,促使英国、法国等前殖民国家转变援助政策的另一个重要因素就是这些国家试图继续维持其在发展中国家的经济和政治利益。④

随着发达国家援助政策的调整,面向发展中国家的援助在 20 世纪 50 年代末 60 年代初出现了阶段性的新进展。就双边援助而言,美国于 1957 年设立"发展贷款基金",专门用于向发展中国家提供经济发展援助,从而将经济援助同军事援助区别开来,标志着美国援助政策重新定位的开始。⑤ 肯尼迪政府执政之后再次整合了美国的对外援助机构,于 1961 年 11 月将"发展贷款基金"和国际合作署合并为一个新的援助机构,即美国国际开发署,并将其作为制定与实施美国对外援助政策的中枢机构。⑥ 同时,英、法等国也相继设立了专门的援助机构,由此表明发达国家在对外援助问题上采取了更为积极的立场。

就多边援助而言,根据联合国经社理事会决议,联合国推广技术援

① Joan E. Spero, *The Politics of International Economic Relations*, p. 185.

② Steven W. Hook, *National Interest and Foreign Aid*, Boulder: Lynne Rienner Publishers, 1995, p. 25.

③ Joan E. Spero, *The Politics of International Economic Relations*, pp. 179, 186.

④ Joan E. Spero, *The Politics of International Economic Relations*, p. 188.

⑤ Carol Lancaster, *Foreign Aid: Diplomacy, Development, Domestic Politics*, Chicago: The University of Chicago Press, 2007, p. 67.

⑥ Samuel H. Butterfield, *U. S. Development Aid—A Historic First: Achievements and Failures in the Twentieth Century*, Westport: Praeger, 2004, p. 59.

助计划署于 1949 年宣布建立,其目的就是促进发展中国家的经济发展。[1] 1958 年 10 月,发展中国家推动联合国大会通过决议,决定设立"联合国特别基金",专门用于援助发展中国家的先期投资项目。[2] 根据联合国经社理事会于 1965 年通过的有关决议,"联合国特别基金"与联合国推广技术援助计划署于 1966 年合并为联合国开发计划署(UNDP),其主要任务就是向发展中国家提供国际性技术援助[3],由此体现了联合国整合国际技术援助资源的努力。[4] 此后,联合国开发计划署迅速发展成为联合国系统内最大的多边技术援助机构,同时也是联合国多边技术合作领域最大的融资机构。[5] 在国际金融领域,基于发展中国家的推动,美国等发达国家同意在世界银行内设立国际金融公司和国际开发协会,从而提升了多边融资与援助的规模。其中,国际开发协会的建立对于国际援助制度的发展"具有里程碑式的意义":首先,国际开发协会的建立表明国际社会承认减让性融资是推动发展中国家经济发展的重要方式之一;其次,国际开发协会的建立意味着多边援助将成为发达国家向发展中国家提供发展援助的重要渠道[6],因而具有制度创新性。此外,出于加强援助政策协调、整合援助政策的考虑,发达国家于 1963 年在经济合作与发展组织内设立了发展援助委员会(DAC),负责协调成员国的援助政策与援助计划。从此以后,发展援助委员会就成为发达国家磋商援助政策的主要论坛。[7]

　　随着相关国际援助机构的建立,包括对外援助在内的国际援助呈现出制度化的趋势。但另一方面,发达国家的援助一般都附带了相应的条件,例如将援助与购买援助国的商品联系在一起,通过援助以鼓励

[1] David Blelloch, "Bold New Programme: A Review of United Nations Technical Assistance", *International Affairs*, Vol. 33, No. 1, 1957, p. 37.

[2] Ronald A. Manzer, "The United Nations Special Fund", *International Organization*, Vol. 18, No. 4, 1964, p. 768.

[3] Lloyd D. Black, *The Strategy of Foreign Aid*, Princeton: D. Van Nostrand Company, Inc., 1968, p. 8.

[4] Frank M. Coffin, "Multilateral Assistance: Possibilities and Prospects", *International Organization*, Vol. 22, No. 1, 1968, p. 273.

[5] 叶宗奎、王杏芳:《国际组织概论》,北京:中国人民大学出版社 2001 年版,第 181 页。

[6] David H. Lumsdaine, *Moral Vision in International Politics*, pp. 239 – 240.

[7] Steven W. Hook, *National Interest and Foreign Aid*, pp. 23, 26.

发达国家的对外投资,要求发展中国家按照发达国家的模式制定经济政策等。总之,通过附带条件的对外援助,发达国家的基本目标是:巩固和加强同发展中国家的政治经济联系,同时将对外援助作为向发展中国家施加影响的有力工具。[1]

20 世纪 60 年代中期之后,发达国家的对外援助政策随着冷战时期国际关系的变化而再度调整。20 世纪 60 年代被称为战后国际关系史上的大动荡、大分化、大改组时期,东西方阵营内部的矛盾均有所发展,鉴于此,美苏均将协调各自阵营内部的矛盾作为外交政策的重点之一;而且,自 1962 年古巴导弹危机之后,美苏战略关系趋于稳定,呈现出既对抗又合作的特点,发展中国家在冷战格局中的战略重要性相对降低。[2] 在此背景下,发达国家的对外援助政策趋于消极;而且,尽管发达国家提供援助的绝对值仍有小幅增长,但由于通货膨胀等因素的影响,发展中国家获得的实际援助不仅没有增加,反而有所下降。

面对援助领域出现的新情况,发展中国家深感必须进一步改革国际援助制度。1968 年第二届联合国贸发会议的有关决议明确要求发达国家应采取积极措施以放宽对外援助的条件,增加发展援助规模以及援助中的赠与成分,改善援助质量等。[3] 同时,世界银行委任的以莱斯特·皮尔逊为主席的专家委员会也对援助与发展的关系进行了深入研究,并于 1969 年 9 月发表了题为"发展伙伴"的研究报告,这就是"皮尔逊报告"(Pearson Report)。该报告呼吁国际社会应强化发展援助,扩大援助规模。[4] "皮尔逊报告"还建议在国际贸易、国际金融、国际投资等领域进行改革,充分考虑发展中国家的合理要求。[5] 但上述改革倡议,包括援助改革建议并没有得到发达国家的积极回应。于是,发展中国家开始寻求新的途径以推动国际援助制度的改革,这种改革努力在国际经济新秩序倡议中得到了集中体现。从某种意义上讲,对

---

[1] Joan E. Spero, *The Politics of International Economic Relations*, pp. 192 – 193.

[2] Joan E. Spero, *The Politics of International Economic Relations*, p. 194.

[3] UNCTAD, *The History of UNCTAD*, p. 89.

[4] Edward S. Mason and Robert E. Asher, *The World Bank since Bretton Woods*, pp. 84 – 85, 261.

[5] Tony Smith, "Changing Configurations of Power in North-South Relations since 1945", *International Organization*, Vol. 31, No. 1, 1977, p. 6.

现行援助制度的失望与不满为发展中国家倡导国际经济新秩序提供了
额外的动力。[①]

第二节　国际经济新秩序的援助改革倡议与发达国家的回应

　　根据《新宣言》《行动纲领》和《经济宪章》等三份纲领性文件的规
定,国际经济新秩序在援助领域的原则与目标是:国际社会,尤其是发
达国家应向发展中国家提供积极的、不附加任何条件的援助;鉴于粮食
危机的影响,国际社会应共同努力解决粮食问题,包括向发展中国家提
供粮食援助并增强发展中国家的农业生产能力;增加发达国家向发展
中国家的实际资源转移净额,尤其是增加发达国家的官方发展援助,以
期达到"联合国第二个发展十年国际发展战略"所确立的官方发展援
助目标;应采取特别方案,向最不发达国家提供紧急救助与发展援
助。[②]　此后,发展中国家按照上述原则目标,同发达国家展开了积极的
谈判与磋商,以期推动对外援助及其制度规则的改革和发展。

一、粮食援助的阶段性进展

　　农业基础薄弱与生产力低下是发展中国家经济结构的突出矛盾之
一,由此导致发展中国家长期存在粮食供给不足的问题。为弥补粮食
生产与粮食消费之间的缺口,发展中国家不得不依赖从发达国家进口
粮食,于是,粮食短缺与进口依赖就成为发展中国家经济的一个重要特
征[③],同时亦成为制约发展中国家经济发展的一个重要因素。

　　为缓解发展中国家的粮食困难,联合国粮食和农业组织[④]第一任
总干事博伊德·奥尔于 1946 年提出一项有关建立"世界粮食理事会"
的计划,即"奥尔计划"(Orr Plan)。该计划建议,成立"世界粮食理事

---

①　Paul Streeten, "Approaches to a New International Economic Order", *World Development*,
　　Vol.10, No.1, 1982, p.3.

②　UN, *YUN*, 1974, pp.325 – 328, 330 – 331.

③　Joan E. Spero, *The Politics of International Economic Relations*, p.198.

④　联合国粮食和农业组织:根据 1943 年 5 月召开的联合国家粮食和农业会议的建议,于
　　1945 年 10 月正式成立,并于 1946 年 12 月成为联合国的第一个专门机构,总部设在意大
　　利首都罗马。

会"的目的是：稳定世界市场的粮食价格，并建立必要的稳定运转基金；建立世界粮食储备机制以应对紧急事态；为剩余农产品处置和粮食援助提供资金支持。尽管"奥尔计划"因美国等发达国家的反对而未能付诸实施，但该计划却第一次引进了粮食援助的理念①，同时体现了国际社会为实现多边粮食援助而作出的积极努力。

进入 20 世纪 50 年代之后，为解决农产品积压问题，美国率先开启了向发展中国家提供粮食援助的进程。第二次世界大战结束后，在农业支持计划的保护下，美国的农产品剩余大量增加，为继续实施保护性农业政策，美国需要开辟剩余农产品的处置途径；马歇尔计划的成功实施也使美国决策者确信，"粮食是美国对外政策中的重要因素"。② 实际上，正是剩余农产品处置与对外政策的结合催生了美国的粮食援助计划。根据美国 1953 年的《共同安全法》，美国对外经济援助的一部分必须以剩余农产品的方式提供，从而迈出了基于剩余农产品处置的粮食援助的第一步。③ 随着 1954 年《农业贸易发展与援助法》的出台，美国的粮食援助实现了制度化，其目标就是拓展美国农产品的国际市场，推进美国的对外政策。④ 以《农业贸易发展与援助法》的实施为标志，剩余农产品处置亦在美国的对外援助计划中扮演了重要角色。⑤ 因此，《农业贸易发展与援助法》为美国农产品出口的扩展以及粮食外交的展开奠定了原则基础，并开启了国际粮食援助的先河。⑥ 随着 1959 年《农业贸易发展与援助延期法》的通过，美国的"食品换和平计划"（Food for Peace Program）正式实施，其目的就是利用粮食援助以

---

① John Cathie, *The Political Economy of Food Aid*, New York: St. Martin's Press, 1982, pp. 32 –33.

② Robert Paarlberg, *Food Trade and Foreign Policy: India, the Soviet Union, and the United States*, Ithaca: Cornell University Press, 1985, p. 106.

③ Bruce F. Johnston, "Farm Surpluses and Foreign Policy", *World Politics*, Vol. 10, No. 1, 1957, pp. 5 – 6.

④ Peter Uvin, "Regime, Surplus, and Self-interest: The International Politics of Food Aid", *International Studies Quarterly*, Vol. 36, No. 3, 1992, p. 301.

⑤ Robert M. Stern, "Agricultural Surplus Disposal and U. S. Economic Policies", *World Politics*, Vol. 12, No. 3, 1960, p. 422.

⑥ Christopher B. Barrett and Daniel G. Maxwell, *Food Aid after Fifty Years: Recasting Its Role*, New York: Routledge, 2005, pp. 1 – 2.

获取经济与政治利益。① 除继续关注农产品出口市场的拓展之外，"食品换和平计划"还增添了更为明确的战略目标，即抵御苏联以及国际共产主义的影响，减轻发展中国家对苏联的依赖，同时以食品援助换取有关国家支持美国的对外政策。由此可见，在冷战背景下，美国的粮食援助计划仍然是服务于遏制共产主义的战略目标的。② "食品换和平计划"是"美国政治与战略力量的重要手段"③，是美国将对外援助作为经济战略工具的典型例证。④

进入 20 世纪 60 年代以后，随着欧洲经济共同体的建立以及日本经济的复兴，美国开始寻求粮食援助的多边化以实现粮食援助义务的国际分摊。实际上，应对欧洲经济共同体共同农业政策对美国农产品出口市场的威胁是美国转向多边粮食援助的动因之一。⑤ 此外，粮食援助需求的增加，国际农产品市场竞争的加剧，以及通过农产品出口以换取美元收入等因素，亦是美国寻求发达国家共同承担粮食援助责任的重要因素。⑥ 在 1961 年 4 月举行的联合国粮食和农业组织政府间咨询委员会会议上，美国"食品换和平办公室"主任乔治·麦戈文提出了"多边粮食援助计划"，即"麦戈文计划"（McGovern Proposal），其主要内容是：多边粮食援助的首要目的是提供紧急性国际粮食援助，同时应当探寻利用粮食援助以促进经济社会发展的可能性，为此，应寻求建立一个多边粮食援助机构；多边粮食援助机构将致力于分摊粮食援助的国际义务，且多边粮食援助应是双边粮食援助的补充，而不是替代双边援助。⑦ "麦戈文计划"表明，面对国际政治经济关系的变化，美国已

① Stephen S. Rosenfeld, "The Politics of Food", *Foreign Policy*, No. 14, Spring, 1974, p. 18.
② 王慧英：《"剩余品"时代美国的对外粮食援助政策》，《世界历史》2006 年第 2 期，第 15、19—20 页。
③ Vernon W. Ruttan, "The Politics of U. S. Food Aid Policy: A Historical Review", in Vernon W. Ruttan, ed. , *Why Food Aid*? Baltimore: The Johns Hopkins University Press, 1993, pp. 18 – 19.
④ 舒建中：《美国的战略性对外援助：一种现实主义的视角》，《外交评论》2009 年第 3 期，第 89 页。
⑤ John Cathie, *The Political Economy of Food Aid*, p. 37.
⑥ Roger Revelle, "International Cooperation in Food and Population", *International Organization*, Vol. 22, No. 1, 1968, p. 368.
⑦ D. John Shaw, *World Food Security: A History since 1945*, New York: Palgrave MacMillan, 2007, pp. 97 – 98.

不愿单独提供粮食援助,而是寻求粮食援助的国际分摊和多边化。[1]
在美国的推动下,联合国以及联合国粮食和农业组织接受了"麦戈文
计划"的建议。1961 年 12 月,联合国大会通过决议,决定设立一个由
联合国和联合国粮农组织共同管理的世界粮食计划署(WFP)。[2] 在进
一步磋商之后,世界粮食计划署于 1963 年 1 月正式建立,其目标就是
通过粮食援助以促进经济和社会发展。[3] 至此,一个新的多边粮食援
助机构宣布建立,美国提出的粮食援助多边化目标初步实现。世界粮
食计划署的成立标志着国际粮食援助成为多边援助的重要方式之
一。[4] 更为重要的是,作为一个制度化的国际机构和多边粮食援助的
主要论坛[5],新组建的世界粮食计划署成为联合国体系内仅次于世界
银行的第二大国际发展援助组织[6],同时也是"联合国系统内粮食用于
发展援助的最大来源"。[7]

在关贸总协定制度第六轮多边关税和贸易谈判"肯尼迪回合"期
间,同样是出于"分摊粮食援助义务"的考虑,美国敦促有关国家就粮
食援助的有关安排达成了原则一致,从而为《粮食援助公约》奠定了基
础。[8] 根据"肯尼迪回合"有关国际谷物协定谈判的备忘录,欧洲经济
共同体国家以及英国和日本等将按比例承担粮食援助义务。以此为基
础,有关国家最终于 1967 年 11 月签署了《国际谷物协定》以及作为该
协定组成部分的《粮食援助公约》。[9]《粮食援助公约》的达成是"肯尼

---

[1]　D. John Shaw, *Global Food and Agricultural Institutions*, London and New York: Routledge, 2009, p. 62.

[2]　UN, *YUN*, 1961, pp. 249 – 250.

[3]　UN, *YUN*, 1963, p. 211.

[4]　唐丽霞、李小云:《国际粮食援助发展述评》,《国际经济合作》2009 年第 10 期,第 41 页。

[5]　Raymond F. Hopkins, "Reform in the International Food Aid Regime: The Role of Consensual Knowledge", *International Organization*, Vol. 46, No. 1, 1992, p. 230.

[6]　Peter Uvin, "Regime, Surplus, and Self-interest: The International Politics of Food Aid", p. 303.

[7]　联合国新闻部:《联合国手册》(第 10 版),张家珠等译,北京:中国对外翻译出版公司 1988 年版,第 256 页。

[8]　Henry R. Nau, "The Diplomacy of World Food: Goals, Capabilities, Issues and Arenas", *International Organization*, Vol. 32, No. 3, 1978, pp. 791, 797 – 798.

[9]　U. S. Department of State, *FRUS*, 1964 – 1968, Vol. Ⅷ, pp. 938, 955, 970.

迪回合"国际谷物谈判的一个重要创新①,在多边粮食援助制度的进一步发展中,美国仍然发挥了重要作用。通过"肯尼迪回合"形成的以《粮食援助公约》为基础的多边粮食援助制度,美国不仅实现了由其他发达国家分摊粮食援助义务并减轻美国粮食援助负担的目标,而且,粮食援助义务的分摊还迫使欧洲发达国家将部分粮食转移出国际市场,从而为美国粮食的商业出口创造了更大的空间;同时,美国将粮食援助义务的分摊作为谈判筹码,声称其他发达国家广泛参与粮食援助是美国在"肯尼迪回合"谈判中提供关税减让的前提条件。② 至此,多边粮食援助制度的发展再次展示了美国寻求粮食援助多边化的战略意图。作为主要粮食出口国并基于粮食权力,美国在全球粮食机制,尤其是国际谷物贸易机制和国际粮食援助机制的建立中仍然发挥了决定性的作用③,粮食援助因此成为美国对外经济战略的重要工具。④

以世界粮食计划署的建立和《粮食援助公约》的签署为主要标志,多边粮食援助最终实现了制度化。⑤ 另一方面,尽管粮食援助在 20 世纪 60 年代有了一定程度的发展,但由于接连出现的干旱以及洪水灾害的不利影响,世界粮食产量在 70 年代初期急剧下降,粮食剩余局面消失,国际粮食价格随之接连攀升,粮食援助的成本同时提高;而且,随着美苏缓和局面的出现,国际关系呈现出一些新的变化,发展中国家对于发达国家的政治重要性相对于 60 年代而言有所下降。所有这些因素导致发达国家明显减少了对发展中国家的粮食援助,并最终导致发展中国家于 1973 年爆发了大面积的粮食危机。

面对粮食危机的爆发以及发展中国家要求建立国际经济新秩序并完善国际粮食援助制度的呼声,发达国家不得不予以回应。换言之,国际经济新秩序的提出是世界粮食大会召开的重要国际背景之一。⑥ 在

---

① 舒建中:《美国对外政策与"肯尼迪回合"》,《史学月刊》2012 年第 12 期,第 112—113 页。

② Mitchel B. Wallerstein, *Food for War—Food for Peace*: *United States Food Aid in a Global Context*, Cambridge: The MIT Press, 1980, pp. 171 – 173.

③ Raymond F. Hopkins and Donald J. Puchala, "Perspectives on the International Relations of Food", *International Organization*, Vol. 32, No. 3, 1978, p. 605.

④ 舒建中:《美国的战略性对外援助:一种现实主义的视角》,第 90 页。

⑤ Raymond F. Hopkins, "Reform in the International Food Aid Regime", p. 227.

⑥ D. John Shaw, *World Food Security*, p. 129.

国际经济新秩序倡议的推动下,联合国主持的世界粮食大会于 1974 年
11 月在意大利首都罗马举行,其目的就是采取多边措施以应对粮食危
机,重建国际粮食机制。[1] 经广泛讨论,世界粮食大会通过了《关于消
除饥饿与营养不良的普遍宣言》。该宣言指出,为最终解决粮食问题,
国际社会应作出积极努力以缩小南北差距,并寻求建立国际经济新秩
序;该宣言强调,与国际经济新秩序的原则目标相一致,同时出于推动
发展中国家农业生产的目的,发达国家应向发展中国家提供优惠的、可
持续的技术与资金援助,扩大粮食援助的规模,应为此设立国际农业发
展基金(International Fund for Agricultural Development, 简称 IFAD)以
便加强国际粮食援助机制,进而为建立一个有效的世界粮食安全体系
创造条件。[2] 至此,有关建立国际农业发展基金的决定就成为世界粮
食大会最重要的成果。[3] 1976 年 6 月,联合国建立国际农业发展基金
会议在罗马举行,与会国就国际农业发展基金协定达成原则一致。
1976 年 12 月,《建立国际农业发展基金协定》开放签署。[4] 在达到约定
的程序条件之后,《建立国际农业发展基金协定》于 1977 年 11 月生
效,国际农业发展基金随即建立并于 1977 年 12 月成为联合国的专门
机构。[5] 根据《建立国际农业发展基金协定》的有关规定,国际农业发
展基金的宗旨就是利用基于减让性条件的国际资源促进发展中国家的
农业发展,尤其是实质性地改善最不发达国家的粮食生产。[6] 作为一
个新的粮食援助与发展组织,国际农业发展基金是源自世界粮食大会
的重要制度机构[7],集中体现了国际经济新秩序框架内粮食援助制度
的创新与发展,进一步扩充了向发展中国家提供粮食援助的渠道。更
为重要的是,促进农业现代化是发展中国家寻求建立全球粮食机制的

---

[1] Thomas G. Weiss and Robert S. Jordan, "Bureaucratic Politics and the World Food Confer-
     ence: The International Policy Process", *World Politics*, Vol. 28, No. 3, 1976, p. 425.

[2] UN, *YUN*, 1974, pp. 490 – 492, 494 – 495.

[3] D. John Shaw, *World Food Security*, p. 145.

[4] UN, *YUN*, 1976, pp. 468 – 469.

[5] UN, *YUN*, 1977, p. 1161.

[6] Ross B. Talbot, "The International Fund for Agricultural Development", *Political Science
     Quarterly*, Vol. 95, No. 2, 1980, pp. 261 – 262.

[7] Thomas G. Weiss and Robert S. Jordan, "Bureaucratic Politics and the World Food Confer-
     ence: The International Policy Process", p. 433.

优先考虑目标,同时也是国际经济新秩序的重要内容①,而且,通过技术援助和技术转让以帮助最不发达国家实现农业发展亦是国际平等的基本内涵之一②,因此,国际农业发展基金的建立展示了南北合作促发展的新布局③,标志着国际粮食援助制度得到了进一步发展,同时也表明发展中国家寻求建立国际援助新秩序的努力在粮食援助领域取得了积极的阶段性成果。④ 从更广泛的意义上讲,"世界粮食大会无疑是粮食援助机制的一个重要转折点"⑤,以世界粮食大会的召开和国际农业发展基金的建立为标志,国际粮食援助制度出现了新的变化,粮食援助的发展导向进一步彰显,完善国际粮食援助制度的基础更加牢固。

总之,自第二次世界大战结束以来,国际粮食援助经历了一个逐步发展的过程。在 20 世纪 50 年代,美国率先开启的粮食援助主要是基于剩余农产品处置,到 60 年代,美国主导下的粮食援助则主要基于政治和安全目标,即遏制国际共产主义在发展中国家的影响,至 70 年代后期,粮食援助中的发展导向开始显现。⑥ 正是在这样的演进历程中,国际粮食援助最终形成了以世界粮食计划署、《粮食援助公约》以及国际农业发展基金为主干的、多边化的国际粮食援助制度体系,其中,国际农业发展基金是在国际经济新秩序倡议的直接推动下建立起来的,表明发展中国家在国际粮食援助制度的演进中发挥了积极的作用。更为重要的是,发展导向的粮食援助可以缓解发展中国家的贫穷状况并

---

① Donald J. Puchala and Raymond F. Hopkins, "Toward Innovation in the Global Food Regime", *International Organization*, Vol. 32, No. 3, 1978, pp. 861, 867.

② J. S. Nye, "Collective Economic Security", *International Affairs*, Vol. 50, No. 4, 1974, p. 596.

③ Raymond F. Hopkins, "International Food Organizations and the United States: Drifting Leadership and Diverging Interests", in Margaret P. Karns and Karen A. Mingst, eds., *The United States and Multilateral Institutions: Patterns of Changing Instrumentality and Influence*, New York: Routledge, 1992, p. 181.

④ Guy Arnold, *Historical Dictionary of Aid and Development Organizations*, Lanham: The Scarecrow Press, Inc., 1996, p. 72.

⑤ Raymond F. Hopkins, "The Evolution of Food Aid: Towards a Development-First Regime", in Vernon W. Ruttan, ed., *Why Food Aid*? p. 132.

⑥ Vernon W. Ruttan, "Does Food Aid Have a Future?" in Vernon W. Ruttan, ed., *Why Food Aid*? pp. 216 – 217.

直接促进经济发展①,因此,粮食援助,尤其是发展导向的粮食援助将是国际经济新秩序的一个长期议题。

二、联合国国际发展战略与官方发展援助

按照《联合国宪章》,促进成员国的经济和社会发展是联合国的基本宗旨之一。随着发展中成员国的增加,对发展中国家经济和社会发展的强劲关注亦成为联合国发展进程中最重要的特征之一。② 在解决发展问题的过程中,联合国作为一个普遍性的国际组织,一直扮演着中心角色③,并形成了一套独具特色的"联合国国际发展战略"(International Development Strategy of the United Nations)。

在经历了前期的探索与酝酿之后,联合国大会于1961年12月通过了第一个关于发展问题的决议,即"联合国第一个发展十年国际发展战略",由此启动了联合国第一个发展十年,其基本目标是:通过国际合作,推动发展中国家的国民总收入年增长率达到5%。④ 通过多边合作以促进发展中国家的经济发展是联合国发起"联合国发展十年"的决定性因素,并为国际发展合作提供了新的动力。⑤ 同时,"联合国第一个发展十年国际发展战略"还是一个较为粗略的发展计划,主要体现了单纯追求经济增长率的发展观念,认为发展就是经济增长,只要经济增长率提高了,发达国家与发展中国家之间的贫富差距问题甚至发展问题就可以解决。⑥ 尽管如此,"联合国第一个发展十年国际发展战略"毕竟在世界历史上第一次将发展中国家的发展战略目标纳入了国际社会的议事日程,因而体现了国际经济关系的新开端,标志着促进

---

① T. N. Srinivasan, "Food Aid: A Cause of Development Failure or an Instrument for Success", *The World Bank Economic Review*, Vol. 3, No. 1, 1989, pp. 40 – 41.

② R. I. Meltzer, "Restructuring the United Nations System: Institutional Reform Efforts in the Context of North-South Relations", *International Organization*, Vol. 32, No. 4, 1978, p. 994.

③ 李少军:《当代全球问题》,杭州:浙江人民出版社2006年版,第143页。

④ UN, *YUN*, 1961, pp. 230 – 232.

⑤ Richard N. Gardner, *In Pursuit of World Order: U. S. Foreign Policy and International Organizations*, New York: Frederick A. Praeger, 1964, pp. 122 – 123.

⑥ 王书明、宋玉玲:《从"增长优先"到"发展文化":联合国发展思想的演进历程》,《世界经济与政治》1999年第2期,第48页。

发展中国家的发展已经成为国际社会的共同责任①,并由此开启了"联合国发展十年"计划的历史进程。随着第一个"联合国发展十年"的启动,通过国际合作以促进发展中国家的经济和社会发展就成为联合国除和平与安全问题之外的最优先考虑②,发展问题由此成为联合国的核心议题之一。

在总结第一个发展十年的基础上,以经济学家简·廷伯根为首的联合国发展规划委员会就联合国国际发展战略展开了深入研究,并于1970年1月公布了联合国第二个发展十年的政策指南。③ 以此为基础,联合国大会于1970年10月通过了"联合国第二个发展十年国际发展战略",规定联合国第二个发展十年(1971—1980年)的目标是:发展中国家国民生产总值的年增长率至少应达到6%,出口增长率应达到7%。为此,国际社会应采取积极有效的措施以稳定初级产品价格、削减关税和非关税贸易壁垒,发达国家还应增加官方发展援助,即发达国家的官方发展援助应达到其国民生产总值的0.7%。④ "联合国第二个发展十年国际发展战略"仍然沿袭了第一个发展十年的发展理念,将增长看作发展,把国民生产总值的增加看作发展的重要标志。⑤ 尽管如此,"联合国第二个发展十年国际发展战略"仍然具有重要意义,该战略正式确立了发达国家的官方发展援助指标,从此以后,0.7%的官方发展援助就成为衡量发达国家援助水平的重要标准⑥,体现了联合国第二个发展十年的政策创新。

正当"联合国第二个发展十年国际发展战略"艰难行进之际,发展中国家提出了建立国际经济新秩序的倡议,再次要求发达国家增加面向发展中国家的官方发展援助,推动"联合国第二个发展十年国际发展战略"所确立的0.7%官方发展援助目标的实现。至此,包括官方发

---

① Walter M. Kotschnig, "The United Nations as an Instrument of Economic and Social Development", *International Organization*, Vol. 22, No. 1, 1968, pp. 22 – 23.

② Roy Blough, "The Furtherance of Economic Development", p. 562.

③ Robert E. Asher, "Development Assistance in DD Ⅱ: The Recommendations of Perkins, Pearson, Peterson, Prebisch, and Others", *International Organization*, Vol. 25, No. 1, 1971, p. 100.

④ 李铁城:《联合国的历程》,北京:北京语言学院出版社1993年版,第560—561页。

⑤ 王文:《联合国四个发展十年战略评析》,《国际论坛》2001年第3期,第36页。

⑥ Carol Lancaster, *Foreign Aid*, p. 37.

展援助目标在内的联合国国际发展战略纳入了国际经济新秩序的范畴并成为国际经济新秩序倡议的重要组成部分,0.7%的官方发展援助亦成为国际发展战略的一个永恒理念。[①] 在国际经济新秩序原则目标的指引下,联合国第二个发展十年战略取得了一定进展,如发起全球谈判,推动南北对话等,由此表明联合国促进世界经济发展的努力步入了一个新阶段。[②] 但同时,由于国际经济结构等诸多因素的影响,"联合国第二个发展十年国际发展战略"的目标并未实现[③],从国际经济关系的层面上讲,这主要体现在三个方面:发达国家提供的官方发展援助远未达到既定目标,发展中国家的贸易条件呈继续恶化之势,发展中国家的债务负担继续加重。[④]

在国际经济新秩序的有关谈判分领域渐次展开的同时,联合国从1978 年开始着手酝酿第三个发展十年的战略问题。经过周密磋商,联合国大会于1980 年12 月通过了"联合国第三个发展十年国际发展战略",规定联合国第三个发展十年的主要目标是:发展中国家国民生产总值的年增长率应达到7%,发达国家的官方发展援助指标应占其国民生产总值的0.7%。为此,发达国家应减少针对发展中国家的关税和非关税贸易壁垒,切实履行普惠制;同时应维护国际货币关系及汇率的稳定,鼓励向发展中国家的资金转移;发达国家还应调整有关国际技术转让的规则,加大对跨国公司的管理,推动跨国公司同发展中国家的合作;鉴于农业对发展中国家的重要性,发达国家应增加向发展中国家的农业投资并提供先进的农业技术。[⑤]

"联合国第三个发展十年国际发展战略"仍然继承了传统的"增长优先"的发展理念,力求通过加速发展中国家的经济发展来消除国际

---

① Brian R. Opeskin, "The Moral Foundations of Foreign Aid", *World Development*, Vol. 24, No. 1, 1996, p. 22.

② 杨泽伟:《新国际经济秩序研究:政治与法律分析》,武汉:武汉大学出版社1998 年版,第160 页。

③ Jayantanuja Bandyopadhyaya, *North over South: A Non-Western Perspective of International Relations*, New Delhi: South Asian Publishers, 1982, p. 113.

④ 王子川:《浅论联合国发展十年与南北关系》,《国际经济合作》1986 年第7 期,第11—12 页。

⑤ UN, *YUN*, 1980, pp. 489, 503 – 519.

经济关系的不平等,实现国际经济关系的平稳发展。[1] 另一方面,"联合国第三个发展十年国际发展战略"的显著特点就是要求对世界经济进行改革,并吸纳了国际经济新秩序的诸多政策原则[2],从而更加紧密地将"联合国国际发展战略"与国际经济新秩序的原则目标结合在一起,进一步彰显了发展中国家改革国际经济制度规则的愿望。

1990 年 12 月,联合国大会通过了"联合国第四个发展十年国际发展战略",其中心思想就是更加注重"基本的政策指导方针",包括减少贫困,保护环境,实现可持续发展;改革国际货币金融和贸易制度;特别关注最不发达国家问题。[3] 与过去的发展战略相比,"联合国第四个发展十年国际发展战略"没有规定发展中国家具体的经济增长指标,因而更具指导性。此外,"联合国第四个发展十年国际发展战略"的一个显著特点就是将可持续发展战略作为发展主题[4],从而将环境保护纳入国际发展战略,体现了联合国发展战略思想的演进。

毫无疑问,"联合国国际发展战略"的出发点就在于唤起国际社会对支持发展中国家经济发展的关注[5],但由于诸多因素的影响,联合国四个发展十年战略并没有达到预期目标,国际经济关系的不平等格局依然没有根本性改观。另一方面,"联合国国际发展战略"毕竟体现了联合国对发展问题的高度重视,是联合国为推动发展中国家的经济发展所做的积极探索,实际上,正是在联合国发展十年战略的制定与实施过程中,发展中国家的经济发展问题成为国际社会的一个长期议题。而且,鉴于经济发展本身就是国际经济新秩序的内在涵义与目标,"联合国国际发展战略"以及四个发展十年战略的展开也从一个侧面体现了发展中国家寻求建立国际经济新秩序的积极努力。

2000 年 9 月,联合国隆重举行了世纪之交的千年峰会,发展问题以及通过消除贫困解决经济全球化带来的负面影响是千年峰会关注的

---

[1]　杨泽伟:《新国际经济秩序研究:政治与法律分析》,第 161 页。

[2]　联合国新闻部:《联合国手册》(第 10 版),第 222 页。

[3]　UN,*YUN*,1990, pp. 342 – 357.

[4]　王文:《联合国四个发展十年战略评析》,第 39 页。

[5]　Guy Arnold, *Historical Dictionary of Aid and Development Organizations*, p. 144.

重点之一。① 为此，千年峰会一致通过了《联合国千年宣言》，确立了"千年发展目标"（Millennium Development Goals，简称 MDGs），明确规定了八项总体目标：消除极端贫穷与饥饿，普及初等教育，促进性别平等，降低儿童死亡率，改善孕产妇保健，抵御艾滋病、疟疾及其他疾病，确保环境的可持续能力，促进全球发展合作。就全球发展合作而言，"千年发展目标"要求发达国家切实履行官方发展援助承诺，进一步构建一个开放的国际贸易和金融机制，进一步减轻发展中国家，尤其是重债穷国的债务负担。②

"千年发展目标"在继承"联合国国际发展战略"基本理念的基础上进一步充实了经济与社会发展的内涵，确立了发展援助的执行标准，体现了国际社会对发展所承担的新义务③，标志着有关国家就新世纪的发展与援助问题达成了新的共识，是新世纪世界各国对推动全球经济社会协调发展所作出的庄严承诺④，具有重要的指导意义。而且，"千年发展目标"的确立进一步表明，发展问题，尤其是贫困人口的发展问题再度成为国际社会关心的首要问题；其中，消除贫困是全球发展目标的核心。⑤ 更为重要的是，"千年发展目标"所规定的全球发展合作措施，诸如增加发达国家的官方发展援助、改革国际金融贸易制度、减轻发展中国家的债务负担等，与国际经济新秩序的原则亦是完全一致的，因此，"千年发展目标"的宣示无疑为改革现行国际经济制度规则、建立国际经济新秩序提供了新的动力。

就"联合国国际发展战略"与官方发展援助的关系而言，从"联合国第二个发展十年国际发展战略"开始，0.7% 的官方发展援助目标就一直是国际援助关系的一个焦点。尽管发达国家作出了相应的承诺，但官方发展援助的总体实施情况远未达到预定目标，到 1975 年，官方发展援助仅占发达国家国民生产总值的 0.33%，尚不足联合国第二个

---

① 邱桂荣：《千年首脑会议——联合国的新起点》，《现代国际关系》2000 年第 10 期，第 8 页。

② UN, *YUN*, 2000, pp. 49－54.

③ Carol Lancaster, *Foreign Aid*, pp. 55－56.

④ 陈东晓等：《联合国：新议程和新挑战》，北京：时事出版社 2004 年版，第 217 页。

⑤ 周长城、郭娜：《全球背景下的消除贫困》，《江海学刊》2005 年第 2 期，第 89 页。

发展十年规定指标的一半。①

　　进入 20 世纪 80 年代之后,发达国家面临经济衰退,提供官方发展援助的动力明显减弱;而且,随着美国里根政府和英国撒切尔政府的上台,保守主义思潮开始弥漫发达国家,这些国家坚信,基于发展目的的官方发展援助将损害自由市场经济原则,无助于发展中国家的经济发展。与此同时,发达国家的官方发展援助亦呈逐渐下降之势,截至 80 年代初期,只有丹麦、荷兰、挪威和瑞典的官方发展援助达到或超过了0.7% 的指标。② 在经济合作与发展组织成员国中,美国从来没有接受0.7% 的指标,而且,美国的官方发展援助比例一直很低,例如,在 1970年,美国的官方发展援助额占其国民生产总值的 0.31%,到 1980 年则降到了 0.27%。③ 由此可见,发达国家的官方发展援助政策与“联合国国际发展战略”的目标相去甚远,曾经担任世界银行行长的麦克纳马拉由此公开批评发达国家的援助政策,认为发达国家官方发展援助的持续下降是对贫穷状况的麻木不仁,呼吁国际社会采取有效的集体行动向贫困宣战。④

　　随着冷战的结束,发展中国家对发达国家的战略重要性相对下降,发达国家开始对发展援助的有效性提出强烈质疑,更加紧密地将援助同发展中国家的经济政策调整联系在一起。在这种背景下,发达国家提供发展援助,包括官方发展援助的政治意愿明显减弱,发展援助的数量继续呈下滑之势。从某种意义上讲,冷战的结束改变了对外援助的国际环境,发展援助亦陷入危机之中。⑤ 例如,仅 1995 至 1997 年间,全球对外援助额就下降了 20%,这是自 20 世纪 60 年代以来对外援助的最大降幅。⑥ 与此相适应,发达国家的官方发展援助亦明显减少,在1990 至 2001 年期间,经济合作与发展组织发展援助委员会 23 个成员

①　联合国新闻部:《联合国手册》(第 10 版),第 221 页。

②　Joan E. Spero, *The Politics of International Economic Relations*, pp. 206 - 207.

③　Roger D. Hansen, Albert Fishlow, Robert Paarlberg and John P. Lewis, *U. S. Foreign Policy and the Third World: Agenda 1982*, New York: Praeger, 1982, p. 234.

④　James M. McCormick, "The NIEO and the Distribution of American Assistance", p. 101.

⑤　Jean-Philippe Therien and Carolyn Lloyd, "Development Assistance on the Brink", *Third World Quarterly*, Vol. 21, No. 1, 2000, p. 21.

⑥　Carol Lancaster, *Foreign Aid*, pp. 47 - 48.

国的官方发展援助占其国民总收入的比例,由 0.33% 下降到 0.22% ,远远低于联合国所确立的 0.7% 的援助目标[1],"联合国国际发展战略"所确立的官方发展援助目标面临新的挑战。

在经历了持续的下降之后,官方发展援助在新世纪终于出现回升的迹象。随着"千年发展目标"的通过,包括美国在内的主要援助国均相应增加了官方发展援助数额,援助总额及其占国民总收入的比重亦呈上升趋势。例如,2000 至 2004 年间,美国的官方发展援助从 99.55 亿美元增加到 197.05 亿美元,占国民总收入的比重从 0.1% 增加到 0.17%;从整体上看,经济合作与发展组织发展援助委员会成员国的官方发展援助数额从 2000 年的 537.49 亿美元增至 2004 年的 795.12 亿美元,增幅达 48% ,占国民总收入的比重则从 0.22% 提高到 0.25% 。在援助对象和地区上,发达国家的官方发展援助亦呈现出向贫困国家和地区倾斜的趋势。[2] 另一方面,作为对"千年发展目标"的回应,发达国家的发展援助仍然附加了相应的条件,例如,美国的援助条件是接受援助的发展中国家必须进行市场经济和民主政治改革[3],体现了美国千年发展援助的政治和战略意图。新世纪发达国家官方发展援助额的增长实际上是在其跌到低谷基础上的增加,与"千年发展目标"所确立的 0.7% 的指标相比仍然存在相当大的距离,即使在 2007 年官方发展援助达到高潮之际,发展援助委员会成员国的官方发展援助总额也只占发展援助委员会所有国家国民总收入的 0.28% 。[4] 鉴于此,发达国家应当采取更加有力的措施以切实履行"千年发展目标"的承诺,实现发达国家与发展中国家的共同发展。

毫无疑问,官方发展援助是国际社会援助和支持发展中国家,尤其是援助最不发达国家的主要途径。[5] 尽管官方发展援助的实施仍存在诸多问题,但随着"联合国国际发展战略"以及国际经济新秩序有关官

---

① 李小云、唐丽霞、武晋:《国际发展援助概论》,北京:社会科学文献出版社 2009 年版,第 38 页。

② 丁韶彬:《官方发展援助的新趋势》,《现代国际关系》2006 年第 5 期,第 24—25 页。

③ Steven W. Hook, "Ideas and Change in U. S. Foreign Aid: Inventing the Millennium Challenge Corporation", *Foreign Policy Analysis*, Vol. 4, No. 2, 2008, pp. 148, 162.

④ 李小云、唐丽霞、武晋:《国际发展援助概论》,第 46 页。

⑤ Sidney Weintraub, "The New International Economic Order: The Beneficiaries", p. 248.

方发展援助目标的确立,发达国家亦作出了相应的回应,官方发展援助已经成为发达国家对外援助的重要方式之一,其中,经济合作与发展组织发展援助委员会已成为当今国际社会发展援助领域的主导机构之一,而发展援助委员会成员国则是当今国际社会最主要的官方发展援助提供国。① 以联合国官方发展援助目标的确立和官方发展援助的启动为标志,官方发展援助基本实现了制度化。② 现在,官方发展援助已经成为许多发展中国家,尤其是低收入贫穷国家的重要国际融资来源,同时也是发展中国家一项较为稳定的国际资金来源③;而且,随着官方发展援助的制度化,促进经济和社会发展、改善受援国人民的生活水平亦成为国际社会公认的官方发展援助的宗旨,是官方发展援助必须具备的政策目标。④ 从根本上讲,官方发展援助的兴起源于联合国的倡议和国际经济新秩序的推动,因此,官方发展援助纳入国际社会和南北对话的议程无疑体现了发展中国家改革国际经济关系的努力,官方发展援助的制度化亦表明国际经济新秩序的建设在发展援助领域取得了积极的阶段性成果。

三、面向最不发达国家的援助

寻求国际社会采取特别措施以援助最不发达国家是国际经济新秩序的重要目标之一,而联合国贸发会议早在 20 世纪 60 年代就对最不发达国家问题给予了特别关注,实际上,在寻求制定有利于最不发达国家的特殊规则中,联合国贸发会议扮演了开路先锋的角色。⑤ 1968 年第二届联合国贸发会议率先通过了有关最不发达国家问题的第一个决议,建议对最不发达国家采取特别措施,要求联合国在制定第二个发展十年战略时对最不发达国家予以特别考虑。⑥ 但由于缺乏统一的标

---

① 何帆、唐岳华:《冷战后官方发展援助的决定因素》,《国际政治科学》2007 年第 4 期,第 62 页。

② 沈丹阳:《官方发展援助:作用、意义与目标》,《国际经济合作》2005 年第 9 期,第 30 页。

③ 胡月晓:《关于官方发展援助》,《国际问题研究》2008 年第 1 期,第 63 页。

④ 周永生:《官方发展援助的政策目标》,《外交学院学报》2002 年第 4 期,第 56 页。

⑤ 舒建中:《联合国贸发会议与国际经济新秩序》,《云南师范大学学报》(哲学社会科学版) 2008 年第 1 期,第 50 页。

⑥ UNCTAD, *The History of UNCTAD*, pp. 208 – 209.

准,有关的特别措施难以具体制定。为推动国际社会就针对最不发达国家的特别措施达成一致,联合国贸发会议率先确立了最不发达国家的识别标准,即:人均国内生产总值低于 100 美元,制造业在国内生产总值中的比重低于 10% ,成人识字率低于 20% (随着世界经济的发展,上述标准此后有所调整)。1971 年联合国大会正式批准了联合国贸发会议所确立的最不发达国家标准,以及相关的最不发达国家名单[1],从而为国际社会采取针对最不发达国家的特别措施提供了基本依据,同时亦为联合国研究制定相关的特别措施创造了条件。

自 20 世纪 70 年代初期以来,最不发达国家的经济状况呈现出不断恶化的趋势,引起了国际社会的高度关注,为此,《新宣言》和《行动纲领》均呼吁有关国家采取"紧急而有效"的特别措施以援助最不发达国家。在国际经济新秩序有关原则的指导下,1979 年第五届联合国贸发会议通过了"关于最不发达国家的综合行动新方案"的决议,明确提出了"80 年代关于最不发达国家的实质性行动新纲领"[简称"实质性行动新纲领"(Substantial New Programme of Action)],呼吁国际社会采取紧急措施以扭转最不发达国家的贫穷状况,尤其是增加对最不发达国家的援助。[2] 与国际经济新秩序的原则目标相适应,联合国贸发会议率先在援助最不发达国家问题上提出了进一步的详细方案,以"实质性行动新纲领"的通过为标志,联合国贸发会议有关采取特别措施以援助最不发达国家的倡议"达到了高潮"。[3]

作为落实"实质性行动新纲领"的具体步骤,联合国大会于 1979年决定召开联合国有关最不发达国家问题的国际会议,以便确定、采纳和支持"实质性行动新纲领"。1981 年 9 月,联合国最不发达国家问题会议在法国首都巴黎举行,并一致通过了联合国贸发会议提出的"实质性行动新纲领",明确规定新纲领的主要目标就是推动最不发达国家的经济结构改革,为最不发达国家提供国际公认的最低生活标准,创造投资机会以支持最不发达国家的优先项目。为此,"实质性行动新纲领"一方面要求最不发达国家调整国内政策以推进经济发展,另一

---

[1] UNCTAD, *The History of UNCTAD*, p. 209.

[2] UNCTAD, *The History of UNCTAD*, p. 210.

[3] Thomas G. Weiss, *Multilateral Development Diplomacy in UNCTAD*, p. 111.

方面,该纲领亦呼吁国际社会采取特别措施以加大向最不发达国家提供资金和技术援助的力度,要求发达国家应将其国民生产总值的0.15%用于援助最不发达国家。① 为增强"实质性行动新纲领"的政策指导性,联合国大会于1981年12月通过决议,再次确认了"实质性行动新纲领"的原则目标,明确将其作为"联合国第三个发展十年国际发展战略"以及国际经济新秩序有关行动计划的一个组成部分。② 从历史角度来看,联合国最不发达国家问题会议是联合国成立以来举行的第一次专门讨论国际社会援助最不发达国家的国际会议,因而具有积极的意义;而"实质性行动新纲领"的通过则表明联合国贸发会议寻求特别措施以援助最不发达国家的努力取得了有益的成果,是联合国援助最不发达国家进程中的"关键性第一步"③,同时也是国际社会致力于改善最不发达国家经济状况的"一个重要里程碑"④,体现了有关国家对最不发达国家的最高级别的对外政策优先考虑。⑤ 更为重要的是,"实质性行动新纲领"是改革整个国际经济关系的一个组成部分⑥,它的通过在一定程度上标志着国际经济新秩序有关援助最不发达国家的倡议在国际社会取得了积极的政策共识与进展,并为围绕国际经济新秩序的南北对话"创造了有利的气氛"。⑦

　　由于特别援助措施的实施在很大程度上取决于有关国家,尤其是发达国家的政治意愿,因此,"实质性行动新纲领"在实践中并没有达到预期的援助目标。⑧ 但联合国的努力毕竟唤起了有关国家以及国际组织对最不发达国家问题的普遍关注,采取特别措施以援助最不发达

---

① UN, *YUN*, 1981, pp. 406 – 407.

② UN, *YUN*, 1981, pp. 410 – 411.

③ Thomas G. Weiss, "The United Nations Conference on the Least Developed Countries: The Relevance of Conference Diplomacy in Paris for International Negotiations", *International Affairs*, Vol. 59, No. 4, 1983, pp. 650 – 651.

④ UNCTAD, *The History of UNCTAD*, p. 211.

⑤ Shahid Qadir, "UN Conference on the Least Developed Countries: Neither Breakthrough nor Breakdown", *Third World Quarterly*, Vol. 4, No. 1, 1982, p. 138.

⑥ Thomas G. Weiss, "The United Nations Conference on the Least Developed Countries", p. 675.

⑦ 唐克芬、郭济文:《最不发达国家和国际经济新秩序》,《世界经济》1982年第5期,第17页。

⑧ UNCTAD, *The History of UNCTAD*, p. 214.

国家亦逐渐成为国际共识。鉴于此,联合国贸发会议对最不发达国家的率先关注仍然具有开创性意义,并为建立国际经济新秩序的努力增添了新的内涵。

实际上,由于不平等的国际政治经济关系的桎梏,在整个 20 世纪 80 年代,最不发达国家的经济状况不仅没有改变反而更加困难。面对严峻的形势,国际社会不得不思考进一步的解决途径。1990 年 9 月,第二次联合国最不发达国家问题会议在法国巴黎举行,并通过了《巴黎宣言》和"90 年代援助最不发达国家行动纲领"。其中,《巴黎宣言》明确宣布,贫富差距的鸿沟是滋生紧张局势的根源,没有世界所有国家的共同发展,世界和平将难以持久,因此,改善最不发达国家的状况符合国际社会的长远利益。同时,"90 年代援助最不发达国家行动纲领"重申了 0.15% 的发达国家官方援助目标,要求国际社会共同制定一项国际债务战略,在寻求减轻最不发达国家的债务负担的同时提供更多的优惠资金,此外,发达国家还应放宽最不发达国家产品进入发达国家市场的准入条件。① 随着第二次联合国最不发达国家问题会议的召开以及《巴黎宣言》和"90 年代援助最不发达国家行动纲领"的通过,最不发达国家问题再度引起了国际社会的关注。但作为国际经济新秩序的组成部分,改善最不发达国家的状况还必须以改革国际经济制度规则作为前提,否则,最不发达国家问题将无法有效解决。

与"90 年代援助最不发达国家行动纲领"的实施相适应,国际社会仍在继续努力以缓解最不发达国家的经济困难。1995 年 3 月,联合国在丹麦首都哥本哈根召开社会发展世界峰会。会议讨论了消除贫困、促进发展等问题,通过了《哥本哈根宣言》和"哥本哈根行动纲领",建议将 1996 年作为"消除贫困国际年"。根据哥本哈根会议的倡议,联合国大会于 1995 年 12 月通过决议,确定 1996 年为"消除贫困国际年",同时决定将 1997—2006 年作为联合国第一个消除贫困十年,呼吁所有国际组织和国家采取积极行动以消除贫困。② 哥本哈根会议再次唤起了国际社会对发展问题的高度关切,再次展示了国际社会致力于

---

① UN, *YUN*,1990, pp. 369 – 374.
② UN, *YUN*,1995, pp. 844 – 847, 1113 – 1119.

消除贫困以及发展中国家寻求建立国际经济新秩序的努力。[1]

第三节 对外援助新格局与国际经济新秩序

一、对外援助格局的历史演进

从严格的意义上讲,国际关系中的对外援助肇始于 1947 年美国的马歇尔计划,50 年中期以后,美国又将对外援助的 75% 投向了越南、韩国、中国台湾地区、土耳其、印度、巴基斯坦以及其他亚洲和近东的冷战重点防御地区。此时的美国在对外援助领域扮演了倡导者和主导者的角色,20 世纪 40 年代末至 50 年代末的这段时期也被称为美国在对外援助领域的霸权时期;而霸权时期美国对外援助的首要战略原则就是遏制共产主义并维护美国的世界领导地位。[2]

自 20 世纪 60 年代初期起,随着冷战对峙局面的扩展、欧洲经济共同体的建立和日本的复兴,国际关系中的对外援助出现了变化。首先,从 50 年代末期起,苏联开始向社会主义阵营之外的有关国家提供援助,形成了与美国展开"援助竞争"的态势。在此背景下,美国遂要求西欧和日本分摊援助责任,成立于 1961 年的经济合作与发展组织成为发达国家协调对外援助政策的重要论坛,并于 1963 年在经济合作与发展组织内设立了专门的发展援助委员会。同时,欧洲经济共同体根据 1963 年《雅温得协定》向有关联系国提供了发展援助,表明欧洲经济共同体国家开始了制度化对外援助的进程;日本则以参与"科伦坡计划"的方式开始实施对外援助。此外,世界银行也将援助的主要目标指向发展中国家,成为提供发展援助的重要多边机构,开启了由国际金融组织提供发展援助和发展融资的先例。自 60 年代初期以来,国际关系中的对外援助呈现出援助主体多元化的趋势,导致了美国援助权力的逐步分散与转移。与援助主体多元化以及发展中国家的兴起相适应,对外援助开始成为国际关系中的"常态因素"[3],不仅如此,对外援助还增

---

[1] 叶宗奎、王杏芳:《国际组织概论》,第 128 页。

[2] John White, *The Politics of Foreign Aid*, New York: St. Martin's Press, 1974, pp. 198 – 202.

[3] Carol Lancaster, *Foreign Aid*, pp. 25, 33.

添了新的内容,发展援助开始进入对外援助领域。因此,援助主体多元化及发展援助纳入对外援助的议程奠定了 60 年代国际援助的"新模式"[1],国际援助的多元化新格局初现端倪,美国在对外援助领域的霸权地位开始面临挑战。

进入 20 世纪 70 年代之后,国际援助的多元化新格局进一步强化。首先,从 1975 年起,欧洲经济共同体根据《洛美协定》(Lome Convention)向非加太地区的有关国家提供了大量优惠援助,从而为欧洲经济共同体的对外援助奠定了更加稳固的制度基础,标志着欧洲经济共同体在对外援助领域的地位进一步增强。实际上,1975 年第一个《洛美协定》下的援助是在平等和相互依赖的框架内实施的,是南北协议中最能体现相互依赖的一个协定;而且,《洛美协定》还包含变革国际经济秩序的目的[2],进而展示了国际经济新秩序的援助改革倡议对《洛美协定》的影响,是发达国家改善与发展中国家经济关系的开端。[3] 因此,《洛美协定》的实施是国际援助新格局形成的一个突出标志。其次,1973 年石油危机之后,日本迅速提升了对外援助的规模与力度,尤其是加强了对非洲以及拉丁美洲有关国家的援助,其政策目标就是确保稳定的能源供应,由此构筑了日本援助大国的基础。在国际经济新秩序倡议的推动下,国际组织提供的多边援助逐步增加,发展援助在国际援助中的地位更加突出,成为援助领域的一个新亮点。[4] 至此,尽管美国在对外援助领域仍然发挥着主导作用,但随着多元援助主体地位的加强以及援助议程的变化,以美国、欧洲经济共同体和日本为主干,以多边援助机构为新兴力量的多元援助新格局最终形成,美国已不能在对外援助领域独领风骚。

自 20 世纪 80 年代中期以来,国际援助的多元化格局进一步向纵深发展。就援助主体的构成与作用而言,除美、欧、日继续在对外援助领域发挥着重要作用之外,多边国际组织(如世界银行和联合国其他相关机构)以及美洲开发银行、非洲发展银行、亚洲开发银行等区域性

---

① John White, *The Politics of Foreign Aid*, pp. 209, 213 – 216.

② 贾文华:《欧盟官方发展援助变革的实证考察》,《欧洲研究》2009 年第 1 期,第 59 页。

③ 安晓露:《经济全球化潮流中的发展中国家》,《武汉大学学报》(人文科学版)2007 年第 1 期,第 123 页。

④ Carol Lancaster, *Foreign Aid*, pp. 34, 39.

组织在提供多边援助和融资方面也开始发挥越来越重要的作用,其中,世界银行集团在提供多边发展援助方面已经成为最具影响力的国际组织,是世界上最大的发展融资来源。[①] 同时,中国从 90 年代中期起进一步加大了对外援助以及国际援助合作的力度,根据互利合作、共同发展的原则向有关国家提供了力所能及的援助;此外,中国于 1997 年开始参与国际组织的多边援助,到 2000 年,中国又向世界粮食计划署、联合国开发计划署等 10 个国际组织提供了多边援助[②],由此表明中国以更加积极的姿态出现在国际援助领域,并对国际发展援助的深化以及对外援助的多元化作出了贡献。就援助内容而言,除传统的人道主义援助、军事援助、商业援助、发展援助之外,自 90 年代以来,面对全球环境的日益恶化,以应对全球气候变暖、保护濒危野生动植物等为宗旨和内容的全球环境援助异军突起,并成为国际援助的重要领域[③],从而进一步展示了援助内容的多元化,表明国际援助增添了新的功能,因此,全球环境援助的兴起是国际援助多元化格局向纵深发展又一个重要方面。[④]

总之,从国际援助的发展历程来看,随着援助主体及援助内涵的扩展,国际关系中的对外援助在 20 世纪 70 年代形成了多元援助的新格局;到 80 年代,多边援助机制进一步发展,多元援助新格局进一步强化。鉴于此,国际援助的新格局无疑为发展中国家寻求改革国际援助制度、建立国际援助新秩序创造了更为有利的条件和契机。

二、简短的结论

综上所述,国际关系中的对外援助首先肇始于发达国家,尤其是美国应对冷战对峙的战略考虑,其目的就是遏制共产主义向冷战对抗的中间地带蔓延并与苏联展开援助竞争。但随着发展中国家的兴起以及国际经济新秩序倡议的提出,对外援助和国际援助开始呈现出新的特点与发展趋势。首先,国际援助的制度建设逐步加强。在国际经济新

---

① Guy Arnold, *Historical Dictionary of Aid and Development Organizations*, p.69.
② 张效民:《中国和平外交战略视野中的对外援助》,《国际论坛》2008 年第 3 期,第 39 页。
③ Carol Lancaster, *Foreign Aid*, p.48.
④ 舒建中:《美国的战略性对外援助:一种现实主义的视角》,第 94 页。

秩序倡议的推动下,以世界银行集团为代表的多边援助机构进一步拓展了对发展中国家的援助规模,多边援助由此成为发展中国家获得发展援助的重要渠道。同时,国际粮食援助制度体系进一步健全,"国际农业发展基金"的建立则是国际经济新秩序直接推动的一个重要成果。其次,发展援助纳入对外援助的议程。在国际经济新秩序有关原则的推动下,发达国家对外援助的重点出现了新的变化,发展援助成为对外援助的一个重要领域。尽管发达国家的官方发展援助政策历经波折,但官方发展援助及其援助标准毕竟进入了对外援助的视野并得到了国际社会的公认,而且,发达国家有限的官方发展援助亦成为发展援助的重要来源之一。第三,关注最不发达国家。国际经济新秩序明确呼吁国际社会采取特别措施以援助最不发达国家,从而将最不发达国家问题列入了国际社会的议事日程。尽管对最不发达国家的援助成果有限,但在国际经济新秩序倡议的推动下,援助最不发达国家已经成为国际社会的一个基本共识,从而体现了国际经济新秩序对国际议程设置的重要贡献。总之,作为当代国际关系领域的重要制度创新,对外援助已成为南北关系的一个重要支柱,并在很大程度上促进了国际政治关系的发展与变革。[①]

应当看到,国际关系中的对外援助仍面临诸多尚待解决的问题,其中最主要的问题包括两个方面:一是发达国家的官方发展援助远远低于预定指标,二是发达国家的援助往往附加了诸多政治经济条件,其目的就是以援助换取发展中国家的政策让步,即"援助换政策"。[②] 正因为如此,发展中国家改革国际援助制度规则、寻求建立国际援助新秩序的道路依然任重而道远。

---

①　Jean-Philippe Therien, "Debating Foreign Aid: Right versus Left", *Third World Quarterly*, Vol. 23, No. 3, 2002, p. 449.

②　Bruce Bueno de Mesquita and Alastair Smith, "A Political Economy of Aid", *International Organization*, Vol. 63, No. 2, 2009, p. 315.

第五章　国际海洋新秩序的阶段性进展

　　寻求改革国际海洋制度规则、建立国际海洋新秩序是国际经济新秩序倡议的重要组成部分之一,实际上,"在 70 年代围绕国际经济新秩序的争论达到高潮时,海洋问题已经成为南北关系中的一个主要议题"。① 根据《经济宪章》等国际经济新秩序纲领性文件的规定,国际海洋新秩序的主要原则与目标是:有关国家应订立一项普遍性的国际条约,以便建立一个适用于国际海洋领域及其资源的国际制度及适当的国际机构,承认国家管辖范围外的海床、洋底及其底土以及该海域的资源是人类共同继承财产(Common Heritage of Mankind)②,确保因国际海洋开发而获得的利益由世界所有国家公平分享。以国际经济新秩序的原则目标为指导,发展中国家在推动国际海洋制度规则改革并寻求建立国际海洋新秩序等方面取得了积极的阶段性进展。

---

① Stephen D. Krasner, *Structural Conflict*, p. 250.
② 按照乔伊纳的解释,人类共同继承财产原则应包含五个要素:(1)人类共同继承财产不应被任何国家或个人所占有;(2)人类共同继承财产应由全人类共同管理;(3)源自人类共同继承财产的经济收益应用于促进全人类的共同利益;(4)人类共同继承财产应仅用于和平目的;(5)源于人类共同继承财产的科学研究成果应由全人类共享。而国际经济新秩序的有关倡议则从三个方面扩展了人类共同继承财产原则,即人类共同继承财产的所有权应归国际社会;源自人类共同继承财产的开发利用收益应属于全人类,并给予发展中国家以优惠分配的待遇;应建立特别的制度机制以管理人类共同继承财产。参见 Christopher C. Joyner, "Legal Implications of the Concept of the Common Heritage of Mankind", *The International and Comparative Law Quarterly*, Vol. 35, No. 1, 1986, pp. 191 – 193.

第一节　国际海洋制度的起源与发展

一、1945 年以前的国际海洋制度

海洋约占地球表面的四分之三,长期以来,人类主要基于两个目的使用海洋:捕鱼和海运。正因为如此,世界历史上长期没有形成具有普遍意义的国际海洋制度。

1609 年,荷兰法学家格老秀斯在《海洋自由论》中提出了航海自由原则,从而为航海自由机制的确立奠定了理论基础。到 19 世纪,英国成为世界海上强国,航海自由机制与主要海上强国英国的利益和权力紧密联系在一起;换言之,英国既有建立航海自由机制的利益,也有推行航海自由机制的结构权力。[①] 在 19 世纪早期,英国海军就超过了其他国家海军之和;1914 年,英国的主力舰几乎相当于排在第二至第四位的德国、美国和法国舰队之和。不仅如此,英国还是海洋的主要利用者。1886 年,英国的商船吨位占到了世界商船总吨位的一半;到 1914年,英国的商船吨位仍然占世界商船总吨位的 40% ,超过位居第二的德国 4 倍之多。鉴于此,基于确保海上利益与权力的考虑,英国竭力倡导航海自由原则,反对其他国家在公海确立排他性的管辖权,主张严格限制沿海国家的管辖权利与范围。随着其他海上强国相继接受了航海自由的原则,英国主导下的航海自由机制最终建立,航海自由原则成为管理海洋和海洋资源的正式机制的基础,因此,航海自由机制的建立展示了英国在海洋问题上的霸权地位。[②] 航海自由机制的建立是以英国强大的实力(包括海上实力)及英国的示范作用为基础的。从更广泛的层面上看,英国倡导并维护航海自由原则的战略目的就在于以此支撑英国主导下的自由国际经济秩序。[③]

要确保航海自由机制的运转,就必须建立相应的操作性规则,其中

---

① Robert O. Keohane and Joseph S. Nye, *Power and Interdependence*, pp.90, 143.

② Robert O. Keohane and Joseph S. Nye, *Power and Interdependence*, p.91.

③ Robert L. Friedheim, *Negotiating the New Ocean Regime*, Columbia: University of South Carolina Press, 1993, p.269.

的关键问题就是确立领海宽度。实际上,领海宽度长期以来就是一个争论不休的问题,随着航海自由原则的确立,海上强国,尤其是英国都希望确立并维持窄领海规则,因为窄领海规则将可以为海上强国的航海自由提供更大的活动空间。在英国等海上强国的推动下,到 19 世纪,几乎所有的沿海国家都宣布了领海政策并对领海实施管辖,其中,除挪威、冰岛和瑞典采用 4 海里领海以及葡萄牙提出 6 海里领海之外,3 海里领海规则得到较为普遍的承认。① 至此,以航海自由原则和 3 海里领海规则为基础的航海自由机制最终全面确立。"3 海里领海规则本质上是西方海洋强国主宰国际海洋秩序的产物",更是英国在航海自由机制中发挥领导作用的具体体现。②

　　进入 20 世纪之后,有关国家开始寻求通过订立相关的国际条约以增强 3 海里领海规则的制度效力。在国际联盟的主持下,47 个国家(其中包括美国在内的 7 个国家不是国际联盟成员国)于 1930 年 3 至 4 月在荷兰海牙举行会议,其中心议题就是寻求在领海及相关问题上达成协议。会议期间,有关国家围绕领海宽度问题展开了激烈争论,英国、美国等海上强国出于确保最大限度的海上活动空间的考虑,竭力维护 3 海里领海规则并力图将其条约化,反对扩大领海宽度的任何建议;而多数与会国家则主张实行更宽的领海规则,并分别提出了 4 海里、6 海里、12 海里等领海宽度建议。在海牙会议上,领海宽度是一个利益攸关的问题,由于有关国家存在巨大分歧,海牙会议未能就领海宽度达成一致意见。尽管如此,占世界海运总吨位 80% 的 20 个国家明确表示支持 3 海里领海规则,而且,海牙会议还重申了航海自由原则。③ 换言之,海牙会议首次在多边基础上承认了航海自由原则,推动占世界海运多数的国家接受了 3 海里领海规则,在一定程度上巩固了英国主导下的航海自由机制。从长远来看,海牙会议还为海洋问题的多边谈判"开创了一个重要的先例"。④

---

① 胡启生:《海洋秩序与民族国家:海洋政治地理视角中的民族国家构建分析》,哈尔滨:黑龙江人民出版社 2003 年版,第 175 页。
② 刘中民:《领海制度形成与发展的国际关系分析》,《太平洋学报》2008 年第 3 期,第 19 页。
③ Robert O. Keohane and Joseph S. Nye, *Power and Interdependence*, p. 93.
④ Stephen D. Krasner, *Structural Conflict*, p. 242.

二、战后初期的国际海洋制度

第二次世界大战结束后，随着科学技术的发展，海洋的开发利用呈现出新的特点。首先，世界捕鱼业和海运业在技术进步的带动下有了长足的发展。更为重要的是，科学技术的发展在促进海洋的传统利用的同时，还开辟了新的领域，即海洋资源问题的第三个领域——洋底的开发利用。战后初期，浅海石油钻探技术迅速发展，展示了海洋石油开发的广阔前景，锰矿开采技术的发展也使世界看到了海底资源的巨大开发潜力。① 随着战后捕鱼业和海运业的迅猛发展以及海底资源的开发利用，传统的国际海洋制度开始面临新的挑战。

面对海洋利用与资源开发前景的新发展，美国总统杜鲁门于1945年9月发表了关于大陆架海底自然资源的声明，这就是所谓的"杜鲁门宣言"（Truman Proclamation）。该宣言指出，现代技术的进步使得大陆架资源的利用成为可能，因此，美国必须对其大陆架资源予以有效的管辖、利用与保护。杜鲁门进而宣布，美国关于大陆架海底自然资源的政策是：邻接美国海岸的大陆架及其海底资源应属于美国，因此，美国将对其拥有管辖权和控制权；对于与邻国共有的大陆架部分，美国将依据公平原则同有关国家共同确定其界线；美国的大陆架政策将不会影响大陆架上覆水域的公海特征及其自由与无障碍通行原则。② "杜鲁门宣言"实际上扩展了美国的海洋政策，将邻接美国海岸的大陆架及其海底资源置于美国的管辖之下，从而对传统的国际海洋制度规则体系提出了最严峻的挑战③，鉴于此，"杜鲁门宣言"无疑是美国海洋政策发展进程中的一个重要转折点。更为重要的是，"杜鲁门宣言"不仅表明不断发展的海洋技术已使海底矿物资源适于经济开发，而且还是海洋大国对超出领海范围的大陆架管辖权提出的第一个权利主张，从此以后，关于大陆架的权利主张就成为扩大沿海国管辖权的一个重要因

---

① Robert O. Keohane and Joseph S. Nye, *Power and Interdependence*, p. 87.

② The National Archives of the United States, *Public Papers of the Presidents of the United States*: *Harry S. Truman*, 1945, Washington, D. C.: U. S. Government Printing Office, 1961, pp. 352 – 353.

③ Jack N. Barkenbus, "The Politics of Ocean Resource Exploitation", *International Studies Quarterly*, Vol. 21, No. 4, 1977, p. 677.

素,因此,"杜鲁门宣言"是"海底政治的一个里程碑"。①

从根本上讲,"杜鲁门宣言"展示了美国海洋政策的双重战略目标:一方面,鉴于美国拥有广阔的海岸线和大陆架以及先进的海底开发技术,将国家管辖权延伸至大陆架及其资源无疑将使美国获得更多的利益;另一方面,"杜鲁门宣言"又声称,大陆架上覆水域仍然具有公海的特征,并将继续适用海洋自由原则,因为作为海上强国,最大限度的海洋自由将有助于维护美国的海上航行、经济开发和军事利益。② "杜鲁门宣言"所宣示的大陆架管辖权和海洋自由原则是一个内在的政策统一体,其目的就是最大限度地维护并拓展美国的海洋利益。

在"杜鲁门宣言"发表之后,墨西哥、阿根廷、哥斯达黎加、巴拿马、菲律宾和巴西等国也相继提出了对大陆架的管辖权或者类似的要求;智利、秘鲁和厄瓜多尔三国还于 1952 年发表联合声明,宣布对 200 海里区域及其海底自然资源拥有排他性的主权和管辖权。第二次世界大战刚结束,"国际论坛上便提出了许多关于沿海国家对其沿海水域管辖权的老问题和关于海床控制权的新问题"。③ 至此,以航海自由原则和 3 海里领海规则为基础的航海自由机制面临着全新的压力,海洋制度的重新谈判由此进入了国际关系的视野。

实际上,从 1949 年起,联合国国际法委员会就已经开始酝酿制定一部全面的海洋法律,涉及的范围包括公海、领海和毗连区以及大陆架等领域。1956 年,联合国国际法委员会起草了有关海洋法的文本作为谈判的基础,并建议联合国大会发起召开一次国际海洋法会议。④

根据联合国大会于 1957 年 2 月通过的决议,1958 年 2 至 4 月,联合国第一次海洋法会议在日内瓦举行,来自 86 个国家和 7 个联合国专门机构的代表出席了会议。会议期间,有关国家围绕领海宽度问题再次展开了激烈争论。例如,美国和英国主张 3 海里领海权,声称单方面

---

① 巴里·布赞:《海底政治》,时富鑫译,北京:生活·读书·新知三联书店 1981 年版,第 16 页。

② Louis Henkin, "Politics and the Changing Law of the Sea", *Political Science Quarterly*, Vol. 89, No. 1, 1974, pp. 58 − 59.

③ 杰拉尔德·J. 曼贡:《美国海洋政策》,张继先译,北京:海洋出版社 1982 年版,第 45 页。

④ S. P. Jagota, "Developments in the UN Conference on the Law of the Sea: A Third World Review", *Third World Quarterly*, Vol. 3, No. 2, 1981, p. 288.

扩大领海宽度将蚕食公海，扰乱捕鱼及海运秩序，严重妨碍国际空运（因为未经允许，没有领水飞越权），该主张得到法国、日本、荷兰等国的支持；苏联建议领海宽度的范围应在 3 海里至 12 海里之间，具体的领海宽度则由沿海国视需要自行决定；加纳、危地马拉、沙特阿拉伯和委内瑞拉等国家则认为领海宽度应为 12 海里。此外，美国还建议在领海之外设立 6 海里的排他性捕鱼区，而加拿大则认为沿海国从领海基线量起可以拥有 12 海里宽度的捕鱼区。由于与会国之间存在巨大分歧，联合国第一次海洋法会议最终未能就领海宽度达成协议。①

作为联合国第一次海洋法会议的成果，会议通过了四个公约，即《领海与毗连区公约》（涉及领海基线的确定、无害通过权、毗连区及其管辖权等问题，对于最艰难的领海宽度问题，公约没有作出规定）、《公海公约》（主要规定了公海自由航行原则、航行安全与撞船事故责任条款、防止海洋污染条款，以及所有国家在公海海底铺设电缆和管线的权利等）、《捕鱼与公海生物资源养护公约》（该公约强调应采取国际合作措施以防止过度开发和利用公海生物资源，同时规定了争端解决程序）、《大陆架公约》（该公约在国际海洋制度中首次引进了大陆架概念，初步界定了大陆架的确定标准，规定了沿岸国在大陆架开发利用矿产资源及其他非生物资源的排他性权利，同时规定此种权利不应影响大陆架上方属于公海的水域的航行自由）。②

尽管联合国第一次海洋法会议没有解决领海宽度之争，但会议达成的四个公约在国际海洋制度的发展进程中无疑"是个不小的进步"③，进而预示着国际海洋制度在新形势下面临发展的新问题，同时也表明有关国家就国际海洋制度的改革方向达成了原则共识。

1958 年 12 月，联合国大会通过决议并指出，联合国第一次海洋法会议并未就领海宽度和渔区界线达成一致意见，而领海宽度和渔区界线又是涉及国际海洋制度规则的"关键问题"，因此，联合国大会决定于 1960 年 3 月或 4 月发起召开联合国第二次海洋法会议，着重讨论领

---

① UN, *YUN*, 1958, pp. 377 – 379.

② UN, *YUN*, 1958, pp. 378 – 379.

③ 杰拉尔德·J. 曼贡：《美国海洋政策》，第 47 页。

海宽度和渔区界线问题并寻求达成协议。[①]

1960 年 3 至 4 月,致力于讨论领海宽度和渔区界线问题的联合国第二次海洋法会议在日内瓦举行,来自 88 个国家以及 8 个联合国专门机构的代表出席了会议。[②]

如同联合国第一次海洋法会议一样,有关国家围绕领海宽度提出了各种各样的建议,形成了三种不同的主要方案与主张:(1)苏联提议各国有权建立 12 海里领海,如领海少于 12 海里,有关国家在其毗连领海的海域可建立渔区,但领海和渔区的宽度相加不应超过 12 海里。(2)埃塞俄比亚、菲律宾和墨西哥等 18 国的提案认为,国家有权建立 12 海里领海,如领海少于 12 海里,国家有权确立自其领海基线量起的 12 海里渔区;在领海和渔区宽度涉及同其他国家的领海和渔区关系时,应适用对等原则,即有关各方适用同等的领海和渔区宽度。(3)美国和加拿大建议领海宽度应为 6 海里,同时,沿海国家可确立自其领海基线量起 12 海里的专属渔区。由于有关国家在领海宽度和渔区界线问题上相持不下,联合国第二次海洋法会议无果而终。[③] 领海宽度是困扰国际海洋制度的核心问题之一,联合国第二次海洋法会议未能以多边公约的形式确定领海宽度,因此,包括领海规则在内的国际海洋制度的发展尚需国际社会作出进一步努力。

第二节　联合国第三次海洋法会议的酝酿与召开

一、联合国第三次海洋法会议的酝酿

进入 20 世纪 60 年代之后,国际关系以及海洋科学技术的发展为国际海洋制度的建设提出了一系列亟待解决的问题。首先,随着殖民制度的终结和新兴民族国家的增多,现行海洋制度越来越不能适应国际关系的新发展。发展中国家认为,现行海洋制度是西方强国意志的产物,更为重要的是,很多新独立的发展中国家未能参加前两次联合国

---

① UN,*YUN*,1958, pp. 382 – 383.

② UN,*YUN*,1960, p. 542.

③ UN,*YUN*,1960, pp. 542 – 543.

海洋法会议,因此,这些发展中国家强调,上述会议所形成的海洋制度不能代表发展中国家的要求,国际社会必须根据形势的发展制定兼顾发展中国家利益的公平合理的国际海洋新规则。① 其次,随着世界能源需求的迅速增长以及新技术的发展,近海油气的勘探开发正以强劲的势头向深海推进,有关国家的海底石油钻井能力已从水深 30 米发展到水深 200 多米,超过了 1958 年《大陆架公约》所规定的深度界限,各国正通过开发大陆架的海床资源将其海底管辖权从海岸线逐步向外扩展。② 因此,海底油气开发的发展对领海及大陆架规则提出了新的挑战。第三,从 60 年代中期开始,世界各国进一步意识到大洋深处储藏着数量极大的含有锰、镍、钴、铜及其他元素的锰结核矿,若能开采加工与利用,其价值不容低估,为此,有关国家开始研究和开发相应的技术,到 70 年代初期,锰结核矿的开发利用机制已成为一个日渐凸显的国际谈判议题③,深海海底资源的商业开发问题亦是促使国际社会寻求缔结新的海洋法公约的重要因素。④ 第四,随着世界经济的发展,世界海运量急剧增加,由此导致领海和其他方面的海洋争端日趋突出;伴随着工业化进程而扩散的海洋污染日趋严峻;由于缺乏相应的制度,过度的捕捞行为严重威胁到海洋渔业的养护与持续生长。⑤ 因此,海洋环境的保护以及海洋生物资源的养护与管理再度成为国际社会关注的重要问题。总之,发展中国家的兴起及其参与国际关系的愿望为国际海洋制度的改革提供了最根本的推动力,海洋资源的归属及其勘探开发对国际海洋制度的挑战亦在很大程度上推动了联合国第三次海洋法会议的召开。

实际上,海底资源的勘探开发以及海洋资源的归属问题早已进入国际社会讨论的视野并引起了联合国的关注。1967 年 8 月,马耳他常驻联合国代表阿维德·帕多正式提请联合国秘书长在第 22 届联合国

---

① 陈德恭、高之国:《国际海洋法的新发展》,《海洋开发与管理》1985 年第 1 期,第 44 页。

② 联合国新闻部:《〈联合国海洋法公约〉评价》,高之国译,北京:海洋出版社 1986 年版,第 28 页。

③ James K. Sebenius, *Negotiating the Law of the Sea*, Cambridge: Harvard University Press, 1984, p. 7.

④ Jonathan I. Charney, "Technology and International Negotiations", p. 83.

⑤ James K. Sebenius, *Negotiating the Law of the Sea*, pp. 11 - 12.

大会的议程中增加一个议题,专门讨论公海海床洋底及其底土的和平利用并服务于人类利益的问题。[①] 在1967年11月的联合国大会上,帕多发表长篇讲话,强调海底资源是人类共同继承财产,提议建立一个专门的国际机制以管理国家管辖范围以外的海床洋底及其底土,并应确立相应的原则,即:国家管辖范围以外的国际海底及其资源是人类共同继承财产,任何国家均不得占用或占有;国际海底及其资源应专用于和平目的;国际海底及其资源的开发利用应服务于全人类的利益,并应特别照顾发展中国家的需要。[②] "帕多提案"(Pardo Proposal)的核心就是将人类共同继承财产的原则理念同发展中国家的需要和利益联系起来,并主张建立一个国际组织以管理国际海底开发制度。[③] 鉴于此,"帕多提案"无疑强化了国际社会对海洋领域国家利益与国际利益的重新审视。[④] 人类共同继承财产原则不仅对国家管辖范围以外的海床洋底及其底土的法律地位第一次作出了全新的解释,而且促成了全面修订海洋法的运动;更为重要的是,"帕多提案"实际上奠定了未来国际海底开发制度的雏形和基本框架[⑤],直接推动了联合国海底委员会(Sea-Bed Committee)的建立,并最终促成了联合国第三次海洋法会议的召开。[⑥]

"帕多提案"所阐述的人类共同继承财产原则具有明确的政治涵义,即海洋资源开发的收益应实现公平分配,尤其应照顾最不发达国家的利益。更为重要的是,人类共同继承财产原则还意味着扩大发展中国家在国际海洋机构中的参与权,尤其是参与海洋领域人类共同继承财产的监督和管理。鉴于此,人类共同继承财产原则就成为海洋规则谈判的永恒主题。[⑦]

1967年12月,联合国大会通过决议,宣布国际海底及其资源的开

---

① UN, *YUN*, 1967, p. 41.

② UN, *YUN*, 1967, p. 43.

③ 巴里・布赞:《海底政治》,第84页。

④ Daniel S. Cheever, "The Role of International Organization in Ocean Development", *International Organization*, Vol. 22, No. 3, 1968, p. 629.

⑤ 李红云:《国际海底与国际法》,北京:现代出版社1997年版,第7—8页。

⑥ Stephen D. Krasner, *Structural Conflict*, p. 245.

⑦ Jack N. Barkenbus, "The Politics of Ocean Resource Exploitation", pp. 695 – 696.

发利用应有助于维护国际和平与安全,并应服务于全人类的共同利益。为此,联合国大会决定成立一个专门委员会以研究国家管辖范围以外的海床洋底的和平利用问题。① 经讨论,该委员会在 1968 年正式更名为联合国海底委员会。同时,随着海底资源和平利用及其国际机构问题的提出,与之相关的领海宽度与大陆架等问题再度凸显,因而需要对整个海洋制度予以重新调整。② 这样,国际海洋制度的改革与发展不可避免地提上了国际社会的议事日程。换言之,以"帕多提案"的原则被联合国大会决议所采纳为标志,联合国开始了构筑新的国际海洋制度和机制的努力,其总体目标是:新的国际海洋机制既要考虑到拥有先进海洋开发技术的发达国家的利益,同时又应照顾发展中国家的特殊需要和利益,促进世界所有国家共享海洋开发的成果。③

经过近两年的谈判与磋商,联合国海底委员会于 1970 年草拟了有关国家管辖范围以外海床洋底及其底土的报告并提交联合国大会讨论。1970 年 12 月,联合国大会正式通过了《国家管辖范围以外海床洋底及其底土的原则宣言》。该原则宣言明确宣布,国家管辖范围以外的海床洋底及其底土与资源是人类共同继承财产,任何国家和个人均不得以任何方式将其据为己有,任何国家均不得对其任何部分主张或行使主权或主权权利;该区域应专门针对一切国家的和平目的开放,不得加以任何歧视;该区域及其资源的勘探和开发应为全人类的利益进行,并应特别顾及发展中国家的需要和利益。该原则宣言建议制定相应的国际制度以管理国家管辖范围以外的海床洋底及其底土与资源,而且,适用于该区域及其资源的国际制度,包括适当的国际机构,应建立在一项全面达成的普遍性国际条约的基础之上。④《国家管辖范围以外海床洋底及其底土的原则宣言》的意义就在于,它第一次以联合国大会决议的方式明确宣示了国际海底及其资源是人类共同继承财产

---

① UN,*YUN*,1967, pp. 48 – 49.

② S. P. Jagota, "Developments in the UN Conference on the Law of the Sea", p. 289.

③ Johan Ludvik Lovald, "In Search of an Ocean Regime: The Negotiations in the General Assembly's Seabed Committee 1968 – 1970", *International Organization*, Vol. 29, No. 3, 1975, p. 682.

④ UN,*YUN*,1970, pp. 78 – 79.

的原则①,集中体现了发展中国家的利益和需要②,进而为联合国第三次海洋法会议讨论国家管辖范围以外的海床洋底及其底土问题确立了基调。更为重要的是,人类共同继承财产原则在联合国论坛中的正式确立为发展中国家倡导建立国际海底开发机制并将其作为国际经济新秩序的重要组成部分奠定了更加有力的基础③,同时也为国际海底开发机制的具体谈判圈定了基本的原则。④ 因此,人类共同继承财产原则对于推动国际海底开发机制的建立具有决定性的意义。⑤

同样是在 1970 年 12 月,联合国大会还决定于 1973 年召开一次综合性的海洋法会议,并责成联合国海底委员会进行必要的筹备工作,以期在新的联合国海洋法会议上就和平利用海底及其资源的国际机制与机构的建立、公海制度、领海及毗连区制度、大陆架界限、捕鱼及公海生物资源养护,以及海洋环境保护和海洋科学研究等涉及国际海洋关系的广泛问题达成协议。⑥ 至此,涉及整个海洋法律制度体系的大规模改革拉开了帷幕。⑦

根据联合国大会的授权,联合国海底委员会随即展开了紧张的筹备与谈判。在此期间,有关国家围绕海底资源的开发进行了广泛磋商,争论的核心问题就是海底区域的开发权,即"谁可以开发海底区域",有关国家分别提出了 11 项不同的方案。⑧ 此外,有关国家还就新的海洋法会议的其他议程分别阐述了各自的立场观点。在充分搜集有关国家政策主张的基础上,联合国海底委员会于 1973 年秋向联合国大会提

---

① 陈德恭、高之国:《国际海洋法的新发展》,第 44 页。

② R. P. Anand, "Winds of Change in the Law of the Sea", *International Studies*, Vol. 16, No. 2, 1977, p. 219.

③ D. C. Watt, "The Law of the Sea Conference and the Deep Sea Mining Issue: The Need for an Agreement", *International Affairs*, Vol. 58, No. 1, 1981 – 1982, p. 85.

④ Evan Luard, "The Law of the Sea Conference", *International Affairs*, Vol. 50, No. 2, 1974, p. 274.

⑤ Oran R. Young, *International Cooperation: Building Regimes for Natural Resources and the Environment*, Ithaca and London: Cornell University Press, 1989, pp. 127 – 128.

⑥ UN, *YUN*, 1970, pp. 81 – 82.

⑦ Jorge Castaneda, "The New Law of the Sea", in Kamal Hossain, ed., *Legal Aspects of the New International Economic Order*, p. 27.

⑧ Michael Hardy, "The Implications of Alternative Solutions for Regulating the Exploitation of Seabed Minerals", *International Organization*, Vol. 31, No. 2, 1977, pp. 314, 321.

交了长达一千多页的 6 卷总结报告，围绕公海制度、领海宽度、大陆架界限等问题分别阐述了有关国家存在的共识与分歧。例如，海洋大国总体上倾向于窄领海制度，因为窄领海有助于确保海洋大国的最大航行自由；其他沿海国家则力图对 200 海里的海域及其自然资源行使必要的管辖权，主张建立专属经济区（Exclusive Economic Zone）制度；对于酝酿中的国际海底机构，有的国家主张该机构应是一个松散型的机构，只负有政策协调职能，有的国家则认为该机构应是一个强有力的、业务性的管理机构。①

在审议了海底委员会的报告之后，联合国大会于 1973 年 11 月通过决议，认为海底委员会已尽可能地完成了联合国第三次海洋法会议的准备工作，决定于 1973 年 12 月在纽约举行联合国第三次海洋法会议的第一期会议，以便讨论新的联合国海洋法会议的组织事项和议事规则；该决议明确指出，各海洋区域的问题是密切相关的，需要作为一个整体加以考虑，因此，联合国第三次海洋法会议的主要目的就是制定一个涉及海洋法所有事务的国际公约；该决议同时决定，将于 1974 年 6 至 8 月在委内瑞拉的加拉加斯举行联合国第三次海洋法会议的第二期会议，以便处理海洋法会议的实质性工作，如有必要，可根据联合国第三次海洋法会议的具体进展情况召开数期会议。联合国大会同时认可了一项涉及联合国第三次海洋法会议表决程序的"君子协定"，即为了确保新的海洋法公约获得最大限度的广泛接受，联合国第三次海洋法会议应尽最大努力就所有实质性问题达成协商一致，在穷尽所有努力之前，将不采用投票表决方式。② 至此，联合国第三次海洋法会议的召开进入正式启动的轨道。

二、联合国第三次海洋法会议的召开

1973 年 12 月，联合国第三次海洋法会议第一期会议如约举行，但会议仅仅提出了有关的议程安排，设立了相关的委员会，并没有就相应的议事规则达成一致意见。③

---

① 杰拉尔德·J. 曼贡：《美国海洋政策》，第 50—52 页。
② UN, *YUN*, 1973, pp. 42 – 43.
③ UN, *YUN*, 1973, pp. 44 – 45.

　　1974 年 6 至 8 月,联合国第三次海洋法会议第二期会议在加拉加斯举行,138 个国家以及 12 个联合国专门机构派代表出席了会议。经过紧张谈判,会议取得了一定进展,例如,会议原则上认同了 12 海里领海和 200 海里专属经济区,但具体规则尚需进一步磋商,而有关大陆架界限以及海峡通行权等问题仍然存在巨大分歧;会议原则上承认各国管辖范围之外的海底区域应由国际机构管理,但对于争论激烈的问题,即国际海底资源的开发规则,有关国家的立场却大相径庭;会议就海洋环境保护达成了原则共识,但在海洋污染控制的权利与责任、海洋科学研究以及海洋技术转让等方面,会议并没有达成一致意见。① 尽管联合国第三次海洋法会议第二期会议依然存在巨大分歧,但海洋新规则的实质性谈判毕竟已经启动并取得了建设性进展,从而为进一步的谈判创造了有益的条件与气氛。

　　就在联合国第三次海洋法会议召开之际,联合国大会于 1974 年12 月通过了国际经济新秩序的第三份核心文件《经济宪章》,明确指出国家管辖范围之外的海床、洋底及其底土以及该海域的资源是人类共同继承财产,强调因国际海洋的勘探开发而获得的利益应由世界所有国家公平地分享,并适当照顾发展中国家的特殊利益与需要。《经济宪章》呼吁订立一项普遍性的国际条约,以便建立一个适用于国际海洋领域及其资源的国际制度及适当的国际机构。② 透过《经济宪章》的有关原则不难看出,人类共同继承财产原则和国际机构模式奠定了国际经济新秩序有关国际海底开发制度的基本框架③,通过这一框架,发展中国家已经将海底资源开发同南北关系以及国际经济新秩序紧密地联系起来④;"作为人类共同继承财产,海洋为共享无价的自然资源,并为迈向国际经济新秩序提供了一个独特的契机",而海洋资源的人类共同继承财产原则亦成为国际海洋新秩序的一项基本原则,同时也成

---

① UN, *YUN*, 1974, pp. 78, 82, 84.

② UN, *YUN*, 1974, pp. 406 – 407.

③ Robert L. Friedheim, "The Third United Nations Conference on the Law of the Sea: North-South Bargaining on Ocean Issues", in I. William Zartman, ed. , *Positive Sum*, p. 73.

④ James K. Sebenius, *Negotiating the Law of the Sea*, p. 17.

为发展中国家寻求建立国际经济新秩序的内在组成部分。[1] 发展中国家普遍认为,建立一个兼顾发展中国家利益的国际海底制度与机制,将可以为重构国际经济制度关系以及寻求国际经济新秩序提供一个有益的实验场,因此,国际海底开发制度与机制的建立就成为国际海洋新秩序的核心目标。[2] 在发展中国家看来,国际海底开发制度至少可以从两个方面为国际经济新秩序的建立作出贡献:首先,国际海底开发制度将有利于通过国际机制以充分关注发展中国家的利益与需要,进而实现国际资源的公平分配;其次,国际海底开发制度将有助于防止国际海底资源的开发被拥有资金和技术优势的发达国家所垄断,有助于世界各国共同分享国际海底资源开发的成果与收益。[3] 发展中国家希望建立一个与国际经济新秩序总体目标相一致的,包括国际海底开发机制在内的国际海洋新制度[4],进而为发展中国家平等参与国际海洋关系创造有利的条件。鉴于此,国际经济新秩序有关建立新的国际海洋制度的倡议为联合国第三次海洋法会议提供了新的动力;通过寻求建立国际海底开发机制、平等分享国际海洋资源开发的收益,联合国第三次海洋法会议亦为发展中国家实现国际经济新秩序的有关倡议创造了重要的契机。[5]

实际上,在联合国第三次海洋法会议期间,国际海底开发机制的建立一直是争论最激烈和最广泛的问题[6],国际海底问题的谈判亦是围绕海底资源的开发利用以及国际海底开发机制这一中心展开的。[7] 有关国家围绕国际海底区域问题及其制度设计分别提出了不同的建议与

[1] Richard J. Payne and Jamal R. Nassar, "The New International Economic Order at Sea", *The Journal of Developing Areas*, Vol. 17, No. 1, 1982, pp. 35, 43.

[2] Robert L. Friedheim and William J. Durch, "The International Seabed Resources Agency Negotiations and the New International Economic Order", *International Organization*, Vol. 31, No. 2, 1977, pp. 351 – 352.

[3] Jorge Castaneda, "The Resources of the Seabed", in Ervin Laszlo and Joel Kurtzman, eds., *Political and Institutional Issues of the New International Economic Order*, New York: Pergamon Press, 1981, pp. 30 – 31.

[4] 刘中民:《国际海底制度之争》,《海洋世界》2007 年第 1 期,第 30 页。

[5] Lawrence Juda, *International Law and Ocean Use Management: The Evolution of Ocean Governance*, London and New York: Routledge, 1996, pp. 210 – 211.

[6] Evan Luard, "The Law of the Sea Conference", p. 268.

[7] Jonathan I. Charney, "Technology and International Negotiations", p. 97.

方案,归纳起来主要有三种观点:一是将国际海底视为无人管辖的国际公共区域,任何国家和个人均可以使用,但不得对其主张权利;二是认为海底可以像陆地一样由国家主张权利,并可以将其置于国家的主权管辖之下;三是认为国际海底区域及其资源是人类共同继承财产,因而应当通过一个适当的国际机构将其置于积极的国际管辖和监督之下。[①] 发达国家认为,公海自由原则应自动推定到国际海底,海底资源虽不能归任何人单独占有,但却可以自由开发。例如,美国的主要目标就是建立一个允许商业开发的自由的国际海底机制。[②] 发展中国家则担心,在自由放任的国际海底区域开发制度下,由于发达国家拥有资金和技术的优势,国际海底资源将为发达国家所独享。[③] 在发展中国家看来,公海自由原则仅仅是发达国家掠夺海洋资源的借口与幌子。[④] 为避免发达国家独享国际海底资源开发利用的成果,发展中国家强烈主张建立一个有效的国际海底开发机制,以确保海洋资源开发收益的公平分配,进一步推动国际资源从北方向南方转移。[⑤] 更为重要的是,由于国际海底开发机制的具体谈判囊括了诸如技术转让、资金支持以及发展中国家平等参与国际决策进程等国际经济新秩序的主要议程,发展中国家坚信国际海底开发机制的谈判从根本上讲就是改革国际经济体系的重要组成部分,同时也是国际社会规范国际海底资源开发的第一次尝试。[⑥] 国际海底开发权之争实际上成为影响国际海底开发制度谈判进程的关键因素[⑦],而围绕国际海底开发制度的争论亦是南北分歧的一个具有代表性的缩影[⑧],其实质就是如何体现人类共同继承

---

① 巴里·布赞:《海底政治》,第 1 页。

② James L. Malone, "The United States and the Law of the Sea after UNCLOS Ⅲ", *Law and Contemporary Problems*, Vol. 46, No. 2, 1983, p. 30.

③ 胡启生:《海洋秩序与民族国家:海洋政治地理视角中的民族国家构建分析》,第 226 页。

④ Robert L. Friedheim, *Negotiating the New Ocean Regime*, p. 17.

⑤ Charles A. Jones, *The North-South Dialogue*, p. 69.

⑥ Julio Fuandez, "The Sea-Bed Negotiations: Third World Choices", *Third World Quarterly*, Vol. 2, No. 3, 1980, p. 488.

⑦ Robert L. Friedheim and William J. Durch, "The International Seabed Resources Agency Negotiations and the New International Economic Order", p. 369.

⑧ Jack N. Barkenbus, "The Politics of Ocean Resource Exploitation", p. 689.

财产原则,并以此影响国际经济新秩序的发展方向。① 纵观联合国第三次海洋法会议的谈判进程,正是在发展中国家与发达国家之间的争论当中,新的国际海底开发制度逐渐形成。

同样值得重视的是,在联合国第三次海洋法会议正式举行之前以及国际经济新秩序的酝酿期间,发展中国家就提出了专属经济区问题。出于确保对 200 海里区域内所有资源的开发与保护权利的考虑,17 个非洲国家和 10 个加勒比海国家于 1972 年 6 月分别发表了《雅温得宣言》(Yaounde Declaration)和《圣多明各宣言》(Santo Domingo Declaration),共同提出了专属经济区的概念并得到了联合国第三次海洋法会议的认可。② 专属经济区方案在强调国家对专属经济区内的资源享有主权权利的同时,还确认了航行与飞越自由,因此,专属经济区方案为在专属经济区内确立国家的功能性主权提供了新颖而灵活的途径。③ 发展中国家认为,专属经济区将赋予沿海国家对邻近资源进行开发的权利,并将对发展中国家争取经济独立的努力产生重要影响,因此,专属经济区在某种程度上是加快缩小南北差距的象征,是迈向国际经济新秩序的重要步骤。④ 正因为如此,专属经济区就成为发展中国家寻求建立国际海洋新秩序的一个重要组成部分。

实际上,发展中国家提出 200 海里专属经济区的原始动力来自于确保对专属经济区内的渔业资源享有专属管辖权或至少是优先权,因为在发展中国家看来,传统的公海捕鱼自由仅仅意味着拥有先进渔业装备的发达国家对世界渔业资源的绝对控制,因而明显不利于发展中国家。⑤ 专属经济区的提出是发展中国家对发达国家在邻近发展中国家的海域从事无限度捕鱼作业的反应,因为发达国家的滥捕行为有可

---

① 李裕国:《论人类共同继承财产原则与国际海底制度》,《外交学院学报》1986 年第 2 期,第 79、81 页。
② 联合国新闻部:《〈联合国海洋法公约〉评价》,第 27 页。
③ Jack N. Barkenbus, "The Politics of Ocean Resource Exploitation", p.690.
④ 联合国新闻部:《〈联合国海洋法公约〉评价》,第 29、31 页。
⑤ J. C. Phillips, "The Exclusive Economic Zone as a Concept in International Law", *The International and Comparative Law Quarterly*, Vol.26, No.3, 1977, p.600.

能导致邻近发展中国家海域的渔业资源甚至生物资源的枯竭。[1] 随着联合国第三次海洋法会议的深入，专属经济区涉及的问题也更加广泛和复杂，主要包括专属经济区内的航行自由和飞越自由问题以及海洋科学研究问题、海岸相向或相邻国家间专属经济区的界限问题、专属经济区内的渔业资源分配问题、专属经济区与领海制度和大陆架制度的关系问题等。[2] 毫无疑问，所有这些问题的解决均有待于新的国际海洋制度的确立。

在国际经济新秩序有关原则的推动下，联合国第三次海洋法会议第三期会议于 1975 年 3 至 5 月在日内瓦举行。会议召开之前，海底委员会准备了一份包括海洋法会议全部议题的单一案文，内容涉及公海及其海床洋底、领海与毗连区、专属经济区、大陆架、海洋环境保护等诸多方面。在第三期会议上，有关国家议定了一份海洋法公约"非正式单一协商案文"，由此表明未来国际海洋法条约的粗略轮廓已见端倪；[3]而且，"非正式单一协商案文"的议定也为进一步的海洋谈判提供了"一个适当的起点"。[4] 但在存有争议的关键性问题上，联合国第三次海洋法会议第三期会议依然没有达成一致意见。

从 1976 年到 1980 年，联合国第三次海洋法会议相继举行了一系列会议与谈判，并在 1980 年 7 至 8 月的联合国第三次海洋法会议第九期会议的后期会议上达成一个"海洋法公约草案非正式文本"[5]，由此表明联合国第三次海洋法会议的有关谈判取得了积极进展。

就在联合国第三次海洋法会议加快推进之际，美国于 1981 年 1 月宣布重新审查美国就公约谈判所采取的立场[6]，从而为联合国第三次海洋法会议蒙上了一层阴影。为切实推进最后阶段的谈判进程，有关国家排除美国的干扰，于 1981 年 3 至 8 月先后在纽约和日内瓦举行了

---

[1]　Hugo Caminos, "Aspects of NIEO in the Third U. N. Conference on the Law of the Sea: Exclusive Economic Zone and the Continental Shelf", in Kamal Hossain, ed. , *Legal Aspects of the New International Economic Order*, p. 188.

[2]　J. C. Phillips, "The Exclusive Economic Zone as a Concept in International Law", pp. 586 – 587.

[3]　联合国新闻部:《〈联合国海洋法公约〉评价》，第 12 页。

[4]　Robert L. Friedheim, *Negotiating the New Ocean Regime*, p. 34.

[5]　UN, *YUN*, 1980, pp. 136 – 137, 143 – 145.

[6]　Robert L. Friedheim, *Negotiating the New Ocean Regime*, p. 39.

联合国第三次海洋法会议第十期会议,围绕"海洋法公约草案非正式文本"展开了进一步谈判,最终拟定了一个"海洋法公约草案"(简称"公约草案")①,从而奠定了《联合国海洋法公约》(United Nations Convention on the Law of the Sea)的总体框架。

1982 年 3 至 4 月,联合国第三次海洋法会议第十一期会议在纽约联合国总部举行,并以"公约草案"为基础展开了进一步磋商。鉴于美国对"公约草案"的国际海底开发制度持强烈反对态度,在协商一致已无法实现的情况下,会议不得不将"公约草案"付诸表决,最终以 130 票赞成,4 票反对(美国、土耳其、以色列、委内瑞拉),17 票弃权的投票结果通过了《联合国海洋法公约》。② 在解释反对的理由时,美国辩称,尽管美国对公约的其他条款总体上不持异议,但国际海底开发制度条款有违美国的目标与利益,因此,美国拒绝接受《联合国海洋法公约》。③

尽管美国阻挠,联合国第三次海洋法会议第十一期会议的后期会议仍然于 1982 年 9 月在纽约举行,并进一步完善了公约条款。1982 年 12 月,联合国大会通过决议,呼吁有关国家尽早签署并批准《联合国海洋法公约》,以促成海洋新机制的建立。根据联合国大会决议,联合国第三次海洋法会议于 1982 年 12 月在牙买加的蒙特哥湾举行第十一期会议的最后会议,决定《联合国海洋法公约》开放签署,并有 119 个国家在会议结束时签署了《联合国海洋法公约》。④

第三节　联合国海洋法公约与国际海洋新秩序

一、《联合国海洋法公约》的主要内容及其意义

《联合国海洋法公约》[简称《海洋法公约》(Convention on the Law of the Sea)]首先明确指出,该公约所确立的制度规则"将有助于实现

---

① UN, *YUN*, 1981, pp. 126 – 127, 131.

② UN, *YUN*, 1982, pp. 182 – 183.

③ U. S. , Department of State, *American Foreign Policy: Current Documents*, 1982, pp. 356 – 358.

④ UN, *YUN*, 1982, pp. 178, 180.

公正公平的国际经济秩序",并照顾到"发展中国家的特殊利益和需要"①,其主要内容是:(1)关于领海和毗连区。领海的最大宽度为自领海基线量起不超过12海里为止,国家主权及于领海以及领海的上空及其海床和底土;所有国家的船舶只要不损害沿海国的和平、良好秩序或安全,均享有无害通过领海的权利;沿海国可在毗连其领海称为毗连区的区域内行使涉及海关、财政、移民或卫生等方面的必要管制,毗连区从领海基线量起不得超过24海里。②(2)关于专属经济区。专属经济区是领海以外并邻接领海的一个区域,其宽度自领海基线量起不应超过200海里;沿海国在专属经济区内享有以勘探和开发、养护和管理海床上覆水域与海床及其底土的自然资源(包括生物资源或非生物资源)为目的的主权权利,以及海洋科学研究和海洋环境保护的管辖权;在专属经济区内,所有国家享有航行和飞越的自由、铺设海底电缆和管道的自由,以及与这些自由有关的其他国际合法用途。③(3)关于大陆架。沿海国大陆架包括其领海以外依其陆地领土的自然延伸,扩展到大陆边外缘的海底区域的海床和底土,如果从领海基线量起到大陆边的外缘的距离不到200海里,则扩展到200海里的距离;大陆架的最大宽度不应超过从领海基线量起的350海里,或不应超过2 500米等深线100海里;沿海国基于勘探大陆架并开发其自然资源的目的,可以对大陆架行使主权权利;沿海国对大陆架的权利不影响上覆水域及水域上空的法律地位,沿海国对大陆架权利的行使不得对航行自由构成侵害或干扰;所有国家均享有按本公约的规定在大陆架上铺设海底电缆和管道的权利。④(4)关于公海。公海是指不包括在国家的专属经济区、领海或内水或群岛国的群岛水域之内的全部海域;公海对所有国家开放,公海自由包括航行自由、飞越自由、铺设海底电缆和管道的自由、建造国际法所容许的人工岛屿以及其他设施的自由、捕鱼自由、科学研究的自由;公海应只用于和平目的;任何国家不得有效地声称将公海的任何部分置于其主权之下;所有国家均有义务采取养护公

---

① 联合国第三次海洋法会议:《联合国海洋法公约》,北京:海洋出版社1992年版,第1页。
② 联合国第三次海洋法会议:《联合国海洋法公约》,第5—16页。
③ 联合国第三次海洋法会议:《联合国海洋法公约》,第27—28页。
④ 联合国第三次海洋法会议:《联合国海洋法公约》,第39—41页。

海生物资源的必要措施。①（5）关于国家管辖范围以外的海床和洋底及其底土（简称"区域"）。"区域"及其资源是人类共同继承财产，任何国家不应对"区域"及其资源主张或行使主权权利；"区域"内所有资源应由国际海底管理局（International Sea-Bed Authority）代表全人类行使；"区域"内的活动应服务于全人类利益，并应特别考虑发展中国家的利益，国际海底管理局应在非歧视的基础上公平分配从"区域"内活动所取得的经济利益；各缔约国可在"区域"内进行海洋科学研究，"区域"内的海洋科学研究应专为和平目的并为谋求全人类的利益；国际海底管理局应通过"区域"内的海洋科学研究促进面向发展中国家的技术转让；国际海底管理局应对"区域"内的活动采取必要措施以切实保护海洋环境；国际海底管理局是组织和控制"区域"内活动，特别是管理"区域"资源的组织，公约所有缔约国均是国际海底管理局的当然成员；国际海底管理局由大会、理事会、秘书处以及企业部组成，其中，大会是国际海底管理局的最高机关，理事会为国际海底管理局的执行机关，秘书长为国际海底管理局的行政首长。②

在《联合国海洋法公约》签署之后，其批准与生效进程同样进展缓慢。鉴于第十一部分和附件三所规定的国际海底开发制度是《海洋法公约》获得普遍接受的主要障碍③，为推动《海洋法公约》的广泛参与，防止美国等发达国家凭借政治、经济和技术优势在《海洋法公约》之外另搞一套国际海底制度④，联合国召集有关国家从1990年起对《海洋法公约》的海底资源开发和利用条款进行进一步磋商，并达成了相应协议。1994年7月28日，联合国大会顺利通过了《关于执行1982年12月10日〈联合国海洋法公约〉第十一部分的协定》[简称《执行协定》（Implementation Agreement）]，并决定该协定随《海洋法公约》的生效而临时适用。⑤

《执行协定》重申国家管辖范围以外的海床洋底及其底土与资源是人类共同继承财产，同时强调鉴于国际政治经济形势的变化，需要根

① 联合国第三次海洋法会议：《联合国海洋法公约》，第44—55页。
② 联合国第三次海洋法会议：《联合国海洋法公约》，第62—99页。
③ 赵理海：《海洋法问题研究》，北京：北京大学出版社1996年版，第185页。
④ 付玉：《美国与〈联合国海洋法公约〉》，《太平洋学报》2010年第8期，第89页。
⑤ UN，*YUN*，1994，pp. 1301 – 1302.

据市场导向原则对《海洋法公约》的有关条款进行调整和修改。为此，《执行协定》对国际海底管理局的决策机制、管理成本与缔约国费用分摊、生产政策（包括生产限额）、技术转让、经济援助、财政条款等都作出了新的规定；《执行协定》同时规定，本协定与《海洋法公约》第十一部分的条款，应作为单一文本加以解释和适用，二者如有抵触，则以本协定的规定为准；任何批准、正式确认或加入《海洋法公约》的文书，亦即表示同意接受本协定的约束力。①

尽管《执行协定》对《联合国海洋法公约》第十一部分作出了重大调整②，但该协定的积极意义仍然不容忽视。首先，《执行协定》再次确认了人类共同继承财产原则，进一步维护了《海洋法公约》的普遍性和完整性，避免了国际海洋法的分化。③ 其次，《执行协定》极大地缓解了发达国家对《海洋法公约》国际海底开发制度条款的不满情绪④，扫除了英国、德国等工业化国家普遍接受《海洋法公约》的障碍，从而为推动《海洋法公约》的正式生效发挥了"关键作用"。⑤ 第三，《执行协定》的临时适用与生效程序有助于敦促有关国家广泛参与《海洋法公约》，进而推动《海洋法公约》的普遍适用。⑥

根据生效程序，《联合国海洋法公约》于 1994 年 11 月 16 日正式生效⑦，以全面的《海洋法公约》为基础的国际海洋新体系正式确立。

应当看到，《联合国海洋法公约》的生效对发展中国家具有重要意义。首先，12 海里领海原则是发展中国家孜孜以求的目标，也是发展中国家要求改革发达国家主导下的 3 海里领海规则的重要内容。实际上，在新的国际海洋制度的谈判进程中，从 3 海里领海转向 12 海里领

---

① UN, *YUN*, 1994, pp. 1302 – 1310.

② Lawrence Juda, *International Law and Ocean Use Management*, p. 255.

③ 赵理海：《海洋法问题研究》，第 186 页。

④ Bernard H. Oxman, "The 1994 Agreement and the Convention", *The American Journal of International Law*, Vol. 88, No. 4, 1994, p. 695.

⑤ 刘振民：《海洋法的新发展》，载于高之国、贾宇、张海文：《国际海洋法的新发展》，北京：海洋出版社 2005 年版，第 22 页。

⑥ Louis B. Sohn, "International Law Implications of the 1994 Agreement", *The American Journal of International Law*, Vol. 88, No. 4, 1994, p. 698.

⑦ UN, *YUN*, 1994, p. 1301.

海的趋势已经展示了发展中国家在海洋法问题上的力量相对增强。[①]
因此，《海洋法公约》所规定的领海制度无疑体现了发展中国家的呼
声，有助于发展中国家最大限度地维护领海主权；而且，由于《海洋法
公约》最终确立了统一的 12 海里最大领海宽度，从而结束了有关领海
宽度的争论，所以，《海洋法公约》的领海制度无疑"有助于减少国际冲
突"[②]，进而维护海洋秩序的稳定。

其次，专属经济区是发展中国家为维护海洋权益而提出的一个创
新性议程设置，同时也是发展中国家致力于缩小南北差距、建立国际经
济新秩序的一个具体内容。《海洋法公约》正式确立了 200 海里专属
经济区制度以及沿海国对专属经济区内自然资源的主权权利，从而
"意味着海洋资源分配的重大转移"[③]，并有利于改善发展中国家在国
际海洋体系中的不平等地位。[④] 因此，《海洋法公约》的专属经济区制
度是国际海洋法的一项新制度[⑤]，集中体现了发展中国家的要求以及
国际经济新秩序的原则内涵，展示了发展中国家在国际海洋制度创新
中所发挥的积极作用。

第三，建立国际海底开发利用的原则与机制是发展中国家提出的
另一个创新性议程。人类共同继承财产原则是国际经济新秩序的核心
理念之一[⑥]，同时也是发展中国家寻求建立新的国际海底开发制度以
及国际海洋新秩序的重要基石[⑦]，本质上体现了人类的共同利益。[⑧] 在
发展中国家的推动下，《海洋法公约》正式确立了国家管辖范围以外的
海床洋底及其底土与资源是人类共同继承财产的原则，并以此为基础
创立了海底开发利用的国际制度规则，从而表明《海洋法公约》是对旧

[①]　巴里·布赞：《海底政治》，第 139 页。

[②]　Robert L. Friedheim, *Negotiating the New Ocean Regime*, p. 277.

[③]　Robert L. Friedheim, *Negotiating the New Ocean Regime*, p. 279.

[④]　王绳祖：《国际关系史》(第 10 卷)，第 295 页。

[⑤]　赵理海：《海洋法的新发展》，北京：北京大学出版社 1984 年版，第 117 页。

[⑥]　Robert L. Friedheim, *Negotiating the New Ocean Regime*, p. 289.

[⑦]　R. Jaganmohan Rao and R. Venkat Rao, "Freedom of the Seas, Common Heritage of Mankind and the New International Economic Order", in K. C. Reddy, M. Jagadeswara Rao and S. Chandrasekhar, eds., *The New International Economic Order Perspectives*, p. 172.

[⑧]　欧斌、余丽萍、毛晓磊：《论人类共同继承财产原则》，《外交学院学报》2003 年第 4 期，第 110 页。

海洋法的一大变革。① 换言之,《海洋法公约》以国际法的形式确认了国际经济新秩序的有关倡议,有助于发展中国家与发达国家共同分享海洋资源开发利用的成果,并使发展中国家"看到了新型国际关系的曙光"。② 另一方面,作为管理海洋领域人类共同继承财产及其开发利用的国际机构,有关建立国际海底管理局的倡议无疑是一项毫无先例可循的制度创新③,国际海底管理局的建立亦是发展中国家长期努力的结果,并将有助于促进发展中国家的经济发展。④ 从这个意义上讲,国际海底管理局的建立再次体现了发展中国家为建立国际海洋新秩序所做的积极贡献。

第四,《海洋法公约》明确规定新的国际海洋制度规则应充分考虑发展中国家的特殊利益和需要,为此,《海洋法公约》在海洋环境保护、海洋科学研究以及海洋技术转让等有关条款中均体现了照顾发展中国家特殊利益的原则,因而总体上有利于发展中国家在新的国际海洋制度环境中进一步实现推动经济发展的战略目标。

综上所述,联合国第三次海洋法会议体现了 1945 年以来国际社会利用多边谈判以改革多边机制的雄心勃勃的努力⑤,会议所通过的《海洋法公约》是《联合国宪章》签署以来最重要的多边公约,《海洋法公约》的签署与生效亦是联合国取得的最杰出的成就之一⑥;而且,《海洋法公约》所确立的海洋新规则还集中体现了国际海洋制度的划时代的变革⑦,是发展中国家反对海洋霸权主义的产物。⑧ 更为重要的是,《海洋法公约》再次证明,国际社会普遍赞同国际经济新秩序的有关原则,

---

① 赵理海:《"人类的共同继承财产"是当代国际法的一项重要原则》,《北京大学学报》(哲学社会科学版)1987 年第 3 期,第 84 页。

② 联合国新闻部:《〈联合国海洋法公约〉评价》,第 62 页。

③ T. Kob, "The International Seabed and the Third UN Law of the Sea Conference: Some NIEO Issues", in Kamal Hossain, ed., *Legal Aspects of the New International Economic Order*, pp. 162 – 163.

④ 赵理海:《海洋法的新发展》,第 162 页。

⑤ Miles Kahler, "Multilateralism with Small and Large Numbers", *International Organization*, Vol. 46, No. 3, 1992, p. 693.

⑥ 李铁城:《联合国的历程》,第 612—613 页。

⑦ 李乐:《论政府间国际制度与国家的关系——以〈联合国海洋法公约〉与中国为例》,《太平洋学报》2004 年第 2 期,第 83 页。

⑧ 薛桂芳、胡增祥:《海洋法理论与实践》,北京:海洋出版社 2009 年版,第 23 页。

尤其是人类共同继承财产原则①,因此,《海洋法公约》是"走向建立国际经济新秩序的一个重要步骤"②,是建立国际经济新秩序的一个重要基石③,标志着国际海洋新秩序的建设取得了具有里程碑意义的阶段性进展。在《海洋法公约》的谈判过程中,发展中国家始终发挥了积极的建设性作用,在 200 海里专属经济区以及国际海底管理局的规则生成上,发展中国家更是扮演了至关重要的角色,正因为如此,发展中国家地位的提升就成为新的国际海洋制度的一个显著特征。④ 换言之,《海洋法公约》的通过与生效标志着发展中国家第一次积极参与了国际海洋新规则的制定⑤,并为国际海洋新秩序的制度建设取得阶段性进展作出了重大贡献。

二、国际海洋制度的新发展及其存在的问题

在《联合国海洋法公约》生效之后,国际社会和有关国家继续作出不懈的努力,以推动《海洋法公约》的进一步完善。

就国际海底开发制度的发展而言,随着《执行协定》于 1996 年 7 月生效⑥,国际海底管理局宣布正式建立。在周密酝酿和讨论之后,国际海底管理局于 2000 年 7 月在牙买加首都金斯顿通过了第一部有关国际海底开发的规范性文件,即《"区域"内多金属结核探矿和勘探规章》。⑦ 根据这一规章,包括中国大洋协会在内的 7 个已注册的先驱投资者已全部同国际海底管理局签订了有关的勘探合同,从而标志着国际海底开发制度已经开始运转。

就公海渔业制度的发展而言,在《海洋法公约》正式生效之前,公海捕鱼实行完全自由的原则。根据《海洋法公约》,公海捕鱼自由原则得以延续,但另一方面,《海洋法公约》又确立了有关公海生物资源的

① 米兰·布拉伊奇:《国际发展法原则:有关国际经济新秩序的国际法原则的逐步发展》,陶德海等译,北京:中国对外翻译出版公司 1989 年版,第 180 页。
② 赵理海:《〈联合国海洋法公约〉的批准问题》,《北京大学学报》(哲学社会科学版)1991 年第 4 期,第 60 页。
③ Milan Bulajic, *Principles of International Development Law*, p. 311.
④ S. P. Jagota, "Developments in the UN Conference on the Law of the Sea", p. 292.
⑤ 联合国新闻部:《〈联合国海洋法公约〉评价》,第 7 页。
⑥ UN, *YUN*, 1996, p. 1215.
⑦ UN, *YUN*, 2000, p. 1257.

养护与管理规则。为强化并落实《海洋法公约》有关公海渔业资源养护与管理的规则,联合国大会于 1992 年 12 月通过决议,决定在 1993 年召开联合国跨界鱼类种群和高度洄游鱼类种群国际会议,以期推动《海洋法公约》有关条款的有效实施,加强海洋生物资源养护与管理领域的国际合作与协调。① 经过长期谈判和周密磋商,参加联合国跨界鱼类种群和高度洄游鱼类种群国际会议的有关国家最终于 1995 年 8 月通过了《关于执行 1982 年 12 月 10 日〈联合国海洋法公约〉有关养护和管理跨界鱼类种群和高度洄游鱼类种群条款的协定》[简称《鱼类种群执行协定》(Implementation Agreement for Fish Stocks)],并向所有国家以及其他实体开放签署。《鱼类种群执行协定》明确规定其宗旨就在于:通过有效执行《海洋法公约》的有关规则,确保跨界鱼类种群和高度洄游鱼类种群的长期养护和可持续利用。为此,《鱼类种群执行协定》确立了跨界鱼类种群和高度洄游鱼类种群养护与管理的最低国际标准,强调了有关养护与管理措施的内在联系性,要求有关国家对公海渔业管理和专属经济区渔业管理均应采取预防性办法,同时要求有关国家就上述鱼类种群的养护与管理展开积极有效的合作并和平解决有关争端。② 按照协定规定的程序,《鱼类种群执行协定》于 2001 年 12 月生效。③《鱼类种群执行协定》是加强全球海洋秩序及其渔业制度规则的"一个重要步骤"④,标志着国际社会开始寻求建立一个更加全面和长期的海洋生物资源管理体系。⑤《鱼类种群执行协定》有利于统一规范公海捕鱼行为以及海洋渔业资源的养护与管理,是"公海渔业管理制度的一项重大改革",标志着公海捕鱼自由时代的结束⑥,对促进公海渔业资源的保护和可持续发展具有重要意义。

在海洋环境保护制度方面,根据《海洋法公约》的原则,联合国环

---

① UN, *YUN*, 1992, p. 688.

② UN, *YUN*, 1995, pp. 1334 – 1335.

③ UN, *YUN*, 2001, p. 1232.

④ UN, *YUN*, 1995, p. 1334.

⑤ Lawrence Juda, *International Law and Ocean Use Management*, p. 284.

⑥ 赵理海:《评联合国公海渔业会议:对〈执行 1982 年 12 月 10 日《联合国海洋法公约》有关养护和管理跨界鱼类种群和高度洄游鱼类种群规定的协定〉的研究》,《海洋开发与管理》1997 年第 4 期,第 49 页。

境规划署于 1995 年主持制定了《保护海洋环境免受陆地活动影响的全球行动纲领》,旨在防止陆源活动对海洋环境造成严重污染。此外,联合国环境规划署还主持制定了 39 个区域性海洋环境保护的公约和议定书。① 所有这些措施都加大了海洋环境保护制度建设的力度,并有力地推动了国际海洋的环境保护。

为进一步贯彻《海洋法公约》的制度规则,加强海洋议程的综合考察,联合国大会于 1999 年 11 月通过决议,决定设立"联合国海洋事务与海洋法无限期非正式磋商进程"[简称"磋商进程"(Consultative Process)],该"磋商进程"将根据联合国秘书长每年向联合国大会提交的有关报告,审议海洋事务与海洋法的发展状况,包括磋商渔业管理措施、海洋环境保护以及防止海洋污染等问题。② 至此,在《海洋法公约》的框架内,国际社会形成了一个经常性的磋商机制,从而有利于推动国际海洋制度的进一步发展与完善。

在充分肯定《海洋法公约》积极意义的同时也应当看到,《海洋法公约》是有关国家谈判折中的产物,因此,《海洋法公约》中的有关条款是不完善的,甚至是有严重缺陷的。③ 具体地讲,《海洋法公约》引发的问题主要体现在两个方面。

首先,《海洋法公约》的生效导致了新的国际海洋划界争端。诚然,《海洋法公约》确立了统一的 12 海里最大领海宽度,从而基本结束了有关国家围绕领海问题的争论。但另一方面,随着《海洋法公约》的生效,沿海国管辖海域范围得以扩展,许多国家对海域的权利主张,尤其是专属经济区和大陆架的权利主张呈现出重叠之势,而《海洋法公约》对专属经济区和大陆架的划界问题仅仅作出了原则性规定,由此引发了新的海洋划界矛盾与纠纷。就专属经济区界限而言,《海洋法公约》规定,海岸相向或相邻国家间专属经济区的界限,应在国际法院规约第 38 条所指国际法的基础上以协议划定,以便得到公平解决;《海洋法公约》同时规定,在达成协议之前,有关各国应基于谅解和合作的精神,尽一切努力作出实际性的临时安排,并在此过渡期间内,不

---

① 刘振民:《海洋法的新发展》,第 24 页。

② UN,*YUN*,1999,p. 994.

③ 陈德恭、高之国:《国际海洋法的新发展》,第 45 页。

危害或阻碍最后协议的达成,这种安排应不妨碍最后界限的划定。①
《海洋法公约》对专属经济区的划界规定是模糊的,实际上将海岸相向
或相邻国家间专属经济区的界限交由有关各国协商解决并协议划定,
且并未确立规范性的标准,从而为专属经济区的划界纠纷埋下了隐
患。② 就大陆架界限问题而言,《海洋法公约》同样规定,海岸相向或相
邻国家间大陆架的界限,应在国际法院规约第38条所指国际法的基础
上以协议划定,以便得到公平解决;《海洋法公约》同时还要求有关国
家应本着谅解和合作的精神,在达成协议之前寻求就大陆架界限作出
临时性安排,以便促成大陆架界限最后协议的达成。③ 同专属经济区
界限问题一样,《海洋法公约》有关大陆架的划界仍然含糊不清,成为
引发有关国家围绕大陆架划界问题产生纠纷的一个重要因素。总之,
《海洋法公约》未能有效解决海岸相向或相邻国家间关于专属经济区
和大陆架的权利主张重叠问题,其划界原则的笼统规定还导致了有关
各国对海洋划界原则的理解与适用分歧,从而引发了新的国际海洋划
界争端。④ 正是从这个意义上讲,《海洋法公约》的生效及其实际运用
"对于海洋划界的争端解决只能起到非常有限的作用"⑤。

其次,《海洋法公约》关于专属经济区法律地位的不完善规定引发
了专属经济区内的利益冲突与争议。不容否认,专属经济区制度的建
立主要是出于维护沿海国在安全、渔业以及海洋环境保护等方面的权
利,为此,《海洋法公约》规定沿海国在专属经济区内的权利主要包括
经济主权和专属管辖权两个方面。所谓经济主权的基本涵义是指沿海
国在专属经济区内对生物资源和非生物资源的主权权利;所谓专属管
辖权是指沿海国在专属经济区内对人工岛屿和建筑设施,以及海洋科
学研究和海洋环境保护的专属管辖权;《海洋法公约》还规定沿海国在
专属经济区内享有资源养护、环境保护以及适当顾及其他国家权利的

---

① 联合国第三次海洋法会议:《联合国海洋法公约》,第37—38页。

② Robert L. Friedheim, *Negotiating the New Ocean Regime*, p. 282.

③ 联合国第三次海洋法会议:《联合国海洋法公约》,第42—43页。

④ 刘中民:《〈联合国海洋法公约〉生效的负面效应分析》,《外交评论》2008年第3期,第82—84页。

⑤ Jonathan Charney, "Central East Asian Maritime and the Law of the Sea", *American Journal of International Law*, Vol. 89, No. 4, 1989, p. 725.

义务；所有国家在专属经济区内享有航行和飞越自由，铺设海底电缆和管道的自由，以及与这些自由有关的其他国际合法权利。不难看出，尽管《海洋法公约》没有对专属经济区的法律地位作出明确界定，但结合《海洋法公约》的相关条款，专属经济区应是一个特殊的海域，既区别于公海，又不同于领海①，因此，专属经济区在新的国际海洋制度中具有特殊的法律地位。《海洋法公约》还对解决与专属经济区内权利和管辖权的归属有关的利益矛盾作出了高度原则性的规定，即："在本公约未将专属经济区内的权利或管辖权归属于沿海国或其他国家而沿海国和任何其他一国或数国之间的利益发生冲突的情形下，这种冲突应在公平的基础上参照一切有关情况，考虑到所涉利益分别对有关各方和整个国际社会的重要性，加以解决。"②《海洋法公约》在解决专属经济区内的利益矛盾方面缺乏具体的操作性规则，专属经济区制度的执行有赖于沿海国家根据《海洋法公约》的国内立法，此为有关争议的解决带来了诸多问题。③《海洋法公约》有关专属经济区的条款有可能产生以下问题与纠纷：第一，出于最大限度地维护自身利益的考虑，不同国家的专属经济区立法可能存在较大的区别，从而造成利益主张的重叠，甚至诱发国家间的分歧与争端；第二，部分海洋大国蓄意歪曲专属经济区的法律地位，坚持专属经济区的公海性质，并据此侵蚀他国的专属经济区权利；第三，《海洋法公约》对海洋的和平利用与军事利用缺乏明确界定，因此，部分海洋大国就凭借军事和技术优势，依然在他国的专属经济区内从事军事侦察等活动，进而对他国的主权（包括专属经济区权利）和安全构成了威胁。④ 总之，由于《海洋法公约》的专属经济区制度条款存在模糊甚至缺失之处，因此成为引发国际海洋矛盾与冲突，或难以解决专属经济区内国家间海洋利益矛盾与冲突的一个重要因素。

综上所述，在发展中国家的积极参与和支持下，在国际经济新秩序倡议的推动下，以《海洋法公约》为核心的国际海洋新制度基本形成，

① 尹年长、冯珍：《论专属经济区的国家主权权利》，载于高之国、贾宇、张海文：《国际海洋法的新发展》，第 102 页。
② 联合国第三次海洋法会议：《联合国海洋法公约》，第 28 页。
③ Robert L. Friedheim, *Negotiating the New Ocean Regime*, p. 282.
④ 刘中民：《〈联合国海洋法公约〉生效的负面效应分析》，第 85 页。

标志着国际海洋新秩序的建设取得了阶段性进展。另一方面,《海洋法公约》客观上亦存在不完善甚至缺陷之处。除此之外,随着《海洋法公约》的生效,有关国家围绕海洋权益的较量亦呈现出新的特点,海洋经济利益成为有关国家关注的核心,而岛屿主权、海域管辖权和海洋资源控制权则是海洋角逐的主要领域。[①] 鉴于此,发展中国家必须根据国际海洋关系的发展以进一步寻求有关规则和程序的调整与改革,为完善国际海洋新秩序及其制度规则体系继续进行不懈的努力。

[①]　刘中民:《复合相互依赖论和海洋政治研究》,《太平洋学报》2004 年第 7 期,第 95 页。

第六章　国际经济新秩序中的
跨国公司与技术转让

在发达国家与发展中国家的关系中,跨国公司问题和技术转让问题始终备受关注且争论激烈。为此,国际经济新秩序明确将跨国公司的国际管理置于特别重要的地位①,跨国公司的国际管理随之成为南北关系的重要议程之一。② 同时,基于发达国家与发展中国家之间的技术差距,科学技术亦是国际经济新秩序的一个重要方面③,其目的就是促进面向发展中国家的国际技术转让。随着国际经济新秩序倡议的提出,跨国公司问题和技术转让问题亦进入了国际谈判的视野,并对相关国际制度的发展产生了积极的影响。

第一节　国际经济新秩序中的跨国公司

一、南北关系中的跨国公司与国际管理

按照联合国跨国公司中心的定义,跨国公司是这样的企业:(1) 包括设在两个或两个以上国家的实体,不管这些实体的法律形式和领域如何;(2) 在一个决策体系中进行运营,能通过一个或几个决策中心采

---

① V. Gauri Shanker, "Towards a Code of Conduct for Transnational Corporations: A Point of View", *International Studies*, Vol. 16, No. 4, 1977, p. 541.

② Elsa Kelly, "National Treatment and the Formulation of a Code of Conduct for Transnational Corporations", in Kamal Hossain, ed., *Legal Aspects of the New International Economic Order*, pp. 137 – 138.

③ Sushil Kumar, "Non-Alignment and the New Scientific and Technological Order", *International Studies*, Vol. 20, No. 1 – 2, 1981, p. 152.

取一致对策和共同战略;(3)各实体通过股权或其他方式形成的联系,使其中的一个或几个实体有可能对别的实体施加重大影响,特别是同其他实体分享知识资源和分担责任。[①]

　　跨国公司首先是发达国家对外资本输出,尤其是私人对外直接投资的产物,从根本上讲,"正是资本主义原始积累的海外扩张催生了跨国公司的萌芽"[②]。早在 19 世纪中期,西方国家的跨国公司就已经开始出现,但在第二次世界大战结束之前,无论在投资规模还是地域规模方面,跨国公司均没有成为影响国际关系的因素。实际上,跨国公司真正崛起并成为影响国际政治经济关系发展进程的重要因素是在第二次世界大战结束之后。20 世纪 50 年代,跨国公司首先在美国兴起并迅速发展,从国际政治经济关系的角度来看,跨国公司在美国的兴起很大程度上是美国政治优势的产物。[③] 20 世纪 70 年代以后,随着西欧国家以及日本经济的恢复,西欧和日本的跨国公司开始全面参与对外直接投资和市场拓展的竞争,从而打破了美国跨国公司独占鳌头的格局,并在跨国公司领域形成了美、欧、日三足鼎立的局面。[④]

　　总之,自 20 世纪 60 年代起至 70 年代,跨国公司作为一支不容忽视的力量出现在国际政治经济的舞台上,从而改变了财富的来源和分配结构,同时也改变了权力的构成和运行过程。[⑤] 跨国公司已然成为世界政治经济体系中影响权力-利益分配关系、重塑体系结构的重要的非国家行为体。[⑥] 与跨国公司进入国际关系的发展进程相适应,国际关系理论的三大流派——现实主义、自由主义和以依附论为代表的新马克思主义——也从不同角度对跨国公司的行为及其对国际关系的影响展开了系统的理论研究。

　　现实主义国际关系理论有关跨国公司的基本观点是"国家主导

① 滕维藻、陈荫枋:《跨国公司概论》,北京:人民出版社 1994 年版,第 14 页。
② 范春辉:《全球化背景下跨国公司的政治功能研究》,南京:南京大学出版社 2006 年版,第 38 页。
③ Joseph S. Nye, Jr., "Multinational Corporations in World Politics", *Foreign Affairs*, Vol. 53, No. 1, 1974, pp. 161 – 162.
④ 樊勇明:《西方国际政治经济学》,第 277 页。
⑤ 余万里:《跨国公司的国际政治经济学》,《国际经济评论》2003 年第 2 期,第 50 页。
⑥ 孙溯源:《跨国公司的国际政治经济学研究:反思与重构》,《国际政治研究》2007 年第 3 期,第 56 页。

论"。现实主义国际政治经济学的代表人物吉尔平认为,比较优势、技术创新、国际分工、产业升级、市场结构等因素只是为跨国公司的发展提供了充分条件,而国家则为跨国公司的发展提供了政治与安全的环境结构和必要条件。① 吉尔平以美国跨国公司为例,阐述了跨国公司与母国的关系,即美国跨国公司的对外直接投资是美国维持其在世界市场上的地位的手段,是美国左右世界经济的途径;美国跨国公司是传播美国自由企业制度思想的一个重要通道;美国跨国公司通过输出美国的技术、资本和管理技能,展示了一种替代共产主义或社会主义经济发展模式的道路,因此,美国跨国公司的海外扩张也是遏制共产主义的一个方法;美国跨国公司的海外扩展还是将发展中国家纳入自由的世界市场经济的有效手段;此外,美国的跨国公司亦是美国实施其对外政策的有力工具。总之,美国跨国公司的对外拓展是为美国的国家利益服务的,且这一结论也适用于其他国家跨国公司与其母国的关系。② 吉尔平坚信,尽管经济和技术基础部分地决定和影响到政治上层建筑,但政治价值和安全利益仍然是国际经济关系的关键性决定因素,包括跨国公司在内的跨国行为体的活动仍然依赖于国家间关系的基本结构;作为跨国行为体,跨国公司能够发展的原因就在于这种发展符合世界主要强国的政治利益,或者说,跨国公司实际上是国家在国际经济领域进一步拓展权力的推动力量。③ 吉尔平进而指出,"尽管跨国公司在国际经济事务中占有举足轻重的地位,但民族国家依旧是主角",换言之,"在民族国家和跨国公司的权力角逐中,优势仍然在民族国家那边"。④ 另一位现实主义国际政治经济学的代表人物克拉斯纳同样强调了国家对跨国公司的主导作用,认为根据主权原则,国家可以制定有关跨国公司的原则和规则,并控制跨国公司在其国内的经济活动,因

---

① Robert Gilpin, *U. S. Power and the Multinational Corporation*: *The Political Economy of Foreign Direct Investment*, New York: Basic Books, 1975, p. 113.

② Robert Gilpin, *The Political Economy of International Relations*, pp. 241 – 243.

③ Robert Gilpin, "The Politics of Transnational Economic Relations", *International Organization*, Vol. 25, No. 3, 1971, pp. 403 – 404, 419.

④ Robert Gilpin, *The Challenge of Global Capitalism*: *The World Economy in the 21st Century*, Princeton: Princeton University Press, 2000, pp. 171, 181.

此,"没有国家的认可,跨国公司就无法运作"。① 彼得·埃文斯同样强调了国家对于跨国公司的重要性,认为跨国公司在力图减少国家限制的同时,又在继续严重依靠国家的力量以保护其在国外的投资与收益。② 弗雷德·伯格斯坦亦强调,跨国公司绝不可能支配或严重影响东道国的政策及其制定过程,因此,国家主权绝没有陷入困境。③

　　自由主义国际关系理论有关跨国公司的基本观点是"主权困境论"。1971 年,美国学者雷蒙德·弗农提出"主权困境论",认为跨国公司已经对国家主权构成了严峻的挑战。弗农坚信,跨国公司的扩张不仅对民族经济产生了一系列影响,而且对民族精英、意识形态和文化产生了巨大冲击。④ 更为重要的是,面对跨国公司的全球性扩展,主权国家日益变得无能为力,国家主权的概念"令人惊奇地逐渐失去了意义";或者说,随着跨国公司的兴起,在国民福利、经济安全以及收入分配等诸多方面,"国家的控制能力正在趋于下降",国家主权由此陷入了困境。⑤ 鉴于此,弗农深信,第二次世界大战结束之后,跨国公司作为一种革命性和难以驾驭的力量进入了基于民族国家的全球体系,并发挥着日益重要的作用。⑥ 总之,在弗农看来,科学技术的发展已经极大地改变了民族国家所面临的国际环境,而作为先进技术的主要拥有者和推动者,跨国公司已经对民族国家的自治权利构成了广泛的挑战。⑦ 莱斯特·布朗亦指出,自 20 世纪 50 年代以来,跨国公司对国家间经济关系产生了深远影响,跨国公司作为"主导性的全球实体"并在诸多方面对民族国家构成挑战已经成为国际关系发展的"新特征";在

---

① Stephen D. Krasner, *Structural Conflict*, pp. 176 – 177.

② James E. Dougherty and Robert L. Pfaltzgraff, Jr., *Contending Theories of International Relations*, pp. 472 – 473.

③ C. Fred Bergsten, "Coming Investment Wars?", *Foreign Affairs*, Vol. 53, No. 1, 1974, p. 138.

④ Raymond Vernon, *Sovereignty at Bay: The Multinational Spread of U. S. Enterprises*, New York: Basic Books, 1971, pp. 192 – 205.

⑤ Raymond Vernon, *Sovereignty at Bay*, pp. 3, 231.

⑥ Raymond Vernon, "Multinational Enterprises: Performance and Accountability", in Jules Backman and Ernest Bloch, eds., *Multinational Corporations, Trade and the Dollar in the Seventies*, New York: New York University Press, 1974, pp. 65 – 66.

⑦ Raymond Vernon, *Storm over the Multinationals: The Real Issues*, Cambridge: Harvard University Press, 1977, p. 1.

某种程度上甚至可以说,跨国公司已成为民族国家的陷阱。① 约瑟夫·奈进一步强调,凭借强劲的经济实力,跨国公司在国际关系中正扮演着日益增强的政治角色,并对世界秩序的发展演进产生着日益重要的影响,正因为如此,跨国公司的兴起已经对国家和国家主权构成了直接的挑战。② 苏珊·斯特兰奇则从安全、生产、金融和知识的结构性权力出发,认为跨国公司已掌握了生产结构中的三个关键要素,即技术、资本和市场网络,这就意味着"跨国公司可与国家一道对民族和全球经济发展进程发号施令"。③ 斯特兰奇同时指出,跨国公司的全球发展已经改变了传统的国家—国家外交模式,国家—公司外交成为对外政策和国际关系的新领域,由此体现了跨国公司对有关国家对外政策的重要影响力。④ 斯特兰奇强调,在一个全球化以及跨国公司加速发展的世界里,国家再也无法控制技术和金融,国家主权遭到了跨国公司的严重侵蚀,国家权威正在走向衰落。⑤ 在《竞争的国家,竞争的公司》一书中,斯托普福德和斯特兰奇进一步明确指出,"国家之间现在更多地争夺在其领土上创造财富的手段,而不是占有更大的疆土",于是,"争夺世界市场份额"就成为国际关系的新游戏;更为重要的是,由于国家"需要与跨国公司结成伙伴关系争夺国际市场份额",因此,"国家正在失去追求独立政策的能力",这也就意味着跨国公司及其对外直接投资的扩展"削弱了政府控制经济事务的力量"。⑥ 斯蒂芬·海默则强调指出,随着世界经济的逐步开放以及跨国公司的迅速发展,国家政策工具(如货币政策、财政政策、税收政策、工资政策等)的效力正在减弱,因此,跨国公司已经并将继续侵蚀民族国家的权力;换言之,跨国公司的跨国经营活动正在撕裂民族国家的社会和政治结构,损耗民族国家

① Lester R. Brown, *World without Borders*, New York: Vintage Books, 1972, pp. 215, 229.

② Joseph S. Nye, Jr., "Multinational Corporations in World Politics", pp. 167 – 168.

③ 苏珊·斯特兰奇:《全球化与国家的销蚀》,载于王列、杨雪冬:《全球化与世界》,北京:中央编译出版社 1998 年版,第 114—117 页。

④ Susan Strange, "States, Firms and Diplomacy", *International Affairs*, Vol. 68, No. 1, 1992, pp. 6 – 7.

⑤ James E. Dougherty and Robert L. Pfaltzgraff, Jr., *Contending Theories of International Relations*, p. 472.

⑥ 约翰·斯托普福德、苏珊·斯特兰奇:《竞争的国家,竞争的公司》,查立友等译,北京:社会科学文献出版社 2003 年版,第 1、16、34、62、152 页。

的凝聚力,且这一趋势不可阻挡;海默同时认为,跨国公司对国家主权的侵蚀是不对称的,实力强大的国家拥有更大的应对空间,因此,跨国公司带来的是等级制度而不是平等权利。① 日本学者大前健一也认为,跨国公司已经成为强大的、独立的行为主体,在重要性方面,跨国公司可与民族国家一比高低,甚至超过民族国家。② 总之,在自由主义国际关系理论看来,跨国公司对国际关系和国家权力的影响主要体现在三个方面:首先,基于强大的经济实力,跨国公司不仅控制了国家的经济社会政策,而且对世界经济亦拥有巨大的影响力;其次,跨国公司均可对母国和东道国的外交政策产生直接影响,包括推动政府取消或放宽贸易限制,或要求采取报复或制裁措施等;第三,跨国公司对国家主权的另一种侵蚀则体现在国际规则的制定方面,即跨国公司在世界贸易与投资活动中逐步形成了一定的共同规则,并可以推动有关国家和国际组织将这些规则制度化,最终确立为国际经济关系的共同规范。鉴于此,自由主义国际关系理论坚信,在跨国公司与国家之间的互动与角逐中,跨国公司无疑占据上风。③

依附论有关跨国公司的基本观点是"发达国家工具论"。在依附论看来,跨国公司不仅是发达国家在经济上剥削发展中国家的手段,同时也是发达国家在政治上影响甚至干涉发展中国家的工具。④ 作为依附论的集大成者,巴西学者多斯桑托斯首先指出,"依附是这样一种状况,即一些国家的经济受制于他所依附的另一国经济的发展与扩张",而且,"依附的基础是国际分工"。⑤ 因此,依附是指一国缺乏排解外国

① Stephen Hymer, "The Multinational Corporation and the Law of Uneven Development", in George Modelski, ed., *Transnational Corporations and World Order*: *Readings in International Political Economy*, San Francisco: W. H. Freeman and Company, 1979, pp. 397 – 398, 401.

② Robert Gilpin, *Global Political Economy*: *Understanding the International Economic Order*, Princeton: Princeton University Press, 2001, p. 295.

③ 黄河:《跨国公司与当代国际关系》,上海:上海人民出版社 2008 年版,第 77—80 页。

④ H. Jeffrey Leonard, "Multinational Corporations and Politics in Developing Countries", *World Politics*, Vol. 32, No. 3, 1980, pp. 459 – 460.

⑤ 特奥托尼奥·多斯桑托斯:《帝国主义与依附》,毛金里等译,北京:社会科学文献出版社1999 年版,第 302—303 页。

或跨国影响的自主性,尤其是在实现经济发展目标方面缺乏自主性。①
依附论强调,发展中国家的依附或不发达是资本主义全球扩张的结果,
资本主义体系的全球扩张挫败了发展中国家自主发展的愿望与进程,
导致发展中国家缺乏支撑经济增长、实现经济发展的自主能力。② 在
依附论看来,国际体系的结构(中心-外围结构)和历史背景是理解发
展中国家发展进程的关键因素。③

就跨国公司而言,多斯桑托斯认为,跨国公司的形成是资本国际化
进程的结果,跨国公司的实质就在于对复杂的世界性生产、销售和资本
化体系进行集权化领导的能力;更为重要的是,跨国公司通过在发展中
国家的投资,摧毁了民族资本抵抗的基础,并开始主导和决定发展中国
家的整个经济发展态势,从而开创了依附国历史发展的新阶段。④ 在
多斯桑托斯看来,第二次世界大战结束之前存在两种依附形态,即殖民
地商业-出口依附和金融-工业依附;在第二次世界大战结束之后,出现
了一种新型的依附关系,即技术-工业依附模式,其基本特点就是跨国
公司的技术-工业统治。⑤ 换言之,占有技术优势的发达国家跨国公司
是发展中国家陷入技术依附的重要渠道和有力工具。⑥ 多斯桑托斯强
调,在以跨国公司为中心的技术-工业依附模式下,发展中国家的工业
发展将受到三方面的限制:第一,发展中国家的生产体制主要由跨国公
司的利益决定,从而产生畸形的生产结构;第二,发展中国家必须从国
外购买机器和材料,从而受制于发达国家的技术和金融控制;第三,跨
国公司的剥削将削弱发展中国家的国内购买力和资本积累力,并最终
制约国内市场的发展。⑦ 总之,多斯桑托斯坚信大资本的利益是跨国
公司运转的决定因素,国际资本通过跨国公司的活动,获得了越来越广

---

① James A. Caporaso, "Dependence, Dependency, and Power in the Global System: A Structural and Behavioral Analysis", *International Organization*, Vol. 32, No. 1, 1978, p. 18.

② David L. Blaney, "Reconceptualizing Autonomy: The Difference Dependency Theory Makes", *Review of International Political Economy*, Vol. 3, No. 3, 1996, pp. 460 – 461.

③ Tony Smith, "The Underdevelopment of Development Literature: The Case of Dependency Theory", *World Politics*, Vol. 31, No. 2, 1979, p. 248.

④ 特奥托尼奥·多斯桑托斯:《帝国主义与依附》,第49—50、67页。

⑤ 特奥托尼奥·多斯桑托斯:《帝国主义与依附》,第309—310页。

⑥ B. N. Ghosh, *Dependency Theory Revisited*, Aldershot: Ashgate, 2001, p. 77.

⑦ 特奥托尼奥·多斯桑托斯:《帝国主义与依附》,第317—319页。

泛的剥削和攫取人类生产力的权利；更为重要的是，在以跨国公司为中心的技术-工业依附模式下，发达国家的统治地位是全方位的，发展中国家在生产结构、金融结构、技术结构和知识结构上都处于对西方的依附地位。[①]　鉴于此，多斯桑托斯明确指出，跨国公司是"当代帝国主义的细胞"。[②]　依附论的另一位重要代表人物埃及学者萨米尔·阿明则认为，中心（发达国家）和外围（发展中国家）的关系是以不平等作为基本特征的，在经济领域，中心对外围的统治主要体现在贸易和投资结构上。[③]　阿明指出，第二次世界大战结束后发达国家跨国公司的快速发展带来了新型的国际分工，即中心国家负责提供设备、技术和管理，而外围国家则负责供应初级产品和制成品。在阿明看来，发达国家跨国公司主导下的国际分工使发展中国家丧失了自身发展的主动性，增加了从外围向中心的价值转移，并导致了发达国家与发展中国家之间新的不平等，它不可能改变中心-外围关系所特有的统治和依附的不对称进程。[④]　概括地讲，依附论关于发达国家跨国公司的基本观点是：对外直接投资的收益在跨国公司与发展中国家之间的分配是不公平的；通过挤压发展中国家民族工业的发展，跨国公司破坏了发展中国家的经济基础，导致发展中国家经济的变形和扭曲；通过母国向发展中国家施加政治压力、构筑符合跨国公司全球利益的国际体系等手段，跨国公司扰乱了发展中国家的政治进程。[⑤]　总之，在依附论看来，跨国公司对发展中国家的影响总体上是消极的[⑥]，发达国家的跨国公司在确立和维持南北依附关系的过程中扮演了关键角色，是发达国家控制发展中国

---

①　张建新：《激进国际政治经济学》，上海：上海人民出版社2011年版，第199页。

②　特奥托尼奥·多斯桑托斯：《帝国主义与依附》，第41、67、329页。

③　萨米尔·阿明：《世界规模的积累：欠发达理论批判》，杨明柱等译，北京：社会科学文献出版社2008年版，第213—215页。

④　萨米尔·阿明：《不平等的发展：论外围资本主义的社会形态》，高铦译，北京：商务印书馆2000年版，第177—180页。

⑤　Theodore H. Moran, "Multinational Corporations and Dependency: A Dialogue for Dependentistas and Non-dependentistas", *International Organization*, Vol. 32, No. 1, 1978, pp. 80 – 100.

⑥　Kwamena Acquaah, *International Regulation of Transnational Corporations: The New Reality*, New York: Praeger, 1986, p. 60.

家的主要途径之一。①

现实主义强调了国家的主导作用,自由主义关注到跨国公司的全球影响力,依附论则指出了跨国公司的消极影响,因而从不同角度阐释了国际关系中的跨国公司,并为思考南北关系中的跨国公司提供了有益的理论指导。首先,在一个以主权国家作为主要行为体的国际体系中,国家主权原则仍然是国际关系的基本原则,因此,主权国家有权制定有关跨国公司的制度规则,这就为发展中国家处理与发达国家跨国公司的关系提供了法理依据。其次,凭借雄厚的经济实力,跨国公司已经成为影响世界经济和国际关系的一个重要因素;对于发展中国家而言,发达国家的跨国公司是资本、技术和国际市场的主要来源,因此,在寻求经济发展的进程中,吸引发达国家跨国公司的投资无疑是发展中国家的重要政策考虑。② 第三,鉴于跨国公司的本质就是追逐利润最大化,以及发达国家跨国公司确有影响、干预甚至干涉发展中国家政治经济进程的趋向,如何发挥跨国公司在推动经济发展中的积极作用,同时避免发达国家跨国公司干涉发展中国家内政的倾向,就成为发展中国家处理跨国公司问题的核心。

毫无疑问,在取得政治独立之后,实现经济发展成为发展中国家的主要任务之一,而制定有效的外资政策,充分利用发达国家跨国公司的资本和技术以促进经济发展则是发展中国家面临的一个新课题。自第二次世界大战结束以来,发展中国家对待发达国家跨国公司的政策策略大体经历了两个时期。第一个时期从战后初期到 70 年代。在此期间,发展中国家独立不久,鉴于殖民地时代的经历,多数发展中国家对发达国家的跨国公司采取了极为谨慎的政策,要求改变发达国家跨国公司操纵国民经济特别是自然资源主权的状况,并对发达国家的跨国公司采取了限制与监督的政策。自 80 年代初期以来,发展中国家对待发达国家跨国公司的政策进入第二个时期,其总的特点是:重视跨国公司的积极作用并以发展经济作为引进外资的主要战略目标。发展中国家认为,通过吸引发达国家跨国公司的投资,利用其资金、技术、管理经验和销售渠道,发展中国家可以扩大对外经济交流,推动经济的有效增

---

① 孙溯源:《跨国公司的国际政治经济学研究:反思与重构》,第 63 页。
② Robert Gilpin, *The Challenge of Global Capitalism*, pp. 171 - 173.

长。鉴于此,发展中国家制定了吸引发达国家跨国公司投资的新政策,积极鼓励发展外向型经济,对外开放和利用外资已经成为绝大多数发展中国家经济发展战略中的一个基本政策趋势。[①]

纵观第二次世界大战结束以来跨国公司在发展中国家的投资与发展历程,跨国公司对南北关系的影响具有鲜明的两重性:一方面,跨国公司拥有的经济实力和资源可以成为发展中国家实现经济发展的有效工具,而且,跨国公司的投资对发展中国家的经济发展也的确发挥了一定程度的推动作用[②],同时在很大程度上促进了发达国家与发展中国家之间的相互依赖。[③] 另一方面,发达国家的跨国公司对发展中国家的政治经济发展又带来了一定的负面影响。发达国家的跨国公司往往利用强大的经济实力,通过资金和技术的垄断,控制发展中国家的相关经济部门,并借此影响发展中国家的经济发展进程;基于获取最大限度经济利益的考虑,发达国家跨国公司经常采取政治压力等手段以影响发展中国家的政策进程,甚至不惜采用各种手段干涉发展中国家的内政,左右发展中国家的政局,进而损害发展中国家的利益。[④] 正是出于追求利润最大化的战略目的,发达国家跨国公司往往将发展中国家的经济发展置于从属地位,力图操纵发展中国家的政治进程。[⑤] 从相互依赖关系的角度来看,发达国家跨国公司的投资促进了发展中国家与发达国家之间的相互依赖,但这种相互依赖关系又是严重不对称和不平等的。因此,发展中国家力图通过国家管理与国际管理相结合的方法以抵御不对称的相互依赖关系所带来的不利影响。[⑥]

---

① 王正毅、张岩贵:《国际政治经济学:理论范式与现实经验研究》,第 474—476 页。

② 联合国跨国公司中心:《三论世界发展中的跨国公司》,南开大学国际经济研究所译,北京:商务印书馆 1992 年版,第 159 页。

③ Andre van Dam, "Toward a Different Role for Multinationals in the Third World", *Journal of International Business Studies*, Vol. 9, No. 3, 1978, p. 126.

④ 宋新宁、陈岳:《国际政治经济学概论》,北京:中国人民大学出版社 1999 年版,第 249—250 页。

⑤ 穆罕默德·贝贾维:《争取建立国际经济新秩序》,欣华、任达译,北京:中国对外翻译出版公司 1982 年版,第 22 页。

⑥ Werner J. Feld, *Multinational Corporations and U. N. Politics:The Quest for Codes of Conduct*, New York:Pergamon Press, 1980, pp. 6, 11, 15 - 16.

二、围绕跨国公司行为守则的谈判

随着第二次世界大战结束后对外直接投资和跨国公司发展并成为影响国际政治经济关系的一个重要因素,跨国公司的国际管理成为国际社会关注的问题,而 1947—1948 年的哈瓦那会议(主要议题是谈判国际贸易组织宪章)则是国际社会为寻求跨国公司的国际管理所做的"最早努力"。① 基于发展中国家的推动,《国际贸易组织宪章》包含了管理国际投资的条款,但由于美国国会以及利益集团的反对,《国际贸易组织宪章》最终夭折。直至 20 世纪 70 年代,国际关系领域还没有关于跨国公司的全球性国际协定和国际制度。②

实际上,在跨国公司迅速发展的背景下,建立跨国公司的多边管理制度无疑是必要的,其原因就在于:一方面,由于跨国公司拥有雄厚的经济实力,因而可以在经济发展中发挥建设性的作用;另一方面,跨国公司的不当行为也会对有关国家的经济、政治和社会事务产生严重的不利影响。③ 发展中国家和发达国家均意识到,一国的法律规章不足以有效应对拥有全球战略的跨国公司,而多边国际制度则有助于解决世界各国围绕跨国公司问题的争执。④ 更为重要的是,随着发展中国家的兴起以及要求管理跨国公司行为以促进发展的呼声日渐高涨,寻求国际投资与跨国公司的国际管理机制再度引起了国际社会的关注。⑤ 具体地讲,跨国公司国际管理的目标是:建立一个可以最大限度地缩小跨国公司的消极影响,同时又最大限度地增强跨国公司对发展的积极贡献的国际体制。⑥ 对于发展中国家而言,跨国公司国际管理的关键问题就是在发展中国家与跨国公司之间确立公平的合作条件,为此,发展中国家的战略选择重点就是寻求完善公认的跨国公司国际

① Kwamena Acquaah, *International Regulation of Transnational Corporations*, p. 108.
② Joan E. Spero, *The Politics of International Economic Relations*, pp. 134, 160 – 161, 164.
③ Samuel K. B. Asante, "United Nations Efforts at International Regulation of Transnational Corporations", in Kamal Hossain, ed., *Legal Aspects of the New International Economic Order*, p. 123.
④ 联合国跨国公司中心:《三论世界发展中的跨国公司》,第 159—160 页。
⑤ Kathryn Sikkink, "Codes of Conduct for Transnational Corporations: The Case of the WHO/UNICEF Code", *International Organization*, Vol. 40, No. 4, 1986, p. 817.
⑥ 联合国跨国公司中心:《三论世界发展中的跨国公司》,第 159 页。

法规并建立国际经济关系的新体系。[①]

　　作为国际经济新秩序的纲领性文件之一,《行动纲领》明确建议订立一项跨国公司国际行为守则,其主要内容应当包括:防止跨国公司干涉东道国,尤其是发展中国家的内部事务,管理跨国公司在东道国的活动,取消跨国公司的限制性商业措施,推动跨国公司以公平优惠的条件向发展中国家提供技术转让与管理技能,促进跨国公司将经营利润重新投资于发展中国家。国际经济新秩序所倡导的跨国公司国际行为守则旨在减小跨国公司所造成的不利影响,通过确立相关的指导原则以规范跨国公司的行为,进而为建立公正合理的国际经济新秩序创造有利的条件。[②] 发展中国家倡导制定跨国公司国际行为守则的目的主要有两个方面:一是管理跨国公司的行为并使其符合发展中国家的发展目标;二是推动有关国家就跨国公司的管理规则达成协议。[③] 更为重要的是,国际经济新秩序的有关倡议充分展示了发展中国家力图通过多边途径以管理跨国公司而作出的积极努力,并为跨国公司国际行为守则谈判的展开提供了强大的动力。[④] 至此,以国际经济新秩序倡议为开端,寻求建立跨国公司国际管理机制成为国际关系的主要议题之一。[⑤] 在联合国体系内,联合国经社理事会、联合国跨国公司委员会、联合国国际贸易法委员会和联合国贸发会议等机构均开始研究跨国公司国际管理问题[⑥],而跨国公司国际行为守则的制定则是跨国公司国际管理的中心议题,其最终目标就是为妥善处理跨国公司与主权国家

---

① M. 沃伊诺维奇:《新的国际经济秩序与跨国公司》,张明清译,《国外社会科学》1982 年第 9 期,第 49 页。

② Jack N. Behrman, "Transnational Corporations in the New International Economic Order", *Journal of International Business Studies*, Vol. 12, No. 1, 1981, pp. 29, 35.

③ Robert Cohen and Jeffry Frieden, "The Impact of Multinational Corporations on Developing Nations", in Edwin P. Reubens, ed., *The Challenge of the New International Economic Order*, Boulder: Westview Press, 1981, p. 170.

④ Kwamena Acquaah, *International Regulation of Transnational Corporations*, pp. 83, 112.

⑤ Kwamena Acquaah, *International Regulation of Transnational Corporations*, pp. 37 – 38.

⑥ Paul A. Tharp, Jr., "Transnational Enterprises and International Regulation: A Survey of Various Approaches in International Organizations", *International Organization*, Vol. 30, No. 1, 1976, p. 69.

之间的关系提供一个基本的国际制度框架。①

在酝酿国际经济新秩序倡议的同时，联合国的一个专家小组亦于 1974 年向联合国提交了一份研究报告，明确指出跨国公司的发展已经带来了一系列的新问题，但国际社会至今尚没有专门处理跨国公司事务的国际机构。鉴于此，该报告呼吁联合国承担起制定全面的跨国公司国际规则的责任，达成一项关于跨国公司的总协定。为实现这一目标，该报告建议在联合国经社理事会之下设立一个跨国公司委员会以作为磋商跨国公司问题的论坛，同时成立一个跨国公司委员会指导下的跨国公司中心以提供信息搜集、研究和咨询服务。②

作为对国际经济新秩序有关倡议以及专家小组报告的回应，联合国经社理事会于 1974 年设立跨国公司委员会，以作为联合国全面评估跨国公司的中心论坛；从组建之时起，制定跨国公司行为守则就成为跨国公司委员会的优先考虑。此外，成立于 1975 年的联合国跨国公司中心也为跨国公司行为守则的制定提供了积极的支持。③

拟议中的跨国公司国际行为守则旨在处理有关国家同跨国公司之间的关系问题，为此，跨国公司委员会于 1975 年设立了一个政府间工作组以负责拟定守则草案。1977 年，联合国跨国公司行为守则的起草正式启动，并确立了守则涉及范围的综合性和全面性原则。④ 从 1977 年 1 月举行第一届会议以来，跨国公司国际行为守则政府间工作组召开了一系列会议，就行为守则的起草进行了充分的讨论。⑤ 在此期间，政府间工作组首先就跨国公司行为守则的规范对象展开了激烈争论。发展中国家认为，跨国公司行为守则的目标应是规范跨国公司的行为；而发达国家则表示，跨国公司行为守则不仅应确立跨国公司的行为规则，而且还应规定有关国家在跨国公司待遇方面的相应标准。经磋商，

① A. Jayagovind, "An International Legal Regime for Transnational Corporate Investment", *Internatioal Studies*, Vol. 19, No. 2, 1980, pp. 139, 154.

② United Nations, "Report of the Group of Eminent Persons to Study the Impact of Multinational Corporations on Development and on International Relations", in George Modelski, ed., *Transnational Corporations and World Order*, pp. 310, 327 - 329.

③ 联合国新闻部：《联合国手册》（第 10 版），第 252—253 页。

④ Pieter Sanders, "Implementing International Codes of Conduct for Multinational Enterprises", *The American Journal of Comparative Law*, Vol. 30, No. 2, 1982, p. 242.

⑤ 联合国跨国公司中心：《三论世界发展中的跨国公司》，第 163 页。

政府间工作组同意跨国公司行为守则应包括两个部分:第一部分涉及跨国公司行为规则,第二部分则规定有关国家对待跨国公司待遇的一般标准。① 至此,跨国公司行为守则的总体框架初现端倪。

1980 年 7 月,跨国公司委员会审议了政府间工作组在制订行为守则方面所取得的进展以及存在的问题,并向联合国经社理事会提出了进一步推动行为守则谈判的建议。在此基础上,经社理事会于 1980 年 7 月通过决议并指出,鉴于跨国公司在工业化、资金来源、商品和贸易、科学和技术以及粮食和农业领域均具有重要的作用,为推动跨国公司在建立国际经济新秩序的进程中作出积极的贡献,促进国家间在跨国公司问题上的国际合作,制定一项跨国公司国际行为守则是十分必要的。该决议明确规定了跨国公司国际行为守则的指导方针和基本原则,即:行为守则应具有全面性、有效性和普遍适用性;行为守则应将跨国公司的活动同建立国际经济新秩序的努力以及发展中国家的发展目标有效地联系起来;行为守则应规定跨国公司必须尊重有关国家的国家主权、法律和规章,尊重有关国家对跨国公司的活动进行管理和监督的权利;行为守则应禁止跨国公司在东道国从事颠覆活动,禁止跨国公司干涉东道国的内部事务,或从事损害东道国政治和社会制度的活动;行为守则应规定跨国公司的待遇、司法管辖以及其他相关问题;行为守则应对有关的适用程序作出安排。②

根据经社理事会的决议,政府间工作组围绕行为守则展开了进一步的磋商,并于 1982 年 8 月向跨国公司委员会提交了关于跨国公司国际行为守则的最后报告(包括尚未达成一致的有关条款),形成了一个框架性的跨国公司行为守则草案[简称“跨国公司守则草案”(Draft Code on Transnational Corporations)]。该草案分为六个部分,第一部分尚未起草完成,涉及序言和原则目标;第二部分为跨国公司的定义以及守则的适用范围;第三部分主要涉及跨国公司的行为规则,包括政治事项、经济和社会问题,以及跨国公司信息公开的规定;第四部分涉及跨国公司的待遇问题,有关的国有化和补偿问题以及司法管辖权问题;

---

① Samuel K. B. Asante, "Code of Conduct on Transnational Corporations", in Kamal Hossain, ed., *Legal Aspects of the New International Economic Order*, p. 11.

② UN, *YUN*, 1980, pp. 666, 670 – 671.

第五部分涉及守则应用方面的政府间合作问题;第六部分涉及为具体执行守则而需要在国家和国际层面所采取的行动。[1] 随着"跨国公司守则草案"的提出,联合国跨国公司行为守则的总体框架初具规模,这标志着跨国公司行为守则的谈判取得了阶段性成果。

在审议了政府间工作组提交的"跨国公司守则草案"之后,跨国公司委员会于1982年9月建议经社理事会授权跨国公司委员会在1983年初举行一次特别会议,以便完成跨国公司行为守则的制定工作。随后,经社理事会于1982年10月再度通过决议,授权跨国公司委员会在1983年召开一次特别会议以最终完成行为守则的谈判;该决议同时确认,经社理事会将把"迅速缔结一项有效的、普遍接受与适用的、全面和一体化的跨国公司行为守则放在最优先的地位";该决议强调,特别会议围绕跨国公司行为守则的谈判应以跨国公司委员会和政府间工作组的谈判成果为基础,继续完成工作组尚未达成一致的有关条款的拟定事宜,为此,联合国跨国公司中心应向所有与会国家提供必要的文件和资料;该决议明确要求跨国公司委员会尽速提交一份全面和最后的跨国公司行为守则草案,以供经社理事会和联合国大会审议。[2]

实际上,尽管有关国家就"跨国公司守则草案"的总体框架达成了基本一致,但在关键性问题上,发展中国家与发达国家之间的分歧依然存在,这主要体现在以下几个方面。

第一,关于跨国公司的定义。尽管有关国家对跨国公司的确切定义尚未达成一致,但均认为跨国公司应具有以下共同点:(1) 在两个或两个以上的国家里拥有实体;(2) 拥有协调跨国政策、确定共同战略的决策中心以及以此为基础的经营网络体系;(3) 各个实体通过所有权或其他方式联系在一起并相互影响,共同分享跨国经营网络体系的知识、资源和责任。[3]

第二,关于跨国公司行为守则的性质。发展中国家认为,跨国公司行为守则应是强制性的或具有法律约束力的,但发达国家则认为跨国

---

① UN,*YUN*,1982, p.785.

② UN,*YUN*,1982, pp.786−787.

③ 联合国跨国公司中心:《三论世界发展中的跨国公司》,第170—171页。

公司行为守则应是自愿或非强制性的。[1]

第三,关于跨国公司行为守则的原则和目标。发展中国家主张跨国公司行为守则的基本原则应包括充分尊重国家主权原则,各国对本国自然资源、财富以及经济活动拥有永久主权的原则,跨国公司不干涉各国内部事务以及政府间事务原则;跨国公司行为守则还应规定各国管理跨国公司活动的权利。发达国家则强调在确立这些原则的同时,还应规定尊重国际法原则、保障跨国公司合法活动和公平待遇原则等,以保持跨国公司行为守则的规则平衡。[2]

第四,关于跨国公司行为守则中跨国公司的国民待遇问题。发达国家认为,国民待遇原则意味着平等地对待跨国公司和本国企业,是跨国公司行为守则最重要的原则。发展中国家则认为,由于跨国公司和本国企业的能力不同,国民待遇原则实际上将导致有利于跨国公司而歧视本国企业的局面,因此,国民待遇原则必须考虑发展中国家的特殊发展需要,不能有损发展中国家的发展计划与目标。[3]

第五,关于跨国公司行为守则中的国有化和补偿条款问题。实际上,在《新宣言》《行动纲领》和《经济宪章》等三份国际经济新秩序纲领性文件的谈判过程中,国有化问题就是争论的核心之一。[4] 在"跨国公司守则草案"的制定与谈判过程中,国有化问题再次凸现。发展中国家认为,将一国领土内的外国财产国有化是一项不容剥夺的国家主权权利,因而不应附加任何条件;在实施国有化政策时,有关国家只需承担适当补偿的国际义务。发达国家则以美国国务卿赫尔于 1938 年提出的"充分、及时、有效"的补偿三原则(亦称"赫尔公式")作为根据[5],主张国有化权利的行使以及补偿的程序和金额,都必须遵循适当的法律程序以及国际法和有关协定的规定,涉及国有化的补偿必须是

---

① 联合国跨国公司中心:《三论世界发展中的跨国公司》,第 168—169 页。

② 联合国跨国公司中心:《三论世界发展中的跨国公司》,第 170 页。

③ 联合国跨国公司中心:《三论世界发展中的跨国公司》,第 176—177 页。

④ Adeoye Akinsanya and Arthur Davies, "Third World Quest for a New International Economic Order: An Overview", p. 213.

⑤ 徐崇利:《国际投资法中的重大争议问题与我国的对策》,《中国社会科学》1994 年第 1 期,第 29 页。

充分、及时和有效的。①

第六,关于跨国公司与投资争议的管辖权问题。由于跨国公司的活动跨越了国界,有关跨国公司与投资争议的管辖权问题就成为争论的焦点之一。发达国家声称,跨国公司母国有权扩大其管辖权,即母国有权对跨国公司在其领土范围之外的活动行使司法管辖权。发展中国家则认为,东道国拥有在其领土范围内对跨国公司行使管理和司法管辖的权利,而不问跨国公司的子公司是否违反了母国的法律。②

第七,关于跨国公司行为守则的实施问题。尽管参与谈判的国家普遍认为跨国公司行为守则应是一个有效的文件,但在是否应当建立适当的执行机构以及相关的程序问题上,有关国家却出现了重大分歧。发展中国家认为,为推动跨国公司行为守则切实发挥效力,应设立相应的执行机构,即授权跨国公司委员会负责跨国公司行为守则的实施,并将跨国公司委员会作为有关各国协调跨国公司政策的主要论坛。发达国家则坚持认为,跨国公司行为守则具有自愿遵守的性质,因此,在跨国公司行为守则的框架内赋予跨国公司委员会以实际上的准司法权不仅是不必要的,而且也是不适当的。③

由于发达国家与发展中国家之间存在着巨大的分歧,跨国公司委员会1983年特别会议仍然未能就"跨国公司守则草案"达成一致。此后,跨国公司委员会举行了一系列特别会议,继续围绕"跨国公司守则草案"展开谈判,但均未取得积极进展。在1992年联合国大会上,修改后的"跨国公司守则草案"仍然未获通过。④ 从此以后,"跨国公司守则草案"的谈判实际上陷于停顿。⑤ 总之,由于发达国家缺乏政治意愿,跨国公司行为守则的谈判虽经年累月,但迄今尚未形成有关各方均能接受的协定文本。⑥

---

① 联合国跨国公司中心:《三论世界发展中的跨国公司》,第178—179页。
② 联合国跨国公司中心:《三论世界发展中的跨国公司》,第179—180页。
③ 联合国跨国公司中心:《三论世界发展中的跨国公司》,第180—181页。
④ 爱德华·M.格莱汉姆:《全球性公司与各国政府》,胡江云等译,北京:北京出版社2000年版,第89页。
⑤ 刘笋:《国际投资保护的国际法制:若干重要法律问题研究》,北京:法律出版社2002年版,第26页。
⑥ 王正毅、张岩贵:《国际政治经济学:理论范式与现实经验研究》,第495—496页。

尽管"跨国公司守则草案"尚未发展成为具有约束力的国际协定，但围绕"跨国公司守则草案"的多边谈判无疑展现了国际社会为制定一项规范国家与跨国公司之间关系的全面的国际文件所做的努力[①]，是有关国家为制定综合性的跨国公司国际制度而进行的第一次全方位的谈判[②]，反映了联合国体系内各成员国致力于运用国际立法以规范跨国公司行为的共同期盼[③]，同时也从全球层面体现了国际社会寻求建立国际投资与跨国公司新机制的最广泛的尝试[④]，唤起了国际社会以及有关国家对跨国公司管理问题的密切关注。作为国际社会寻求规范跨国公司行为的最具影响力和指导意义的文本[⑤]，初具规模的"跨国公司守则草案"亦为有关国家讨论跨国公司与对外直接投资的管理问题提供了框架性的思考路径，并为有关的谈判与国际协定奠定了值得借鉴的原则基础。实际上，正是在国际经济新秩序的有关倡议以及"跨国公司守则草案"谈判的推动下，跨国公司的国际管理问题才正式纳入了国际社会的议事日程。正因为如此，在寻求建立管理跨国公司和对外直接投资的全球规则及国际机制的进程中，"跨国公司守则草案"的谈判与框架设计无疑是"一个重要的步骤"。[⑥]

除"跨国公司守则草案"的谈判之外，国际社会在对外直接投资的管理与规范方面还进行了其他的努力。就具有约束力的国际条约而言，世界银行于20世纪60年代中期倡导制定了《关于投资争端解决的国际公约》，并于1966年10月生效，同时在世界银行总部设立了投资争端解决国际中心，从而为有关国家与跨国公司之间的争端解决设计了具有约束力的规则并提供了相应的仲裁机构。[⑦] 1985年10月，世界银行又主持通过了《多边投资担保机构公约》，并以此为基础于1988

① 联合国跨国公司中心:《三论世界发展中的跨国公司》，第163页。

② Kwamena Acquaah, *International Regulation of Transnational Corporations*, p. 111.

③ 杨宇光:《经济全球化中的跨国公司》，上海：上海远东出版社1999年版，第84页。

④ Kathryn Sikkink, "Codes of Conduct for Transnational Corporations", p. 818.

⑤ 范春辉:《全球化背景下跨国公司的政治功能研究》，第204页。

⑥ Robert Gilpin, *The Challenge of Global Capitalism*, p. 184.

⑦ Robert O. Keohane and Van Doorn Ooms, "The Multinational Firm and International Regulation", *International Organization*, Vol. 29, No. 1, 1975, pp. 187–188.

年 4 月正式组建了多边投资担保机构①,进一步加强了多边投资的制度规则,并为全球性对外直接投资管理机制的建立提供了有益的参考。

同时,为规范跨国公司的投资和经营行为,有关国际组织还颁布了一系列自愿性的、不具有约束力的国际文件,其中的主要文件包括:国际商会于 1972 年颁布的《国际投资准则》、经济合作与发展组织于 1976 年通过的《多国企业指导方针》、国际劳工组织于 1977 年通过的《关于多国企业和社会政策原则的三方代表宣言》、联合国贸发会议主持并经联合国大会于 1980 年决议通过的《关于管理限制性商业措施的公平原则与规则的多边协议》、经济合作与发展组织于 2000 年通过的《关于跨国公司社会责任的指南》等。值得注意的是,上述文件虽然不具有约束力,但却在一定程度上为跨国公司和对外直接投资行为设定了相应的规则范围,至少可以发挥道德强化的作用。② 而且,上述文件的颁布还再次表明,自 20 世纪 60 年代以来,管理和规范跨国公司及其对外直接投资行为已经成为国际社会的一个重要议题。

三、国际投资新规则的发展

20 世纪 80 年代以来,尤其是冷战结束之后,跨国公司进入高速发展的时期,并成为经济全球化的最普遍的象征和核心主体。③ 在此背景下,跨国公司在国际政治经济关系中的地位进一步凸现,跨国公司的国际管理再度引起了有关国家和国际社会的高度关注。

基于对外直接投资和跨国公司国际管理的共识,基于“跨国公司守则草案”谈判所积累的经验,在关贸总协定“乌拉圭回合”酝酿期间,对外直接投资和跨国公司的国际管理成为有关国家关注的议题,但对于以何种方式磋商跨国公司和对外直接投资问题,有关国家的立场却不尽相同。发展中国家认为,跨国公司和对外直接投资的多边规则显然超出了关贸总协定制度的范围,因此,关贸总协定并不是谈判与贸易

---

① 汤树梅:《国际投资法的理论与实践》,北京:中国社会科学出版社 2004 年版,第 276—277 页。

② 张瑞萍:《WTO 规则下跨国公司行为规制方式分析》,《现代法学》2005 年第 3 期,第 171 页。

③ David Held, Anthony G. McGrew, David Goldblatt and Jonathan Perraton, *Global Transformations*, p. 236.

有关的投资措施的合适论坛;而发达国家则坚信,扭曲投资的政策将对贸易产生重要影响,与贸易有关的投资政策应置于多边贸易规则的约束之下,因此,发达国家主张将国际投资问题纳入关贸总协定制度的多边体系内并确立相应的规则。[①] 在美国等发达国家的支持和推动下,1986 年 9 月的关贸总协定埃斯特角城部长级会议所发表的宣言明确将与贸易有关的投资措施纳入了"乌拉圭回合"的谈判议程,由此标志着关贸总协定制度框架内的国际投资规则谈判正式启动。

按照埃斯特角城部长级会议宣言的授权,与贸易有关的投资措施规则的谈判内容是:审查关贸总协定中有关投资措施对贸易产生限制和扭曲影响的条文的执行情况,并制定进一步的原则和规则,以避免给贸易带来负面影响。[②] 但对于与贸易有关的投资措施的具体定义及其覆盖范围,有关国家却存在截然不同的观点。美国提出的与贸易有关的投资措施的涵盖范围最为广泛,共有 10 种,即:当地成分要求、出口实绩要求、国内销售要求、当地制造要求(要求外国投资企业须在当地生产产品)、产品销售方向要求(要求外资企业将其产品出口到特定的世界市场)、贸易平衡要求、本地股权要求、限制资本和利润汇出、技术转让及许可要求(要求外国投资者须采用包含某种特定技术在内的生产或加工工艺,或在当地进行符合规定的最低程度的研究开发,或强迫外国投资者在当地实施或许可实施特定的技术等)。欧洲共同体明确主张重点讨论当地成分要求和出口实绩要求,日本则建议将美国与欧洲共同体的观点协调起来进行谈判。出于在鼓励外国投资的同时确保外国投资符合本国发展目标的考虑,发展中国家主张尽量缩小与贸易有关的投资措施的谈判范围。[③]

经过紧张的谈判,关贸总协定"乌拉圭回合"最终达成了《与贸易有关的投资措施协定》(简称《TRIMs 协定》)。具体地讲,《TRIMs 协定》主要包括三方面的内容:(1) 关于协定的适用范围。《TRIMs 协定》规定,本协定仅适用于与货物贸易有关的投资措施,对与服务贸易

---

① Bernard M. Hoekman and Michel M. Kostecki, *The Political Economy of the World Trading System: The WTO and Beyond*, Oxford: Oxford University Press, 2001, p. 202.

② 爱德华·M. 格莱汉姆:《全球性公司与各国政府》,第 79 页。

③ 曹建明、贺小勇:《世界贸易组织》,第 300 页。

和知识产权贸易有关的投资措施,或任何其他投资措施,《TRIMs 协定》则不予管制。(2)关于禁止实施的与贸易有关的投资措施。《TRIMs 协定》明确规定,各成员国所采用的与贸易有关的投资措施,均不得违反国民待遇原则和一般取消数量限制原则。对于违反国民待遇原则的与贸易有关的投资措施,《TRIMs 协定》附件列举了两项,即当地成分要求(要求企业购买或使用最低限度的国内产品或任何来源于国内的产品)和贸易平衡要求(要求企业购买或使用的进口产品数量或金额,以企业出口当地产品的数量或金额为限)。对于违反一般取消数量限制原则的与贸易有关的投资措施,《TRIMs 协定》附件列举了三项,即限制进口要求、外汇平衡要求和限制出口要求。(3)关于发展中国家的优惠待遇。考虑到发展中国家,尤其是最不发达国家的特殊利益与需要,《TRIMs 协定》允许发展中国家可以暂时背离与贸易有关的投资措施的国民待遇和一般取消数量限制的义务。为此,《TRIMs 协定》明确规定,发达成员国应在世界贸易组织协定生效之后的 2 年内取消一切与本协定不相符的与贸易有关的投资措施,而发展中国家则可享受更长的过渡期,即发展中成员国与本协定不相符的与贸易有关的投资措施应在世界贸易组织协定生效后的 5 年内予以取消,最不发达成员国应在 7 年内予以取消。[①]《TRIMs 协定》是国际社会所达成的涉及对外直接投资的第一个具有约束力的多边协定,是对外直接投资领域全球性国际协调的第一步。[②] 因此,《TRIMs 协定》不仅"代表着投资措施的国际管制方面的重大进展"[③],而且标志着国际社会寻求管理跨国公司的努力取得了积极的成果。至此,对外投资纳入了世界贸易组织及其强制性争端解决机制的管辖范畴。[④]

此外,关贸总协定"乌拉圭回合"所达成的《服务贸易总协定》也涉

① 《乌拉圭回合多边贸易谈判结果法律文本》,第 143—146 页。

② 卢进勇:《从〈与贸易有关的投资措施协议〉到〈多边投资协议〉》,《世界经济》1997 年第 10 期,第 32 页。

③ 刘笋:《国际投资保护的国际法制:若干重要法律问题研究》,第 325 页。

④ M. Sornarajah, "Economic Neo-Liberalism and the International Law on Foreign Investment", in Antony Anghie, Bhupinder Chimni, Karin Mickelson and Obiora Okafor, eds., *The Third World and International Order: Law, Politics and Globalization*, Leiden: Martinus Nijhoff Publishers, 2003, p.186.

及与对外直接投资相关的问题。实际上,早在 20 世纪 90 年代初期,全球对外直接投资总额的约 50% 都是投资于服务领域的;而且,鉴于服务贸易一般是无形的和不可储存的,涉及服务贸易的贸易壁垒并不是体现为关税壁垒,而是以禁止、数量限制和政府规章的形式予以实施。① 正因为如此,确立影响服务贸易的投资规则亦成为服务贸易谈判的一个重要方面。按照《服务贸易总协定》的有关规定,"商业存在"(Commercial Presence)是服务贸易的四种类型之一。所谓"商业存在",就是指一成员国的服务提供者在另一成员国境内设立商业机构或专业机构,为后者领土内的消费者提供相应的服务。"商业存在"的服务贸易有两个特点:一是服务提供者和消费者在同一成员国境内;二是境外服务提供者到消费者所在国的境内采取设立商业实体的方式提供服务。因此,"商业存在"的服务贸易往往与对外直接投资联系在一起,且规模大、范围广、发展潜力大,对服务消费国特别是发展中国家的冲击力较强,是国际服务贸易中最敏感、最活跃、最主要的形式。② 为规范包括"商业存在"方式在内的服务贸易,《服务贸易总协定》明确规定了最惠国待遇原则、政策透明度原则和国民待遇原则,确立了有关的市场准入规则,并制定了涉及各成员国开放服务贸易领域的承诺表(服务贸易减让表,包括国民待遇和市场准入两方面的具体开放承诺)。③ 随着《服务贸易总协定》的谈判、签署与生效,"影响服务市场准入的政策最终纳入了多边贸易政策的谈判议程"④,相应的制度规则一并确立,从而对服务贸易领域内的对外直接投资和跨国公司的发展产生了重大的影响。鉴于《服务贸易总协定》所确立的"商业存在"方式就是通过对外直接投资提供服务⑤,从跨国公司国际管理的角度来看,《服务贸易总协定》实际上以"商业存在"的名义确立了服务贸易领

① Bernard M. Hoekman and Michel M. Kostecki, *The Political Economy of the World Trading System*, pp. 128, 130.

② 曹建明、贺小勇:《世界贸易组织》,第 239—240 页。

③ 《乌拉圭回合多边贸易谈判结果法律文本》,第 286—307 页。

④ Bernard M. Hoekman and Michel M. Kostecki, *The Political Economy of the World Trading System*, p. 141.

⑤ 汤树梅:《国际投资法的理论与实践》,第 288 页。

域涉及对外直接投资和跨国公司的有关规则，因而可以视为国际社会管理跨国公司的一个阶段性成果。

总之，以《TRIMs 协定》和《服务贸易总协定》的签署与生效为标志，世界贸易组织"创设了一个新的调节国际投资的多边体制"[1]，至此，对外直接投资和跨国公司的国际管理初步形成了具有约束力的制度规则，并为制定进一步的跨国公司国际管理规则奠定了坚实的基础。对发展中国家而言，《TRIMs 协定》和《服务贸易总协定》仍然具有重要意义。首先，《TRIMs 协定》确认了发展中国家的优惠和差别待遇，从而再次体现了多边贸易体系所确立的"特殊和差别待遇"原则，以及国际经济新秩序有关给予发展中国家优惠待遇的原则。因此，《TRIMs 协定》及其规则在一定程度上满足了发展中国家的需要，适当照顾了发展中国家的特殊利益，并展示了将"特殊和差别待遇"原则运用于跨国公司国际管理和多边投资制度的前景；而且，《TRIMs 协定》附件的解释性清单对应予禁止的与贸易有关的投资措施采用了列举的方式加以限定，因而有助于防止《TRIMs 协定》解释与适用的扩大化，并有助于维护发展中国家的利益。[2] 其次，作为服务贸易部门开放的具体承诺，《服务贸易总协定》的服务贸易减让表采用了发展中国家所主张的肯定式清单（即各成员国将能够开放的部门列出清单，并随着有关谈判的深入逐步增加开放市场的服务门类），这样，发展中国家可以将尚不清楚的新兴服务部门排除在《服务贸易总协定》的规则适用之外，并根据经济发展的水平逐步选择可以开放的服务贸易部门，进而增加发展中国家与发达国家的谈判筹码。[3] 从这个意义上讲，《服务贸易总协定》的肯定式清单无疑体现了国际经济新秩序的公平与平等原则，以及照顾发展中国家特殊利益的基本理念，展示了发展中国家在服务贸易制度规则构筑中所发挥的积极的建设性作用。

另一方面，《TRIMs 协定》亦存在明显缺陷，其中的首要问题是：对于发展中国家普遍关注的跨国公司的限制性商业措施，它并没有加以

---

① 刘笋：《国际投资保护的国际法制：若干重要法律问题研究》，第 287 页。

② 余劲松：《〈TRIMS 协议〉研究》，《法学评论》2001 年第 2 期，第 102 页。

③ 曹建明、贺小勇：《世界贸易组织》，第 250—251 页。

规范,由此表明其仍然具有不平衡性。① 鉴于此,发展中国家仍需继续推动《TRIMs 协定》的改革与完善。

尽管《TRIMs 协定》和《服务贸易总协定》在不同领域、从不同侧面对直接投资和跨国公司的国际管理作出了相应的规定,但国际社会仍然缺乏一个有关对外直接投资和跨国公司的综合性国际协定,缺乏一套完整的管理对外直接投资和跨国公司的国际规则。② 面对 2008 年国际金融危机对全球经济的严重影响,跨国公司,尤其是跨国金融公司的国际监管作为一个亟待解决的问题提上了国际社会的议事日程。因此,以现有国际规则的谈判成果为基础,结合经济全球化背景下跨国公司对国际政治经济的影响,进一步磋商并制定一个综合性的有关对外直接投资和跨国公司的国际制度体系就成为国际社会应予关注的一个重要课题,进而以此推动包括跨国公司管理在内的国际投资新秩序的建立。

实际上,透过跨国公司国际管理的谈判历程可以看出,"跨国公司守则草案"更侧重于规范跨国公司的行为,而《TRIMs 协定》和《服务贸易总协定》则强调为跨国公司以及对外直接投资的发展创造一个自由开放的国际制度环境。但面对 2008 年国际金融危机的冲击,国际社会意识到,仅仅为跨国公司的投资自由化确立规则显然是不够的。在一个综合性的跨国公司国际制度体系中,为跨国公司的发展创造有利的环境是一个方面,管理和规范跨国公司的行为则是另一个方面,两者不可或缺;换言之,将对外直接投资的自由化运转与跨国公司行为的规范化管理有机地结合起来,应是建立综合性跨国公司国际制度体系的关键所在。同时应当看到,随着经济全球化的深入发展,发达国家跨国公司在全球经济发展不平衡,特别是南北差距扩大中扮演着重要角色。③ 因此,如何确保跨国公司在推动发展中国家经济发展中发挥积极作用,也是建立综合性跨国公司国际制度体系的应有之义。

---

① 崔凡:《论世界贸易新体系形成过程中的不平衡发展趋势》,《国际贸易问题》1997 年第 10 期,第 36 页。

② 爱德华·M. 格莱汉姆:《全球性公司与各国政府》,第 77、85 页。

③ 李琮:《当代国际垄断:巨型跨国公司综论》,北京:经济管理出版社 2007 年版,第 317 页。

第二节　国际经济新秩序中的技术转让

一、国际技术转让与南北关系

国际技术转让(International Transfer of Technology)是指营业地位于不同国家或地区的自然人、法人及其他组织转移技术的活动。国际技术转让的标的主要分为两大类：一是工业产权(包括专利权和商标权)，二是专有技术。① 从经济发展的角度看，技术转让的目的就是填补国家间，尤其是发达国家和发展中国家之间在实用技术(包括机器设备和生产工艺)以及技术发明和技术创造能力方面的差距。②

在人类社会发展的早期，技术转让就以一定的方式存在和发展。例如，中国古代的四大发明(即造纸、火药、指南针和活字印刷术)很早就传播到西方；古代埃及、巴比伦、希腊和罗马等文明古国的先进技术也传播到世界各地，从而推动了人类社会的整体进步。但古代的技术跨国转让往往是伴随着劳务交易进行的，且一般是无偿地传授技术，因此，古代的跨国技术转让处于初级的、发展缓慢的阶段，没有形成专门的规则和独立的形式。③

随着第一次科学技术革命的发展，工业化迅速在欧美国家蔓延，因此，正是技术造就了早期工业化国家在全球经济中的强有力的竞争优势。④ 随着科学技术的进一步发展，作为国际技术转让的重要形式，国际技术贸易在 19 世纪末 20 世纪初呈现出逐步发展的态势。⑤

第二次世界大战结束之后，在科学技术革命的带动下，现代技术的地位更加突出，甚至成为国家政治、军事和经济实力的重要象征和基本

---

① 安丽：《国际技术转让法》，北京：中国法制出版社 2003 年版，第 1、15 页。

② William R. Kintner and Harvey Sicherman, *Technology and International Politics*: *The Crisis of Wishing*, Lexington: Lexington Books, 1975, p. 91.

③ 安丽：《国际技术转让法》，第 5 页。

④ Dennis Pirages, *Global Technopolitics*: *The International Politics of Technology and Resources*, Pacific Grove: Brooks/Cole Publishing Company, 1989, p. 142.

⑤ 郭寿康：《国际技术转让》，北京：法律出版社 1989 年版，第 6 页。

内涵。[1] 同时,科学技术的发展不仅促进了国家间的相互依赖,而且还拉大了发达国家和发展中国家之间的技术差距。[2] 在此背景下,国际技术转让的重要性日渐突出,因为技术进步可以影响国家的经济增长,进而改变区域甚至全球层面的经济和政治力量平衡。[3] 随着发展中国家的兴起以及经济发展纳入国际议程,技术成为南北关系的一个重要议题[4],国际技术转让亦成为国际关注与多边谈判的一个重要领域。[5] 对于发展中国家而言,科学技术最重要的意义就在于其与经济发展的关系,因此,技术转让就成为影响南北关系的重要因素,同时也是发展中国家与发达国家之间政治经济关系的重要方面。[6]

　　需要指出的是,殖民时代形成的技术差距仍然是影响当代南北关系的一个重要因素[7],正因为如此,现行国际体系中的技术关系是不平等的,发达国家及其跨国公司掌握了世界绝大部分科学技术资源。据1975 年的统计,世界专利权的 94% 为发达国家的有关实体所拥有,发展中国家所拥有的专利权仅占 6% ;其中,发达国家的跨国公司所拥有的专利权占到了世界专利权的 85% ,而发展中国家的公司所拥有的专利权只占 1% 。鉴于此,发达国家在世界技术市场上占据了主导地位,进而控制了世界技术发展的内涵与方向;而发展中国家面对的则是一个具有典型垄断性的技术市场,其特点就是发达国家对技术转让的严格控制以及高昂的技术转让成本。[8] 正因为如此,国际技术关系中的

---

[1]　William R. Kintner and Harvey Sicherman, *Technology and International Politics*, p. 139.

[2]　Eugene B. Skolnikoff, "Science and Technology: The Implications for International Institutions", *International Organization*, Vol. 25, No. 4, 1971, pp. 761 - 762.

[3]　John R. McIntyre, "Introduction: Critical Perspectives on International Technology Transfer", in John R. McIntyre and Daniel S. Papp, eds., *The Political Economy of International Technology Transfer*, New York: Quorum Books, 1986, pp. 3 - 4.

[4]　Frances Stewart, "Technology Transfer and North/South Relations: Some Current Issues", in Joseph S. Szyliowicz, ed., *Technology and International Affairs*, New York: Praeger, 1981, pp. 203 - 204.

[5]　UNCTAD, *The History of UNCTAD*, p. 158.

[6]　Eugene B. Skolnikoff, *The Elusive Transformation: Science, Technology, and the Evolution of International Politics*, Princeton: Princeton University Press, 1993, p. 133.

[7]　Dennis Pirages, *Global Technopolitics*, p. 147.

[8]　Frances Stewart, *North-South and South-South: Essays on International Economics*, London: MacMillan, 1992, pp. 314 - 315, 327.

不平等性亦引起了国际社会的关注。

在技术发展和技术转让进入国际关系视野的同时,国际政治经济学的三大流派——现实主义、自由主义和新马克思主义(以依附论为代表)——从不同角度阐述了技术与国际关系的互动及其意义,并为思考国际议程中的技术和技术转让提供了相应的理论借鉴。

在现实主义看来,国际社会处于无政府状态,权力争夺和利益冲突是国家间关系的本质特征。现实主义认为,国家权力是由多种因素构成的,技术是国家权力的重要组成部分,是实现国家政治目标(包括对外政策目标)的重要工具;技术竞争是国家间权力角逐的一个重要方面,而国家间的权力竞争则是推动技术进步的主要动力;技术进步可以增强国家行使权力的能力,改善国家在国际体系中的权力地位;国际体系的变迁是国家间权力关系发展演进的结果,而技术则是推动国家间权力关系发展变化的重要力量。[1] 就技术转让而言,现实主义认为:国际技术转让为国家权力的行使提供了新的领域;国家可以通过技术转让实现其对外政策目标,并使其服务于国家的政治、经济、军事和安全利益。因此,国际技术转让同样是国家对外政策的重要工具。[2]

自由主义尽管承认国际社会处于无政府状态,但却强调共同利益有助于确保国家间关系具有合作而非冲突的本质特点。自由主义认为,技术进步,尤其是现代交通、通讯和信息技术的发展打破了国家疆界,促进了跨国交流及全球相互依赖的发展,增强了非国家行为体(如国际组织、跨国公司等)在全球事务中的地位。在自由主义看来,技术进步带来了国家间在经济、社会、政治等领域的广泛互动,国际相互依赖关系的发展以及经济全球化的进程是长期的技术进步的结果,而基于技术进步的相互依赖关系和全球化进程则极大地改变了国际关系的面貌,促进了国家间的合作以及国际一体化的进程。[3] 自由主义同时强调,技术发展和技术转让强化了跨国相互依赖关系,并为国家间合作开辟了新的领域;鉴于现代技术基本掌握在跨国公司手上,跨国公司成

---

① Stefan Fritsch, "Technology and Global Affairs", *International Studies Perspectives*, Vol. 12, No. 1, 2011, pp. 35 – 36, 39.

② John R. McIntyre, "Introduction: Critical Perspectives on International Technology Transfer", pp. 5 – 6.

③ Stefan Fritsch, "Technology and Global Affairs", pp. 37 – 38.

为国际技术交流和技术转让的重要传送带。①

　　依附论侧重从技术依附的角度看待南北关系中的技术因素。依附论认为,由于现代技术基本上被发达国家的跨国公司所垄断,占有技术优势的发达国家跨国公司成为发展中国家陷入技术依附的有力工具。② 就技术转让而言,依附论指出,由于现行世界体系的等级性和剥削性,以及现行工业产权体系是由发达国家主导的,因此,技术转让是在一个不公平的市场框架内运转的,发达国家及其跨国公司垄断了技术和技术转让,尤其是在技术转让过程中蓄意抬高价格,附加限制条件,进而强化了发展中国家的技术依附关系。③

　　现实主义、自由主义和依附论有关技术和技术转让的观点无疑为思考国际技术转让问题提供了有益的启示。首先,鉴于技术在促进经济发展和增强国家实力等诸多方面的重要作用,技术已经成为国家间竞争的一个重要领域。因此,国际社会应当对国家间的技术竞争以及国际技术转让加以规范和管理,防止因不当的技术竞争以及国际技术转让问题而引发的纠纷影响国际关系的稳定发展。其次,除了技术竞争之外,国际技术合作已经成为国家间政治经济交往的重要方式。因此,在一个日益相互依赖的世界里,国际社会需要通过具有约束力的制度规则来规范国际技术交流和技术转让,确保技术竞争的有序展开以及技术合作的健康发展,进而促进科学技术的广泛运用以及世界经济的全面发展。第三,鉴于发展中国家在科学技术领域处于明显的弱势地位,发展中国家更加需要借助现代技术以实现经济和社会发展,而现行的国际技术制度规则确实不利于发展中国家获得经济发展所必需的现代技术。因此,国际社会应考虑到发展中国家的特殊地位和现实需要,通过制定有利于发展中国家的制度规则来改善国际技术转让条件,促进面向发展中国家的国际技术转让,进而推动世界范围内经济以及科学技术的均衡发展。

　　面对国际技术转让的发展及其对世界经济的深远影响,管理和规

---

①　John R. McIntyre, "Introduction: Critical Perspectives on International Technology Transfer", pp. 4 – 5.

②　B. N. Ghosh, *Dependency Theory Revisited*, p. 77.

③　John R. McIntyre, "Introduction: Critical Perspectives on International Technology Transfer", pp. 6, 14.

范国际技术转让行为的问题早就提上了国际社会的议事日程。自 19
世纪下半叶以来,有关国家就开始关注国际技术转让中的知识产权问
题,并制定了相应的国际公约或条约以保护知识产权并规范国际技术
转让行为,其中的主要条约包括:《保护工业产权巴黎公约》[1883 年,
简称《巴黎公约》(Paris Convention)]、《保护文学艺术作品伯尔尼公
约》(1886 年)、《商标国际注册马德里协定》(1891 年)、《专利合作条
约》(1970 年)、《世界版权公约》(1952 年)、《商标注册条约》(1973
年)。其中,《巴黎公约》的签订标志着知识产权多边国际保护机制的
初步建立。[1] 为进一步促进知识产权国际保护的制度化,有关国家于
1967 年 7 月在斯德哥尔摩签署了《建立世界知识产权组织公约》,并于
1970 年 4 月正式生效,世界知识产权组织(World Intellectual Property
Organization,简称 WIPO)亦随之建立并成为联合国的专门机构,这标
志着知识产权国际保护的制度化建设取得了新的进展。

　　知识产权国际保护的制度化建设取得了一定成果是一个方面,但
另一方面,国际社会仍然缺乏一套统一的专门调整国际技术贸易和国
际技术转让的制度规则[2];更为重要的是,发达国家及其跨国公司在国
际技术贸易和国际技术转让中始终占据着主导地位,并凭借经济和技
术优势将不平等的制度规则强加于发展中国家,严重损害了发展中国
家的利益,导致发展中国家在技术领域始终处于"结构性弱势地位"。[3]
具体地讲,由于发达国家的跨国公司处于国际贸易和国际技术发展的
领先位置,而且技术控制权是发达国家跨国公司确立市场垄断地位并
攫取高额利润的有效手段之一[4],因此,跨国公司在国际技术转让中所
扮演的角色就成为南北关系的一个关键问题。发展中国家认为,从总
体上讲,发达国家在向发展中国家转让技术的过程中扮演了消极角色,

---

① 丁晓钦:《知识产权保护的国际政治经济学分析》,《马克思主义研究》2008 年第 1 期,第
　45 页。
② 郭寿康:《国际技术转让》,第 193 页。
③ Oscar Schachter, "Transfer of Technology and Developing Countries", in Kamal Hossain, ed.,
　Legal Aspects of the New International Economic Order, p. 156.
④ Ronald Muller, "The Multinational Corporation and the Underdevelopment of the Third
　World", in Charles K. Wilber, ed., *The Political Economy of Development and Underdevelop-
　ment*, New York: Random House, 1973, p. 127.

例如,发达国家跨国公司所要求的技术转让成本过高,发达国家主导的工业产权国际体系严重阻碍了发展中国家获取先进技术的努力,发达国家及其跨国公司转让的技术难以适应发展中国家的需要,跨国公司的限制性技术转让惯例对发展中国家而言是不公平的。[①]实际上,为维护市场资源与地位,发达国家的跨国公司总是倾向于限制发展中国家引进、拥有和掌握先进技术[②],这是发达国家跨国公司在向发展中国家转让技术问题上持消极态度的根源所在。

毫无疑问,技术是促进经济发展、参与国际竞争的最具有决定性的因素,拥有先进技术就掌握了国际经济竞争的主动权。[③]一个不容置疑的事实是,在现代世界经济体系中,发展中国家长期处于不平等的地位,而发展中国家与发达国家之间的技术差距则是这种不平等的最突出的表现。[④]从根本上讲,技术差距不仅是南北关系不平等的表现之一,同时也是导致南北关系不平等的一个重要原因。[⑤]鉴于先进的科学技术始终掌握在发达国家及其跨国公司手中,技术落后无疑是羁绊发展中国家经济发展的根源,获得必要的现代技术成为发展中国家实现经济发展的重要条件,国际技术转让问题由此引起了发展中国家的高度重视。[⑥]如上所述,技术是实现经济发展的一个战略要素,同时也是实现经济增长的最重要的推动力量。[⑦]鉴于此,在发展中国家寻求经济发展的进程中,获取先进技术是关键因素之一;而发展中国家获取

[①] Aqueil Ahmad and Arthur S. Wilke, "Technology Transfer in the New International Economic Order: Options, Obstacles, and Dilemmas", in John R. McIntyre and Daniel S. Papp, eds., *The Political Economy of International Technology Transfer*, pp. 86 – 87.

[②] UNCTAD, "Transnational Corporations and Science and Technology in the NIEO", in Pradip K. Ghosh, ed., *New International Economic Order*, p. 247.

[③] 鲁桐:《有效的技术转让:发展中国家的一些经验》,《世界经济与政治》1996 年第 10 期,第 37 页。

[④] 舒建中:《联合国贸发会议与国际经济新秩序》,第 51 页。

[⑤] Yash Ghai, "Legal Aspects of Transfer of Technology", in Kamal Hossain, ed., *Legal Aspects of the New International Economic Order*, p. 15.

[⑥] Jyoti Shankar Singh, *A New International Economic Order: Toward a Fair Redistribution of the World's Resources*, New York: Praeger Publishers, 1977, p. 79.

[⑦] Karl P. Sauvant: "The NIEO Program: Reasons, Proposals, and Progress", in Karl P. Sauvant, ed., *Changing Priorities on the International Agenda: The New International Economic Order*, New York: Pergamon Press, 1981, p. 113.

先进技术的途径之一就是寻求国际技术转让,尤其是发达国家的技术转让。[1] 从这个意义上讲,国际技术转让亦是发展援助的应有之义。[2] 由于发达国家及其跨国公司在技术转让方面往往设置诸多限制条件,致使发展中国家不能以合理的价格、合理的条件并在合理的时间获得经济发展所必需的现代技术。[3] 因此,制定公平合理的国际技术转让制度规则就成为国际技术转让合理、平稳运行的基本前提,而通过改善技术转让条件以促进发展中国家获得现代技术,推动经济和社会发展亦成为发展中国家关注的一个重要方面。[4] 为推动国际技术交流以及面向发展中国家的技术转让,发展中国家希望制定一个普遍性的、发展导向的国际技术转让多边公约。[5]

二、围绕技术转让行为守则的谈判

实际上,联合国自成立之日起就将面向发展中国家的多边技术援助作为一项重要议程。1949 年,联合国大会通过决议,决定设立联合国推广技术援助计划署,这标志着联合国启动了多边技术援助的历史进程,因而具有里程碑式的意义。[6] 但由于缺乏有效的规则约束,尤其是发达国家缺乏积极参与的政治意愿,联合国推广技术援助计划署的多边技术援助进展缓慢,远远没有达到预期的目标。

随着发展中国家相继加入联合国,国际技术转让也引起了联合国的关注。1961 年 12 月,联合国大会通过决议,要求国际社会审视国际

① Rachel McCulloch, "Technology Transfer to Developing Countries: Implications of International Regulation", *Annals of the American Academy of Political and Social Science*, Vol. 458, Nov., 1981, pp. 111 - 112.

② Alexander King, "Science, Technology and International Relations: Some Comments and a Speculation", in Otto Hieronymi, ed., *Technology and International Relations*, New York: St. Martin's Press, 1987, p. 18.

③ Surendra J. Patel, "The Technological Transformation of the Third World: Main Issues for Action", in Michael Z. Cutajar, ed., *UNCTAD and the South-North Dialogue*, p. 126.

④ UNCTAD, *The History of UNCTAD*, p. 160.

⑤ Gabriel M. Wilner, "An International Legal Framework for the Transfer of Technology", in John R. McIntyre and Daniel S. Papp, eds., *The Political Economy of International Technology Transfer*, p. 58.

⑥ Karl Mathiasen Ⅲ, "Multilateral Technical Assistance", *International Organization*, Vol. 22, No. 1, 1968, p. 204.

专利体系对发展中国家经济的影响,从而引发了有关国家和国际组织围绕国际技术转让问题的广泛讨论。① 1963 年 2 月,由联合国发起的科学和技术运用于不发达地区会议在日内瓦举行,会议建议在联合国经社理事会内设立一个科学和技术咨询委员会,以便推动科学技术促发展及其他相关问题的国际磋商。② 联合国科学和技术运用于不发达地区会议是第一个"联合国发展十年"的重要成果之一③,并为国际技术转让的磋商提供了新的动力。④ 1963 年 8 月,联合国经社理事会通过决议,决定设立科学和技术咨询委员会作为科学和技术促发展的咨询机构。同年 12 月的联合国大会决议进一步指出,科学和技术咨询委员会的重要任务之一就是,探讨一项科学和技术促发展的国际合作计划的可能性。⑤

根据上述决议,科学和技术咨询委员会迅速展开磋商,提出了一项"科学和技术运用于发展的世界行动计划"[简称"世界行动计划"(World Plan of Action)],建议"世界行动计划"的主要目标是:推动基于发展的技术转让以及技术的有效利用,鼓励发达国家与发展中国家之间的技术合作,通过技术合作来解决对发展中国家具有特殊利益的重大问题。1966 年 8 月,联合国经社理事会通过决议,原则上认可了"世界行动计划"的目标,并要求科学和技术咨询委员会就具体的行动方案提出进一步的建议。⑥ 尽管"世界行动计划"因诸多原因而未能付诸实施,但"世界行动计划"无疑展示了联合国在面向发展中国家的技术转让中所扮演的角色,是联合国为促进面向发展中国家的技术转让所做的第一次积极的努力。⑦ 至此,在联合国及其"世界行动计划"的

① G. A. Zaphiriou, "An International Code of Conduct on Transfers of Technology", *The International and Comparative Law Quarterly*, Vol. 26, No. 1, 1977, pp. 210 – 211.

② Sherman E. Katz, "The Application of Science and Technology to Development", *International Organization*, Vol. 22, No. 1, 1968, pp. 393 – 395.

③ Richard N. Gardner, *In Pursuit of World Order*, p. 135.

④ Roy Blough, "The Furtherance of Economic Development", p. 570.

⑤ Sherman E. Katz, "The Application of Science and Technology to Development", p. 396.

⑥ UN, *YUN*, 1966, p. 317.

⑦ Sherman E. Katz, "The Application of Science and Technology to Development", p. 403.

推动下,科学和技术问题成为南北谈判的一个重要领域。[①]

联合国贸发会议成立之后亦将面向发展中国家的国际技术转让作为关注的重要领域之一,1972 年第三届联合国贸发会议通过了"有关技术转让"的决议,从而为国际社会倡导面向发展中国家的技术转让提供了进一步的"强大推动力"。[②] 作为国际经济新秩序的纲领性文件之一,《行动纲领》明确将制定一项符合发展中国家需要与条件的国际技术转让行为守则作为国际经济新秩序的一个重要目标,由此拉开了谈判建立一个综合性的国际技术转让制度的帷幕,并为重塑国际技术关系提供了新的强大动力。[③] 国际经济新秩序有关订立国际技术转让行为守则的倡议清楚地表明,发达国家向发展中国家的技术转让不应是基于毫无确定性的恩惠与慷慨,而应建立在普遍接受的国际规则的基础上。[④] 毫无疑问,国际经济新秩序的技术转让倡议进一步展示了将科学技术运用于经济发展进程的战略重要性[⑤],因为在获得政治独立之后,实现经济发展已经成为发展中国家的一个重要战略目标。由于科学技术在实现经济发展的进程中具有关键性意义,因此,国际技术转让就在国际经济新秩序倡议中占据了突出的位置[⑥],发展导向的国际技术转让亦是国际经济新秩序的一个重要基石。[⑦] 发展中国家普遍认为,作为国际经济新秩序的内在组成部分,国际技术转让行为守则的谈判旨在为国际投资及技术市场的运转提供新的规范与制度环境,强化投资和技术在促进经济发展中的作用,推动南北关系在互利互惠和

---

① Frank R. Pfetsch, "Science and Technology in the North-South Debate", *International Political Science Review*, Vol. 3, No. 3, 1982, pp. 343 – 344.

② UNCTAD, *The History of UNCTAD*, pp. 163 – 164, 166.

③ Surendra J. Patel, "The Technological Transformation of the Third World: Main Issues for Action", pp. 126 – 127.

④ Kempe R. Hope, "Basic Needs and Technology Transfer Issues in the New International Economic Order", *American Journal of Economics and Sociology*, Vol. 42, No. 4, 1983, pp. 399 – 400.

⑤ UNCTAD, "Transnational Corporations and Science and Technology in the NIEO", p. 245.

⑥ B. S. Murty, "Transfer of Technology for New International Economic Order: Problems of Regulation", in K. C. Reddy, M. Jagadeswara Rao and S. Chandrasekhar, eds., *The New International Economic Order Perspectives*, p. 133.

⑦ Howard V. Perlmutter and Tagi Sagafi-nejad, *International Technology Transfer: Guidelines, Codes and a Muffled Quadrilogue*, New York: Pergamon Press, 1981, p. 39.

可持续的基础上平稳发展。①

为落实国际经济新秩序的有关倡议,1975 年 9 月举行的第七届特别联大通过了"发展和国际经济合作"的决议,重申了制定国际技术转让行为守则的必要性,并指定联合国贸发会议负责国际技术转让行为守则的谈判与起草。② 根据国际经济新秩序的倡议和联合国大会的决议,1976 年第四届联合国贸发会议率先发起了技术转让领域的两个主要谈判,即制定国际技术转让行为守则的谈判和修改工业产权体系及《巴黎公约》的谈判(此项谈判实际上在世界知识产权组织的框架内进行),并得到了联合国大会的支持。③ 自 1976 年 11 月至 1978 年 7 月,由联合国贸发会议组织的政府间专家小组在日内瓦共举行了六次相关会议,围绕国际技术转让行为守则草案的拟定展开了一系列谈判。尽管政府间专家小组会议就国际技术转让行为守则草案的部分条款达成了原则共识,但由于发展中国家和发达国家存在严重分歧,诸多实质性问题依然悬而未决。④

面对政府间专家小组会议的艰难进展,发展中国家力图通过更大规模的谈判来推动国际技术转让行为守则的制定。在联合国贸发会议的倡导下,联合国大会于 1977 年通过决议,决定在 1978 年举行联合国国际技术转让行为守则会议。⑤ 发展中国家指出,联合国国际技术转让行为守则会议的目的就是寻求建立有关技术转让和技术发展的普遍性的国际法律体系,以便增强所有国家,尤其是发展中国家的科学和技术能力,为此,有关谈判应充分考虑发展中国家实现经济和社会发展的特殊需要。⑥ 从 1978 年 10 月起,联合国国际技术转让行为守则会议开始分阶段举行,国际技术转让行为守则谈判成为联合国贸发会议在技术转让领域所倡导主持的最重要的谈判,表明联合国贸发会议在重塑

① UNCTAD, "Transnational Corporations and Science and Technology in the NIEO", p. 250.

② 崇泉:《联合国〈国际技术转让行为守则〉谈判回顾》,《国际贸易》1987 年第 5 期,第 13 页。

③ UNCTAD, *The History of UNCTAD*, p. 167.

④ Surendra J. Patel, "The Technological Transformation of the Third World: Main Issues for Action", p. 133.

⑤ UN, *YUN*, 1977, p. 484.

⑥ Mangat Ram Aggarwal, *New International Economic Order*, p. 133.

国际技术转让法律环境的进程中扮演了中心角色。①

在 1978 年 10 至 11 月的联合国国际技术转让行为守则会议第一次会议上,有关国家以联合国贸发会议政府间专家小组起草的综合性守则草案为基础,围绕国际技术转让守则问题展开了磋商。② 与会国认为,在技术转让方面应当给予发展中国家特殊待遇,为此,会议就联合国国际技术转让行为守则的原则与目标以及国际合作等问题达成基本共识。③ 但在技术转让的限制性惯例和技术转让合同的法律适用与争端解决等问题上,发展中国家和发达国家依然存在巨大分歧,且这些分歧一直影响着国际技术转让行为守则的谈判进程。概括地讲,发展中国家和发达国家之间的分歧主要体现在以下几个方面。

第一,关于国际技术转让行为守则的法律性质。国际技术转让行为守则的法律性质问题是发展中国家和发达国家之间存在的首要分歧。④ 发展中国家认为,国际技术转让行为守则应是正式的、具有约束力的国际公约,其目的就是对技术转让进行有效的国际管理;发达国家则坚持国际技术转让行为守则的指导性质,反对将守则作为具有约束力的国际文件。⑤ 面对发达国家的反对,发展中国家指出,技术转让是消除国家间经济不平等并建立国际经济新秩序的有效工具,因此,国际技术转让行为守则必须是普遍适用且具有国际约束力的。⑥

第二,关于国际技术转让的内涵以及国际技术转让行为守则的适用范围。就国际技术转让的内涵而言,有关国家基本同意守则所适用的国际技术转让行为是指跨越国境的技术转让。但其中的分歧就在于:发展中国家普遍认为,跨国公司的海外子公司在东道国境内的技术转让行为应当纳入守则的适用范围并受到守则的约束;而发达国家则表示,基于"跨越国境"的内涵,跨国公司在东道国境内的技术转让行

① UN, *YUN*, 1981, p.753.

② Seymour J. Rubin, "International Code of Conduct on the Transfer of Technology", *The American Journal of International Law*, Vol.73, No.3, 1979, p.519.

③ UN, *YUN*, 1978, p.503.

④ Milan Bulajic, *Principles of International Development Law*, p.287.

⑤ UN, *YUN*, 1978, p.503.

⑥ Werner J. Feld, "UN Proposals for a Code of Conduct for Multinational Enterprises and the New International Order", in William G. Tyler, ed., *Issues and Prospects for the New International Economic Order*, p.186.

为因没有跨越国境,故而不属于守则的适用范围。[1]

第三,关于国际技术转让行为守则的限制性条款。所谓限制性条款,是指技术转让方利用其技术优势,让技术引进方承担某些不合理或不对等的义务,其实质就是技术转让方(发达国家及其跨国公司)凭借限制性惯例最大限度地谋取高额利润。[2] 由于现行技术转让规则中的限制性惯例基本上是不公平的,明显有利于发达国家及其跨国公司而不利于发展中国家[3],因而引起了发展中国家的普遍不满。正因为如此,与技术转让惯例有关的限制性条款就成为国际技术转让行为守则最重要的部分,同时也是谈判的关键问题。[4] 发展中国家指出,制定国际技术转让行为守则的目标之一就是鼓励面向发展中国家的技术转让,而实现这一目标的主要途径就是取消国际经济关系中的限制性商业措施,包括国际技术转让中的限制性惯例。[5] 发达国家则认为,技术转让中的限制性惯例基本上是合理的,只有当限制性惯例违反竞争标准时,国际技术转让行为守则方可规定予以禁止。[6] 由此可见,发展中国家和发达国家围绕技术转让限制性惯例的争论焦点就是:发展中国家力争发展标准,而发达国家则主张竞争标准。[7] 由于发达国家试图对拟议中的国际技术转让行为守则,尤其是其中的限制性惯例条款施加严格的限制条件[8],限制性条款的谈判险象环生,并直接导致整个国际技术转让行为守则的谈判陷于停顿。

第四,关于技术转让合同的法律适用与争端解决问题。发达国家认为,技术转让合同的法律适用与争端解决问题应坚持"自由选择法

---

[1]　UN, *YUN*, 1978, p. 503.

[2]　陈跃东:《国际技术贸易若干法律问题探析》,《世界经济与政治》1996 年第 12 期,第 37 页。

[3]　B. S. Murty, "Transfer of Technology for New International Economic Order", p. 138.

[4]　Surendra J. Patel, "The Technological Transformation of the Third World: Main Issues for Action", p. 134.

[5]　David J. Teece, "The Market for Know-How and the Efficient International Transfer of Technology", *Annals of the American Academy of Political and Social Science*, Vol. 458, Nov., 1981, p. 89.

[6]　UN, *YUN*, 1978, p. 503.

[7]　崇泉:《联合国〈国际技术转让行为守则〉谈判回顾》,第 14—15 页。

[8]　Charles A. Jones, *The North-South Dialogue*, p. 125.

律适用"和"自由选择仲裁"的原则;发展中国家则主张技术转让合同的法律适用与争端解决应依据技术引进国的法律予以管辖。①

在 1979 至 1984 年间,联合国国际技术转让行为守则会议又先后举行了四次,但均未取得进展。在 1985 年 5 至 6 月的第六次联合国国际技术转让行为守则会议上,有关国家就国际技术转让行为守则草案中的大部分条款达成了原则一致,但由于在限制性惯例和法律适用与争端解决问题上仍然存在分歧,国际技术转让行为守则的谈判再次陷入僵局。②

1986 年 10 月,联合国贸发会议向联合国大会提交了一份初具规模但尚需进一步谈判的"国际技术转让行为守则草案"[简称"国际技术转让守则草案"(Draft International Code on Transfer of Technology)],其内容包括 9 个部分:定义与适用范围、目标和原则、技术转让行为的国家管理、限制性惯例、技术转让有关各方的责任与义务、发展中国家的特殊待遇、国际合作、国际制度与机制、法律适用与争端解决。联合国贸发会议的有关报告指出,国际技术转让行为守则的谈判取得了一定进展,但在限制性惯例和法律适用与争端解决问题上,争论依然激烈。③ 1986 年 12 月,联合国大会通过决议,要求联合国贸发会议就"国际技术转让守则草案"继续展开磋商,联合国大会将视磋商情况就举行新的国际技术转让行为守则会议另行作出决定。④ 在此之后,国际技术转让行为守则的谈判实际上陷于停顿。

国际技术转让行为守则的倡议与谈判体现了联合国贸发会议为变革国际技术转让法律框架而作出的最重要的努力。⑤ 尽管有关国家就"国际技术转让守则草案"的总体框架达成了原则一致,但由于发达国家坚持技术转让的限制规则和附带条件,围绕国际技术转让行为守则的谈判迄今仍未达成正式协议,国际技术转让行为守则由此成为国际

---

① UN, *YUN*, 1978, pp. 503 – 504.

② UN, *YUN*, 1985, p. 718.

③ UN, *YUN*, 1986, p. 606.

④ UN, *YUN*, 1986, p. 607.

⑤ A. A. Fatouros, "International Controls of Technology Transfer", in Tagi Sagafi-nejad, Richard W. Moxon and Howard V. Perlmutter, eds., *Controlling International Technology Transfer: Issues, Perspectives, and Policy Implications*, New York: Pergamon Press, 1981, p. 490.

经济新秩序议程中"最具争议性的问题"。①从根本上讲,发达国家坚持技术转让的限制规则与附带条件的原因就在于,技术优势是包括美国在内的发达国家维持其国际主导地位的重要基础,因此,有利于发展中国家的国际技术转让新规则的谈判同时成为国际经济新秩序议程中最具政治敏感度的问题之一。②

"国际技术转让守则草案"谈判的举行无疑表明科学技术与经济发展的关系已经引起了国际社会的广泛重视,有关的谈判与争论亦充分展示了发展中国家为建立国际技术新秩序所做的巨大努力。"国际技术转让守则草案"的谈判过程基本圈定了国际技术转让制度规则的讨论议题与范畴③,并将对国际技术转让谈判的进一步展开以及知识产权国际保护规则的进一步发展产生积极的影响。需要强调的是,国际经济新秩序的建立是一个漫长的过程,作为国际经济新秩序的一个重要组成部分,国际技术转让的谈判与规则的制定也将是渐进的、逐步发展的。④具体地讲,国际技术转让及其规则的谈判与制定之所以注定是缓慢的,其中的一个重要原因就在于,国际技术转让规则的谈判除涉及国家利益之外,还卷入了包括跨国公司在内的诸多私有利益。⑤因此,发展中国家应以国际经济新秩序的有关原则为指导,以"国际技术转让守则草案"的框架为基础,努力推动国际技术转让制度的建设取得有益进展。

在谈判国际技术转让行为守则的同时,寻求修改工业产权体系及《巴黎公约》的谈判亦在世界知识产权组织的主持下渐次展开,由此在《巴黎公约》的历史上第一次明确地将发展中国家的特殊利益列入了谈判议程⑥,进而通过规则调整与改革来实现发展目标与专利权人权利之间的平衡,促进公平合理条件下的技术转让,推动面向发展中国家

---

① Denis Benn, *Multilateral Diplomacy and the Economics of Change*, p.59.
② Rachel McCulloch, "Technology Transfer to Developing Countries: Implications of International Regulation", p.111.
③ UNCTAD, *The History of UNCTAD*, p.166.
④ B. S. Murty, "Transfer of Technology for New International Economic Order", p.150.
⑤ Jyoti Shankar Singh, *A New International Economic Order*, p.80.
⑥ UNCTAD, "Transnational Corporations and Science and Technology in the NIEO", p.254.

的技术援助,同时寻求改善发展中国家的工业产权制度体系。① 实际上,尽管《巴黎公约》规定了专利的强制实施许可规则,但又设定了严格的限制条件。② 鉴于此,《巴黎公约》的专利制度带来的一个直接后果就是,发达国家及其跨国公司在发展中国家登记注册的专利有近90%从来没有实际运用于生产过程,这就意味着《巴黎公约》的专利制度规则乃至发达国家主导的工业产权体系明显制约了发展中国家的技术引进与经济发展。③ 由于以《巴黎公约》为核心的工业产权体系具有歧视发展中国家的性质,因此,修改工业产权体系及《巴黎公约》的主要目标就是平衡发达国家及其跨国公司的权利与义务,通过促进专利技术在生产过程中的实际运用来维护发展中国家的利益。④ 正因为如此,在修改工业产权体系及《巴黎公约》的谈判进程中,发展中国家和发达国家之间争论最激烈的问题就是专利技术强制实施许可的规则改革。⑤ 发展中国家认为,修改后的专利实施许可规则应规定,专利权人应在专利授予国或注册登记国实施该项专利,而不是以进口专利产品的方式行使其专利权;专利权人也可以在非自愿许可的条件下授权专利授予国或注册登记国的当地企业实施尚未利用的发明;发展中国家强调,修改后的制度规则将有助于鼓励跨国公司的国际投资,促进先进技术向发展中国家的转让。发达国家则坚持认为,发展中国家提出的修改规则将削减规模经济效应,抑制国际投资的正常发展,因而明确表示反对。由于发展中国家和发达国家的立场截然不同,修改工业产权体系及《巴黎公约》的谈判最终在 1982 年陷入僵局⑥,发展中国家在世

---

① G. K. Helleiner, *International Economic Disorder*: *Essays in North-South Relations*, Toronto: University of Toronto Press, 1981, p. 172.

② 安丽:《国际技术转让法》,第 233—234 页。

③ G. K. Helleiner, "International Technology Issues: Southern Needs and Northern Responses", in Jagdish N. Bhagwati, ed., *The New International Economic Order*: *The North-South Debate*, Cambridge: The MIT Press, 1977, p. 299.

④ Surendra J. Patel, "The Technological Transformation of the Third World: Main Issues for Action", p. 132.

⑤ Peter Drahos, "Negotiating Intellectual Property Rights: Between Coercion and Dialogue", in Peter Drahos and Ruth Mayne, eds., *Global Intellectual Property Rights*: *Knowledge, Access and Development*, New York: Palgrave MacMillan, 2002, p. 166.

⑥ Charles A. Jones, *The North-South Dialogue*, p. 124.

界知识产权组织框架内寻求新的国际技术转让规则的努力遭遇挫折。

　　为促进面向发展中国家的国际技术转让,除倡导制定国际技术转让行为守则和修改工业产权体系及《巴黎公约》之外,联合国还作出了进一步的努力。根据联合国大会决议,联合国科学技术促发展大会于1979年8月在奥地利首都维也纳举行,其目的就是寻求将科学和技术运用于经济和社会发展的具体途径。为进一步唤起国际社会对科学技术在促进发展中国家经济发展中的重要性的关注,会议通过了"科学技术促发展之维也纳行动纲领"〔简称"维也纳行动纲领"(Vienna Pro-gramme of Action)〕。该纲领明确指出其宗旨和目标是:通过国际社会的支持与援助,增强发展中国家创造和运用科学技术的能力。为此,"维也纳行动纲领"呼吁国际社会展开积极的合作,以便为科学技术促发展创造有利的国际环境。就国际层面而言,"维也纳行动纲领"强调指出,国际社会应重构国际科学技术关系的模式以及有利于发展的国际信息体系,加强面向发展中国家的技术转让以及国际技术援助,进一步提升科学技术促发展的国际合作水平。作为具体措施,"维也纳行动纲领"建议在联合国框架内设立一个政府间科学技术发展委员会,同时在联合国秘书处设立一个科学技术发展中心;此外,应创建一个联合国科学技术发展融资体系以推动"维也纳行动纲领"的贯彻实施,在联合国科学技术发展融资体系正式建立之前,应设立一个"临时基金"并交由联合国开发计划署负责管理。1979年12月,联合国大会以决议方式认可了"维也纳行动纲领"。[①]"维也纳行动纲领"的目的就是运用科学技术以促进发展中国家的发展,因而是国际经济新秩序议程的一个内在组成部分。[②]"维也纳行动纲领"还进一步唤起了国际社会对科学技术促发展的广泛关注,掀起了科学技术促发展的一个新高潮。1980年5月,作为"维也纳行动纲领"的前期资金支持机制,联合国开发计划署管理下的"临时基金"开始运转[③],标志着"维也纳行动纲领"进入了具体实施的轨道,体现了国际经济新秩序在科学技术领域的阶段性进展。1982年1月,作为"维也纳行动纲领"资金支持机制的联合

---

① UN, *YUN*, 1979, pp. 635 – 642.

② UN, *YUN*, 1979, p. 636.

③ UNCTAD, "Transnational Corporations and Science and Technology in the NIEO", p. 256.

国科学技术发展融资体系取代"临时基金"投入运转。[①] 作为"维也纳行动纲领"的实施成果,联合国政府间科学技术发展委员会以及"临时基金"和联合国科学技术发展融资体系的建立标志着国际技术转让初步实现了制度化。[②] 但由于资金短缺,联合国科学技术发展融资体系的运行面临诸多困难。

三、国际技术和知识产权新规则的发展

通过技术转让获取先进技术是发展中国家实现经济发展的一个重要途径,而确立相应的国际技术转让制度则是实现有利于发展中国家的技术转让的重要保障。由于发达国家在制定国际技术转让规则问题上的消极态度,有关谈判始终难以取得进展。在联合国国际技术转让行为守则谈判以及修改工业产权体系及《巴黎公约》的谈判陷入僵局的同时,发达国家将注意力更多地转向知识产权的国际保护。

鉴于发达国家在科学技术领域享有传统优势,知识产权的国际保护一直是发达国家高度关注的问题。但另一方面,1947 年关贸总协定制度中与知识产权有关的条款与规则却非常有限,仅对原产地标志作出了规定;而且,按照关贸总协定规则,只要缔约国有关知识产权的政策措施不违反非歧视原则,就不会受到关贸总协定制度的约束。[③] 随着科学技术的发展以及世界产业结构的调整,技术知识在国际贸易中的比重日渐增加,技术贸易的地位迅速提升,由此导致知识产权及其国际保护与贸易政策之间的关系日趋紧密。同时,尽管世界知识产权组织在保护知识产权方面发挥了积极作用,但世界知识产权组织所管辖的多边国际公约过于庞大,且因签署国甚少而缺乏广泛的约束力;而且,世界知识产权组织所管辖的多边国际公约还缺乏统一的争端解决机制。因此,包括美国在内的发达国家竭力主张将知识产权的谈判纳入关贸总协定制度框架,进而利用多边贸易体系的争端解决机制与程序,强化知识产权的国际保护。[④] 实际上,早在关贸总协定"东京回合"

---

① UN, *YUN*, 1982, p. 937.

② Frank R. Pfetsch, "Science and Technology in the North-South Debate", pp. 348 – 349.

③ Bernard M. Hoekman and Michel M. Kostecki, *The Political Economy of the World Trading System*, pp. 149 – 150.

④ John Croome, *Reshaping the World Trading System*, p. 134.

期间,美国和欧洲共同体国家就曾建议订立一项国际反假冒商品守则。尽管这一倡议未能实现,但却开启了将知识产权纳入关贸总协定议程的历史进程。[①] 在新一轮多边贸易谈判酝酿之际,美国成为将知识产权问题纳入多边贸易谈判框架的最积极的倡导者,并在议程设置方面发挥了主导作用。[②] 基于包括美国在内的发达国家的倡议,1986 年 9 月的关贸总协定埃斯特角城部长级会议所发表的《乌拉圭回合部长宣言》明确将与贸易有关的知识产权作为新议题之一纳入了"乌拉圭回合"的谈判议程,标志着关贸总协定制度框架内的国际知识产权保护谈判正式启动。在发达国家看来,由于即将举行的"乌拉圭回合"涉及广阔的领域并采用一揽子协议的方式,因此,多边贸易谈判为发达国家实现预期目标提供了一个难得的论坛与机会,即发达国家可以利用在纺织品与农产品方面的谈判筹码,促使发展中国家在知识产权保护方面作出让步。[③]

　　另一方面,在技术和知识产权领域,发展中国家面临的普遍情况就是生产力落后、技术基础薄弱、知识产权成果拥有量少。[④] 由于在科学技术和知识产权保护方面处于弱势地位,发展中国家对将与贸易有关的知识产权纳入多边贸易谈判的议程是存有顾虑的。但权衡利弊之后,发展中国家最终同意将与贸易有关的知识产权问题列入"乌拉圭回合"议程。发展中国家认为,如果拒绝谈判与贸易有关的知识产权问题,在缺乏国际规则的情况下,发展中国家更容易遭受来自发达国家的单边压力;而且,有效的知识产权制度亦可以为发展中国家获取先进技术创造更好的机会。[⑤] 总之,基于知识产权国际保护的大趋势,以及

---

① Charan Devereaux, Robert Z. Lawrence and Michael D. Watkins, *Case Studies in US Trade Negotiation*, Vol. 1: *Making the Rules*, Washington, D. C.: Institute for International Economics, 2006, p. 50.

② Donald G. Richards, *Intellectual Property Rights and Global Capitalism: The Political Economy of the TRIPS Agreement*, Armonk and London: M. E. Sharpe, 2004, p. 112.

③ Michael P. Ryan, *Knowledge Diplomacy: Global Competition and the Politics of Intellectual Property*, Washington, D. C.: Brookings Institution Press, 1998, p. 106.

④ 朱晓勤:《发展中国家与 WTO 法律制度研究》,北京:北京大学出版社 2006 年版,第 262 页。

⑤ Bernard M. Hoekman and Michel M. Kostecki, *The Political Economy of the World Trading System*, p. 149.

在知识产权国际保护的框架内寻求先进技术的考虑,发展中国家全面参与了"乌拉圭回合"与贸易有关的知识产权谈判。

在反复谈判之后,"乌拉圭回合"最终达成了《与贸易有关的知识产权协定》(简称《TRIPs 协定》),其知识产权包括版权、商标权、工业设计权、专利权、地理标识权及集成电路布图设计权等。为此,《TRIPs 协定》规定了知识产权的最低保护标准,确立了知识产权保护的国民待遇原则、最惠国待遇原则和透明度原则。此外,《TRIPs 协定》还规定了知识产权保护的实施程序和救济手段,以及知识产权保护的争端解决程序与机制。①

《TRIPs 协定》是《巴黎公约》尝试协调知识产权制度以来覆盖面最广、最具约束力的综合性国际知识产权条约。② 《TRIPs 协定》首次将知识产权国际保护同多边贸易制度联系起来,在继承《巴黎公约》《伯尔尼公约》等知识产权国际公约的基础上,将整个知识产权的国际保护规则纳入统一的《TRIPs 协定》之中,在多边贸易体系的框架内进一步强化了知识产权的国际保护规则。③ 通过确立最全面的知识产权全球规则,《TRIPs 协定》拓展了多边贸易制度的涵盖领域。④ 实际上,《TRIPs 协定》的知识产权国际保护是建立在世界贸易组织提供的多边贸易制度平台之上的,是知识产权保护与国际贸易谈判、贸易制裁机制相整合的体现。⑤ 因此,《TRIPs 协定》的重要创新就是为知识产权的国际保护提供了制度化的多边争端解决机制,而这样的多边程序将在一定程度上有利于发展中国家免遭发达国家的单边压力。⑥

从根本上讲,《TRIPs 协定》强化了发达国家的竞争优势,有助于巩固发达国家在国际经济秩序中的主导地位⑦,而发展中国家接受

---

① 《乌拉圭回合多边贸易谈判结果法律文本》,第 321—353 页。

② 曹阳:《国际知识产权制度:冲突、融合与反思》,北京:法律出版社 2011 年版,第 15 页。

③ Carlos M. Correa, *Intellectual Property Rights, the WTO and Developing Countries: The TRIPS Agreement and Policy Options*, London and New York: Zed Books, 2000, pp. 1 - 2.

④ Charan Devereaux, Robert Z. Lawrence and Michael D. Watkins, *Case Studies in US Trade Negotiation*, p. 2.

⑤ 朱晓勤:《发展中国家与 WTO 法律制度研究》,第 283 页。

⑥ Carlos M. Correa, *Intellectual Property Rights, the WTO and Developing Countries*, pp. 2, 11.

⑦ Donald G. Richards, *Intellectual Property Rights and Global Capitalism*, p. 120.

《TRIPs 协定》的一个重要因素就是发达国家同意签署《纺织品与服装协定》并承担相关义务。[1] 毫无疑问,《TRIPs 协定》按照发达国家的要求设置的知识产权最低保护标准完全忽视了南北双方在经济水平以及技术能力方面的巨大差异[2],更没有兼顾知识产权保护与发展需要之间的平衡[3],因而将对发展中国家的经济发展和技术进步带来严重的影响。首先,《TRIPs 协定》的实施将给发展中国家带来一系列经济和社会问题。据联合国开发计划署 1999 年的统计,在世界研究与开发经费中,发展中国家仅占 4%,鉴于此,发展中国家严重依赖发达国家的技术转让。[4] 正是基于这样的世界技术格局和南北差异,世界范围内严格的知识产权保护标准的确立将总体上有利于发达国家,而发展中国家则将为知识产权的国际保护付出更大的成本。例如,《TRIPs 协定》将提升相关产品的价格,增加技术传播的成本,从而削弱发展中国家获取新技术的能力,并影响发展中国家的经济和社会发展。[5]

其次,尽管《TRIPs 协定》对发展中国家在过渡时期的规则作出了相应的优惠安排,但对于发展中国家普遍关注的技术转让和技术援助问题,《TRIPs 协定》却没有作出具有可操作性的规定。就技术转让而言,尽管《TRIPs 协定》规定知识产权保护应当有利于技术的国际转让与传播,但却没有建立有效的国际机制以确保技术转让在合理的竞争中有序进行。[6] 因此,《TRIPs 协定》对国际技术转让的影响可谓利弊并存:一方面,《TRIPs 协定》原则上可以为国际技术转让创造有利条件;另一方面,《TRIPs 协定》也在很大程度上削弱了发展中国家的谈判

---

[1]　Manoj Pant, "The Millennium Round of Trade Negotiations: A Developing Country Perspective", *International Studies*, Vol. 39, No. 3, 2002, p. 219.

[2]　Carlos M. Correa, *Intellectual Property Rights, the WTO and Developing Countries*, p. 5.

[3]　Willem Pretorius, "TRIPS and Developing Countries: How Level is the Playing Field?" in Peter Drahos and Ruth Mayne, eds., *Global Intellectual Property Rights*, p. 185.

[4]　Carlos M. Correa, "Pro-competitive Measures under TRIPS to Promote Technology Diffusion in Developing Countries", in Peter Drahos and Ruth Mayne, eds., *Global Intellectual Property Rights*, p. 41.

[5]　Martin Khor, "Rethinking Intellectual Property Rights and TRIPS", in Peter Drahos and Ruth Mayne, eds., *Global Intellectual Property Rights*, pp. 201 – 202, 210.

[6]　丁晓钦:《知识产权保护的国际政治经济学分析》,第 46 页。

地位,进而影响到国际技术转让的有效展开。[①] 正因为如此,《TRIPs 协定》成为世界贸易组织体系内最具争论性的因素之一。[②] 换言之,在加强知识产权国际保护的同时,推动制定以发展为导向的国际技术转让和国际技术援助规则,仍然是国际社会面临的一个重大课题。

为改善《TRIPs 协定》的不平衡性,发展中国家作出了积极努力并首先在公共健康领域取得突破。实际上,基本药物的高成本一直是发展中国家要求改革《TRIPs 协定》的焦点问题。[③] 发展中国家认为,为应对公共健康危机,发展中国家所采取的政策措施不应受到《TRIPs 协定》的限制。[④] 在发展中国家的要求下,TRIPs 理事会于 2001 年 6 月举行特别会议,专门讨论《TRIPs 协定》与公共健康之间的关系问题[⑤],从而启动了《TRIPs 协定》的改革程序。基于发展中国家的有力推动,2001 年 11 月的多哈会议通过了《与贸易有关的知识产权协定与公共健康宣言》[简称《多哈健康宣言》(Doha Declaration on Public Health)],强调《TRIPs 协定》不应成为世界贸易组织成员国采取措施以保护公共健康的障碍,为此,该宣言规定了涉及公共健康的强制性药品许可制度,防止因《TRIPs 协定》的实施而影响发展中国家以合理的价格在世界市场上获得公共健康领域的必要药品。[⑥]

《多哈健康宣言》基本顺应了发展中国家的要求,体现了对发展中国家的特殊情况的特殊考虑[⑦],强化了对发展中国家公共健康的关切,

---

① Carlos M. Correa, *Intellectual Property Rights*, *the WTO and Developing Countries*, p. 36.

② Carlos M. Correa, "The TRIPs Agreement and Transfer of Technology", in Kevin P. Gallagher, ed., *Putting Development First*: *The Importance of Policy Space in the WTO and IFIs*, London and New York: Zed Books, 2005, p. 126.

③ Robert Wolfe, "Crossing the River by Feeling the Stones", p. 585.

④ John S. Odell and Susan K. Sell, "Reframing the Issue: The WTO Coalition on Intellectual Property and Public Health, 2001", in John S. Odell, ed., *Negotiating Trade*: *Developing Countries in the WTO and NAFTA*, Cambridge: Cambridge University Press, 2006, p. 86.

⑤ Trish Kelly, *The Impact of the WTO*: *The Environment*, *Public Health and Sovereignty*, Cheltenham: Edward Elgar, 2007, p. 152.

⑥ 冯洁菡:《公共健康危机与 WTO 知识产权制度的改革:以 TRIPs 协议为中心》,武汉:武汉大学出版社 2005 年版,第 80—82 页。

⑦ 何志鹏:《知识产权与国际经济新秩序》,《法制与社会发展》2003 年第 3 期,第 84 页。

因而是对《TRIPs 协定》及其多边知识产权制度的一个重大调整①,同时也是世界贸易组织体系内有关知识产权与公共健康规则的最重大的发展。②《多哈健康宣言》确立了公共健康权优先于知识产权的原则③,并为此规定了具体条款,在一定程度上调整了涉及公共健康的多边知识产权制度,再次体现了发展中国家在多边贸易谈判中所发挥的积极作用,是发展中国家改革与多边贸易有关的知识产权规则的一个阶段性成果,并在多边贸易体系的框架内为知识产权制度的改革提供了一个全新的视角。2005 年 12 月,世界贸易组织通过决议,明确将《多哈健康宣言》所确立的原则作为修正案列入了《TRIPs 协定》。至此,公共健康权优先于知识产权作为永久性的规则正式纳入了多边贸易体系框架内的知识产权国际保护制度,标志着包括发展中国家在内的国际社会寻求改革《TRIPs 协定》及其制度规则的努力达到了一个新高潮。④

　　总之,全球化进程是以科学技术的发展作为依托和基础的,技术的垄断化和经济的全球化之间的巨大落差造成了发达国家在技术领域的压倒性优势,导致发达国家决定着全球化进程并从经济全球化中获得了最大的利益⑤,因此,技术差距是南北差距扩大化的重要因素之一。面对经济全球化全方位推进的浪潮,实现经济发展仍然是发展中国家所面临的一个重要课题,帮助发展中国家实现经济发展、确保经济全球化的均衡运行亦是国际社会的共同责任。鉴于科学技术在实现经济和社会发展进程中的关键地位,国际社会应共同努力以推动面向发展中国家的技术转让和技术援助,提高发展中国家的技术能力与技术水平。同时,发展中国家也应审时度势,力争在知识产权国际保护制度的框架内寻求规则改革,尤其是将针对发展中国家的"特殊和差别待遇"原则

---

①　John S. Odell and Susan K. Sell, "Reframing the Issue: The WTO Coalition on Intellectual Property and Public Health, 2001", in John S. Odell, ed., *Negotiating Trade*, pp. 86, 106 – 107.

②　Trish Kelly, *The Impact of the WTO*, p. 189.

③　曹建明、贺小勇:《世界贸易组织》,第 292 页。

④　Daniel W. Drezner, *All Politics Is Global: Explaining International Regulatory Regimes*, Princeton: Princeton University Press, 2007, p. 176.

⑤　阎小骏:《论全球化的国际政治意义》,《太平洋学报》2001 年第 2 期,第 18 页。

明确而有效地纳入知识产权国际保护制度体系,确立发展导向的知识产权国际规则,进而为实现经济发展的战略目标创造有利的国际技术制度环境。实际上,发展中国家在世界贸易组织体系内已经作出不懈的努力,以期推动《TRIPs 协定》实现更加均衡的改革,即一方面促进知识产权的国际保护,另一方面确保发展目标。为此,发展中国家在包括技术转让在内的诸多领域均提出了相应的改革建议。① 凭借以改革和发展为核心的国际经济新秩序理念,发展中国家无疑将在国际技术新秩序的建设中发挥更大的作用。

---

①   Carlos M. Correa, "The TRIPs Agreement and Transfer of Technology", pp. 130 – 142.

第七章　国际经济新秩序中的
国际海运与环境保护

在国际贸易运输中,国际海运占有重要地位,仅 1977 年的数据就表明,国际海运约占国际贸易运输总量的95%。[1] 因此,在国际经济新秩序的酝酿与谈判过程中,与贸易有关的国际海运问题引起了发展中国家的密切关注。实际上,国际海运问题是南北对话最早的领域之一[2],建立国际海运新规则亦是国际经济新秩序的重要内容。同时,协调经济发展与环境保护的关系在 20 世纪 70 年代初期就成为国际社会热议的话题,并成为国际经济新秩序谈判的一个重要领域。在国际经济新秩序倡议的直接影响和有力推动下,国际社会在国际海运新规则以及国际环境保护制度建设上均取得了积极的阶段性进展。

第一节　国际经济新秩序中的国际海运

一、发展中国家与国际海运

国际海运是世界经济与政治关系的重要组成部分,随着第二次世界大战结束后国际贸易的快速发展以及发展中国家的兴起,国际海运

---

[1]　Lawrence Juda, "World Shipping, UNCTAD, and the New International Economic Order", *International Organization*, Vol. 35, No. 3, 1981, p. 493.

[2]　M. J. Shah, "The UN Code of Conduct for Liner Conferences: A Case Study in Negotiation in the Context of the South-North Dialogue", in Michael Z. Cutajar, ed., *UNCTAD and the South-North Dialogue*, p. 209.

在国际关系中的角色更加突出。[1] 但长期以来,发达国家的船运公司一直主导着国际海运。第二次世界大战结束之前,英国控制了世界海上运输30%的份额,因而处于无可争辩的海运霸权地位。[2] 第二次世界大战结束后,发达国家仍然支配着国际海上运输。据统计,到1974年,作为经济合作与发展组织成员国的发达国家在世界海运中所占的份额约为75%。[3] 作为国际海上货物运输的组织形式之一,主要由欧洲发达国家船运公司组成的班轮公会在国际班轮贸易运输中占据着垄断性的主导地位。所谓班轮,是指有定期航行路线的货轮;而所谓班轮公会,则是指海运经营者的国际卡特尔,其目的就是维持高昂的运输价格并限制竞争。[4] 由于班轮公会控制国际海运长达一个多世纪,因此,班轮公会是国际经济中最有影响力的卡特尔组织之一。[5]

从历史上看,西方国家长期对国际海运进行管理和控制。1651年,英国颁布了著名的《航海条例》,规定除运送本国货物前往英伦三岛的外国商船之外,英国商船公司将垄断所有进出英国及其殖民地的贸易运输。在具备无可挑战的竞争实力并成为世界主导性海上强国之后,英国遂于1849年废除了《航海条例》。如果说《航海条例》的颁布体现了英国以重商主义挑战荷兰的霸权的话,《航海条例》的废除则为英国领导下的自由贸易新时代奠定了基础。[6]

为巩固英国在国际海运中的优势地位,尤其是控制英国与印度之间的班轮贸易,英国于19世纪70年代开始组建具有垄断性质的班轮公会体系。1875年8月,7家英国海运公司结成了世界历史上第一个班轮公会——伦敦-加尔各答班轮公会,专门经营印度加尔各答至英国

---

① Bernhard J. Abrahamsson, "The Marine Environment and Ocean Shipping: Some Implications for a New Law of the Sea", *International Organization*, Vol. 31, No. 2, 1977, p. 292.

② J. Hans Adler, "British and American Shipping Policies: A Problem and a Proposal", *Political Science Quarterly*, Vol. 59, No. 2, 1944, p. 193.

③ Susan Strange, "Who Runs World Shipping?" *International Affairs*, Vol. 52, No. 3, 1976, p. 355.

④ Susan Strange, *States and Markets*, p. 145.

⑤ M. J. Shah, "The UN Code of Conduct for Liner Conferences", p. 209.

⑥ Alan W. Cafruny, "The Political Economy of International Shipping: Europe versus America", *International Organization*, Vol. 39, No. 1, 1985, p. 79.

的班轮运输航线。① 此后,班轮公会模式在英国迅速发展,逐步形成了较为完备的班轮公会体系。从这个意义上讲,班轮公会制度肇始于19世纪英国与印度之间的班轮贸易,因此,英国主导形成的班轮公会制度从一开始就具有殖民主义烙印。② 同时,以技术创新为契机,英国在19世纪中期完成了由帆船运输向轮船运输的转变,实际上,正是轮船取代帆船的技术革命成为推动英国主导建立班轮公会体系的一个重要因素。③ 随着西欧其他发达国家海运实力的扩展,班轮公会体系最终逐步形成了以英国为首的欧洲发达国家及其班轮公司共同主导控制的格局,并长期垄断世界主要贸易航线。④ 到1974年,世界上约有350个左右的班轮公会服务于整个国际班轮运输,这些班轮公会是不同国家航运公司的联合体。作为国际海运公司的俱乐部,欧洲国家的班轮公会控制着国际航线的划分、海运运费的确定、海运服务的条件乃至整个国际海运服务。⑤

就班轮公会的管理方式而言,除海运公司的国籍认同外,欧洲国家的班轮公会基本上遵循自我管理模式,即自行确定服务价格与条件。通过将所有的潜在竞争者纳入相应公会,班轮公会实际上排除了竞争,并使托运人陷入了毫无选择的境地。班轮公会及其运转机制最突出的影响就是:由于班轮公会对国际海运服务拥有单方面决定权,因此,国际海运服务的权力绝大部分集中在班轮公会手中,而这些班轮公会的总部又集中在少数欧洲国家,并得到了有关国家政府的支持⑥,进而导致欧洲国家的班轮公会实际上掌握了国际海运的控制权,班轮公会的运转也主要体现了欧洲发达国家的利益。⑦ 班轮公会制度具有以下典型特征,即历史特征(殖民主义烙印)、经济特征(限制竞争)和政治特

① 王彦:《班轮公会的衰落及航运联盟的发展》,《世界海运》2001年第6期,第17页。

② Lawrence Juda, "World Shipping, UNCTAD, and the New International Economic Order", p. 499.

③ Susan Strange, *States and Markets*, p. 145.

④ Robert B. Jack, "Self-Policing of Ocean Shipping Conferences", *Stanford Law Review*, Vol. 20, No. 4, 1968, p. 724.

⑤ M. J. Shah, "The UN Code of Conduct for Liner Conferences", p. 204.

⑥ M. J. Shah, "The UN Code of Conduct for Liner Conferences", pp. 205 - 206, 208.

⑦ Lawrence Juda, "World Shipping, UNCTAD, and the New International Economic Order", pp. 495 - 496.

征（欧洲发达国家主导）。[1]

第二次世界大战结束之后，随着发展中国家的兴起，发展问题迅速成为国际社会关注的重大问题，而扩大对外贸易则是促进发展中国家经济发展的重要途径之一，但另一方面，贸易条件的恶化却严重制约了发展中国家的贸易发展。在影响发展中国家贸易条件的诸多因素中，日益上扬的海运价格对发展中国家贸易条件的恶化起到了推波助澜的作用，因为发展中国家的对外贸易几乎完全由发达国家的船运公司运输，海运价格的上涨迫使发展中国家不得不支付更多的外汇，而外汇的大量外流又增加了发展中国家的外汇负担，损害了发展中国家的贸易收支平衡，甚至成为耗尽发展中国家外汇储备的因素之一。[2] 面对发达国家船运公司的单方面定价和限制竞争行为，发展中国家坚信，欧洲国家班轮公会控制的国际海运市场和国际海运秩序具有垄断性质，而且对发展中国家是明显不公平的。[3] 换言之，发展中国家认为，欧洲国家班轮公会凭借垄断地位确定了高额运费并攫取了高额利润，进而损害了发展中国家的利益，因此，班轮公会的定价机制是影响发展中国家贸易发展的壁垒之一。[4]

除影响到发展中国家的贸易收支平衡和贸易条件之外，欧洲发达国家主导下的班轮公会体系对国际海运的控制还给发展中国家带来了一系列问题，这主要体现在两个方面。

首先，欧洲国家及其班轮公会对国际海运市场的垄断与控制导致发展中国家难以发展自己的商船队并参与国际海运。发展中国家的对外贸易几乎完全依赖发达国家的商船，并且需用外汇支付海运运费及保险费。[5] 更为严重的是，欧洲国家班轮公会对国际海运市场的垄断与限制还削弱了发展中国家的谈判地位，致使发展中国家无力要求班轮公会削减运费或阻止运费上涨。而且，在缺乏本国船运工业的情况

[1]　M. J. Shah, "The UN Code of Conduct for Liner Conferences", pp. 206 – 207.

[2]　Charles A. Jones, *The North-South Dialogue*, p. 71.

[3]　Lars Anell and Birgitta Nygren, *The Developing Countries and the World Economic Order*, London and New York: Methuen, 1980, p. 143.

[4]　Alexander J. Yeats, *Trade Barriers Facing Developing Countries: Commercial Policy Measures and Shipping*, London and New York: The MacMillan Press, 1979, pp. 178, 180.

[5]　Charles A. Jones, *The North-South Dialogue*, p. 71.

下,发展中国家损失了就业机会;从政治上讲,班轮公会控制的国际海运进一步加深了发展中国家对发达国家的依赖。①

其次,形成于1875年的班轮公会体系清晰地展示了传统海上强国的权力,此后,欧洲国家主导的垄断性班轮公会体系迅速向全球扩展,几乎控制了世界主要的贸易航线。除垄断运费的定价权之外,班轮公会还奉行歧视性的海运惯例,将发展中国家的对外贸易运输完全纳入班轮公会体系的框架之内,致使发展中国家无法平等参与国际海运,无法获得国际海运的技术与知识,进而严重损害了发展中国家海运业的发展,阻碍了发展中国家的对外贸易与经济发展。②

鉴于欧洲发达国家主导的国际海运秩序及其班轮公会体系的不平等性,发展中国家从20世纪60年代起就提出了改革国际海运秩序,尤其是班轮公会体系的主张。就班轮公会体系而言,发展中国家关注的问题主要涉及两个方面:一是班轮公会体系的协商机制,尤其是运费的协商与定价机制;二是班轮公会的参与机制,尤其是发展中国家的参与问题。③ 正是基于对上述问题的关注,发展中国家主张制定一项具有约束力的国际班轮公会公约。寻求改革班轮公会体系是发展中国家挑战发达国家国际海运主导地位的重要组成部分④,实际上,正是发展中国家向欧洲发达国家主导的班轮公会体系发出了最直接的挑战。

二、围绕班轮公会行为守则公约的谈判

在1964年举行的第一届联合国贸发会议上,国际海运(包括海运运费)成为发达国家与发展中国家之间讨论的一个焦点问题。在发展中国家的推动下,第一届联合国贸发会议达成了一个不具有约束力的"关于海运问题的共同谅解措施"。该谅解措施认为应在班轮公会与托运人之间建立密切的磋商机制以便确保有效的海运服务;应通过国际融资和技术援助以帮助发展中国家改善港口功能,鼓励发展中国家

---

① UNCTAD, *The History of UNCTAD*, pp.130－131.

② UNCTAD, *The History of UNCTAD*, p.131.

③ Lawrence Juda, "World Shipping, UNCTAD, and the New International Economic Order", pp.497－498.

④ Clifford G. Holderness, "Economic Analysis of the United Nations Code of Conduct for Liner Conferences", *Stanford Law Review*, Vol.29, No.4, 1977, p.854.

发展海洋运输。为此,该谅解建议设立一个持续磋商海运问题的永久性机构。[1] 尽管第一届联合国贸发会议未能在国际海运方面取得积极成果,但发展中国家毕竟通过会议第一次共同发出了改革国际海运制度规则的呼声,开启了将国际海运纳入国际谈判与管理的历程,同时也开启了改革国际海运制度规则,尤其是班轮公会制度的历程。

根据发展中国家的要求以及第一届联合国贸发会议的有关谅解,联合国贸发会议下设的贸易和发展理事会于 1965 年 4 月通过决议,决定设立海运委员会,从而在联合国贸发会议的框架内实现了海运问题磋商的制度化。[2] 以海运委员会的建立为标志,联合国贸发会议正式将对发展中国家具有重要意义且关贸总协定制度尚未涵盖的国际海运问题纳入议事日程[3],进而为制定具有约束力的国际海运新规则提供了一个政府间论坛和谈判机制。

自组建之日起,在发展中国家的要求下,海运委员会的工作重点就是对班轮公会体系,尤其是班轮公会体系的定价机制与程序展开评估。[4] 随着评估和研究的深入,海运委员会的工作日程逐渐扩大,班轮公会守则以及国际多式联运规则的起草相继进入了海运委员会的工作范畴。为顺应形势的发展,联合国贸发会议成员国经磋商,最终于1969 年同意在海运委员会内设立一个国际海运立法工作组,其主要职责就是从经济发展,尤其是发展中国家经济发展的角度探讨国际海运立法,并就国际海上运输、班轮公会惯例、海上运输保险等规则的改革提出建议,同时负责起草相关的国际公约,重点关注班轮公会行为守则公约和国际多式联运公约的起草。[5] 至此,发展中国家希望订立国际海运新规则的努力得到了国际社会的正式回应,并且这一提议也纳入了联合国贸发会议及其海运委员会的议程,改革国际海运制度规则的工作全面启动,而寻求订立班轮公会行为守则公约则是发展中国家在

① UNCTAD, *The History of UNCTAD*, p.133.

② UNCTAD, *The History of UNCTAD*, p.133.

③ Robert E. Baldwin and David A. Kay, "International Trade and International Relations", *International Organization*, Vol.29, No.1, 1975, p.103.

④ UNCTAD, *The History of UNCTAD*, p.135.

⑤ UNCTAD, *The History of UNCTAD*, p.137.

国际海运领域提出的"最重要的动议"。①

在 1965 至 1970 年期间,以"关于海运问题的共同谅解措施"为基础,并结合对班轮公会体系的评估,海运委员会逐步形成了改革班轮公会体系的基本思路,目标就是确保发展中国家全面参与班轮公会的海运服务,尤其是确保发展中国家参与班轮公会的政策制定与磋商进程。到 1971 年初,海运委员会及其国际海运立法工作组初步拟定了一份班轮公会守则草案。在 1971 年 11 月的利马会议上,发展中国家进一步协调了立场,共同确认第三届联合国贸发会议的主要任务之一就是制定一份具有普遍约束力的班轮公会行为守则公约。②

1972 年举行的第三届联合国贸发会议以 74 票赞成、19 票反对(主要是欧洲国家)、2 票弃权通过了发展中国家提出的"班轮公会行为守则草案"。会议通过的相关决议同时要求联合国大会在 1973 年发起召开联合国班轮公会行为守则会议,以便在"班轮公会行为守则草案"的基础上,制定正式的班轮公会行为守则。③

1972 年 12 月,联合国大会在无反对票的情况下通过决议,强调应在充分考虑发展中国家的特殊需要的基础上,尽速制定一项具有普遍约束力的班轮公会行为守则公约。为此,联合国大会决定在 1973 年发起召开联合国班轮公会行为守则会议,并成立一个由 48 个国家组成的筹备委员会以展开先期磋商。该决议同时指出,联合国班轮公会行为守则会议应在联合国贸发会议的主持下进行,并以发展中国家提出的"班轮公会行为守则草案"作为谈判基础。④ 至此,以联合国大会决议的通过为标志,联合国班轮公会行为守则的制定由酝酿阶段进入了实质性谈判的阶段,并为国际海运新规则的确立创造了条件。

根据联合国大会决议,联合国班轮公会行为守则会议筹备委员会于 1973 年 1 月和 6 月分别举行了两次会议,围绕"班轮公会行为守则草案"展开了进一步磋商,并形成了一份修订后的"班轮公会行为守则草案"以提交联合国班轮公会行为守则会议审议。⑤

---

① Stephen D. Krasner, *Structural Conflict*, p. 208.
② UNCTAD, *The History of UNCTAD*, pp. 139 – 140.
③ UNCTAD, *The History of UNCTAD*, pp. 140 – 141.
④ UN, *YUN*, 1972, pp. 297 – 298.
⑤ UN, *YUN*, 1973, p. 354.

在进行了充分准备之后,联合国班轮公会行为守则会议于 1973 年 11 至 12 月在日内瓦举行,83 个国家出席了会议。此间,与会国围绕政府在守则中的角色、发展中国家的贸易与海运参与、运费费率的确定标准以及争端解决程序等问题展开了激烈争论。鉴于有关国家难以在短时间内达成一致,会议决定暂时休会,并在 1974 年复会。①

1974 年 3 至 4 月,联合国班轮公会行为守则会议第二阶段会议在日内瓦举行。经过紧张谈判,会议以 72 票赞成、7 票反对、5 票弃权的方式通过了《班轮公会行为守则公约》[简称《班轮守则》(Liner Code)],其主要内容为:(1)所有国家的班轮公司均有权全面参与服务于本国贸易的班轮公会,班轮公会的海运服务应由贸易双方的班轮公司平等分享,第三国的班轮公司可承担其中 20% 的海运服务,这就是 40∶40∶20 标准;(2)班轮公会的决策程序应以所有成员的平等原则为基础,班轮公会与托运人之间应就事关共同利益的问题展开磋商,有关国家的相关机构亦有权全面参与磋商进程;(3)班轮公会所有成员应共同参与运费费率的确定,运费调整亦应遵循相关程序;(4)争端解决应遵循《班轮守则》的规则与程序,并接受强制性的国际调解。②

鉴于国际海运对发展中国家实现贸易和经济发展具有重要意义,有关国际经济新秩序的《行动纲领》呼吁国际社会采取积极措施,推动《班轮守则》尽早生效与实施。③ 在国际社会以及发展中国家的努力下,《班轮守则》最终于 1983 年 10 月正式生效,从而为班轮公会的国际管理提供了一个具有约束力的制度框架。④ 从更广泛的意义上讲,《班轮守则》亦为国际海运关系的治理提供了一个新的框架。⑤

《班轮守则》的签署与生效对发展中国家具有重要的意义。首先,《班轮守则》以限制欧洲国家对班轮航运的垄断为出发点,确立了发展中国家平等参与班轮运输的原则,规定所有国家,包括发展中国家均应在平等的基础上参与班轮公会的决策,从而在一定程度上改善了发展中国家在国际班轮运输中的不平等地位,并为发展中国家进入国际班

---

① UN, *YUN*, 1973, pp. 354 - 355.

② UN, *YUN*, 1974, pp. 459 - 461.

③ UN, *YUN*, 1974, p. 327.

④ UN, *YUN*, 1983, p. 572.

⑤ Gamani Corea, "UNCTAD and the New International Economic Order", p. 186.

轮市场提供了动力。鉴于此,《班轮守则》中平等参与原则的确立具有重要的政治意义。[①] 实际上,在《班轮守则》的谈判中,平等参与及海运市场共享是发达国家与发展中国家之间争论最激烈的问题之一。[②] 因此,市场共享规则的确立无疑是发展中国家在国际海运规则谈判中所取得的一个重要成果。其次,《班轮守则》明确规定了诸如运费费率等重大问题的磋商原则与程序,从而打破了欧洲国家班轮公会在运费费率问题上的单方面确定权与垄断权,有助于发展中国家参与制定公平合理的海运价格,进而从一个侧面推动发展中国家的贸易发展。第三,《班轮守则》的争端解决程序与规则(包括强制性的国际调解)有助于进一步打破欧洲国家班轮公会的海运垄断地位,同时增强发展中国家的谈判能力,进而为发展中国家更加充分地参与国际海上运输奠定更为有利的制度基础。正因为如此,《班轮守则》集中体现了发展中国家在国际海运领域争取合法权益的努力。[③]

总之,作为世界海运史上第一个有关班轮运输的政府间国际公约和全球性国际制度,由发展中国家倡导的《班轮守则》旨在通过平等参与原则改善发展中国家在国际班轮运输关系中的不利地位[④];而且,《班轮守则》的平等参与原则削弱了班轮公会体系的存在基础[⑤],打破了欧洲发达国家对国际班轮运输及其规则体系的控制[⑥],进一步动摇了班轮公会体系在国际海运中的垄断地位,标志着南北关系在国际海运领域取得了一个重大突破。[⑦] 以市场共享和平等参与规则为标志,《班轮守则》体现了发展中国家为改革国际班轮运输规则所做的积极努力,展示了国际经济新秩序的原则理念[⑧],因而是国际经济新秩序建设在海运领域所取得的重要阶段性成果,并为发展中国家参与国际海运提供了一个重要的制度保障,同时也为发展中国家维护国际海运和

---

① Susan Strange, "Who Runs World Shipping?" p. 358.

② Charles A. Jones, *The North-South Dialogue*, pp. 72, 121.

③ 陈立成、谷源洋、谈世中:《发展中国家的经济发展战略与国际经济新秩序》,第 207 页。

④ Clifford G. Holderness, "Economic Analysis of the United Nations Code of Conduct for Liner Conferences", p. 859.

⑤ Bernhard J. Abrahamsson, "The Marine Environment and Ocean Shipping", p. 296.

⑥ 舒建中:《联合国贸发会议与国际经济新秩序》,第 51 页。

⑦ M. J. Shah, "The UN Code of Conduct for Liner Conferences", p. 203.

⑧ Stephen D. Krasner, *Structural Conflict*, pp. 219－220.

国际经济利益提供了有益的政策指导。① 正因为如此,《班轮守则》无疑是改革国际海运体系的一个基本要素。② 从国际海运制度的发展演进来看,《班轮守则》的付诸实施无疑为全球海运谈判与对话提供了一个具有关键意义的制度论坛③,同时也为国际海运的发展引进了秩序和规则因素,增强了国际海运关系的可预见性。④

应当看到,《班轮守则》的全面履行仍然面临着发达国家政治意愿的压力。例如,美国坚持拒绝签署和批准《班轮守则》,从而为《班轮守则》的有效实施设置了一个巨大的障碍。欧洲共同体在批准《班轮守则》时亦明确宣布,《班轮守则》将不适用于经济合作与发展组织成员国间的海运服务。⑤ 鉴于此,发展中国家应根据国际海运关系的新发展和新变化,积极参与国际海运规则的谈判与制定,维护并完善平等互利的国际海运新秩序。

实际上,对班轮公会垄断地位的挑战不仅仅来自发展中国家。随着第二次世界大战结束后源于美国的集装箱运输的蓬勃发展,新的独立承运人不断涌现。至此,班轮公会开始面临强大的竞争对手,班轮公会的垄断地位逐渐削弱。20 世纪 90 年代,国际海运业经历了新一轮的分化与组合,全球海运公司之间的战略联盟格局初步形成。因此,以集装箱运输的兴起和海运公司战略联盟的形成为标志,班轮公会的市场核心与垄断地位最终被打破,并且其在国际海运领域的霸权基础从根本上被动摇,班轮公会制度开始走向没落。⑥

三、国际海运制度的进一步发展

在倡导制定《班轮守则》并改革班轮公会体系的同时,发展中国家还根据国际经济新秩序的原则理念以及经济贸易发展的需要,继续推

① Susan Strange and Richard Holland, "International Shipping and the Developing Countries", *World Development*, Vol.4, No.3, 1976, p.247.
② Lawrence Juda, "World Shipping, UNCTAD, and the New International Economic Order", p.502.
③ Alan W. Cafruny, "The Political Economy of International Shipping", p.86.
④ Thomas G. Weiss, "Alternatives for Multilateral Development Diplomacy: Some Suggestions", *World Development*, Vol.13, No.12, 1985, p.1193.
⑤ Susan Strange, *States and Markets*, p.149.
⑥ 王彦:《班轮公会的衰落及航运联盟的发展》,第 18 页。

动国际海运制度规则的改革与发展,以期在班轮运输之外的国际海运领域确立有利于发展中国家的相关规则,进一步拓展国际海运新秩序的制度规则基础,并为发展中国家的贸易发展创造更为有利的国际制度环境。实际上,正是发展中国家的积极参与和推动,国际社会才开始了大规模的国际海运立法。

（一）从《海牙规则》到《汉堡规则》

在国际海运中,提单是指证明海上货物运输合同和货物已经由承运人接收或装船,以及承运人据此交付货物的单证。按照国际海运惯例,提单往往由承运人（国际海运公司）依据契约自由原则自行制定,且具有固定格式。随着国际贸易的发展,通过国际公约以规范提单规则并借此巩固海运主导地位就成为海上强国共同关心的问题。

自 19 世纪以来,英国长期在国际海运领域占据着主导地位,因此,英国对包括提单规则在内的国际海运制度尤为关注。基于维护英国国际海运地位的考虑,英帝国海运委员会于 1921 年夏向国际法协会海事法委员会提交了一份报告,建议制定统一的国际性提单规则。根据英国的建议,国际法协会决定于 1921 年秋季在荷兰首都海牙举行会议,商讨制定统一的提单规则。① 尽管遭受了第一次世界大战的沉重打击,但作为传统海上强国,英国在国际海运领域仍然发挥着重要作用。1921 年 9 月,海牙会议如期举行,在此期间,有关各方围绕英国的报告与建议展开了密切磋商,最终形成了一个"海牙提单规则",并由国际法协会建议予以国际性适用。为将"海牙提单规则"提升到政府间层面以增强其约束力,来自 26 个国家的代表于 1924 年 8 月在比利时首都布鲁塞尔举行正式会议,在紧张谈判之后,有关国家最终以"海牙提单规则"为基础签署了《关于统一提单若干法律规定的国际公约》[简称《海牙规则》（Hague Rules）]。按照约定程序,《海牙规则》于 1931年 6 月正式生效。②

《海牙规则》的主要内容是:（1） 承运人责任期间。《海牙规则》规

---

① 　C. R. Dunlop, "The Hague Rules, 1921", *Journal of Comparative Legislation and International Law*, Vol. 4, No. 1, 1922, pp. 27 – 28.

② 　吴焕宁:《海商法学》,北京:法律出版社 1996 年版,第 112 页。

定,承运人的责任期间是指自货物装上船舶时起至货物卸离船舶时止的一段时间。(2)承运人免责。《海牙规则》规定,由于船长、船员、引水员的过失,海上风险或意外事故,不可抗力,包装不良,标志不当等原因引起的货物灭失或损坏,承运人均不承担责任。(3)承运人责任限制。《海牙规则》规定,对于一般货物,承运人对每件或每单位货物的赔偿额最高不超过100英镑;对于支付了额外运费的贵重货物,则按实际损失赔偿,或按实际支付的运价与货价的百分比赔偿。(4)适用范围。《海牙规则》适用于在任何缔约国内所签发的提单。[①]

毫无疑问,《海牙规则》首次以国际公约的形式确立了统一的提单规则,在一定程度上有助于维护国际海运秩序的相对稳定,因此,《海牙规则》的问世是提单规范化历程中的一个重要里程碑。[②] 但另一方面,《海牙规则》亦存在明显的制度缺陷,其中最主要的问题是,《海牙规则》对承运人(主要是发达国家的海运公司)的免责规定过于宽泛,且承运人的责任限额明显偏低,因而不能充分保护托运人的合法权益。正因为如此,《海牙规则》被视为国际海运制度史上最不公正、最不平等的责任分配体制。[③]

随着第二次世界大战结束后国际贸易的发展,改革《海牙规则》的呼声日渐高涨。在此背景下,国际海事委员会于1959年举行会议,决定修改《海牙规则》。经谈判,53个国家于1968年2月在布鲁塞尔签署了《关于修订〈统一提单若干法律规定的国际公约〉的议定书》[简称《维斯比规则》(Visby Rules)]。在进一步磋商之后,《维斯比规则》于1977年6月生效。[④] 总体上讲,《维斯比规则》的主要内容是:(1)提高了赔偿限额并确立了双重限额,规定每件或每单位的赔偿责任限额为10 000金法郎,或按灭失或受损货物毛重计,每公斤为30金法郎,两者中以高者为准;(2)扩大了提单规则的适用范围,除适用于签发提单的缔约国之外,还适用于以下两种情形,即货物从缔约国的港口起运,以及提单或由提单所证明的运输合同规定,该合同受本公约各项规则或

---

① 吴焕宁:《海商法学》,第112—116页。

② 傅廷中:《海商法论》,北京:法律出版社2007年版,第211页。

③ Susan Strange, *States and Markets*, p.151.

④ 傅廷中:《海商法论》,第211—213页。

使公约生效的任何国家立法的约束。①

《维斯比规则》尽管提高了赔偿限额并扩大了提单规则的适用范围,但在承运人责任方面仍然保留了《海牙规则》的规定,因此,《维斯比规则》仅对《海牙规则》进行了非实质性修改②,远远不能适应国际贸易的发展,更没有实现提单规则的权利义务平衡。

在酝酿修改《海牙规则》并制定《维斯比规则》的同时,发展中国家就已经提出对提单规则进行全面改革。发展中国家认为,现行的国际海运规则没有确立承运人与托运人之间公平的利益平衡,发展中国家亦没有享受平等的谈判地位,因此,现行的国际海运规则必须予以改革。在发展中国家的推动下,联合国贸发会议海运委员会及贸易和发展理事会分别于 1968 年 4 月和 5 月通过决议,决定在联合国贸发会议的框架内设立国际海运立法工作组,其主要任务就是从经济发展,尤其是发展中国家经济发展的角度,重新考察国际海运立法与惯例(包括提单规则)。③ 1969 年 4 月,联合国贸发会议国际海运立法工作组宣布成立,提单规则的改革随之列入了国际海运立法工作组优先考虑的议事日程。④ 经研究,国际海运立法工作组于 1971 年作出决定,建议进一步修改《海牙规则》和《维斯比规则》,如有必要,可制定一项新的国际公约,其指导思想就是公平分担海上货物运输的风险。⑤ 随后,在联合国国际贸易法委员会的主持下,有关新公约的磋商继续进行。1976年 5 月,联合国国际贸易法委员会完成了海上货物运输公约草案的起草工作,并建议联合国大会发起召开一次国际会议,以便有关国家在海上货物运输公约草案的基础上展开谈判,并寻求缔结一项海上货物运输公约。⑥ 1976 年 12 月,联合国大会通过决议,决定全面启动海上货物运输公约的政府间谈判,强调公约的制定应充分考虑所有国家,尤其是发展中国家的合法利益,消除现存提单规则与惯例中的不确定性与

---

① 吴焕宁:《海商法学》,第 117—119 页。

② 吴建斌:《国际商法新论》,南京:南京大学出版社 2005 年版,第 215 页。

③ Sinha Basnayake, "Introduction: Origins of the 1978 Hamburg Rules", *The American Journal of Comparative Law*, Vol. 27, No. 2/3, 1979, pp. 353 – 354.

④ UNCTAD, *The History of UNCTAD*, pp. 142 – 143.

⑤ 傅廷中:《海商法论》,第 217 页。

⑥ UN, *YUN*, 1976, p. 822.

模糊性，实现海运风险的均衡分担，推动国际贸易的协调发展。为此，联合国大会决定在 1978 年发起召开联合国海上货物运输会议，以期签署一项海上货物运输公约。[①] 至此，重新订立提单规则并制定一项新的国际公约问题纳入了国际社会的议事日程。

在周密准备之后，联合国海上货物运输会议于 1978 年 3 月在联邦德国汉堡举行，78 个国家以及联合国相关专门机构派代表出席了会议。会议的主要议程就是以海上货物运输公约草案为基础，寻求制定新的公约以取代《海牙规则》，尤其是通过改善托运人的法律地位并限制承运人的运输风险以实现海运风险的均衡分担。经过紧张的谈判，会议以 68 票赞成、0 票反对、3 票弃权（加拿大、希腊、瑞士）通过了《联合国海上货物运输公约》，并随即开放签署。至此，新的海上货物运输国际制度规则框架《汉堡规则》（Hamburg Rules）初步定型。[②] 按照约定的程序，《汉堡规则》于 1992 年 11 月起正式生效。[③]

概括地讲，《汉堡规则》的主要内容是：（1）废除了海运过失免责制度以及其他列明的免责条款，增加了延迟交付货物条款，明确规定承运人应对货物的灭失、损坏和延迟交付承担责任，除非承运人能够证明已经采取了所有合理的措施以避免此类后果的发生。（2）延长了承运人的责任期间，规定承运人的责任期间包括货物在装货港、运输途中和卸货港处于承运人管理下的整个期间。（3）提高了承运人的责任限额，规定承运人对货物灭失或损坏的赔偿责任限额为每件或每一其他装运单位 835 特别提款权，或按毛重每公斤 2.5 特别提款权计算，两者中应以高者为准。（4）扩大了公约的适用范围，即公约适用于下列条件之一：签发提单或其他海上货物运输合同的缔约国；海上货物运输合同约定的装货港或卸货港之缔约国；提单或由提单所证明的运输合同规定，该合同受本公约各项规则的约束。[④]

由此可见，在发展中国家的推动与支持下，《汉堡规则》的首要作用就是增强了承运人的责任[⑤]，根本性地修改了明显有利于发达国家

---

① UN, *YUN*, 1976, pp. 824 - 825.

② UN, *YUN*, 1978, pp. 955 - 956.

③ 傅廷中：《海商法论》，第 217 页。

④ UN, *YUN*, 1978, p. 956；傅廷中：《海商法论》，第 218—228 页。

⑤ Stephen D. Krasner, *Structural Conflict*, p. 221.

海运公司的《海牙规则》,尤其是根本性地修改了海运风险分担的基本规则。①《汉堡规则》为国际海上货物运输合同确立了更加公平的制度与运行机制②,废除了不公平的海运过失免责制度,建立了更加均衡的海运风险分担规则,充分考虑了托运人(主要是发展中国家)的利益与需要,因而是国际经济新秩序的制度建设在国际海运领域取得的一项积极成果。③ 世界海运大国迄今尚未参加《汉堡规则》,因此,切实有效地履行《汉堡规则》仍需国际社会作出进一步的努力。

(二)国际货物多式联运公约

国际货物多式联运是指多式联运经营人(承运人)以两种或两种以上的运输工具,其中一种是海运工具,将货物从接收地运至目的地交付给收货人,并收取全程运费的方式。

国际货物多式联运的兴起与集装箱运输方式的出现有着密切的联系。从源头上讲,集装箱运输方式源自美国的卡车运输工业,正是美国率先发起了国际海运领域的集装箱革命。④ 20 世纪 50 年代,美国率先将集装箱运输方式运用于海上货物运输并开辟了北大西洋航线。通过简化装货与卸货程序并打破海陆运输限制,集装箱运输展示了装卸效率高、周转速度快、劳动强度低的优点,从一开始就展示了广阔的发展前景。20 世纪 60 年代,集装箱运输在国际海运中得到广泛采用。⑤ 从国际政治经济学的角度来看,集装箱运输的创建与兴起是美国竞争性海运战略的重要组成部分,并对英国以及其他西欧国家共同主导的、以欧洲为中心的班轮公会体系构成了严峻挑战。⑥ 另一方面,作为一种革命性的技术创新,集装箱运输的兴起与扩展亦为国际货物多式联运的问世开辟了现实的道路。到 20 世纪 70 年代,以集装箱运输为基础

---

① Robert Hellawell, "Allocation of Risk Between Cargo Owner and Carrier", *The American Journal of Comparative Law*, Vol. 27, No. 2/3, 1979, p. 357.

② UNCTAD, *The History of UNCTAD*, p. 143.

③ 吴焕宁:《海商法学》,第 121 页。

④ James V. Selna, "Containerization and Intermodal Service in Ocean Shipping", *Stanford Law Review*, Vol. 21, No. 5, 1969, p. 1078.

⑤ Alan W. Cafruny, "The Political Economy of International Shipping", pp. 103 – 104.

⑥ Alan W. Cafruny, "The Political Economy of International Shipping", pp. 103 – 104, 105, 108.

的国际货物多式联运已经在国际海运中占据了主导地位。

与集装箱货物运输和国际货物多式联运的发展相适应,确立有关的国际规则亦成为国际社会关注的问题。① 在发展中国家的推动下,联合国经社理事会于 1973 年初通过决议,要求联合国贸发会议就国际货物多式联运规则起草一份公约。② 紧接着,联合国贸发会议贸易和发展理事会于 1973 年成立了一个政府间筹备小组,其任务就是在充分考虑发展中国家的特殊需要的情况下,负责国际货物多式联运公约的起草工作。从 1973 年 10 月至 1979 年 3 月,筹备小组共举行了 6 次工作会议,围绕国际货物多式联运公约的起草展开了密切磋商。③

在 1979 年 2 至 3 月的政府间筹备小组第六次会议上,有关国家最终完成了国际货物多式联运公约草案的起草并将其提交给联合国贸发会议贸易和发展理事会审议,政府间筹备小组同时建议于 1979 年 11 月举行一次国际会议以谈判通过国际货物多式联运公约。④

1979 年 11 月,由联合国贸发会议主持的联合国国际货物多式联运公约会议在日内瓦正式举行,86 个国家派代表出席了会议。⑤ 在此期间,发展中国家和发达国家之间围绕公约草案展开了激烈的争论,谈判的焦点集中在两个关键问题上。第一个问题是关于公约的性质与适用特征。发展中国家认为,国际货物多式联运公约应当具有强制性的约束力,并应普遍和有效地适用于所有国家;发达国家则强调指出,国际货物多式联运公约的适用应是选择性而非强制性的,而且,公约的适用范围也应加以限制。第二个问题是关于公约所应包含的责任规则与机制。发展中国家强调,国际货物多式联运公约应采用推定过错或推定过失责任制,在责任机制方面则实行统一责任制(Uniform Liability System),即多式联运经营人就全程运输对托运人统一负责(但不影响多式联运经营人就某一区段产生的损失向该区段承运人进行追偿的权

---

① UNCTAD, *The History of UNCTAD*, p. 150.

② Samir Mankabady, "The Multimodal Transport of Goods Convention: A Challenge to Unimodal Transport Conventions", *The International and Comparative Law Quarterly*, Vol. 32, No. 1, 1983, p. 123.

③ UNCTAD, *The History of UNCTAD*, p. 150.

④ UN, *YUN*, 1979, p. 989.

⑤ UN, *YUN*, 1979, p. 989.

利），不论损失发生在哪一区段，都应按照统一的法律规定确定赔偿责任和责任限额；发达国家则主张采用网状责任制（Network Liability System），即尽管多式联运经营人应对全程运输负责，但其在各区段中所承担的责任应按照适用于该区段的法律予以确定，从而构成一个网状的责任体系。① 鉴于发展中国家与发达国家之间的巨大分歧，会议最终未能就公约草案达成协议。为此，会议决定暂时休会，以便有关国家有更多的时间展开磋商；会议同时决定，围绕国际货物多式联运公约的谈判将于 1980 年 5 月继续进行。②

　　1980 年 5 月，联合国国际货物多式联运公约会议第二阶段会议在日内瓦举行。经过紧张的谈判，会议一致通过了《联合国国际货物多式联运公约》[简称《国际多式联运公约》（Convention on International Multimodal Transport）]。1980 年 12 月，联合国大会通过决议，呼吁有关国家采取必要的措施以签署《国际多式联运公约》，进而推动该公约的生效与实施。③

　　作为专门调整国际货物多式联运合同关系的政府间国际公约，《国际多式联运公约》的主要内容是：（1）关于适用范围。《国际多式联运公约》规定，本公约适用于货物接收地和货物交付地位于缔约国境内的国际货物多式联运合同。（2）关于国际货物多式联运的管理。《国际多式联运公约》规定，本公约不影响缔约国政府对国际货物多式联运的监督和管理，多式联运经营人应遵守业务所在地国家的法律以及本公约的规定。（3）关于多式联运经营人的赔偿责任。就责任形式而言，《国际多式联运公约》采用统一责任制，多式联运经营人的责任期间为从接收货物时起至交付货物时止；就责任原则而言，《国际多式联运公约》确立了推定过错原则；至于赔偿责任限制，《国际多式联运公约》规定，对于货物的灭失或损坏，责任限额按每件或每一运输单位920 特别提款权，或按毛重每公斤 2.75 特别提款权计算，两者中以高者为准，对于延迟交付的责任，其最高赔偿限额不超过运费的总额。（4）关于诉讼时效。《国际多式联运公约》规定的诉讼时效为 2 年，自

① UNCTAD, *The History of UNCTAD*, p.152.

② UN, *YUN*, 1979, p.989.

③ UN, *YUN*, 1980, pp.1020 - 1021.

多式联运经营人交付货物或应当交付货物之日起计算。(5)关于诉讼管辖权和仲裁条款。《国际多式联运公约》规定,国际货物多式联运合同纠纷的管辖法院包括:被告主要营业所所在地、合同订立地、货物接收地或货物交付地,以及合同约定的其他地点;《国际多式联运公约》同时规定,多式联运合同各方可以约定将纠纷交付仲裁,但仲裁地点只能在有管辖权的法院所在国之间选择。[1]

《国际多式联运公约》以多边制度的形式确立了国际货物多式联运的基本规则,体现了国际社会为规范新兴的国际货物多式联运所做的积极努力。该公约明确了国际货物多式联运的国际管理与国家管理之间的关系,规定了公约的适用范围与诉讼程序,从而有助于发展中国家在国际货物多式联运中维护自身的利益。更为重要的是,《国际多式联运公约》公平合理地规定了国际货物多式联运的责任关系,采纳了发展中国家所主张的统一责任制和推定过错原则,在很大程度上实现了发达国家与发展中国家之间的利益平衡,由此充分展示了发展中国家在《国际多式联运公约》的谈判与制定中所发挥的积极作用,并为发展中国家参与国际多式联运及其机制提供了前所未有的有利条件。[2] 因此,《国际多式联运公约》的通过无疑是发展中国家推动建立国际经济新秩序的一个重要方面。[3]

按照规定程序,《国际多式联运公约》将在 30 个国家批准或加入后生效。鉴于尚未达到规定的缔约国数量,《国际多式联运公约》的正式实施尚需国际社会作出进一步努力。

鉴于《国际多式联运公约》迟迟未能生效,在发展中国家的支持下,联合国贸发会议和国际商会于 1991 年联合制定了《多式联运单证规则》(Rules for Multimodal Transport Documents),并于 1992 年颁布实施。《多式联运单证规则》所规定的多式联运经营人的责任期间与《国际多式联运公约》的规则基本一致,同时确认发展中国家所主张的推定过错原则,体现了《汉堡规则》与《国际多式联运公约》的制度理念;在责任形式上,《多式联运单证规则》实行网状责任制,并采用了

---

① Samir Mankabady, "The Multimodal Transport of Goods Convention", pp. 124 – 134.

② Stephen D. Krasner, *Structural Conflict*, pp. 220, 222.

③ 贺万忠:《国际货物多式运输法律问题研究》,北京:法律出版社 2002 年版,第 55 页。

《维斯比规则》的责任限额。[①]《多式联运单证规则》体现了发展中国家与发达国家之间的妥协,并将《国际多式联运公约》的主要条款运用于实践,从而填补了国际货物多式联运领域无统一国际规则的空白,是对《国际多式联运公约》实际运作的检验。[②]

(三)方便旗制度

除班轮公会规则、提单规则和国际多式联运规则的改革与发展之外,调整方便旗(Flags of Convenience)制度亦是发展中国家在国际海运领域的一个重要目标。

所谓方便旗制度,又称开放登记制度,是指船舶所有人只须交纳一定的登记费用,就可以在实行开放登记政策的国家登记注册,从而使该船舶取得登记国国籍,并悬挂登记国国旗从事国际海运业务。在实践中,方便旗制度主要适用于国际散货运输和油轮运输,并具有以下典型特征:登记国对方便旗船并不拥有所有权和控制权,因此,方便旗制度的运转缺乏有效的管理机制。[③] 换言之,在最初的方便旗制度下,船舶与船旗国之间并没有真正的联系。

从历史源头上讲,方便旗模式最早出现于 16 世纪,是英国挑战西班牙海运垄断地位的工具之一。第二次世界大战爆发之初,美国政府开始大力推动方便旗模式的实施,以此作为规避 1939 年《中立法》的限制并向盟国提供支持的重要手段。[④] 作为战争的结果,第二次世界大战极大地改变了世界海运格局:战争使法国损失了 2/3 的商船队,英国则损失了 1/4 的商船队。[⑤] 同时,凭借战争期间造船业和海运业的大规模发展,到战争结束时,美国在国际海运领域已经取得了主导性的

①　吴焕宁:《海商法学》,第 138—139 页。

②　贺万忠:《国际货物多式运输法律问题研究》,第 53 页。

③　Ebere Osieke, "Flags of Convenience Vessels: Recent Developments", *The American Journal of International Law*, Vol. 73, No. 4, 1979, p. 604.

④　H. David Bess and Martin T. Farris, *U. S. Maritime Policy: History and Prospects*, New York: Praeger, 1981, p. 79.

⑤　John S. MacLay, "The General Shipping Situation", *International Affairs*, Vol. 22, No. 4, 1946, p. 488.

竞争优势。① 另一方面,鉴于英国等西欧传统海上强国对国际海运的严重依赖,以及冷战背景下维护西方世界团结的战略考量,美国又无意要求立即废除欧洲国家主导的班轮公会体系。在此背景下,美国遂将不定期货船运输视为推行以自由市场为导向的竞争性海运政策的突破口。② 为此,美国早在 1943 年 6 月就确立了以发展不定期货船运输(主要从事石油和散货运输)为主要目标的战后国际海运政策③,试图借此抢占班轮公会尚未控制的散货运输市场,并为方便旗制度的推行创造条件。在美国看来,方便旗制度的进一步推广将有助于巩固美国在世界海运市场的竞争优势。④ 1944 年,美国战时海运管理署决定优先拨款发展不定期货船运输⑤,大力推动以方便旗制度为中心的国际散货运输市场的发展,从而将美国的战后国际海运政策付诸实施。战争结束之后,美国利用与利比里亚和巴拿马的特殊关系,全面推行战争期间就已形成的方便旗海运模式,最终于 20 世纪 50 年代确立了方便旗制度在国际海运中的地位。⑥

方便旗制度是美国针对西欧传统海上强国的竞争性海运政策而发展起来的;更为重要的是,方便旗制度改变了战后国际海运机制的权力结构,增强了美国在国际海运中的整体实力,确保了美国在世界散货运输和油轮运输中的优势地位。⑦ 换言之,尽管美国在战后国际海运领域的目标是建立一个与自由贸易原则相适应的开放的世界海运机制,但考虑到国际海运对西欧国家的重要性,以及构筑遏制苏联的西方经济与军事同盟的战略目标,美国并没有要求废除具有垄断性质的、由西欧国家主导的班轮公会体系;另一方面,鉴于散货运输,尤其是油轮运

---

① Henry L. Deimel, Jr., "United States Shipping Policy and International Economic Relations", *The American Economic Review*, Vol. 36, No. 2, 1946, pp. 551 – 552.

② Henry L. Deimel, Jr., "United States Shipping Policy and International Economic Relations", p. 555.

③ J. Hans Adler, "British and American Shipping Policies", p. 196.

④ Rodney Carlisle, *Sovereignty for Sale*: *The Origins and Evolution of the Panamanian and Liberian Flags of Convenience*, Annapolis: Naval Institute Press, 1981, p. 110.

⑤ Rene De La Pedraja, *The Rise and Decline of U. S. Merchant Shipping in the Twentieth Century*, New York: Twayne Publishers, 1992, pp. 202 – 203.

⑥ Alan W. Cafruny, "The Political Economy of International Shipping", pp. 86, 90 – 91, 108.

⑦ Alan W. Cafruny, "The Political Economy of International Shipping", pp. 92, 108.

输的战略重要性,美国明确表示不会在此领域作出妥协,并通过方便旗制度确立了美国的主导地位。[①] 面对美国的海运竞争压力,西欧国家和日本不得不认可了方便旗这一新的国际海运机制,允许本国船舶所有权人参与方便旗制度,从而推动了方便旗制度在国际海运中的扩展。到 20 世纪 70 年代中期,方便旗船在世界海运总吨位中的比例已达28%,实行方便旗制度的国家主要有巴拿马、利比里亚、洪都拉斯、巴哈马和塞浦路斯等国,而悬挂方便旗的船只主要为发达国家所拥有,因此,方便旗制度的主要获益者仍然是发达国家及其海运公司。[②]

实际上,方便旗制度存在诸多弊端。首先,方便旗制度阻碍了发展中国家船队的发展。在方便旗制度下,发达国家的船舶可以低廉的费用取得登记资格,从而降低了营运成本,增强了发达国家在国际海运中的竞争优势,同时削弱了发展中国家船舶工业的投资吸引力,最终不利于发展中国家海运事业的发展。尽管实行方便旗制度的国家可以获得一定收益,但对大多数发展中国家而言,方便旗制度是不公平的,因为方便旗制度直接妨碍了这些国家对国际海运市场的全面参与[③],进而阻碍了发展中国家经济的整体发展。[④] 其次,方便旗制度是发达国家主导控制世界海运市场的重要手段。[⑤] 在方便旗制度下,凭借实际上拥有方便旗船所有权的优势,发达国家仍然主导着国际海运,同时又利用方便旗制度来阻止发展中国家在世界海运中获得公平的份额。[⑥] 正因为如此,方便旗制度的改革引起了发展中国家的极大关注。

在 1974 年 7 至 8 月举行的联合国贸发会议海运委员会会议上,发展中国家呼吁联合国贸发会议就方便旗制度问题,尤其是船舶与船旗

---

①　Alan W. Cafruny, "Class, State, and World Systems: The Transformation of International Maritime Relations", *Review of International Political Economy*, Vol. 2, No. 2, 1995, pp. 304 – 305.

②　Lawrence Juda, "World Shipping, UNCTAD, and the New International Economic Order", pp. 503, 506.

③　Stephen D. Krasner, *Structural Conflict*, p. 223.

④　Alan W. Cafruny, "The Political Economy of International Shipping", p. 112.

⑤　UNCTAD, *The History of UNCTAD*, p. 146.

⑥　Lawrence Juda, "World Shipping, UNCTAD, and the New International Economic Order", p. 506.

登记国之间的真正联系问题①及其对国际海运的影响展开研究②,真正联系问题随之成为发展中国家寻求改革方便旗制度的核心。

1977 年 3 月,联合国贸发会议发布研究报告,强调为落实真正联系原则,国际社会应尽快就真正联系的概念及其标准达成一致。为此,联合国贸发会议报告建议,真正联系原则应具备四个要素:(1)方便旗船登记国或其国民应在方便旗船的所有权中占有实质性份额;(2)方便旗船所有者应在登记国设有经营机构或代理机构;(3)方便旗船的高级船员应有登记国国民参与;(4)登记国应对方便旗船履行全面和正常的管理职责。③ 至此,联合国贸发会议率先提出了真正联系原则的具体标准,并为有关的谈判奠定了基础。

在 1979 年 5 至 6 月举行的第五届联合国贸发会议上,方便旗制度以及发展中国家共享国际海运问题成为讨论的焦点之一。发展中国家要求调整方便旗制度的目的就是实现国际海运市场的公平共享。④ 发展中国家指出,《班轮守则》仅仅涉及班轮贸易,不足以为发展中国家公平参与世界海运提供全面的机会,因此,国际社会应根据国际经济新秩序的原则,商讨解决世界海运体系中阻碍发展中国家海运发展的两个主要问题,即发展中国家参与世界散货运输问题和方便旗制度问题。发达国家则认为,散货运输共享方案违背了自由竞争的原则,因而不能保护所有国家的贸易利益。经过激烈辩论,会议以 81 票赞成、23 票反对(主要是发达国家)、9 票弃权通过一项决议,呼吁有关国家采取必要措施以确保发展中国家公平参与国际海运,特别是散货运输。该决议要求联合国贸发会议秘书长启动政府间工作小组会议,以便就真正联系问题展开进一步磋商。⑤

1980 年 1 月和 9 月,政府间工作小组和海运委员会分别举行会

---

① 实际上,1958 年《公海公约》就规定了真正联系原则,但并未就此确立具体标准,亦未涉及方便旗的概念,从而为方便旗制度留下了一个巨大的争论空间。参见 Ebere Osieke, "Flags of Convenience Vessels", pp. 605—606.

② Lawrence Juda, "World Shipping, UNCTAD, and the New International Economic Order", p. 507.

③ Ebere Osieke, "Flags of Convenience Vessels", pp. 607, 610.

④ H. David Bess and Martin T. Farris, *U. S. Maritime Policy*, pp. 158 – 159.

⑤ Lawrence Juda, "World Shipping, UNCTAD, and the New International Economic Order", pp. 509 – 510.

议,但围绕散货运输共享和方便旗制度的磋商均未取得进展。① 在此背景下,联合国大会于 1982 年 12 月通过决议,决定在 1984 年举行有关船舶登记的国际会议,并设立一个筹备委员会进行前期准备工作。② 至此,方便旗制度下开放登记条件与规则的谈判全面启动。

毫无疑问,开放登记规则的谈判是错综复杂的,其间既涉及发展中国家与发达国家之间的利益分配,又牵扯作为开放登记国的发展中国家(如巴拿马、利比里亚、巴哈马等)与其他发展中国家的利益纠葛。但另一方面,由于 1982 年《海洋法公约》再次确认了真正联系的基本原则③,因此,在有关各方,尤其是发展中国家的积极努力下,于 1983 年 11 月举行的筹备委员会会议仍然取得了积极的进展,会议就开放登记的条件及相关的国际协定达成了原则一致④,从而为联合国船舶登记条件国际会议的如期召开铺平了道路。

1984 年 7 至 8 月,联合国船舶登记条件国际会议第一阶段会议在日内瓦举行,与会国围绕船舶登记的条件展开了密切的磋商。⑤ 1985 年 1 至 2 月和 7 月,联合国船舶登记条件国际会议第二阶段会议和第三阶段会议在日内瓦举行。其中,在第三阶段会议上,有关国家就联合国船舶登记条件公约达成了一个初步的综合性文本,由此标志着围绕船舶登记条件的谈判取得了重大的实质性进展。⑥ 1986 年 1 至 2 月,联合国船舶登记条件国际会议第四阶段会议在日内瓦举行,97 个国家派代表出席了会议。在发展中国家的积极支持和鼎力推动下,会议最终通过了《联合国船舶登记条件公约》[简称《船舶登记条件公约》(Convention on Conditions for Registration of Ships)]。1986 年 12 月,联合国大会通过决议,对《船舶登记条件公约》的通过表示欢迎,同时呼吁所有国家尽快签署并批准该公约。⑦

---

① Lawrence Juda, "World Shipping, UNCTAD, and the New International Economic Order", pp. 510 – 511.

② UN, *YUN*, 1982, p. 748.

③ UN, *YUN*, 1982, p. 201.

④ UNCTAD, *The History of UNCTAD*, p. 147.

⑤ UN, *YUN*, 1984, p. 551.

⑥ UN, *YUN*, 1985, pp. 586 – 587.

⑦ UN, *YUN*, 1986, pp. 518 – 520.

概括地讲,《船舶登记条件公约》的主要内容是:(1)进一步确认了真正联系原则,即登记船舶与船旗国之间必须具有事实上的关系;(2)确立了真正联系原则的具体标准,包括船员标准(方便旗船必须配备一定比例的登记国船员)、经营标准(方便旗船在登记之前必须在登记国设立相应的机构或代理人)和船舶所有权标准(在方便旗船的所有权方面,应有船旗国国民的资本参与);(3)规定了实施真正联系原则的基本要求,即登记国应通过有关的法律规章对已登记并悬挂其国旗的方便旗船实施有效的管辖和控制。[1]

《船舶登记条件公约》以多边制度的方式确认了发展中国家所主张的真正联系原则,并规定了具体的标准和要求,有助于在公平的基础上规范方便旗制度,推动发展中国家以更加合理的条件参与国际海上运输,有助于维护发展中国家的整体利益。因此,《船舶登记条件公约》体现了国际经济新秩序所包含的平等参与的理念,是国际海运制度发展中的一个重大进展[2],同时也是发展中国家致力于国际经济新秩序的制度建设在国际海运领域所取得的有益成果。

按照约定程序,《船舶登记条件公约》将在40个国家批准或加入后正式生效[3],因此,推动该公约的生效并切实履行有关规则,尚需发展中国家作出进一步的努力。

值得注意的是,结束"乌拉圭回合"的马拉喀什部长级会议通过了一份"关于海运服务谈判的决定",一致同意设立海运服务谈判小组,以便继续在《服务贸易总协定》的范围内就海运服务贸易问题(主要包括国际海运服务、辅助海运服务和港口服务等)展开谈判。[4] 但由于有关各方利益分歧太大,谈判迄今仍未取得积极进展。随着世界贸易组织的建立以及"多哈回合"的启动,海运服务贸易谈判已经纳入了多边贸易体系的范畴,发展中国家应根据国际经济关系的新发展,力争在多边贸易体系的框架内寻求订立公平合理的国际海运新规则,进一步推动国际海运新秩序的建立。

---

[1] 傅廷中:《海商法论》,第34—35页。

[2] UN, *YUN*, 1986, p.518.

[3] UN, *YUN*, 1986, p.520.

[4] 《乌拉圭回合多边贸易谈判结果法律文本》,第403—404页。

2008 年 12 月,联合国大会通过了《联合国全程或部分海上国际货物运输合同公约》(简称《鹿特丹规则》),将提单规则和国际货物多式联运规则纳入了统一的制度框架,因而被视为国际海运关系发展史上的一个重要里程碑[①],这再次体现了发展中国家和联合国为改革国际海运制度规则所做的不懈努力。

第二节　国际经济新秩序中的环境保护

所谓环境问题,是指因人类活动而导致的环境变化,以及这些环境变化对人类生存与发展所带来的不利影响问题。人类所面临的环境问题主要有:大气层保护问题(涉及大气层污染、酸雨传播、臭氧层破坏以及全球气候变暖等问题),野生动植物保护问题和资源保护问题(包括森林资源、土地资源和水资源的保护问题)。诚然,导致全球环境变化的因素是多种多样的,但归纳起来主要有三方面的原因:人口增长和人类活动及其组织方式、技术和工业的发展、自然资源的利用模式。[②]面对全球环境变化对人类生活的严重不利影响,自 20 世纪 60 年代起,环境问题就引起了国际社会的关注,经济发展与环境保护的关系随之提上了国际社会的议事日程。鉴于发展中国家面临经济发展的紧迫任务,发展中国家的环境压力更加巨大。于是,发展中国家充分利用联合国这一普遍性的国际组织,围绕协调经济发展与环境保护之间的关系展开了积极努力,并在全球环境保护议程中发挥了重要的建设性作用,推动了国际环境保护制度规则的制定与发展。

一、联合国人类环境会议与发展中国家

鉴于人类环境问题具有全球性和普遍性的特点[③],除了国家层面和区域层面的努力之外,人类环境问题的解决以及全球环境的保护还

---

① 蒋正雄:《〈鹿特丹规则〉:海商法发展史上的重要里程碑》,《华东政法大学学报》2010 年第 6 期,第 88—98 页。

② Nazli Choucri, "Political Economy of the Global Environment", *International Political Science Review*, Vol. 14, No. 1, 1993, p. 104.

③ Maurice F. Strong, "The United Nations and the Environment", *International Organization*, Vol. 26, No. 2, 1972, p. 169.

必须依托全球性的国际合作。世界环境机制的建立在很大程度上依赖于一个世界性的组织体系的存在。[①] 作为普遍性和全球性的政府间国际组织，联合国无疑是处理全球环境问题的合适机构。[②] 在应对全球环境威胁以及保护全球环境的进程中，联合国从一开始就发挥了无可替代的主导作用。

为寻求环境领域的国际合作，联合国大会于 1968 年 12 月通过决议，决定于 1972 年召开联合国人类环境会议，同时决定成立筹备委员会以进行前期准备工作。[③] 筹备委员会先后举行了四次会议，初步确定联合国人类环境会议的主要议程，而经济发展与环境（包括将环境政策作为发展中国家整体规划的组成部分）则是核心议题之一。[④]

实际上，在联合国人类环境会议筹备期间，经济发展与环境保护之间的关系始终是联合国关注的重要问题，为此，联合国秘书处组织了一系列讨论。其中，由联合国人类环境会议筹备委员会组织的关于环境与发展问题的研讨会于 1971 年 6 月在瑞士福尼克斯举行，并发表了"福尼克斯报告"（Founex Report）。该报告明确指出，环境问题不仅源于发展过程，而且还源于不发达的过程，正是贫困导致了环境恶化，因而需要通过经济发展以改善贫困状况并阻止环境的恶化；另一方面，以损害环境为代价的经济增长也不可能长久持续。[⑤] "福尼克斯报告"初步阐述了环境与发展的相互关系，明确指出环境保护是发展进程的内在组成部分，呼吁通过国际合作以帮助发展中国家解决发展进程中的环境问题，从而拓展了全球环境议程，确立了发展中国家在全球环境领

---

① John W. Meyer, David J. Frank, Ann Hironaka, Evan Schofer and Nancy B. Tuma, "The Structuring of a World Environmental Regime: 1870 – 1990", *International Organization*, Vol. 51, No. 4, 1997, p. 647.

② Wayland Kennet, "The Stockholm Conference on the Human Environment", *International Affairs*, Vol. 48, No. 1, 1972, p. 36.

③ UN, *YUN*, 1968, pp. 476 – 477.

④ Richard N. Gardner, "The Role of the UN in Environmental Problems", *International Organization*, Vol. 26, No. 2, 1972, pp. 241, 244.

⑤ Peter S. Thacher, "The Role of the United Nations", in Andrew Hurrell and Benedict Kingsbury, eds., *The International Politics of the Environment: Actors, Interests, and Institutions*, Oxford: Clarendon Press, 1992, p. 188.

域的关键利益。① 因此,"福尼克斯报告"是发展-环境对话进程中的一个历史转折点②,并为联合国人类环境会议确立环境保护与经济发展的原则提供了基本的依据。

1972 年 6 月,联合国人类环境会议在瑞典首都斯德哥尔摩举行,113 个国家以及联合国相关专门机构派代表出席了会议,并最终通过了《联合国人类环境宣言》(Declaration of the United Nations on the Human Environment)〔又称《斯德哥尔摩宣言》(Stockholm Declaration)〕和《人类环境行动计划》(Action Plan for the Human Environment)。③

作为国际社会共同意志的表达,《联合国人类环境宣言》指出,鉴于环境问题的全球性,加强国际合作是必要的。《联合国人类环境宣言》确立了应对全球环境问题的基本原则,主要包括:(1) 源于不发达的环境恶化是人类社会面临的共同问题,通过向发展中国家提供实质性的资金和技术援助以加速发展是解决这一问题的有效途径;(2) 鉴于经济因素与生态因素的密切联系,实现初级产品和原材料贸易的价格稳定并确保贸易收益对发展中国家具有重要的意义;(3) 所有国家的环境政策均应促进而不是妨碍发展中国家的发展能力,所有的环境保护政策与措施均应考虑发展中国家的特殊情况和需要,以期实现经济发展与环境保护之间的协调;(4) 国际社会所达成的环境保护标准应考虑到发达国家和发展中国家之间的差异,涉及环境保护的国际事项应由所有国家本着合作与平等的原则予以协商解决。④

《联合国人类环境宣言》阐释了环境保护的重要性和紧迫性,并为此确立了相应的国际合作原则,体现了国际社会为实现环境保护与改善所做的积极努力,因而是迈向建立国际环境保护制度的第一步。⑤更为重要的是,《联合国人类环境宣言》揭示了发展中国家环境恶化的根本原因,强调了国际环境保护标准应考虑发达国家和发展中国家的

---

① Marc Williams, "Re-articulating the Third World Coalition: The Role of the Environmental Agenda", *Third World Quarterly*, Vol. 14, No. 1, 1993, pp. 17 - 18.

② James A. Lee, "Environmental Considerations in Development Finance", *International Organization*, Vol. 26, No. 2, 1972, p. 340.

③ UN, *YUN*, 1972, pp. 318 - 319.

④ UN, *YUN*, 1972, pp. 319 - 321.

⑤ UN, *YUN*, 1972, p. 321.

差异,从而为发展中国家在国际环境保护制度中寻求"共同但有区别的责任"(Common but Differentiated Responsibilities)奠定了原则基础。因此,《联合国人类环境宣言》是国际社会共同努力的结果,体现了发展中国家所发挥的积极作用。《联合国人类环境宣言》具有重要的国际环境启蒙意义,并为国际环境合作奠定了思想基础。[①]

作为联合国人类环境会议的另一项重要成果,《人类环境行动计划》呼吁国际社会就自然资源保护、防止环境污染以及全球气候变化采取积极行动,重申环境关切不应成为歧视性贸易政策和市场准入限制的借口,发达国家不应将环境政策的负担直接或间接地转移到发展中国家;为促进经济与环境保护的协调发展,国际社会应加强对发展中国家的援助计划。[②]

为确保《联合国人类环境宣言》和《人类环境行动计划》的实施,联合国人类环境会议就制度框架与融资安排提出了进一步的构想,建议联合国大会通过决议,在联合国的框架内设立一个联合国环境规划署以推动环境领域的国际合作,同时设立一个环境基金以便为有关国家的环境保护计划提供国际融资。此外,联合国人类环境会议还建议联合国大会将每年的 6 月 5 日确定为"世界环境日",以便进一步唤起国际社会对环境保护的持续关注。[③]

作为对联合国人类环境会议的回应,联合国大会于 1972 年 12 月通过决议,批准了联合国人类环境会议所通过的《联合国人类环境宣言》《人类环境行动计划》及相关建议,从而为贯彻联合国人类环境会议的谈判成果提供了动力与制度保障。首先,联合国大会决定设立联合国环境规划署(United Nations Environment Programme,简称 UNEP),总部设在肯尼亚首都内罗毕。联合国环境规划署的主要职责就是推动环境领域的国际合作,尤其应当关注国际环境政策对发展中国家的影响。其次,联合国大会决定设立环境基金,该基金将于 1973 年 1 月投入运行,其目的就是为有关国家的环境计划提供资金支持,尤其

---

①　陈东晓等:《联合国:新议程和新挑战》,第 247 页。

②　UN, *YUN*, 1972, p. 322.

③　UN, *YUN*, 1972, p. 323.

应当考虑发展中国家的特殊需要。[1]

透过联合国人类环境会议的谈判成果以及联合国大会的有关决议不难看出,联合国人类环境会议的召开标志着环境问题首次成为世界政治的重要问题[2],因此,联合国人类环境会议是世界环境保护史上的第一个里程碑。

首先,联合国人类环境会议是联合国主持下的首次全球性环境会议,也是涉及人类环境全局性问题的第一个政府间国际会议。[3] 在联合国人类环境会议筹备和举行期间,有关国家围绕环境与发展问题展开了密切磋商并达成了广泛共识,标志着环境问题正式纳入了全球性谈判及联合国的议事日程,标志着联合国开始全面介入世界环境与发展事务[4],体现了全球层面的环境与发展关注,并为国际环境保护的发展奠定了基础,因而是国际环境合作的一个重要转折点。[5]

其次,作为联合国人类环境会议的重要成果之一,联合国环境规划署和环境基金的建立为联合国框架内的国际环境合作提供了一个制度化的政府间论坛及其资金支持机制。作为联合国体系内第一个专门致力于国际环境合作的机构,联合国环境规划署成为最重要的国际环境组织和国际环境活动中心[6],在推动全球环境制度建设的进程中,联合国环境规划署承担了议程设置和谈判论坛的功能。[7] 因此,联合国环境规划署的建立体现了国际社会力图通过多边环境机制保护全球环境的积极努力,正是在联合国人类环境会议及其制度性成果的影响下,国际环境保护才成为一个持续性的全球关注议题,多边环境机制的建立

① UN, *YUN*, 1972, pp. 326, 331 – 335.

② 张海滨:《环境与国际关系:全球环境问题的理性思考》,上海:上海人民出版社 2008 年版,第 221 页。

③ Brian Johnson, "The United Nations' Institutional Response to Stockholm: A Case Study in the International Politics of Institutional Change", *International Organization*, Vol. 26, No. 2, 1972, p. 255.

④ 张海滨:《联合国在世界环境与发展事务中的作用》,《国际政治研究》1995 年第 1 期,第 75 页。

⑤ Lawrence E. Susskind, *Environmental Diplomacy: Negotiating More Effective Global Agreements*, Oxford and New York: Oxford University Press, 1994, p. 37.

⑥ 丁金光:《国际环境外交》,北京:中国社会科学出版社 2007 年版,第 61、77 页。

⑦ Gareth Porter and Janet W. Brown, *Global Environmental Politics*, Boulder: Westview Press, 1991, p. 48.

与发展才得以有力推动。[1]

更为重要的是,联合国人类环境会议明确了经济发展与环境保护之间的关系,强调了发展政策与环境保护政策之间的协调,从而为确立有利于发展中国家的国际环境制度规则创造了条件。实际上,环境问题在发达国家和发展中国家之间不可相提并论。如果说发达国家的环境污染是"富裕的污染",那么,发展中国家的环境污染则是"贫穷的污染",不发达是发展中国家环境恶化的根源,解决发展中国家环境问题的出路就是实现经济发展。[2] 换言之,尽管发展中国家和发达国家均应为改善全球环境作出积极努力,但发达国家首先应当承担更大的责任。[3] 联合国人类环境会议所通过的《联合国人类环境宣言》和《人类环境行动计划》均强调了南北差距对国际环境保护的影响,明确指出实现经济发展是改善发展中国家环境状况的根本途径,体现了发展中国家的利益与呼声。同时,联合国人类环境会议是发展中国家第一次全面参与的国际环境会议,开启了冷战时代有关环境问题的南北对话。[4] 因此,联合国人类环境会议是发展中国家全面参与国际环境事务的历史起点[5],是发展中国家融入国际环境关系的重要标志。

在联合国人类环境会议及其成果的推动下,发展中国家开始以更加主动的姿态参与国际环境事务,积极寻求国际社会采取有效措施以落实联合国人类环境会议所确立的基本原则。作为国际经济新秩序的纲领性文件之一,《经济宪章》强调指出,保护和改善环境是国际社会和所有国家的共同责任,环境政策应当促进而不是妨碍发展中国家的经济发展。为此,《经济宪章》呼吁国际社会和所有国家在合作的基础上订立有关环境领域的国际规范与规则,实现环境保护与经济发展的有机协调。[6] 毫无疑问,环境保护与经济发展的协调意味着国际环境

[1] Dana R. Fisher, *National Governance and the Global Climate Change Regime*, Lanham and New York: Rowman & Littlefield Publishers, 2004, p. 3.

[2] Joao Augusto de Araujo Castro, "Environment and Development: The Case of the Developing Countries", *International Organization*, Vol. 26, No. 2, 1972, p. 409.

[3] Henry Shue, "Global Environment and International Inequality", *International Affairs*, Vol. 75, No. 3, 1999, p. 545.

[4] 陈迎:《国际环境制度的发展与改革》,《世界经济与政治》2004 年第 4 期,第 44 页。

[5] 丁金光:《国际环境外交》,第 62 页。

[6] UN, *YUN*, 1974, p. 407.

规则的制定应充分考虑发展中国家的发展利益与特殊需要,国际经济新秩序的环境议程实际上体现了"共同但有区别的责任"的理念,进而为国际环境新秩序奠定了原则基础。至此,国际环境保护纳入了国际经济新秩序的议程,并为发展中国家进一步参与国际环境规则的谈判与制定提供了更加明确的原则指导。换言之,发展中国家将环境问题纳入国际经济新秩序范畴的重要动因就是:全球环境议程为发展中国家扩展南北谈判的范围、改革南北经济关系的结构创造了更为广阔的谈判空间和更为有利的机会,并最终有助于推动实现国际经济新秩序所确立的战略目标。[①]

二、联合国环境与发展会议及国际环境制度的新发展

进入 20 世纪 80 年代之后,全球环境呈恶化之势,环境污染对人类的生存与发展构成了更加严峻的挑战,成为制约国际政治经济关系均衡发展的一个重要因素。面对环境保护与经济发展的双重压力,国际社会需要在联合国人类环境会议所确立的原则基础上进一步厘清环境与发展的关系,即在世界范围内通过适当的方式确保环境保护与发展规划之间建立起正式的联系。[②] 在此背景下,联合国大会于 1988 年 12 月通过决议,重申应加强环境保护领域的国际合作与对话,决定在 1992 年召开联合国环境与发展会议。[③]

1992 年 6 月,联合国环境与发展会议(又称"地球峰会")在巴西里约热内卢举行,来自 176 个国家以及相关国际组织的代表出席了会议。[④] 在此期间,发展中国家明确表达了与会的战略目标,即确保发展中国家拥有实现经济发展的足够的环境空间;调整全球经济关系,确保发展中国家获得必要的资金、技术与市场,使发展中国家实现环境友好

---

① Gareth Porter and Janet W. Brown, *Global Environmental Politics*, p. 129.

② Lawrence Susskind and Connie Ozawa, "Negotiating More Effective International Environmental Agreements", in Andrew Hurrell and Benedict Kingsbury, eds., *The International Politics of the Environment*, p. 165.

③ UN, *YUN*, 1988, pp. 456－458.

④ UN, *YUN*, 1992, p. 670.

型的经济发展。①

　　作为联合国环境与发展会议取得的最重要的成果之一，《里约环境与发展宣言》[简称《里约宣言》（Rio Declaration）]旨在通过国际合作，以期在环境与发展领域建立新型的、公平的全球伙伴关系。《里约宣言》确立了 27 条原则，主要包括：发展与环境应予同等考虑，为实现可持续发展，环境保护应成为发展进程的内在组成部分；在寻求可持续发展的国际行动中，发展中国家的利益和需要，尤其是最不发达国家的需要，应予特殊优先考虑；所有国家应根据全球环境恶化的不同份额与作用因素在国际环境保护领域承担"共同但有区别的责任"，发达国家对全球环境造成了巨大的压力并拥有雄厚的技术和资金实力，因而应在可持续发展进程中承担积极的责任；所有国家均应通过科学技术的交流以及技术转让等形式来促进合作，进而增强可持续发展的能力；所有国家均应致力于维护与促进开放的国际经济体系，与环境有关的贸易政策不应成为歧视性的措施，或限制国际贸易的借口。②

　　《里约宣言》在强调环境保护与经济发展相互协调的同时，明确提出了一种全新的发展理念，即可持续发展，从而为有关国家寻求新的发展模式提供了政策指导。实际上，早在 1980 年，联合国环境规划署、国际自然保护联盟和世界自然基金会就联合发布了一份题为"世界保护战略：为可持续发展保护生物资源"的研究报告，首次使用了"可持续发展"一词。③ 此后，环境与发展世界委员会进一步充实了可持续发展的内涵，将可持续发展定义为"既满足当代人的需要，又不对后代人满足其需要的能力构成危害的发展"。可持续发展包含两个关键概念：一是"需要"的概念，尤其是将世界上贫困人口的基本需要置于优先地位，因为一个充斥贫困和不平等的世界将更容易出现生态及其他危机；二是"限制"的概念，即技术发展和社会组织应对环境满足当前和将来

---

① Adil Najam, "The View from the South: Developing Countries in Global Environmental Politics", in Regina S. Axelrod, David L. Downie and Norman J. Vig, eds., *The Global Environment: Institutions, Law, and Policy*, Washington, D. C.: CQ Press, 2005, pp. 231–232.

② UN, *YUN*, 1992, pp. 670–672.

③ 尼科·斯赫雷弗：《可持续发展在国际法中的演进：起源、涵义及地位》，汪习根、黄海滨译，北京：社会科学文献出版社 2010 年版，第 24—25 页。

需要的能力施加限制。[①] 根据《里约宣言》及其可持续发展原则,发展
是可持续发展的基础,在实现保护环境的同时应当促进发展中国家的
经济发展,寻求经济发展与环境保护的平衡。[②] 换言之,由于贫困是环
境恶化的重要根源,因此,建立在可持续发展基础上的世界经济增长是
拯救全球环境的有效途径。[③] 总之,《里约宣言》的可持续发展模式进
一步厘清了环境与发展的关系,体现了发展需要与环境保护的高度融
合,是联合国环境与发展会议的一个重要创新。同时,可持续发展和国
际经济新秩序均关注发展目标,两者并不存在矛盾;而且,没有发展中
国家的发展,可持续发展将成为无本之木,无源之水。因此,国际经济
新秩序的发展目标更具根本性,是环境保护的基础。[④]

　　《里约宣言》还重申了国际环境规则的制定应考虑发展中国家的
特殊利益与需要,发达国家在国际环境保护的进程中应当率先发挥积
极的作用,并以国际认同的方式正式确立了国际环境保护领域的基本
原则,即"共同但有区别的责任原则",从而为发展中国家实现可持续
发展提供了有力的政策支撑,同时也为发展中国家全面参与国际环境
保护规则的谈判与制定创造了更为有利的条件。实际上,"共同但有
区别的责任原则"是建立在关贸总协定制度和联合国海洋法制度对发
展中国家给予区别对待或优惠待遇的原则基础上的[⑤],是针对发展中
国家的"特殊和差别待遇"原则在国际环境领域的进一步发展。《里约
宣言》的通过以及"共同但有区别的责任原则"的确立体现了发展中国
家的利益与需要,在更大程度上反映了发展中国家的政治议程[⑥],并为
国际环境新秩序的发展创造了有利条件,因而是发展中国家在国际环
境领域寻求建立国际经济新秩序的一个阶段性成果。

---

① World Commission on Environment and Development, *Our Common Future*, Oxford and New York: Oxford University Press, 1987, pp. 43 – 44.

② Henry Shue, "Ethics, the Environment and the Changing International Order", *International Affairs*, Vol. 71, No. 3, 1995, p. 455.

③ Ronnie D. Lipschutz, *Global Environmental Politics: Power, Perspectives, and Practice*, Washington, D. C.: CQ Press, 2004, p. 59.

④ 何志鹏:《可持续发展与国际经济新秩序》,《法制与社会发展》2001 年第 5 期,第 50—51 页。

⑤ 尼科·斯赫雷弗:《可持续发展在国际法中的演进:起源、涵义及地位》,第 155—156 页。

⑥ 徐再荣:"1992 年联合国环境与发展大会评析",《史学月刊》2006 年第 6 期,第 67 页。

联合国环境与发展会议的另一个重要成果就是通过了《21世纪议程》(Agenda 21),由此体现了环境与发展领域最高水平的全球共识和政治义务。在社会和经济领域,《21世纪议程》明确指出,国际社会应通过贸易自由化以期为可持续发展创造有利的国际环境,推动贸易与环境的相互促进和相互支持;国际社会和有关国家应采取措施以遏制贸易保护主义的蔓延,改善发展中国家初级产品的竞争条件;国际社会还应积极努力以减轻发展中国家的国际债务,缓解发展中国家的贫穷状况。在资源保护与管理方面,《21世纪议程》指出,有关国家应对土壤、矿产、水资源和生物的规划与管理采取综合性方法,提升森林资源和森林植被的保护水平;国际社会应加强海洋环境保护和生物多样性保护,实现海洋资源和生物资源利用的可持续发展。为此,《21世纪议程》提出了明确的政策措施。首先,国际社会应提高面向发展中国家的官方发展援助,发达国家再次确认了 0.7% 的官方发展援助目标;此外,国际社会还应通过多边开发银行等多种方式向发展中国家提供可持续发展的资金支持。其次,为强化联合国在环境与发展领域的职能,应在联合国体系内设立一个高级别的可持续发展委员会,具体负责《21世纪议程》的实施。[1]

《21世纪议程》以可持续发展理念为基础,明确提出了实现可持续发展的行动措施,从而构筑了一个综合性的可持续发展政策与行为框架,体现了国际社会为实现可持续发展而达成的共识。因此,《21世纪议程》是全球可持续发展战略的又一个纲领性文件,标志着促进可持续发展的新的全球伙伴关系的开始。[2]《21世纪议程》秉承"共同但有区别的责任原则",强调可持续发展战略的具体实施应考虑发展中国家的特殊利益和需要,尤其应当增加国际社会向发展中国家提供的可持续发展融资,因此,《21世纪议程》体现了国际社会在可持续发展进程中对发展中国家的特别关注以及国际经济新秩序的原则宗旨,是发展中国家在国际环境与发展领域取得的一项积极成果。

1992年12月,联合国大会通过决议,批准了《里约宣言》和《21世纪议程》等联合国环境与发展会议文件。联合国大会还同意在联合国

---

[1]　UN, *YUN*, 1992, pp. 672 – 674.

[2]　方连庆、刘金质:《国际关系史》(第12卷),第498页。

经社理事会设立可持续发展委员会,主要负责监督《21世纪议程》的执行进展,推动国际社会以有利条件(包括减让性条件和优惠条件)向发展中国家转让环境友好型技术并提供资金支持。①

毫无疑问,联合国环境与发展会议是世界环境保护史上的第二个重要里程碑。首先,可持续发展是联合国环境与发展会议的核心理念,基于这一理念,可持续发展模式将南北关系中的发展问题与全球环境保护联系在一起,从而为全球合作提供了动力②,同时也标志着国际环境制度建设的理念与导向出现了重大转变。③ 可持续发展模式的确立为发展中国家影响全球环境议程、秉承国际经济新秩序的原则以寻求建立国际环境新秩序创造了更加有利的条件。④

其次,联合国环境与发展会议所确立的"共同但有区别的责任原则"为国际环境制度的发展指明了方向,同时为发展中国家在实现环境保护的进程中维护发展利益奠定了原则基础,并为发展中国家在全球环境领域同发达国家展开对话与合作提供了有力的原则支撑。因此,联合国环境与发展会议最显著的成果之一就是实现了国际社会对发达国家与发展中国家之间区别责任的普遍认同,并将其作为实现全球环境保护与可持续发展的基本途径。⑤

在联合国环境与发展会议期间,业已达成的《联合国气候变化框架公约》(United Nations Framework Convention on Climate Change)[简称《气候变化框架公约》(Framework Convention on Climate Change)]和《生物多样性公约》(Convention on Biological Diversity)向各国开放签署。在此之前,有关国家已达成了致力于臭氧层国际保护的《保护臭氧层维也纳公约》(Vienna Convention for the Protection of the Ozone Layer)。在《保护臭氧层维也纳公约》《气候变化框架公约》

---

① UN, *YUN*, 1992, pp. 674 – 675, 676 – 677.

② Lawrence E. Susskind, *Environmental Diplomacy*, p. 94.

③ Marvin S. Soroos, "Global Institutions and the Environment: An Evolutionary Perspective", in Regina S. Axelrod, David L. Downie and Norman J. Vig, eds., *The Global Environment*, p. 26.

④ Adil Najam, "The View from the South", p. 230.

⑤ Duncan French, "Developing States and International Environmental Law: The Importance of Differentiated Responsibilities", *The International and Comparative Law Quarterly*, Vol. 49, No. 1, 2000, pp. 35 – 36.

和《生物多样性公约》的制度建设中,发展中国家均发挥了积极的作用,推动全球臭氧层保护机制、全球气候变化机制和生物多样性保护机制承认了国际环境新秩序的核心原则"共同但有区别的责任原则",标志着国际环境新秩序的制度建设取得了积极的阶段性成果。

（一）全球臭氧层保护机制

早在 20 世纪 70 年代初期,臭氧层损耗就引起了国际社会的关注,因为大气中的臭氧层可以保护地球免遭来自太阳的有害紫外线的伤害,同时保护全球环境,而臭氧层的损耗则将危及人类的生存,于是,联合国环境规划署从建立之日起就开始筹备制定一项有关臭氧层的国际公约。经过长期努力,有关国家于 1985 年 3 月达成了《保护臭氧层维也纳公约》,并向各国开放签署。该公约指出,臭氧层破坏对人类构成了严重威胁,而臭氧层损耗的原因就在于包含氯的化学物质,尤其是含氯氟烃被大量排进大气层。《保护臭氧层维也纳公约》强调,消耗臭氧层物质的排放会改变臭氧层的物质结构,导致全球气候变化,因此,国际社会应采取措施控制含氯化学物质的排放,维护正常的气候环境。此外,《保护臭氧层维也纳公约》还规定设立缔约国大会和秘书处。[1]另一方面,虽然在呼吁控制消耗臭氧层物质的排放,但《保护臭氧层维也纳公约》却没有规定具体的措施,因而缺乏约束力。[2] 尽管如此,《保护臭氧层维也纳公约》的签署仍然具有重要意义,标志着国际社会迈出了保护臭氧层的第一步[3],并为全球臭氧层保护机制的建立奠定了基本的框架。[4]

为落实《保护臭氧层维也纳公约》,24 个国家和欧洲经济共同体于 1987 年 9 月达成了《消耗臭氧层物质蒙特利尔议定书》[简称《蒙特利

[1] UN, *YUN*, 1985, p. 804; Ruchi Anand, *International Environmental Justice: A North-South Dimension*, Aldershot and Burlington: Ashgate, 2004, p. 100.

[2] Peter M. Haas, "Stratospheric Ozone: Regime Formation in Stages", in Oran R. Young and Gail Osherenko, eds., *Polar Politics: Creating International Environmental Regimes*, Ithaca: Cornell University Press, 1993, p. 157.

[3] Detlef Sprinz and Tapani Vaahtoranta, "The Interest-based Explanation of International Environmental Policy", *International Organization*, Vol. 48, No. 1, 1994, p. 82.

[4] Ruchi Anand, *International Environmental Justice*, p. 99.

尔议定书》(Montreal Protocol)]。该议定书旨在通过控制消耗臭氧层物质的排放以进一步明确有关国家的责任。《蒙特利尔议定书》规定,在议定书生效后一年内,有关国家应先期将消耗臭氧层物质的排放冻结在1986年的水平;到1988年,消耗臭氧层物质的排放应削减50%;发展中国家冻结和削减消耗臭氧层物质排放的进程可延期10年,国际社会应为发展中国家参与《蒙特利尔议定书》的履行提供技术和资金支持。[①] 1989年1月,《蒙特利尔议定书》正式生效。[②]

毫无疑问,《保护臭氧层维也纳公约》,尤其是《蒙特利尔议定书》集中体现了国际社会为保护臭氧层以及全球气候环境所做的积极努力,因而具有开创性的历史意义;其中,《蒙特利尔议定书》的签署与生效标志着国际社会和有关国家在保护臭氧层方面迈出了真实的第一步。[③] 另一方面,由于《保护臭氧层维也纳公约》以及《蒙特利尔议定书》的适用范围和效力均存在较大的局限性,尤其是《蒙特利尔议定书》的谈判主要在美国和欧洲经济共同体国家之间进行,而发展中国家则处于谈判的边缘地位。[④] 因此,《蒙特利尔议定书》并没有充分体现发展中国家在全球臭氧层保护领域的特殊利益和需要[⑤],寻求建立公平合理的全球臭氧层保护机制仍然是发展中国家在国际环境领域面临的一个紧迫任务。

1989年5月,《蒙特利尔议定书》缔约国第一次会议在芬兰首都赫尔辛基举行[⑥],发展中国家积极参与了谈判进程,明确要求修改《蒙特利尔议定书》的有关条款,强调额外的技术和资金援助对于发展中国家履行相关义务并实现《蒙特利尔议定书》的目标至关重要。[⑦] 在发展中国家的推动下,赫尔辛基会议发表了《赫尔辛基宣言》(Helsinki Declaration),强调应寻求建立一个国际基金,以便向发展中国家提供履

---

① UN, *YUN*, 1987, p. 700.

② UN, *YUN*, 1989, p. 420.

③ Gareth Porter and Janet W. Brown, *Global Environmental Politics*, p. 22.

④ Lawrence E. Susskind, *Environmental Diplomacy*, p. 33.

⑤ Peter M. Haas, "Stratospheric Ozone", p. 167.

⑥ UN, *YUN*, 1989, p. 441.

⑦ Richard E. Benedick, *Ozone Diplomacy: New Directions in Safeguarding the Planet*, Cambridge and London: Harvard University Press, 1998, pp. 148 – 149.

行《蒙特利尔议定书》所必需的技术和资金援助。[①] 根据《赫尔辛基宣言》确立的原则，《蒙特利尔议定书》缔约国第二次会议于 1990 年 6 月在伦敦举行，其主要议程就是寻求建立一个多边基金以便向发展中国家提供环境融资与技术转让。[②] 经讨论，会议达成了《蒙特利尔议定书》的"伦敦修订本"（London Amendment），规定发达国家应率先在 2000 年之前取消含氯氟烃物质的生产与消费，并最终实现逐步取消其他消耗臭氧层物质生产与消费的目标；"伦敦修订本"同时规定设立《蒙特利尔议定书》多边基金，以便以减让性条件向发展中缔约国提供额外的资金和技术援助，支持发展中缔约国履行相关的义务。1993 年 1 月，《蒙特利尔议定书》多边基金正式投入运转。[③]

"伦敦修订本"包含了臭氧层全球保护的国际公平条款[④]，并据此设立了多边基金及面向发展中国家的资金支持和技术援助机制，从而表明"共同但有区别的责任"及其制度理念已被《蒙特利尔议定书》所采纳。[⑤] 以《保护臭氧层维也纳公约》《蒙特利尔议定书》和"伦敦修订本"为基础，包括控制规则和融资规则的全球臭氧层保护机制最终形成。以"伦敦修订本"的达成为标志，全球臭氧层保护机制呈现出新的特点：发达国家承担了主要责任，并通过多边基金的援助以适应发展中国家的特殊需要，由此为发展中国家全面支持和参与全球臭氧层保护机制铺平了道路。[⑥] 至此，全球臭氧层保护机制形成了平等、公平与合作的新格局，进一步展示了国际经济新秩序公平合理的原则理念[⑦]，是发展中国家寻求国际经济新秩序的努力在国际环境保护领域取得的重要阶段性成果。在《蒙特利尔议定书》生效 10 年之后，全球消耗臭氧层物质的使用减少了 70% 以上，表明《蒙特利尔议定书》取得了令人瞩

---

① Richard E. Benedick, *Ozone Diplomacy*, pp. 125 – 126.

② Marc Williams, "Re-articulating the Third World Coalition", p. 22.

③ UN, *YUN*, 1990, p. 522; Richard E. Benedick, *Ozone Diplomacy*, pp. 252, 365 – 375.

④ Paul G. Harris, "Ethics, Interests and American Foreign Policy: The Case of Ozone Depletion", *International Relations*, Vol. 12, No. 6, 1995, p. 61.

⑤ 李扬勇：《论共同但有区别责任原则》，《武汉大学学报》（哲学社会科学版）2007 年第 4 期，第 550 页。

⑥ 徐再荣：《臭氧层损耗问题与国际社会的回应》，《世界历史》2003 年第 3 期，第 28 页。

⑦ Ruchi Anand, *International Environmental Justice*, pp. 114 – 116.

目的成果[①],臭氧层保护机制亦成为国际合作的一个突出范例。[②]

(二)全球气候变化机制

由于全球气候变化是国际社会面临的最严重的环境挑战[③],而且,应对气候变化(即温室效应或全球变暖)的有关行动还影响到国际贸易方式和经济发展模式,因此,在全球性框架公约的范围内采取措施是解决全球气候变化问题的唯一有效途径。[④] 1988 年 12 月,联合国大会通过一项特别决议,呼吁尽快缔结一个气候变化框架公约。作为对联合国大会决议的回应,联合国环境规划署和世界气象组织共同主持成立了一个政府间气候变化谈判小组,其主要职责就是围绕气候变化问题展开综合评估并提出有关的政策建议。[⑤] 经磋商,有关国家就应对全球气候变化的机制设计达成了共识,即国际社会应首先缔结一个原则性的气候变化框架公约,然后通过议定书的形式就具体问题作出规定,以此贯彻框架公约的原则,这就是"框架公约-议定书"模式。[⑥]

世界银行、联合国开发计划署和联合国环境规划署于 1990 年达成协议,决定共同组建"全球环境基金"(Global Environment Facility),其主要目的就是为限制温室气体的排放、保护生物多样性、保护国际水资源和保护臭氧层提供资金支持,联合国环境规划署则是"全球环境基金"的执行机构。[⑦] 1991 年 5 月,"全球环境基金"投入运转,其主要的资金支持对象是发展中国家,尤其是最不发达国家和地区,其主要的政策目标就是帮助发展中国家应对全球环境挑战。[⑧] 至此,国际社会为

---

① 约翰·塞兹:《全球议题》,刘贞晔、李轶译,北京:社会科学文献出版社 2010 年版,第 222 页。

② Peter M. Haas, "Banning Chlorofluorocarbons: Epistemic Community Efforts to Protect Stratospheric Ozone", *International Organization*, Vol. 46, No. 1, 1992, p. 187.

③ Daniel A. Farber, "Basic Compensation for Victims of Climate Change", *University of Pennsylvania Law Review*, Vol. 155, No. 6, 2007, p. 1605.

④ Michael Grubb, "The Greenhouse Effect: Negotiating Targets", *International Affairs*, Vol. 66, No. 1, 1990, p. 69.

⑤ James K. Sebenius, "Designing Negotiations toward a New Regime: The Case of Global Warming", *International Security*, Vol. 15, No. 4, 1991, p. 111.

⑥ James K. Sebenius, "Designing Negotiations toward a New Regime", pp. 114, 117 – 118.

⑦ UN, *YUN*, 1990, p. 530.

⑧ UN, *YUN*, 1991, p. 505.

发展中国家全面参与全球环境议程提供了新的融资渠道。

实际上，在诸多环境挑战中，气候变化是最具分歧性质和最具经济敏感性的问题[1]，应对气候变化的全球挑战亦是可持续发展的重要组成部分。[2] 鉴于气候变化将从经济、社会和环境三个方面对可持续发展产生重大影响，同时也将影响贫困和公平等重要议题，面对全球气候变化，发展、公平和可持续性就成为可持续发展的必不可少的元素。[3] 为强化全球气候环境的保护规则，联合国大会于 1990 年 12 月通过决议，决定成立一个政府间谈判委员会，专门负责起草气候变化框架公约。[4] 在此期间，发展中国家与发达国家展开了激烈的争论，南北分歧因此始终处于气候变化框架公约谈判的中心地位，争论的问题主要包括：温室气体减排责任的分担以及发达国家率先行动问题、发达国家应当承担的历史和现实责任问题、人均排放水平和排放指标问题、面向发展中国家的技术和资金援助问题等。[5] 从根本上讲，作为气候变化谈判中最主要的矛盾，南北矛盾首先表现为发展中国家对公平问题的关注[6]，而气候变化问题的公平与正义的具体衡量标准，就是一国的人均排放量，而不是一国的总排放量。[7] 此外，发展中国家还明确要求在气候变化框架公约中规定发达国家向发展中国家提供技术和资金援助的条款，以增强发展中国家参与全球气候变化机制的能力。[8]

经过紧张谈判，《联合国气候变化框架公约》最终于 1992 年 5 月

---

[1] Elliot L. Richardson, "Climate Change: Problems of Law-Making", in Andrew Hurrell and Benedict Kingsbury, eds. , *The International Politics of the Environment*, p. 166.

[2] Richard A. Matthew and Anne Hammill, "Sustainable Development and Climate Change", *International Affairs*, Vol. 85, No. 6, 2009, p. 1117.

[3] 庄贵阳：《气候变化与可持续发展》，《世界经济与政治》2004 年第 4 期，第 54 页。

[4] UN, *YUN*, 1990, p. 520.

[5] Matthew Paterson and Michael Grubb, "The International Politics of Climate Change", *International Affairs*, Vol. 68, No. 2, 1992, pp. 295 – 296.

[6] 徐再荣：《从科学到政治：全球变暖问题的历史演变》，《史学月刊》2003 年第 4 期，第 119 页。

[7] 埃里克·波斯纳、卡斯·森斯坦恩：《气候变化正义》，载于曹荣湘：《全球大变暖：气候、经济、政治与伦理》，北京：社会科学文献出版社 2010 年版，第 312 页。

[8] Matthew Paterson, "IR Theory: Neorealism, Neoinstitutionalism and the Climate Change Convention", in John Vogler and Mark F. Imber, eds. , *The Environment and International Relations*, London and New York: Routledge, 1996, p. 61.

达成并在联合国环境与发展会议期间向所有国家开放签署。《气候变化框架公约》的目的就是将大气层中的温室气体密度控制在一定限度内,以防止温室气体的排放对全球气候体系造成危险的影响。为此,《气候变化框架公约》明确规定,各缔约方应在公平的基础上,并根据"共同但有区别的责任原则",分别承担温室气体减排义务;发达国家("附件1国家")应率先在应对气候变化方面采取实际行动,将其温室气体(包括二氧化碳)的排放量限制在1990年的水平上;发达国家应向发展中国家提供资金和技术支持,以提高发展中国家履行公约义务的能力;作为《气候变化框架公约》的资金机制,"全球环境基金"将以赠与或减让的方式向发展中国家提供融资;为推动有关规则的切实履行,《气候变化框架公约》规定设立缔约国大会和秘书处。[1] 在满足约定程序之后,《气候变化框架公约》最终于1994年3月正式生效。[2]

　　作为第一个有关气候变化的全球性国际条约,《气候变化框架公约》是国际社会创建全球性气候变化机制的第一个重要步骤[3],同时也为全球气候变化机制的形成以及应对全球气候变化的国际谈判构筑了基本的框架。[4] 更为重要的是,作为体现国际共识的多边环境制度,《气候变化框架公约》第一次以多边环境协定的方式正式规定了"共同但有区别的责任"条款[5],进一步强化了"共同但有区别的责任原则",在确立发达国家率先行动规则的同时,又确立了向发展中国家提供资金和技术支持的规则及资金机制。实际上,《气候变化框架公约》体制内的资金机制(包括全球环境信托基金、气候变化特别基金、最不发达国家基金和适应基金)是以"共同但有区别的责任原则"为指导的全球性多边资金机制[6],而发达国家向发展中国家提供履约资金本身就是

① 　UN, *YUN*, 1992, pp. 681 – 682, 684; Michele M. Betsill, "Global Climate Change Policy: Making Progress or Spinning Wheels?" in Regina S. Axelrod, David L. Downie and Norman J. Vig, eds., *The Global Environment*, pp. 108 – 112.

② 　UN, *YUN*, 1994, p. 938.

③ 　Dana R. Fisher, *National Governance and the Global Climate Change Regime*, p. 33.

④ 　Michele M. Betsill, "Global Climate Change Policy", p. 107.

⑤ 　Christopher D. Stone, "Common but Differentiated Responsibilities in International Law", *The American Journal of International Law*, Vol. 98, No. 2, 2004, p. 279.

⑥ 　伍艳:《论联合国气候变化框架公约下的资金机制》,《国际论坛》2011年第1期,第20,22页。

"共同但有区别的责任原则"的具体措施。① 因此,《气候变化框架公约》体现了"共同但有区别的责任原则"在国际环境保护领域的实际应用②,凝结着发展中国家主张的公平价值观。③ 基于此,"共同但有区别的责任原则"亦被视为《气候变化框架公约》的"第一原则"④,是有关国家在全球气候变化领域展开国际合作的基础。⑤ 换言之,由于作为"第一原则"的"共同但有区别的责任原则"的确立,公平问题被置于《气候变化框架公约》的首位,并将决定气候变化国际机制的发展方向。⑥ 由此可见,《气候变化框架公约》是国际环境与发展领域影响最大、涉及面最广、意义最为深远的制度成果⑦,该公约的"共同但有区别的责任"条款再次表明,经济发展的原则已经深嵌于环境保护的制度体系之中⑧,充分体现了国际社会对发展中国家发展利益与需要的特别关注,是发展中国家致力于国际环境新秩序建设所取得的阶段性成果,同时也是国际社会关于气候变化问题谈判的一个标志性成果。⑨

　　1995 年 3 至 4 月,《气候变化框架公约》缔约方在德国首都柏林举行了第一次缔约方会议并通过了"柏林授权"(Berlin Mandate),规定《气候变化框架公约》缔约方应尽快缔结一个议定书,推动发达国家在 2000 年之后承担强制性的温室气体减排义务。《气候变化框架公约》第一次缔约方会议还决定,将《气候变化框架公约》秘书处设在德国波恩。⑩

---

① 谷德近:《多边环境协定的资金机制》,北京:法律出版社 2008 年版,第 120 页。

② 尼科・斯赫雷弗:《可持续发展在国际法中的演进:起源、涵义及地位》,第 156 页。

③ 杨兴:《〈气候变化框架公约〉研究:国际法与比较法的视角》,北京:中国法制出版社 2007 年版,第 56 页。

④ J. Timmons Roberts and Bradley C. Parks, *A Climate of Injustice*: *Global Inequality*, *North-South Politics*, *and Climate Policy*, Cambridge: The MIT Press, 2007, p. 3.

⑤ 庄贵阳、朱仙丽、赵行姝:《全球环境与气候治理》,杭州:浙江人民出版社 2009 年版,第 134—135 页。

⑥ Michael Grubb, "Seeking Fair Weather: Ethics and the International Debate on Climate Change", *International Affairs*, Vol. 71, No. 3, 1995, pp. 463 – 464.

⑦ 庄贵阳、陈迎:《国际气候制度与中国》,北京:世界知识出版社 2005 年版,第 41 页。

⑧ Henry Shue, "Ethics, the Environment and the Changing International Order", p. 459.

⑨ 王瑞彬:《国际气候变化机制的演变及其前景》,《国际问题研究》2008 年第 4 期,第 62 页。

⑩ UN, *YUN*, 1995, pp. 1070 – 1071.

为进一步落实《联合国气候变化框架公约》及其"共同但有区别的责任原则"并签署有关议定书,《气候变化框架公约》缔约方于 1997 年 12 月在日本京都举行了第三次会议。经磋商,会议就发达国家减少温室气体排放达成了一致协议并通过了《京都议定书》(Kyoto Protocol)。该议定书明确规定,在 2008 年至 2012 年期间,发达国家应在 1990 年水平的基础上将二氧化碳以及其他五种温室气体的排放量平均削减5.2%,为此,《京都议定书》对每一个发达国家的具体减排指标均作出了相应规定。此外,《京都议定书》还确立了联合履行机制和排放贸易机制,允许发达国家之间从相互投资项目产生的减排量中获取减排信用,或进行排放量交易与合作。同时,《京都议定书》的清洁发展机制亦规定,发达国家可以减排信贷的方式,通过向发展中国家的排放项目提供投资(包括资金和技术投入)以减少温室气体的排放,并将其作为发达国家减排指标的一个组成部分。[①] 清洁发展机制是发达国家与发展中国家之间在应对全球气候变化领域的创新性合作机制,是《京都议定书》的一个具有开创性意义的谈判成果。[②] 在达到约定条件之后,《京都议定书》于 2005 年 2 月正式生效。[③]

《京都议定书》首次为发达国家确立了具有约束力的具体减排指标[④],进一步确认了《气候变化框架公约》的总体目标并强化了有关义务的履行机制,因而是应对全球变暖的至关重要的步骤。[⑤]《京都议定书》的核心内容与规则体现了"共同但有区别的责任原则"的基本要求[⑥],以及发达国家率先行动的国际共识,而发展中国家在 2012 年之前则不必承担强制性的温室气体减排义务,由此为发展中国家提供了一定的缓冲期,总体上符合发展中国家的利益与需要,并为实现《气候变化框架公约》的最终目标——扭转全球气候变化的威胁——提供了

---

① UN, *YUN*, 1997, p.1048.

② 赵刚:《科技外交的理论与实践》,北京:时事出版社 2007 年版,第 154—155 页。

③ UN, *YUN*, 2005, p.1146.

④ 黄全胜:《环境外交综论》,北京:中国环境科学出版社 2008 年版,第 186 页。

⑤ Peter G. G. Davies, "Global Warming and the Kyoto Protocol", *The International and Comparative Law Quarterly*, Vol.47, No.2, 1998, p.460.

⑥ 杨兴:《〈气候变化框架公约〉研究:国际法与比较法的视角》,第 71 页。

一个长远性的制度路径和发展方向。[1]

值得注意的是，作为世界温室气体排放大国，美国尽管签署了《京都议定书》，但却坚持以中国、印度等发展中国家承担二氧化碳减排义务作为批准《京都议定书》的前提条件，并最终于 2001 年 3 月宣布退出《京都议定书》[2]，从而为《京都议定书》的有效履行设置了一个巨大障碍。尽管如此，《京都议定书》的生效仍然表明，该议定书的原则与规则得到了国际社会的普遍支持与广泛认同，"共同但有区别的责任原则"将是指导全球气候谈判的重要原则。

（三）生物多样性保护机制

生物多样性保护是国际环境议程的一个重要方面，由于动物和植物物种的消失主要源自人类对其栖息地或生长地的破坏，以及人类的商业利用，因此，采取措施以保护生物多样性同样引起了国际社会的关注。1987 年 6 月，联合国环境规划署通过决议，决定成立一个专门工作组，负责商讨制定保护性公约以应对生物多样性消失的挑战。[3] 随着谈判的深入，技术转让和资金支持等南北关系的重大议题亦纳入了生物多样性公约的谈判范畴。[4] 经过长期磋商，有关国家于 1992 年 5 月达成了《生物多样性公约》，并在联合国环境与发展会议期间开放签署。《生物多样性公约》的主要目标是：保护生物多样性，促进生物物种的可持续利用及其收益的公平与平等分享。《生物多样性公约》规定，缔约国应根据主权原则在其管辖范围内履行保护野生生物的义务，制定保护濒危野生动植物的计划；各缔约国应在生物多样性领域展开合作，并以公平优惠的条件向发展中国家提供技术转让和资金支持；作为《生物多样性公约》的资金机制，"全球环境基金"将向发展中国家提

---

[1] Brett Orlando, "The Kyoto Protocol: A Framework for the Future", *SAIS Review*, Vol. 18, No. 2, 1998, pp. 105, 118 – 119.

[2] 韩昭庆：《〈京都议定书〉的背景及其相关问题分析》，《复旦学报》（社会科学版）2002 年第 2 期，第 102—103 页。

[3] UN, *YUN*, 1987, p. 686.

[4] Kal Raustiala, "Domestic Institutions and International Regulatory Cooperation: Comparative Responses to the Convention on Biological Diversity", *World Politics*, Vol. 49, No. 4, 1997, pp. 490 – 491.

供生物多样性保护的多边融资。① 在达到约定程序之后,《生物多样性公约》于 1993 年 12 月正式生效。② 尽管面临美国的反对,但世界上大多数国家都签署了《生物多样性公约》③,由此展示了生物多样性保护的国际共识,《生物多样性公约》的签署亦是联合国环境与发展会议的主要成果之一。④

《生物多样性公约》是国际社会和有关国家致力于生物多样性保护的第一个综合性的制度成果,体现了可持续发展的原则宗旨,“是实现可持续发展的一个重要平台”,同时也是具体履行《21世纪议程》的一个重要载体。⑤ 随着《生物多样性公约》的签署与生效,国际社会全面规范生物多样性保护的多边制度框架初步形成⑥,生物多样性保护第一次正式列为人类共同关切事项。⑦ 正因为如此,《生物多样性公约》成为全球生物多样性保护的一份纲领性文件⑧,同时也是全球生物多样性保护的一个重要里程碑。⑨ 更为重要的是,《生物多样性公约》明确规定了主权责任原则、可持续利用原则、利益共享的公平与平等原则、技术转让和资金支持原则以及发展中国家区别地位原则,因而顺应了发展中国家在生物多样性国际保护中的特殊地位与需要,实质上体现了“共同但有区别的责任原则”⑩。其中,利益共享的公平与平等原则更是为国际正义原则的发展作出了重要贡献。⑪ 从这个意义上讲,

---

① UN, *YUN*, 1992, pp. 683 – 684.

② UN, *YUN*, 1993, p. 810.

③ 约翰·塞兹:《全球议题》,第 258 页。

④ James A. Tobey, "Toward a Global Effort to Protect the Earth's Biological Diversity", *World Development*, Vol. 21, No. 12, 1993, p. 1931.

⑤ UN, *YUN*, 1997, p. 1050.

⑥ Farhana Yamin, "Biodiversity, Ethics and International Law", *International Affairs*, Vol. 71, No. 3, 1995, p. 529.

⑦ 徐再荣:《生物多样性保护问题与国际社会的回应政策(1972—1992)》,《世界历史》2006 年第 3 期,第 38 页。

⑧ 王灿发、于文轩:《生物安全国际法导论》,北京:中国政法大学出版社 2006 年版,第 27 页。

⑨ 马涛、陈家宽:《全球化背景下的生物多样性国际合作》,载于薄燕:《环境问题与国际关系》,上海:上海人民出版社 2007 年版,第 67 页。

⑩ 秦天宝:《国际法的新概念“人类共同关切事项”初探——以〈生物多样性公约〉为例的考察》,《法学评论》2006 年第 5 期,第 101 页。

⑪ Farhana Yamin, "Biodiversity, Ethics and International Law", pp. 530, 537.

《生物多样性公约》的制度规则在很大程度上体现了国际经济新秩序的基本原则与理念，同时也展示了发展中国家在生物多样性国际保护制度建设中所发挥的积极作用。

为规范生物制品贸易，维护生物多样性及生物安全，《生物多样性公约》缔约国决定成立一个生物安全工作组，负责起草有关的生物安全议定书。从1996年至1998年，生物安全工作组先后举行了五次会议，围绕生物安全议定书的制定展开了广泛磋商。1999年2月，生物安全工作组第六次会议在哥伦比亚的卡塔赫纳举行，初步达成了《卡塔赫纳生物安全议定书》（Cartagena Protocol on Biosafety）。2000年1月，《生物多样性公约》缔约国第一次特别会议在加拿大蒙特利尔举行并最终通过了《卡塔赫纳生物安全议定书》。该议定书明确规定，其基本目标就是防止所有改性活生物体（即一般意义上的"转基因生物"）对生物多样性保护和可持续利用产生不利影响，进而维护生物安全和生物多样性。为此，《卡塔赫纳生物安全议定书》对所有改性活生物体的越境转移、过境、处理和使用均制定了相应的规则。《卡塔赫纳生物安全议定书》是具体落实《生物多样性公约》框架体系的重要步骤[1]，同时也是有关缔约国协调贸易利益与环境利益的一个重要里程碑[2]，体现了国际社会为保护生物多样性所做的积极努力。更为重要的是，鉴于发展中国家的生物脆弱性以及在生物技术领域的弱势地位，《卡塔赫纳生物安全议定书》将更有利于发展中国家的生物多样性保护和可持续利用，更有利于维护发展中国家的生物安全。

综上所述，作为联合国环境与发展会议期间有关国家共同确认并签署的国际文件，《气候变化框架公约》和《生物多样性公约》分别确立了气候变化框架领域和生物多样性保护领域的国际制度，实现了"共同但有区别的责任原则"在相关领域的制度化，从而构筑了有利于发展中国家的制度环境。鉴于此，《气候变化框架公约》

---

① 万霞：《生物安全的国际法律管制：〈卡塔赫纳生物安全议定书〉的视角》，《外交学院学报》2003年第1期，第70页。

② Robert Falkner, "Regulating Biotech Trade: The Cartagena Protocol on Biosafety", *International Affairs*, Vol. 76, No. 2, 2000, p. 311.

和《生物多样性公约》实质上启动了创建全球性环境机制的进程①,并
为国际环境制度的发展提供了新的动力。

三、可持续发展世界峰会与发展中国家

在世纪之交,环境问题仍然是国际社会高度关注的热点,为此,联
合国大会于 2000 年 12 月通过决议,决定举行一次高级别的世界峰会
以审议《21 世纪议程》的执行情况。②

在周密准备之后,可持续发展世界峰会于 2002 年 8 至 9 月在南非
的约翰内斯堡举行,来自 191 个国家(包括 104 个国家的国家元首和政
府首脑)及相关国际组织的代表出席了会议。经广泛讨论,会议通过
了《约翰内斯堡可持续发展宣言》[简称《约翰内斯堡宣言》(Johannes-
burg Declaration)]和《可持续发展世界峰会实施计划》[简称《约翰内
斯堡实施计划》(Johannesburg Plan of Implementation)]等文件,以进一
步推动《21 世纪议程》及"千年发展目标"的实施。③

作为最高级别的政治共识,《约翰内斯堡宣言》明确指出,经济发
展、社会发展和环境保护是可持续发展中相互依赖、互为强化的三大支
柱,国际社会和所有国家应在国家层面、区域层面和全球层面为推动经
济发展、社会发展和环境保护承担积极的义务。《约翰内斯堡宣言》强
调,消除贫困、改变生产和消费模式、保护和管理自然资源是可持续发
展的基础和中心目标,为此,有关国家应尽快采取措施以满足人与社会
的基本需要,包括清洁饮用水、基本的卫生条件、适当的住房、能源、食
品安全以及生物多样性的保护等。④

作为最高级别的政治承诺,《约翰内斯堡实施计划》阐述了进一步
推动实现《21 世纪议程》目标的特别行动与时间表。关于消除贫困问
题,《约翰内斯堡实施计划》强调,消除贫困,尤其是发展中国家的贫困
状况,是世界面临的最大的全球性挑战,同时也是实现可持续发展的必
不可少的组成部分。《约翰内斯堡实施计划》呼吁国际社会采取有效

---

① Gail Osherenko and Oran R. Young, "The Formation of International Regimes: Hypotheses and Cases", in Oran R. Young and Gail Osherenko, eds., *Polar Politics*, p.2.

② UN, *YUN*, 2000, p.793.

③ UN, *YUN*, 2002, pp.821, 825.

④ UN, *YUN*, 2002, pp.821 – 822.

措施以实现"千年发展目标"所规定的到 2015 年将世界贫困人口削减一半的目标。关于改变生产和消费模式问题,《约翰内斯堡实施计划》指出,实现社会生产和消费模式的根本性改变是全球可持续发展的必然要求,发达国家应率先推动可持续的生产和消费模式,改变不可持续的生产和消费方式。关于自然资源的保护和管理,《约翰内斯堡实施计划》强调,有关国家应制定土地资源、水资源、生物资源以及海洋资源的综合管理战略,共同应对气候变化的挑战,扭转生物多样性减退的状况。《约翰内斯堡实施计划》指出,消除贫困、改善社会条件、提高生活水平和保护环境是确保 21 世纪成为可持续发展世纪的首要步骤,国际社会应加大向发展中国家提供资金和技术援助的力度,发达国家还应增加官方发展援助,以确保可持续发展逐步实现。[1]

可持续发展世界峰会明确将经济发展、社会发展和环境保护纳入统一的可持续发展战略框架与实施范畴,强化了可持续发展的整体性,并将消除贫困、确保基本卫生条件等问题置于与全球环境保护同等重要的地位,从而为有关国家制定更加完善的可持续发展政策与战略提供了更为有力的依据和指导。[2] 值得一提的是,可持续发展世界峰会在全球可持续发展战略中明确规定了新的基本卫生条件目标,即到 2015 年,应将全球无法获得安全饮用水的人口比例以及全球无法获得基本卫生条件的人口比例分别降低一半。这是可持续发展世界峰会最重要和最具体的成果[3],进一步彰显了社会发展在可持续发展战略中的地位。

进入新世纪之后,全球气候变化问题依然是国际社会持续关注的焦点之一。鉴于《京都议定书》规定的发达国家温室气体减排期限将在 2012 年结束,为延续温室气体减排行动,联合国气候变化会议于 2007 年 12 月在印度尼西亚的巴厘岛召开,并通过了"巴厘行动计划"(Bali Action Plan),由此形成了应对全球气候变化的"巴厘岛路线图",要求有关各方应在 2009 年 12 月底之前达成继续实施《气候变化

① UN, *YUN*, 2002, pp. 822 – 824.

② Kevin R. Gray, "World Summit on Sustainable Development: Accomplishments and New Directions", *The International and Comparative Law Quarterly*, Vol. 52, No. 1, 2003, p. 267.

③ Antonio G. M. La Vina, Gretchen Hoff and Anne M. DeRose, "The Outcomes of Johannesburg: Assessing the World Summit on Sustainable Development", *SAIS Review*, Vol. 23, No. 1, 2003, p. 55.

框架公约》的协议。①

　　按照"巴厘岛路线图"谈判时间表的约定,《气候变化框架公约》第十五次缔约方会议暨《京都议定书》第五次缔约方会议于 2009 年 12 月在丹麦首都哥本哈根举行,其目的就是为《京都议定书》2012 年第一期承诺到期后的全球温室气体减排达成新的协议。经谈判,会议达成了一项不具约束力的《哥本哈根协议》(Copenhagen Accord)。该协议强调,实现经济社会发展和消除贫困是发展中国家首要和压倒一切的任务,发达国家应根据《气候变化框架公约》的规定,向发展中国家提供新的资金和技术支持,为此,应设立一个"技术机制"以加快有利于发展中国家的技术开发与技术转让。②《哥本哈根协议》在坚持"共同但有区别的责任原则"的前提下达成了诸多政治共识,最大范围地将有关国家纳入了应对气候变化的合作行动③,为谈判并达成一项具有约束力的新协定奠定了基础。2010 年 12 月,《气候变化框架公约》第十六次缔约方会议在墨西哥的坎昆举行,并达成了一项不具有约束力的《坎昆协议》。该协议重申了"共同但有区别的责任原则",强调了历史责任原则和发展中国家发展权利优先原则。因此,《坎昆协议》较为全面地反映了有关国家对气候公平问题的关注,是国际社会在气候公平问题上迈出的一大步。④

　　综上所述,倡导国际环境保护并主持制定全球性的环境制度规则是联合国最大的成果之一,作为全球环境治理的中心,联合国在聚焦环境问题、促进国际环境谈判等方面均发挥了不可替代的作用⑤;而且,联合国框架内已经形成了一整套协商解决全球性环境问题的组织机制和资金渠道。⑥ 同样值得重视的是,发展中国家从一开始就全面参与了联合国主持的相关的环境谈判与规则制定,有力地推动了联合国的

① 谷德近:《巴厘岛路线图:共同但有区别责任的演进》,《法学》2008 年第 2 期,第 132、135 页。
② 曾文革:《〈哥本哈根协议〉的国际法解析》,《重庆大学学报》(社会科学版)2010 年第 1 期,第 26—27 页。
③ 庄贵阳:《哥本哈根气候博弈与中国角色的再认识》,《外交评论》2009 年第 6 期,第 14—15 页。
④ 郑艳、梁帆:《气候公平原则与国际气候制度构建》,《世界经济与政治》2011 年第 6 期,第 80—81 页。
⑤ 张海滨:《环境与国际关系:全球环境问题的理性思考》,第 100、107 页。
⑥ 黄全胜:《环境外交综论》,第 122 页。

国际环境保护议程,并促使有关的国际环境公约与制度不同程度地体现了发展中国家的利益和需要。首先,作为国际环境新秩序的核心原则,"共同但有区别的责任原则"在相关的国际环境公约和议定书中得到了充分体现,并成为国际社会应对全球环境问题的制度基石。其次,相关的国际环境公约和议定书均确立了向发展中国家提供资金支持和技术援助的规则,由此表明发展中国家推动国际环境政策实现了重大突破。所有这些均有力地证明,发展中国家在国际环境领域成功地实现了国际经济新秩序的有关历史诉求,标志着国际环境新秩序的制度建设取得了积极进展和阶段性成果。①

毫无疑问,全球环境问题均涉及南北关系,因此,发展中国家和发达国家围绕全球环境问题的谈判始终受到国际政治经济体系及其结构的影响。换言之,国际政治经济结构的不公平一直是影响发展中国家的环境政策以及全球环境谈判的一个重要因素。② 另一方面,鉴于环境问题具有全球性和普遍性的特点,没有发展中国家的积极参与,所有的全球环境谈判与行动均不可能取得成功。③ 全球气候变化无疑为发展中国家寻求建立公平公正的国际关系(包括国际环境关系)提供了前所未有的历史机遇和谈判筹码。④ 实际上,将环境谈判与南北关系其他领域的改革联系起来是发展中国家持续参与全球环境磋商的关键因素之一。⑤ 更为重要的是,全球环境问题的凸显,尤其是发展中国家的环境恶化,在很大程度上都是发达国家利用不平等的国际经济秩序掠夺发展中国家的恶果,解决全球环境问题的根本出路就在于改革不平等的国际经济旧秩序。⑥ 从更广泛的层面上讲,不公正的国际经济关系恶化了发展中国家谋求发展的外部环境,严重制约了发展中国家保护环境的努力。面对全球环境问题的挑战,改革国际经济旧秩序,建

---

① Udo E. Simonis, "NIEO Revisited: A New International Environmental Order in the Making", *The Environmentalist*, Vol. 21, No. 2, 2001, pp. 104 – 107.

② Gareth Porter and Janet W. Brown, *Global Environmental Politics*, p. 124.

③ Adil Najam, "The View from the South", p. 233.

④ Henry Shue, "The Unavoidability of Justice", in Andrew Hurrell and Benedict Kingsbury, eds., *The International Politics of the Environment*, pp. 376 – 377.

⑤ Marc Williams, "Re-articulating the Third World Coalition", p. 19.

⑥ 刘天会:《全球环境问题中的南北关系》,《欧洲》2000 年第 6 期,第 80—81 页。

立公平合理、平等互利的国际经济新秩序再度成为国际社会必须正视的一个重要议题。[①] 在全球环境问题成为国际重大议题的背景下,发展中国家应以更加积极的姿态参与全球环境谈判,通过创建有利于发展中国家的国际环境制度规则或改革现行的国际环境制度规则,为实现可持续发展创造公平合理的国际制度环境,进而推动国际环境新秩序的建立。

[①]　张海滨:《全球环境与发展问题对当代国际关系的挑战》,《世界经济与政治》1993 年第 3 期,第 38 页。

第八章　国际金融危机与国际经济新秩序

　　纵观战后国际关系的发展历程,第二次世界大战结束之后,美国开启了历史上规模最为宏大的国际制度构建时代,包括国际货币基金组织、世界银行、关贸总协定以及其他国际组织在内的制度体系为国际政治经济关系的发展提供了最具规则性质的结构框架。[1]　随着发展中国家的兴起以及发展问题纳入国际社会的议事日程,国际制度规则的改革成为国际关系的中心议题之一,而国际经济新秩序的基本原则则是持续影响国际制度改革的主要因素。冷战结束之后,中国、印度以及其他非西方新兴经济体的崛起对美国主导下的国际秩序构成了新的挑战,由此表明国际社会需要建立新的、扩大和共享的国际制度安排[2],国际制度改革问题再度凸现。进入 21 世纪以来,世界经济的最大特点就是新兴经济体的群体性崛起,从而加速了国际力量格局的变迁,推动了多极化进程的发展[3],再次彰显了改革国际经济制度的时代必要性。随着 2008 年国际金融危机的爆发,新一轮国际经济制度规则的调整与改革开始全面启动。

　　2008 年 9 月,发端于美国的次贷危机最终演化为全球性的金融危机,并对世界经济与国际关系造成了巨大的冲击和影响,美元霸权以及美国的全球主导地位遭遇严峻挑战。另一方面,在应对金融危机的进程中,以中国为代表的新兴经济体却发挥了前所未有的作用,成为稳定世界经济的重要力量。更为重要的是,2008 年国际金融危机暴露了现

---

[1]　G. John Ikenberry, "Power and Liberal Order: America's Postwar World Order in Transition", *International Relations of the Asia-Pacific*, Vol. 5, No. 2, 2005, p. 140.

[2]　G. John Ikenberry, "Power and Liberal Order", p. 136.

[3]　陈凤英:《新兴经济体与 21 世纪国际经济秩序变迁》,《外交评论》2011 年第 3 期,第 1、9 页。

行国际货币金融体系的弊端,并为改革不合理的国际金融秩序提供了契机。① 同时,国际金融危机也为提升发展中国家在国际经济关系中的地位,寻求建立国际经济新秩序提供了新的历史机遇。发展中国家,尤其是新兴经济体凭借实力的增强,在推动国际经济新秩序的阶段性进展方面取得了新的成果。

第一节　国际金融危机的成因与影响

一、国际金融危机的蔓延及其原因

席卷全球的 2008 年国际金融危机首先源自美国的次贷危机,并对世界经济和国际关系的发展产生了深远的影响。2007 年 4 月,美国第二大次级抵押贷款机构新世纪金融公司申请破产保护,成为美国次贷危机的开端。② 2007 年 8 月,美国最大的住房抵押贷款公司康特里怀特金融公司濒临破产,次贷危机正式爆发。③ 随着房地产泡沫的破灭以及次贷危机的爆发,美国陷入了 20 世纪 30 年代"大萧条"以来最为严重的金融危机。④ 2008 年 2 月,英国北岩银行被英国政府国有化,标志着次贷危机传递至欧洲。⑤

到 2008 年 3 月,美国第五大投资银行贝尔斯登公司濒临破产,并被摩根大通银行收购,表明次贷危机开始蔓延到其他金融领域。2008 年 7 月,美国另外两家著名住房抵押贷款机构——美国联邦国民抵押贷款协会(房利美)和美国联邦住宅贷款抵押公司(房地美)——出现巨额亏损,美国政府随即于 9 月 7 日宣布接管房利美和房地美,次贷危机再度激化,其影响迅速蔓延到投资银行。9 月 14 日,美国第三大投资银行美林公司因次贷危机的影响而陷入困境,并于 9 月 15 日被美国

① 田春生、郝宇彪:《国际金融危机:理论与现实的警示》,北京:中国人民大学出版社 2010年版,第 88 页。
② 薛敬孝:《当前世界金融-经济危机的性质及原因:基于理论、历史和现状的比较分析》,《南开学报》(哲学社会科学版)2009 年第 4 期,第 66 页。
③ 孙伊然:《美国金融危机的政治经济学解读》,《世界经济研究》2009 年第 7 期,第 16 页。
④ 余永定:《美国次贷危机:背景、原因与发展》,《当代亚太》2008 年第 5 期,第 15 页。
⑤ 张明:《全球金融危机的发展历程与未来走向》,《国际经济评论》2009 年第 3 期,第 5 页。

银行收购。同样是在 9 月 15 日，美国第四大投资银行雷曼兄弟公司亦因次贷危机的影响而陷入困境并申请破产保护，成为美国金融史上最大的金融机构倒闭案。① 至此，在美国排名前五位的投资银行中，名列第三到第五位的美林公司、雷曼兄弟公司和贝尔斯登公司相继破产或申请破产保护，排名第一的高盛公司和排名第二的摩根斯坦利公司也从投资银行转变为银行持股公司。② 由于次贷危机的影响，美国的投资银行体系遭遇沉重打击。

受次贷危机再度恶化的影响，美国的保险公司、储蓄机构和商业银行均遭重创。作为美国最大的保险公司，美国国际集团在金融风潮的冲击下出现亏损并向美国政府提出紧急援助。2008 年 9 月，美国联邦储备系统向美国国际集团提供了 850 亿美元的紧急贷款。同时，作为美国最大的储蓄银行，美国华盛顿互惠银行亦因次贷危机的影响而陷入困境。在此情况下，美国联邦监管机构于 9 月宣布接管华盛顿互惠银行，并将其部分业务出售给摩根大通银行。此外，次贷危机还给美国的商业银行体系带来了巨大冲击。作为世界上最大的银行集团，花旗银行在次贷危机的影响下损失高达 551 亿美元，其股票价格持续暴跌。为挽救花旗银行，美国政府于 11 月宣布追加 200 亿美元用于购买花旗银行集团的优先股，并为花旗银行的商业和住房抵押贷款提供政府担保。鉴于美国政府拯救的都是大型金融公司，中小金融公司的处境更加艰难。据统计，在美国 8 451 家商业银行和储蓄机构中，2008 年第三季度有 171 家被列入"问题银行"名单，为 1995 年以来的最高历史纪录；从 2008 年 1 月到 12 月，美国已有 22 家地方银行宣布破产。③ 至此，美国的金融危机进一步向纵深发展。

鉴于美国在世界经济中的重要地位，美国的金融危机迅速蔓延到世界各地，并对全球经济产生了灾难性的影响。在美国金融危机的连锁反应下，日本的金融市场遭受重创，大批欧洲银行纷纷倒闭，冰岛甚

---

① 田春生、郝宇彪：《国际金融危机：理论与现实的警示》，第 7 页。
② 李翀：《论美国金融危机的原因及其影响》，《中山大学学报》（社会科学版）2009 年第 2 期，第 184—185 页。
③ 李翀：《论美国金融危机的原因及其影响》，第 185 页。

至宣布"国家破产"。① 至此,肇始于美国的金融危机最终演变成为20世纪30年代"大萧条"以来最严重的全球性金融危机。② 不仅如此,2008年国际金融危机还严重影响到实体经济。截至2009年第一季度末,美国的工业生产下降了近13%,日本、德国和英国的工业生产则分别下降了38%、20%和13%;此外,东欧、中欧、南亚、东南亚和拉美国家的工业生产和经济增长亦出现严重下滑。同时,北美、欧洲和亚洲的进出口贸易也深受影响,下降幅度在15%至50%之间。③ 在国际金融危机的强烈冲击下,世界经济呈现出自"大萧条"以来持续时间最长、下滑程度最深的衰退态势。④

对于引发2008年国际金融危机的原因,国内学术界从美联储货币政策变动、金融衍生品的滥用与金融市场的不规范、金融监管不力、流动性过剩、虚拟经济与实体经济之间的失衡、资本主义经济的基本矛盾等诸多方面展开了探讨⑤,分别从不同角度剖析了美国次贷危机以及由此引发的国际金融危机的原因,因而具有积极的借鉴意义。另一方面,以国际关系的视角来看,2008年国际金融危机的一个根本原因就是美国的金融霸权或美元霸权。换言之,建立在美元霸权基础上的不合理的国际货币体系是2008年全球金融危机的制度根源。⑥

随着布雷顿森林体系的解体和牙买加体系的建立,美国在国际金融领域的霸权地位曾遭遇一定程度的冲击,国际货币金融秩序形成了以美国为首的西方发达国家共同主导的基本格局。尽管如此,美元仍然是最主要的国际储备货币和支付手段,并保持着主导国际货币格局

①　叶卫平:《国际金融危机与建立国际经济政治新秩序》,《教学与研究》2009年第11期,第51页。

②　Randall Germain, "Financial Order and World Politics: Crisis, Change and Continuity", *International Affairs*, Vol.85, No.4, 2009, p.669.

③　Randall Germain, "Financial Order and World Politics", pp.673－674.

④　Joseph E. Stiglitz, "Responding to the Crisis", in Stephany Griffith-Jones, Jose Antonio Ocampo and Joseph E. Stiglitz, eds., T*ime for a Visible Hand: Lessons from the 2008 World Financial Crisis*, Oxford: Oxford University Press, 2010, p.76.

⑤　蔡万焕:《国内关于当前全球性金融危机的研究述评》,《教学与研究》2009年第8期,第52—54页。

⑥　羌建新:《国际货币体系与全球金融危机》,《国际关系学院学报》2010年第3期,第74页。

的地位①；而且，美国在国际货币基金组织和世界银行中仍然占据绝对优势，并拥有独家否决权，因此，从布雷顿森林体系到牙买加体系实际上是黄金-美元制向美元本位制的过渡，并形成了脱离黄金的美元霸权。② "美元本位制与金本位制和布雷顿森林体系相比，一个最关键的不同就在于……美元不受任何类似于黄金的实物支持"③，美元的发行由此摆脱了实物支持的约束。正是从这个意义上讲，黄金-美元制的解体对于美国的影响反而是正面效应更多。④ 随着冷战的结束以及苏联和经互会的解体，越来越多的国家开始寻求加入统一的世界经济与货币金融体系，在此背景下，牙买加体系中的美元霸权已经不仅仅是资本主义世界的货币霸权，而且还发展成为全球性的金融霸权。⑤ 美元在国际金融领域的中心货币地位呈现出加强的趋势，国际货币金融体系基本形成了新的国际美元本位制度，并在国际经济关系中发挥着难以替代的作用。据统计，截至 21 世纪初期，美元在国际货币基金组织成员国官方外汇储备中的比重约为 65%，在全球外汇交易和贸易结算中的份额约为 70%，在国际债券的发行中约占 50%。⑥ 由此可见，随着冷战的结束以及经济全球化的深入发展，货币金融权力在国际关系中的作用进一步加强，控制着国际货币基金组织的美国实际上借此拓展了在国际金融领域的优势地位。⑦ 除继续控制国际货币基金组织和世界银行之外，从政策制定、政策约束和政策收益的层面上讲，冷战结束后美国的金融霸权地位还集中体现在三个方面。

首先，在国际美元本位制度下，世界各国基本采用美元作为主要储备货币和支付手段，并以美元作为相对固定的参照系确定汇率政策，美元实际上扮演着"货币锚"的角色。⑧ 各国在制定和调整汇率时，通常

① 刘云鹏：《国际货币体系的深层问题与前景》，《战略与管理》1999 年第 6 期，第 105 页。

② 鲁世巍：《美元霸权的历史考察》，《国际问题研究》2004 年第 4 期，第 63 页。

③ 杨国庆：《危机与霸权：亚洲金融危机的政治经济学》，上海：上海人民出版社 2008 年版，第 45 页。

④ 戴平辉：《结构性权力下的美国霸权》，《太平洋学报》2004 年第 1 期，第 43 页。

⑤ 鲁世巍：《美元霸权的历史考察》，第 64 页。

⑥ 武艳杰：《透视美国金融危机：全球经济与国际货币体系的双失衡》，《国际问题研究》2009 年第 1 期，第 59 页。

⑦ 邹三明：《国际货币体系与美国霸权》，《世界经济与政治》2000 年第 3 期，第 34 页。

⑧ 樊勇明：《西方国际政治经济学》，第 233 页。

将本币兑美元汇率作为基本汇率,兑其他货币汇率作为套算汇率。[1]
另一方面,美元的发行量、美元的利率等决定汇率的主要因素却操持在
美国手中,其他国家基本无法左右。因此,国际美元本位制度为美国提
供了一个无可比拟的优势,美元汇率亦成为美国与其他国家展开竞争
的工具。[2] 换言之,国际美元本位制度使美国获得了唯一的货币政策
自由决定权,美国可在不受汇率影响的情况下制定和执行货币政策,其
他国家则承担了汇率稳定的责任,即维持与国际本位货币(美元)的汇
率稳定。在此背景下,其他国家难以根据本国的经济情况与发展水平
调节货币政策,而必须"和着美国货币政策的节奏跳舞";而且,为应对
美国货币政策变化和美元汇率波动对本国经济的严重冲击,为避免本
国经济发展遭遇流动性不足或流动性危机,其他国家,尤其是发展中国
家不得不维持巨额的官方美元储备。[3] 随着支撑布雷顿森林体系的黄
金-美元制的解体,美元摆脱了黄金的约束,美国由此免除了维持美元
汇率稳定的义务,进而可以选择自主的财政货币政策而不必承担责
任。[4] 如果说黄金-美元制下的美元霸权是黄金约束下的金融霸权的
话,那么,黄金-美元制的解体则使美元获得了"超级特权"或超级霸权
地位,即美国从此拥有毫无约束地发行美元的权利。[5] 由此可见,随着
美元与黄金的脱钩,美元的发行完全摆脱了黄金储备的约束,从根本上
扫除了美国滥用美元特权的障碍,从而为其透支全球经济打开了更加
方便的大门。[6] 正因为如此,随着国际美元本位制度的强化,美国的货
币政策具有国际主导权和自由权,即美国拥有向世界输出货币的特权,
并可以将汇率调整和经济调整的责任转移到其他国家[7],由此体现了

---

[1]　许少强:《美元霸权:生存基础、影响和我国的对策》,《复旦学报》(社会科学版)2005 年
第 4 期,第 34 页。

[2]　杨国庆:《危机与霸权:亚洲金融危机的政治经济学》,第 44 页。

[3]　于同申:《国际美元本位及其对世界经济的影响》,《教学与研究》2002 年第 12 期,第
40—41 页。

[4]　李向阳:《布雷顿森林体系的演变与美元霸权》,《世界经济与政治》2005 年第 10 期,第
18 页。

[5]　Susan Strange, "The Persistent Myth of Lost Hegemony", *International Organization*, Vol. 41,
No. 4, 1987, p. 569.

[6]　羌建新:《国际货币体系与全球金融危机》,第 74 页。

[7]　武艳杰:《透视美国金融危机:全球经济与国际货币体系的双失衡》,第 60 页。

美国的金融霸权。

其次,基于国际美元本位制度,美国实际上获得了国际借款的软约束。作为政府信用货币和事实上的国际本位货币,美元成为国际经济关系中一种无须偿还的美元资产,美国可以凭借自己的需要,通过印制美元钞票或其他美元资产,创造出大量虚拟金融产品却不用担心这些美元资产的偿还问题。这样,美国实际上获得了毫无约束的国际借贷能力,成为世界上第一个持有本国货币外债的国家。[①] 换言之,浮动美元本位制赋予美元的国际特权,还体现为美国可以毫无约束地吸收、利用其他国家的资本,包括发展中国家的资本,同时却向包括发展中国家在内的其他国家输出金融脆弱性,尤其是向其贸易伙伴国转嫁经济调整的负担。[②] 凭借以国际美元本位制度为基础的借贷能力,美国强力推行扩张性货币政策。据统计,在 2001 年到 2008 年期间,美国的国债增加了 4 万亿美元;从 2002 年开始,美国的货币增发速度已达 15%。通过向其他国家输出国债等金融产品,美国获得了巨额的国际借款,并以此填补美国的财政赤字和贸易赤字,维持美国的超前消费和经济增长,同时转嫁巨额债务所带来的危机与风险。[③] 从这个意义上讲,基于美元可兑换黄金的黄金-美元制的瓦解,实际上就是基于美元不可兑换的美元债务本位制的诞生。在此基础上,美元贬值遂成为美国国际金融战略的蓄意目标,是美国进一步推动其他国家陷入美元债务本位的一个重要手段。[④] 过度消费以及虚拟资本市场的过度发展是以美元为核心的国际货币体系缺乏有效制衡的必然结果。[⑤] 在摆脱了黄金的约束之后,美国可以运用美元霸权,实施国际通货膨胀政策,这成为美国虚拟资本泡沫的主要源泉。[⑥]

第三,国际美元本位制度为美国创造了大量的铸币税收益,同时也

① 于同申:《国际美元本位及其对世界经济的影响》,第 41 页。
② 让玛·瓦苏德万:《国际金融体系的历史演进与当前国际金融危机:基于马克思货币理论的分析》,贺钦译,《国外理论动态》2010 年第 6 期,第 1—8 页。
③ 尚鸿:《金融危机与美国霸权》,《和平与发展》2009 年第 4 期,第 37—38 页。
④ 迈克尔·赫德森:《金融帝国:美国金融霸权的来源和基础》,嵇飞等译,北京:中央编译出版社 2008 年版,第 14、18 页。
⑤ 张彤玉、李强:《当前国际金融危机的成因、性质和趋势》,《中国人民大学学报》2009 年第 4 期,第 23 页。
⑥ 叶卫平:《国际金融危机与建立国际经济政治新秩序》,第 50 页。

为美国获取国际通货膨胀税收益创造了条件。所谓铸币税收益,是指货币流通价值与铸造货币所用的贵金属锭价值和铸造货币的费用之差。随着牙买加体系下黄金与货币的完全脱钩,现代国家发行的货币都是不可兑现的纸币,是一种以国家信用为基础的信用纸币,因此,现代的铸币税收益主要通过利息的形式获取。凭借国际美元本位制度,美国可以毫无约束地发行美元;而且,随着世界经济贸易的发展和世界经济规模的扩大,美元的需求不断上升,美元的发行量逐步扩大,美国的利息收入(即发行美元的铸币税收益)亦持续增加。[①] 据估计,美国每年的铸币税收益约占美国国内生产总值的千分之二。[②] 由此可见,美元的中心地位以及充分的金融资本全球化成为世界其他国家不断向美国缴纳铸币税的最佳手段。[③] 此外,凭借国际美元本位制度,美国可以长期执行赤字财政和贸易赤字政策,境外美元债务和美元贸易赤字亦直接构成美国的国际铸币税收益。[④] 美国凭借特殊的国际货币发行地位独享国际铸币税收益是现行国际货币体系不合理性的表现之一。[⑤] 同时,美国还凭借美元作为国际本位货币的便利条件,通过相应增加美元发行量等金融手段促使美元贬值,即通过美元贬值以刺激美国的出口,同时减轻美国的外债负担,进而导致美元债权的缩水,由此给持有美元债权(包括美元外汇储备)的国家造成了难以数计的经济损失,美国则乘机捞取好处,这就是国际美元本位制度为美国带来的国际通货膨胀税收益。[⑥]

国际美元本位制度下美国金融霸权的一个显著特征就是,美元的运转缺乏有效的约束,而且,作为国际中心货币,毫无约束的美元霸权必将对世界经济产生巨大的影响。正是凭借美元的霸权地位,美国才

---

① 于同申:《国际美元本位及其对世界经济的影响》,第41—42页。

② 李长春:《储备货币竞争性供给、国际金融危机与国际货币体系变革》,《中央财经大学学报》2010年第9期,第22页。

③ 胡松明:《金融资本全球化与新金融霸权主义》,《世界经济》2001年第7期,第28—29页。

④ 李海燕:《国际汇率安排中的美元霸权》,《国际金融研究》2003年第3期,第36页。

⑤ 李稻葵、尹兴中:《国际货币体系新架构:后金融危机时代的研究》,《金融研究》2010年第2期,第36页。

⑥ 程恩富、夏晖:《美元霸权:美国掠夺他国财富的重要手段》,《马克思主义研究》2007年第12期,第32—33页。

得以主导严重失衡的世界经济体系，美国的金融资本才得以在全球大肆扩张，从而为全球金融危机的爆发与蔓延埋下了祸根。[1] 从根本上讲，金融衍生品的过度发行与滥用、国际金融监管不力、虚拟经济与实体经济之间的失衡等均与美国霸权密切相关，均是美元霸权带来的恶果。以美元霸权为特征的国际金融旧秩序既是国际金融市场自我约束和监管机制缺失的主要原因，也是美国金融危机迅速蔓延为国际金融危机的主要原因。[2] 2008 年国际金融危机的根源就在于美国的金融霸权，美元霸权是国际金融危机的祸首。[3] 国际金融危机的实质是美国霸权的过度透支和过度消费，因此，基于美元霸权的美国霸权无疑是引发国际金融危机的首要的政治原因。[4]

二、国际金融危机的影响

发端于美国的金融危机迅速蔓延到世界各地，不仅对世界经济造成了巨大的影响，而且对美国的金融霸权构成了有力冲击，同时进一步展示了全球经济秩序的严重失衡。

首先，国际金融危机对美国的金融霸权和实力地位构成了严峻挑战。

2008 年国际金融危机的根源就是以国际美元本位制度为基础的美国金融霸权，正是借助于国际美元本位制度，美国才可以在财政和贸易"双赤字"的情况下继续维持并行使美元霸权。随着国际金融危机的爆发，美国金融霸权的危害彻底暴露，美国金融体系以及美元的国际信誉遭到进一步削弱[5]，美国拥有高质量的金融资产优势的断言遂成笑柄。[6] 2008 年国际金融危机首先打击的就是美国的金融实力，包括

---

① 张宇、蔡万焕：《金融垄断资本及其在新阶段的特点》，《中国人民大学学报》2009 年第 4 期，第 6—7 页。

② 叶卫平：《国际金融危机与建立国际经济政治新秩序》，第 50—51 页。

③ 尚鸿：《金融危机与美国霸权》，第 37 页。

④ 叶自成：《金融危机的政治学分析》，《国际政治研究》2009 年第 2 期，第 68 页。

⑤ Paola Subacchi, "New Power Centres and New Power Brokers: Are They Shaping a New Economic Order?" *International Affairs*, Vol. 84, No. 3, 2008, p. 496.

⑥ Barry Eichengreen, *Exorbitant Privilege: The Rise and Fall of the Dollar and the Future of the International Monetary System*, Oxford: Oxford University Press, 2011, p. 97.

金融硬实力和金融软实力。[①] 在国际金融危机爆发并迅速蔓延的情况下,美元的霸权地位面临着前所未有的挑战,其主要表现就是世界各国竞相寻求替代美元或减持美元的方案,标志着国际美元本位制度的基础遭遇普遍质疑。[②] 国际金融危机还极大地冲击了美国的经济实力,导致美国的实力地位有所下降。[③] 此外,国际金融危机还昭示,美国模式不具有可持续性,以政府不干预的自由市场为核心的发展模式具有重大缺陷。[④] 尤为突出的是,作为新自由主义模式的核心,美国大力推行的全球金融市场资本主义模式(即资本主义市场的过分金融化)在国际金融危机的冲击下面临破产。[⑤] 国际金融危机严重损害了美国自由资本主义模式在世界范围的可信度[⑥],以自由市场经济为主要特征的美国模式光环不再,美国模式的国际影响力遭到严重削弱,美国的全球权力亦遭受一定程度的损害。[⑦] 以自由市场为核心的美国模式曾被视为美国软实力的重要组成部分,但国际金融危机却给美国模式蒙上了阴影,严重削弱了美国在全球事务中发挥作用的软实力资源。[⑧] 随着美国金融霸权的相对削弱以及美国实力地位的相对下降,国际金融和经济秩序无疑将进入一个新的调整时期。

虽然遭受了金融危机的严重冲击且实力呈下降趋势,但美国的综合实力依然超强。[⑨] 换言之,国际金融危机尽管对美国的金融乃至经济霸权构成了全方位挑战,但美国霸权的基础——经济优势、军事优

① 陈德照:《美国经济"衰落"的历史比较》,《国际问题研究》2011 年第 4 期,第 17—18 页。

② 袁鹏:《金融危机与美国经济霸权:历史与政治的解读》,《现代国际关系》2009 年第 5 期,第 4—5 页。

③ 刘飞涛:《后危机时代的国际政治格局与趋势》,《国际问题研究》2010 年第 3 期,第 35 页。

④ 焦世新:《金融危机与多元全球化秩序》,《社会科学》2009 年第 9 期,第 46 页。

⑤ 张世鹏:《关于全球金融经济危机的若干思考》,《国际政治研究》2009 年第 2 期,第 86、88 页。

⑥ 王雷:《美国金融危机与国际政治经济秩序变迁》,《外交评论》2009 年第 1 期,第 108 页。

⑦ Roger C. Altman, "The Great Crash, 2008: A Geopolitical Setback for the West", *Foreign Affairs*, Vol. 88, No. 1, 2009, pp. 2 - 3.

⑧ 罗杰·奥尔特曼:《2008 年的大崩溃——西方的地缘政治挫折》,载于李慎明:《世界在反思:国际金融危机与新自由主义全球观点扫描》,北京:社会科学文献出版社 2010 年版,第 168、173 页。

⑨ 康绍邦:《金融危机与世界多极化》,《中共中央党校学报》2010 年第 1 期,第 111 页。

势、技术优势和制度优势——并没有发生根本性的逆转或变化。就经济方面而言,美国的经济总量仍高居世界榜首,尽管美元的地位面临日益严峻的挑战,但美元仍然是主要的国际储备货币和支付手段,其地位在短期内仍无可替代。在军事领域,美国在陆海空军和核武器方面仍然保持绝对优势地位,其全球投放和远程打击能力无人企及,从而为美国霸权的延续提供了强大的军事基础。在科学技术领域,美国的知识占有量与创新能力同样无与伦比,其技术优势遥遥领先于世界其他国家。① 在当今世界,美国的硬实力(包括经济实力、军事实力和技术实力)依然强大并保持优势地位②,即便深处国际金融危机之中,美国的综合国力仍然领先于世界诸国。③ 就国际制度而言,第二次世界大战后由美国主导建立的一系列国际制度(包括国际金融制度、多边贸易制度、国际民用航空制度、国际原子能制度等)尽管经历了相应的规则改革,但美国的主导地位仍然没有发生根本性变化;在新兴的国际环境制度中,美国仍然拥有主要发言权;即使遭遇国际金融危机的冲击,美国在国际货币基金组织和世界银行中仍然占据着主导地位。简言之,鉴于美国仍然拥有经济优势、军事优势、技术优势和制度优势,国际金融危机并没有从根本上动摇美国霸权的综合实力基础;换言之,鉴于美国的综合优势地位,因国际金融危机而引发的国际制度改革与秩序重建只能是阶段性和渐进式的。

其次,2008 年国际金融危机再次暴露了新自由主义及其发展模式的严重缺陷。

20 世纪 70 年代,发达国家普遍出现了所谓的“滞胀”危机,盛极一时的凯恩斯主义宣告失灵。以 1979 年英国“撒切尔新政”和 1981 年美国“里根革命”为标志,新自由主义取代凯恩斯主义登上历史舞台,成为发达国家经济政策的重要理论依据。概括地讲,新自由主义的理论与政策主张主要包括三项内容:一是小政府论和去政府论,反对政府干预经济;二是私有产权有效论,认为私有产权可以提升市场效率;三是

---

① 尚鸿:《金融危机与美国霸权》,第 38 页。

② 刘建华、邓彪:《美国霸权:衰落还是延续》,《太平洋学报》2010 年第 1 期,第 30—31 页。

③ 宋伟:《国际金融危机与美国的单极地位——当前美国的国家实力、国内制度和国际战略调整》,《世界经济与政治》2010 年第 5 期,第 38 页。

公共产品供给市场化论,坚信公共产品及其服务(包括教育、公共卫生以及社会保障等)的市场化可以促进充分竞争,进而提高效率。总之,新自由主义竭力宣扬市场这只"看不见的手"的作用,片面夸大市场的自修正和自复衡功能,完全否定政府干预对于弥补市场缺陷、克服市场失灵的积极意义。① 在货币金融政策领域,新自由主义更为强调金融资本的作用,反对金融资本监管,主张放松金融管制,从而为金融自由化提供了理论支持。②

在新自由主义成为发达国家经济政策的重要理论依据之后,美国利用其国际影响力,大力在世界各国推广新自由主义思潮,并以发展中国家作为主要目标,要求发展中国家根据新自由主义的政策原则进行结构调整和经济改革,进而导致了新自由主义的全球泛滥。因此,新自由主义模式的全球传播实际上反映了美国的经济霸主地位。③

新自由主义在有关国家以及国际组织政策措施上的最典型的表现形式就是所谓的"华盛顿共识"。"华盛顿共识"主要包括十个方面的内容,即:加强政府财政纪律;重新安排公共开支的优先领域;实行扩大税基的税制改革;实现金融自由化,并以市场决定的利率为最终目标;实现对外直接投资自由化;取消贸易限制,实现贸易自由化;实行竞争性的汇率制度;实现国有企业的私有化;撤销妨碍跨国公司进入和限制竞争的政府管制;有效保护私有产权。④ "华盛顿共识"的核心就是自由化、市场化和私有化,因此,"华盛顿共识"集中体现了新自由主义的理论精髓,以"华盛顿共识"的出笼为标志,新自由主义嬗变为美国的国家意识形态和主流价值观念⑤;而且,"华盛顿共识"中的自由市场意

---

① 中国社会科学院"国际金融危机与经济学理论反思"课题组:《国际金融危机与新自由主义的理论反思》,《经济研究》2009 年第 11 期,第 14—15 页。

② 张宇、蔡万焕:《金融垄断资本及其在新阶段的特点》,第 6 页。

③ 罗杰·奥尔特曼:《衰落的全球化》,载于李慎明:《世界在反思:国际金融危机与新自由主义全球观点扫描》,第 183 页。

④ John Williamson, "The Strange History of the Washington Consensus", *Journal of Post Keynesian Economics*, Vol. 27, No. 2, 2004－2005, p. 196.

⑤ 中国社会科学院"新自由主义研究"课题组:《新自由主义及其本质》,载于何秉孟:《新自由主义评析》,北京:社会科学文献出版社 2004 年版,第 8 页。

识形态亦成为美国对外政策的基础。① 在美国的推动下,"华盛顿共识"亦成为以美国为首的发达国家以及有关国际组织强力推行的经济政策与发展模式,新自由主义"华盛顿共识"由此开始向全球蔓延,从而为国际垄断资本开辟了全球空间②,而发展中国家则成为新自由主义"华盛顿共识"的一个重要实验场。

新自由主义的政策主张在一定程度上缓解了发达国家的"滞胀"困境,但另一方面,不加约束的自由化、市场化和私有化也为世界经济埋下了巨大隐患。纵观历史,20世纪90年代以来的历次金融危机为此提供了有力证据:1994年墨西哥金融危机是新自由主义和"华盛顿共识"内在缺陷的第一次大暴露,1997—1998年的亚洲金融危机再次展示了新自由主义和"华盛顿共识"的历史局限性,进一步彰显了新自由主义和"华盛顿共识"对发展中国家经济发展的严重不利影响。1998年的俄罗斯金融危机又一次表明,新自由主义和"华盛顿共识"也会对转型国家的经济造成严重破坏。鉴于此,对于奉行"华盛顿共识"及其政策导向的发展中国家而言,"华盛顿共识"无疑是一场灾难。③新自由主义和"华盛顿共识"对发展中国家的经济造成了破坏性后果并使发展中国家付出了沉重的代价,进而损害了发展中国家的经济发展进程,因此,新自由主义及其"华盛顿共识"的严重后果从根本上讲就是进一步强化了国际性不平等。④ 2008年国际金融危机则清楚地向世界证明,新自由主义和"华盛顿共识"不仅对发展中国家和转型国家的经济造成了严重损害,而且对美国等发达市场经济国家同样具有巨大的伤害与破坏作用。实际上,导致2008年国际金融危机的一个重要原因就是新自由主义经济政策指导下的金融自由化和资本金融化⑤,而新自由主义的政策范式"华盛顿共识"则是2008年国际金融危机的

---

① 霍华德·威亚尔达:《新兴国家的政治发展:第三世界还存在吗?》,刘青、牛可译,北京:北京大学出版社2005年版,第133页。

② 何秉孟:《美国经济与金融危机解析》,北京:社会科学文献出版社2010年版,第166页。

③ Philip Arestis, "Washington Consensus and Financial Liberalization", *Journal of Post Keynesian Economics*, Vol. 27, No. 2, 2004 – 2005, p. 253.

④ 约翰·B. 福斯特、罗伯特·麦克切斯尼:《垄断金融资本、积累悖论与新自由主义本质》,武锡申译,《国外理论动态》2010年第1期,第8页。

⑤ 张新平、王展:《美国金融危机与新自由主义的破灭——新自由主义经济社会角度下的透视》,《世界经济与政治论坛》2009年第3期,第50页。

政策根源。[①] 2008 年国际金融危机清楚地展示了新自由主义全球金融制度与机制的合法性危机[②],从根本上讲标志着新自由主义以及"华盛顿共识"的全面衰落与终结[③],同时也标志着以撤销金融管制和自由化为特征的金融资本主义时代的终结。[④]

更为重要的是,2008 年国际金融危机进一步昭示了全球经济秩序的严重失衡,这也是国际经济制度规则调整与改革的基本前提。

实际上,自 20 世纪 90 年代以来,全球经济失衡就已经开始显现,其主要指标就是美国日益扩大的经常项目逆差,以及以中国为代表的东亚国家巨大的经常项目盈余和不断累积的高额外汇储备。美国的经济失衡主要表现为财政和贸易的"双赤字",而东亚国家的经济失衡则主要表现为贸易和资本项目的"双盈余"。不仅如此,美国和东亚国家之间的经济失衡还通过国际贸易和国际资本流动的方式传导到世界经济之中,进而形成了全球性的经济和金融结构失衡。[⑤] 随着 2008 年国际金融危机的爆发,全球经济失衡的影响昭然于世。

需要强调的是,美国的"双赤字"和东亚新兴经济体国家的"双盈余"只是全球经济失衡的一个表象,尽管造成这种失衡的原因错综复杂,但其根源依然是美元霸权,体现美国金融霸权地位的美元本位制是导致全球贸易失衡、促成金融危机爆发的重要原因。[⑥] 在国际美元本位制度下,美元仍然是主要的国际储备货币和支付手段,东亚新兴经济体基本上选择钉住美元的汇率安排,并通过对美国出口积累了大量以美元计价的贸易盈余。更为重要的是,东亚新兴经济体的对美贸易盈

---

① 谭扬芳:《新自由主义的困境与马克思主义的观点——当前国际金融危机根源探析》,《四川大学学报》(哲学社会科学版)2009 年第 3 期,第 8 页。

② Eric Helleiner, "A Bretton Woods Moment? The 2007 – 2008 Crisis and the Future of Global Finance", *International Affairs*, Vol. 86, No. 3, 2010, p. 627.

③ 中国社会科学院"国际金融危机与经济学理论反思"课题组:《国际金融危机与新自由主义的理论反思》,第 17—18 页。

④ Michael Sakbani, "The Global Financial Crisis, Central Banking and the Reform of the International Monetary and Financial System", in Otto Hieronymi, ed., *Globalization and the Reform of the International Banking and Monetary System*, New York: Palgrave MacMillan, 2009, p. 120.

⑤ 陈文力:《金融危机视角下的世界经济版图》,《国际论坛》2009 年第 5 期,第 53 页。

⑥ 王雷:《美国金融危机与国际政治经济秩序变迁》,第 108 页。

余是以美国超额发行美元为背景的。凭借国际美元本位制度,美国超额发行的美元以贸易顺差的形式流入其贸易伙伴国,由此导致东亚新兴经济体出现大量美元盈余。实际上,东亚新兴经济体并非刻意寻求维持大量的对美贸易顺差,但由于美国在高新技术领域奉行严格的出口限制,致使包括中国在内的东亚新兴经济体无法从美国进口经济发展所急需的高新技术产品,进而导致东亚新兴经济体的对美贸易盈余逐年递增。因此,东亚新兴经济体的对美贸易顺差与美元本位制度以及美国的贸易政策密切相关。另一方面,美国凭借美元霸权地位实行扩张性财政经济政策,鼓励东亚新兴经济体大量购买美国国债以及美国设计的其他金融衍生品,吸引东亚新兴经济体的储备美元回流到美国,以此为美国的财政赤字政策提供融通资金,并缓解经常项目逆差的巨大压力,这就是所谓的"美元回流效应"。① 美元霸权是美国得以奉行"双赤字"政策的基础;同样,美元霸权也是包括中国在内的东亚新兴经济体不得不以贸易盈余为美国提供赤字融资的根源。随着国际金融危机的爆发,东亚新兴经济体所持有的美元资产大幅缩水,其"双盈余"实际上成为美元霸权的牺牲品。在美元本位制下,新兴市场经济体陷入了"美元困境":一方面,美元贬值导致新兴经济体的美元外汇储备持续缩水;另一方面,为防止美元贬值,新兴经济体又不得不持续购入美元资产。② 美国的"双赤字"和新兴经济体的"双盈余"从根本上讲是美元霸权制度下全球经济失衡的一个重要表现,而美元霸权则是新兴经济体陷入"美元困境"的制度根源。鉴于经济全球化的金融实质就是美元充当世界货币并成为世界财富的符号,美元霸权成为世界经济不平衡的罪魁祸首③,美元独大的国际货币体系导致的全球经济失衡是最终引发美国金融动荡和国际金融危机的深层次原因。④

---

① 华民、刘佳、吴华丽:《美国基于美元霸权的金融/核战略与中国的对策》,《复旦学报》(社会科学版)2010 年第 3 期,第 62—63 页。

② 彭刚、廖泽芳:《美元本位制下的全球经济失衡与调整——对当前全球金融危机的思考》,《中国人民大学学报》2010 年第 5 期,第 54 页。

③ 裴长洪:《后危机时代经济全球化趋势及其新特点、新态势》,《国际经济评论》2010 年第 4 期,第 29 页。

④ 姚淑梅:《国际金融危机的演变与中国的应对》,北京:人民出版社 2010 年版,第 147 页。

自 20 世纪 90 年代以来,全球经济失衡的另一个重要表现就是发达国家与发展中国家之间在国际经济关系中的不平等地位更加突出,而这时的不平等更多地表现为发展中国家,尤其是新兴经济体在世界经济中地位的上升与其享有的权利之间的失衡。从 90 年代初期起,发展中国家的整体崛起就成为世界经济的标志性特征,发展中国家的整体经济增长明显加快。自 2000 年以来,发展中国家整体的年均经济增长率为 4.8%,远远超过了发达国家 2.0% 的年均增长率。2003 年 10 月,美国高盛公司首次提出了"金砖四国"(BRICs,包括巴西、俄罗斯、印度和中国)的概念,充分肯定了中国等新兴经济体在世界经济中的地位与作用。[1] "金砖四国"成为新兴经济体崛起的典型标志。随着以"金砖四国"为代表的新兴经济体的崛起,发展中国家在世界经济中的整体地位明显上升,成为推动世界经济增长的重要力量[2],而发达国家对世界经济的贡献率和影响力则呈现出下降的趋势。

尽管发展中国家,尤其是新兴经济体在世界经济中的地位有所上升,但其在现行国际经济组织中的不平等地位却没有得到实质性改善。发达国家虽然丧失了对世界经济的主要推动作用,但却继续保持着在国际经济组织中的主导地位,美国在国际经济关系和国际经济组织中仍然扮演着霸主的角色。根据 2007 年的统计数据,在世界银行 184 个成员国中,发达国家组成的七国集团占据了 40% 的投票权,仅美国的投票权就达 16.38%;在国际货币基金组织中,作为整体的欧盟拥有 32.2% 的投票权,美国和日本则分别拥有 17.1% 和 6.2% 的投票权。鉴于世界银行和国际货币基金组织的所有重大决策均需 85% 的多数票通过,美国实际上拥有在世界银行和国际货币基金组织中的独家否决权。[3] 与此形成鲜明对比的是,尽管发展中国家在世界经济中的重要性和贡献率与日俱增,但发展中国家在世界银行和国际货币基金组织中的投票权并没有发生实质性变化,继续处于决策机制的边缘

---

[1]　宋玉华、方建春:《发展中经济体整体兴起与世界经济格局的动态演变》,《国际问题研究》2007 年第 3 期,第 57—58 页。

[2]　杨福昌、张清敏:《国际关系格局变化中发展中国家的地位与作用及对中国政策的思考》,《国际问题研究》2004 年第 1 期,第 13 页。

[3]　王雷:《美国金融危机与国际政治经济秩序变迁》,第 105 页。

地位。① 由此可见,尽管发展中国家,尤其是新兴经济体的实力明显增强,但国际经济权力却并没有得到平等的分配,新兴经济体实力的增长主要体现在行动能力上,而不是在影响能力上,权力的天平依然倾向于以美国为首的发达国家。② 至此,发达国家与发展中国家之间在国际经济组织及其制度规则中的权力不平等就成为国际经济关系严重失衡的突出表现之一。

面对 2008 年的国际金融危机,国际经济关系的权力失衡进一步彰显,这主要表现为:作为国际经济制度规则的主导者,美国成为国际金融危机的发源地,同样因为美国在国际经济关系中的主导地位及其对国际经济的重要影响力,国际金融危机的冲击遍及全球,从而昭示了经济全球化时代美国的主导地位对世界经济的负面影响;而作为国际经济关系参与者的新兴经济体则在应对国际金融危机的进程中发挥了积极的作用,成为维护全球经济稳定、推动世界摆脱国际金融危机影响的主要力量。面对国际金融危机所展示的国际经济失衡,进一步改革国际经济制度规则,实现发达国家和发展中国家的平等参与,推动世界经济持续、稳定和均衡的发展自然被提上了国际社会的议事日程。国际金融危机为国际社会按照国际经济新秩序的有关原则重塑国际经济关系创造了新的历史机遇。

第二节　国际金融危机与国际经济新秩序的建设

一、国际金融危机引发的制度改革问题

2008 年国际金融危机以其影响范围之广、危害程度之深震惊了世界;同时,国际金融危机进一步暴露了现行国际经济秩序的制度缺陷,从而引发了国际社会的认真思考和广泛讨论。毫无疑问,国际金融危机带来的制度问题是多种多样的,就现行国际经济秩序及其制度规则

---

① Ngaire Woods and Domenico Lombardi, "Uneven Patterns of Governance: How Developing Countries Are Represented in the IMF", *Review of International Political Economy*, Vol. 13, No. 3, 2006, p. 481.

② Paola Subacchi, "New Power Centres and New Power Brokers", p. 496.

而言,主要的问题集中在四个方面。

（一）美元地位问题

自第二次世界大战结束以来,虽然经历了从布雷顿森林体系到牙买加体系的调整,但美元仍然是主要的国际储备货币、贸易支付手段、大宗商品(如石油及粮食等)计价单位和全球外汇交易工具。[①] 美元霸权地位虽屡遭挑战,但并未发生实质性动摇,美元仍然处于世界货币金字塔的顶端,目前尚无其他货币足以抗衡美元的全球影响力。[②] 因此,现行国际货币金融体系(牙买加体系)本质上是美元本位制,美元具有主权货币和国际货币的双重身份。[③] 美元本位制意味着美国为了自身利益可以任意决定美元贷款基准利率、美元汇率和美元供应量,从而危及他国利益和国际金融秩序。[④] 冷战结束之后,随着世界经济的发展,尤其是新兴经济体的崛起,现行国际经济和金融秩序下的国际经济失衡进一步暴露,美元的国际地位因美国实力的相对削弱以及新兴经济体的日趋壮大而面临新的强劲挑战。一方面,作为国际金融领域的关键货币,美元的地位依赖于美国经济实力的维持与增强,但美国实力的相对削弱已经严重危及美元的信用与地位;另一方面,随着发展中国家的整体崛起以及新兴经济体实力的增强,国际经济格局出现了新的变化,这无疑预示着国际经济关系,包括国际货币金融关系均需作出调整以适应这种变化,由此对美国在国际经济中的主导地位以及美元的霸权地位提出了挑战。从这个意义上讲,2008 年国际金融危机不仅充分暴露了美元霸权下国际货币体系存在的严重风险[⑤],而且还进一步昭示了美元制度霸权内在的根本缺陷,即美元作为国际本位货币,但却缺乏有效制约。[⑥] 美元本位制是支撑美国全球霸权的关键环节和重要因

---

① 沈本秋:《美国的金融权力评估》,《世界经济与政治论坛》2011 年第 6 期,第 7—9 页。

② Benjamin J. Cohen, "Toward a Leaderless Currency System", in Eric Helleiner and Jonathan Kirshner, eds., *The Future of the Dollar*, Ithaca: Cornell University Press, 2009, p.146.

③ 陈江生、陈昭铭:《国际货币体系改革与人民币国际化》,《中共中央党校学报》2010 年第 1 期,第 57 页。

④ 陈文通:《全球金融危机的经济根源》,《中共中央党校学报》2009 年第 4 期,第 46 页。

⑤ 中国社会科学院"国际金融危机与经济学理论反思"课题组:《国际金融危机与国际贸易、国际金融秩序的发展方向》,《经济研究》2009 年第 11 期,第 49 页。

⑥ 李杰:《从金融危机透视国际体系转型动向》,《国际问题研究》2009 年第 3 期,第 12 页。

素,但美元并不承担与其作为世界货币地位相对应的责任:一方面,其他国家和国际社会难以对美国的美元发行和汇率调整进行有效约束;另一方面,在国际收支的调节机制上,尽管美国获得了庞大的铸币税收益和通货稳定的收益,但美国却经常拒绝承担任何调节责任,顺差国除了为美国提供融资之外,还要完全承担调节国际收支的成本。因此,在美元本位制下,美国所享有的权益与应承担的责任是极不对称的。①基于美元本位制内在的重大缺陷和风险,如何定位美元在国际经济关系中的角色就成为国际经济制度改革的一个重要问题。一方面,鉴于美国的综合实力优势,以及世界各国对美元的路径依赖(即美元是世界各国融入并参与国际经济体系的一个重要媒介,因而难以舍弃,或舍弃的成本很高)②,美元在可以预见的将来仍会继续保持世界关键货币的地位。但另一方面,面对国际经济关系的发展变化,国际社会应当制定明确而有效的规则,以确保美元承担与其世界货币地位相适应的国际责任,防止因美元特权的滥用而引发新的国际金融危机,进而实现世界经济的持续稳定发展。换言之,美元在国际货币金融体系中仍将占据主导地位,因此,国际社会所面临的问题就是:如何寻求建立有效的国际机制,以便对美元的发行进行控制。③

(二)国际金融监管问题

鉴于世界各国银行金融体系的相互依赖日益加深,建立相应的国际金融监管机制无疑是必要的。④ 但长期以来,国际社会却一直缺乏严格和统一的国际金融监管制度,包括严格的信息披露规则,从而导致国际金融机构在维护国际金融体系稳定、应对全球性金融问题方面缺乏有效的预警和监管能力。⑤ 就 2008 年国际金融危机而言,其突出特

---

① 陈绍锋:《后危机时代国际货币体系将走向何方》,《国际政治研究》2011 年第 2 期,第 24 页。
② 杨国庆:《危机与霸权:亚洲金融危机的政治经济学》,第 44 页。
③ 李世安:《布雷顿森林体系与"特里芬难题"》,《世界历史》2009 年第 6 期,第 14 页。
④ Richard A. Posner, *A Failure of Capitalism: The Crisis of '08 and the Descent into Depression*, Cambridge: Harvard University Press, 2009, p. 290.
⑤ 李杰:《从金融危机透视国际体系转型动向》,第 12 页。

点就是危机涉及复杂的衍生工具和大范围的跨境金融。[①] 此次金融危机表明,金融创新已经超出了现行金融监管的范围,或者说,国际金融监管机制远远落后于金融创新的步伐;而且,面对国际金融危机的冲击,分割的国际金融监管体系也妨碍了有关国家作出有效的反应。[②]因此,2008年国际金融危机暴露出来的国际金融监管体系的最大缺陷就是:缺乏全球范围内负责金融监管的统一协调机构。实际上,在金融机构的跨境监管上,国际货币基金组织、国际清算银行、巴塞尔委员会和各国金融监管当局长期存在各自为政的局面,既存在监管重叠与重复监管,也存在标准不一的多头干预,甚至还存在监管真空与漏洞。[③]统一的国际金融监管的缺失无疑是引发国际金融危机并使其迅速蔓延的一个重要原因。更为重要的是,由美国次贷危机所引发的全球金融海啸再次证明,在缺乏有效、严格的国内监管机制和国际协调机制的情况下,经济全球化存在严重弊端。[④] 同时,作为国际货币基金组织等国际金融机构的主导者,美国自20世纪80年代以来积极奉行并倡导新自由主义政策,大力放松对金融部门的监管,并促使各国群起仿效,导致国际货币基金组织等国际金融机构的金融监管机制名存实亡,而金融监管的缺失则在一定程度上对金融危机的"多米诺骨牌"效应起到了推波助澜的作用。[⑤] 正是由于国际金融监管的缺失以及美国政策导向的影响,国际资本流动长期处于无序状态,跨国资本投机日益猖獗,金融衍生品的运转无拘无束,并成为诱发国际金融危机的一个重要因素。从这个意义上讲,2008年国际金融危机是美国主导的金融全球化和自由化与金融监管体制落后于时代的"体制失衡"的结果。[⑥] 面对国

① 王晗霞、吴易风:《斯蒂格利茨论当前金融危机和经济危机》,《教学与研究》2010年第8期,第49页。

② Kenneth R. French, et al., *The Squam Lake Report: Fixing the Financial System*, Princeton: Princeton University Press, 2010, pp. 16, 25 – 26.

③ 张明:《国际货币体系改革:背景、原因、措施及中国的参与》,《国际经济评论》2010年第1期,第132页。

④ 王缉思:《当代世界政治发展趋势与中国的全球角色》,《北京大学学报》(哲学社会科学版)2009年第1期,第11页。

⑤ 邱兆祥、王修华:《试论后危机时代国际金融监管协调与合作》,《教学与研究》2010年第11期,第27页。

⑥ 刘军红:《全球化与国际金融货币体制改革》,《现代国际关系》2010年第7期,第19页。

际金融危机的巨大冲击,世界各国普遍意识到,在经济和金融全球化深入发展的背景下,实施有效和有力的全球金融监管已经刻不容缓,而且,这样的全球金融监管框架必须具有内在统一性。[1] 全球性的金融监管机制还必须将金融机构乃至整个金融体系纳入监管范畴。[2] 面对国际金融监管的缺失和国际金融危机的影响,建立一个新的国际机构以拓展并强化国际金融监管已经成为国际社会的一个重要议题[3],正是国际金融危机推动国际金融监管改革成为全球政治的最优先议程之一。[4] 实际上,包括中国、欧盟在内的有关国家和组织已经发出了强化国际金融监管机制的呼声,因此,制定行之有效的多边国际金融监管规则,建立统一的全球金融监管与协调机制,无疑是国际金融危机所引发的一个重要制度改革问题。

（三）国际货币基金组织和世界银行的决策机制改革问题

鉴于国际组织的投票模式及其决策机制具有作出政策决策、执行政策计划和提供政策指引的功能,改革发达国家凭借加权投票权控制国际货币基金组织和世界银行的局面一直是国际社会关注的问题,[5] 国际货币基金组织和世界银行的决策机制改革亦是国际经济新秩序的一个重要方面。但由于以美国为首的发达国家的阻挠,国际货币基金组织和世界银行的决策机制改革并没有取得积极进展。从历史源头上讲,正是基于认缴额与投票权挂钩的决策机制,以美国为首的发达国家长期把持国际货币基金组织和世界银行的决策权,并拥有更大的政策空间以阻止或否决有关决议的通过[6],而作为拥有独家否决权的国家,

① Randall Germain, "Financial Order and World Politics", pp. 678, 682.

② Kenneth R. French, et al., *The Squam Lake Report*, p. 2.

③ Carmen M. Reinhart and Kenneth S. Rogoff, *This Time Is Different: Eight Centuries of Financial Folly*, Princeton: Princeton University Press, 2009, p. 278.

④ Eric Helleiner and Stefano Pagliari, "The End of an Era in International Financial Regulation? A Postcrisis Research Agenda", *International Organization*, Vol. 65, No. 1, 2011, p. 169.

⑤ D. B. Steele, "The Case for Global Economic Management and UN System Reform", *International Organization*, Vol. 39, No. 3, 1985, pp. 565 – 566.

⑥ Ngaire Woods and Domenico Lombardi, "Uneven Patterns of Governance", p. 494.

美国亦可利用国际货币基金组织来推进其国际政治议程。[①] 另一方面,由于历史等方面的原因,发展中国家在国际货币基金组织和世界银行中的认缴额长期偏低,严重妨碍了发展中国家有效参与国际货币基金组织和世界银行的决策进程。随着发展中国家的兴起,国际货币基金组织和世界银行的决策机制改革亦进入了国际社会的议事日程。发展中国家普遍要求平等参与国际金融组织的决策进程,展示了发展中国家全面融入国际经济关系的愿望。冷战结束之后,以新兴经济体的崛起为标志,发展中国家在国际经济关系中的整体地位明显提升。在此背景下,国际金融组织中不平等的决策和参与机制显然不能适应国际经济关系的新发展,其中尤为突出的是,新兴市场国家在国际货币基金组织中的份额(认缴额)、投票权与其在世界经济中的比重严重不符[②],发达国家和新兴经济体之间在国际货币基金组织中权力的不对称性亦削弱了国际货币基金组织的合法性,以及新兴经济体在国际货币基金组织中承担利益共享义务的意愿。[③] 作为国际货币基金组织和世界银行投票权分配基础的份额已经不能准确反映国际经济关系的新格局,因此,决策机制改革成为确保国际货币基金组织和世界银行有效履行包括发展职能在内的相关职能的关键,同时也是国际货币基金组织和世界银行进行实质性改革的前提。[④] 面对 2008 年国际金融危机的冲击,新兴经济体作出了巨大的努力以维护世界经济的稳定与发展,再次彰显了发展中国家整体地位的提升。因此,2008 年国际金融危机进一步展示了改革国际经济组织的决策机制,尤其是改革国际货币基金组织和世界银行的决策机制的必要性,其中,新兴经济体无疑应当在国际货币基金组织中享有更大的份额。[⑤] 换言之,为充分反映世界经济的变化,加强国际货币基金组织和世界银行的有效性和合法性,新兴

[①]　Strom C. Thacker, "The High Politics of IMF Lending", *World Politics*, Vol. 52, No. 1, 1999, pp. 41, 71.

[②]　中国社会科学院"国际金融危机与经济学理论反思"课题组:《国际金融危机与国际贸易、国际金融秩序的发展方向》,第 50 页。

[③]　Anthony Elson, *Governing Global Finance*, p. 155.

[④]　邹加怡:《关于布雷顿森林机构改革的几点观察》,《世界经济与政治》2005 年第 5 期,第 36 页。

[⑤]　Roger C. Altman, "The Great Crash, 2008", p. 14.

国家和发展中国家应当拥有更大的发言权和代表权。[①] 需要强调的是,国际货币基金组织是国际货币金融关系的核心机构,因此,实行决策机制的代表性改革、增加发展中国家的投票权,就成为金融危机背景下国际货币基金组织改革的一项最重要的议题。[②]

(四) 发展中国家问题

自 20 世纪 50 年代以来,随着广大发展中国家逐步取得政治独立,实现经济发展就成为发展中国家的首要任务,发展问题由此进入了国际社会的议事日程,并成为包括联合国在内的有关国际组织关注的重要问题,同时也是国际经济谈判的重要议题。由于历史的原因,发展中国家长期处于国际经济体系的边缘地位。在取得政治独立之后,发展中国家的经济发展仍然面临诸多障碍,其中的一个重要因素就是发展中国家在国际经济关系中的弱势地位或脆弱性。就外部环境而言,发展中国家脆弱性的一个主要特征就是面临发达国家主导的国际经济制度的巨大压力。[③] 正因为发展中国家的弱势地位或脆弱性,发展中国家更容易受到国际经济波动和经济危机的影响,其经济发展进程最终受到制约。在经济全球化和金融全球化加速发展的时代,发展中国家的脆弱性更加突出。一方面,金融全球化加快了国际资本的流动速度并使大量资本流入发展中国家,因而在一定程度上有利于推动发展中国家的经济增长;但另一方面,经济全球化背景下的金融风险亦对发展中国家造成了巨大冲击,金融全球化对发展中国家的负面影响日益凸现。[④] 实际上,国际金融体系及其自由化的主要受益者是发达国家,而发展中国家,尤其是最不发达国家却承受着金融自由化的风险与代价。[⑤] 2008 年国际金融危机清楚地表明,危机的源头在美国,而发展中

---

① 斯蒂格利茨等:《斯蒂格利茨报告:后危机时代的国际货币与金融体系改革》,江舒译,北京:新华出版社 2011 年版,第 165—167 页。

② 李仁真、涂亦楠:《金融危机背景下国际货币基金组织代表性改革》,《华中师范大学学报》(人文社会科学版)2010 年第 3 期,第 21 页。

③ 刘青建:《发展中国家的国际脆弱性与南北关系的发展前景》,《教学与研究》2003 年第 6 期,第 70 页。

④ 郭连成:《经济全球化正负效应论》,《世界经济与政治》2000 年第 8 期,第 45 页。

⑤ 唐永胜:《发展中国家经济脆弱性的根源及其化解》,《现代国际关系》2005 年第 11 期,第 6 页。

国家却承受着国际金融危机的巨大压力并蒙受了巨大的损失。由于国际经济关系是一个相互依赖的整体,发展中国家的贫穷落后无疑将损害世界经济的协调发展,因此,改变发展中国家在国际经济关系中不平等的弱势地位应是国际社会的共同责任。面对国际金融危机的冲击,国际社会应当加强对全球金融市场的管理,发达国家、新兴国家和发展中国家应当共同参与全球化经济规则的制定。[1] 就国际货币体系改革而言,发展中国家利益原则应是指导改革的基本原则,建立公正合理的国际货币体系和国际金融新秩序是最终目标[2],争取建立更为公正合理的国际金融新秩序对发展中国家来说,既是一种权利也是一种义务。[3] 值得注意的是,国际经济新秩序所包含的有关议程已经为国际经济制度规则的改革指明了方向。面对国际金融危机对发展中国家的影响,寻求建立公平合理的国际经济新秩序已经成为国际经济关系发展的趋势。国际经济新秩序的目标就是推动发展中国家平等参与国际经济关系,增强发展中国家抵御国际经济危机冲击的能力,促进发展中国家的经济增长,实现世界经济的均衡发展。从这个意义上讲,国际金融危机再次彰显的发展中国家问题,实质上就是国际经济制度规则的改革问题,从长远来看就是世界经济的均衡发展问题。

　　总之,2008 年国际金融危机充分暴露了现行国际经济秩序及其制度规则的重大缺陷,进一步昭示了国际经济关系的严重失衡,并再次唤起了国际社会以及有关国家对国际经济制度改革的深入思考。鉴于此,2008 年国际金融危机实际上同时全面启动了新一轮国际金融乃至全球经济体系的改革进程[4];其中,国际金融新秩序的建设再度成为有关各方关注和角力的焦点。[5] 更为重要的是,2008 年国际金融危机所引发的国际经济制度改革问题在很大程度上亦是国际经济新秩序的改

[1]　霍斯特·克勒:《霍斯特·克勒谈国际金融危机》,殷叙彝译,《国外理论动态》2009 年第 1 期,第 36 页。

[2]　王楚明:《国际货币体系改革与发展中国家利益原则》,《金融研究》2001 年第 2 期,第 92—93 页。

[3]　秦凤鸣:《金融全球化的冲突与矛盾》,《世界经济与政治》2001 年第 8 期,第 70 页。

[4]　陈东晓:《金融危机对世界经济、政治和安全格局的深层次影响》,《和平与发展》2009 年第 4 期,第 22 页。

[5]　李天栋、冯全普:《次贷危机与国际金融秩序重构的博弈分析——兼论我国对全球性资源布局的战略》,《复旦学报》(社会科学版)2009 年第 3 期,第 21 页。

革内涵和追求目标[①]；而且，国际经济新秩序的有关原则及其阶段性成果也为寻求国际经济制度规则的进一步改革提供了有益的指导与借鉴，并为经济全球化背景下世界经济的均衡协调发展奠定了基础。正因为如此，2008 年国际金融危机为国际经济制度规则的改革以及国际经济新秩序的建立提供了新的动力和契机。

二、二十国集团峰会与国际经济新秩序的制度改革

为应对 2008 年国际金融危机的影响，有关国家采取了一系列措施，进一步展示了经济全球化进程中合作与发展的国际共识。值得注意的是，以二十国集团（G20）峰会的召开和连续举行为标志，国际社会在改革国际经济制度规则、寻求国际经济的均衡发展方面取得了新的阶段性进展。从这个意义上讲，二十国集团峰会的成果无疑是迈向国际经济新秩序的新步骤。

从成员的整体构成上看，二十国集团包括美国、日本、德国、英国、法国、意大利、加拿大、俄罗斯、中国、阿根廷、澳大利亚、巴西、印度、印度尼西亚、墨西哥、沙特阿拉伯、土耳其、南非、韩国，以及作为一个实体的欧盟。从起源上看，二十国集团的形成是国际社会应对 1997 年亚洲金融危机并寻求改革国际金融体系的产物。[②] 面对亚洲金融危机的严重冲击，有关国家和国际组织深感必须展开政策协调与合作，以共同解决国际经济关系中出现的紧迫问题。1999 年 12 月，包括主要发达国家和发展中国家在内的 20 个国家和组织在德国柏林举行会议，并决定不定期举行 20 国财政部长和中央银行行长会议，这样，二十国集团的雏形基本确立。在建立之初，二十国集团被定位为"布雷顿森林体系框架下的非正式对话机制"，其主要目标就是"加强重要的经济体就关键的经济和金融政策问题展开更广泛的对话，促进合作以达到稳定持续的世界经济增长"。[③] 在一定时期内，二十国集团只是有关国家财政

---

① 舒建中、孙路：《金融危机、制度改革与国际经济新秩序》，《世界经济与政治论坛》2011 年第 6 期，第 74 页。

② Benjamin J. Cohen, "The International Monetary System: Diffusion and Ambiguity", *International Affairs*, Vol. 84, No. 3, 2008, p. 467.

③ 陈素权：《二十国集团在全球金融与经济治理中的角色分析》，《世界经济与政治论坛》2009 年第 4 期，第 1 页。

部长和中央银行行长进行不定期磋商的松散论坛。

随着 2008 年国际金融危机的爆发与蔓延,包括美国在内的发达国家已经无力独自解决国际经济所面临的严重问题,因而不得不寻求同发展中国家,尤其是新兴经济体的合作。另一方面,业已崭露头角的二十国集团不仅包含了主要发达国家和发展中国家,而且,二十国集团大约占世界总人口的 2/3、世界生产总量的 90% 以及国际贸易总额的 85%[①],因此,相对于传统的八国集团而言,二十国集团无疑更具代表性。[②] 此外,作为新兴经济体的代表,二十国集团中的 11 个发展中国家(E11)无论在总体经济规模,还是在国际贸易、国际资本流动以及重点产品产出等方面,均已具有世界性的影响力。[③] 更为重要的是,面对国际金融危机和全球经济衰退,新兴经济体,尤其是新兴大国实际上成为世界经济最重要的支撑力量。[④] 2008 年国际金融危机进一步表明,新兴经济体是解决国际经济问题的关键组成部分,伴随着新兴经济体实力的明显增强,国际经济组织的决策机制必须予以改革,在全球经济和金融议程中,发展中国家以及新兴经济体的关切必须得到体现。[⑤]正因为如此,以 2008 年国际金融危机为契机,新兴大国参与缔造新的国际秩序成为影响国际权力格局走势的重要标志[⑥],新兴国家崛起亦成为当前国际政治的最根本特征之一。[⑦]

为应对国际金融危机的挑战,二十国集团第一次峰会于 2008 年11 月在美国首都华盛顿举行,此即华盛顿峰会(Washington Summit)。在此期间,出席峰会的中国国家主席胡锦涛就国际金融体系的改革阐述了中国的原则立场,强调建立公平、公正、包容、有序的国际金融新秩序应是国际金融体系的改革方向,并以此营造有利于全球经济健康发

① 崔立如:《G20 开启了探索"全球治理"新路径的机会之窗》,《现代国际关系》2009 年第11 期,第 2 页。

② Roger C. Altman, "The Great Crash, 2008", p.14.

③ 张宇燕、田丰:《新兴经济体的界定及其在世界经济格局中的地位》,《国际经济评论》2010 年第 4 期,第 25 页。

④ 黄仁伟:《新兴大国参与全球治理的利弊》,《现代国际关系》2009 年第 11 期,第 21 页。

⑤ Randall Germain, "Financial Order and World Politics", p.683.

⑥ 王振华:《从当前西方金融危机看世界格局的变化及其走势》,载于李慎明主编:《美元霸权与经济危机》(上册),北京:社会科学文献出版社 2009 年版,第 259 页。

⑦ 周鑫宇:《新兴国家崛起与国际权力结构变迁》,《太平洋学报》2010 年第 8 期,第 29 页。

展的制度环境。胡锦涛同时指出，国际金融体系的改革应当遵循全面性、均衡性、渐进性和实效性的原则。[①]

作为华盛顿峰会的谈判成果，二十国集团领导人共同确认继续推进国际货币基金组织和世界银行等国际金融机构的改革，增加新兴经济体和发展中国家的代表性与发言权，包括金融稳定论坛（创建于1999年）在内的多边组织应吸收新兴经济体广泛参与；二十国集团领导人同时强调，国际社会必须加强国际金融合作，尤其是采取措施以强化金融市场的透明度以及国际金融监管机制；二十国集团领导人重申了反对贸易保护主义的政策立场，再次确认了"千年发展目标"的重要性以及相关国家的发展援助义务。

总之，华盛顿峰会将二十国集团由部长级提升为首脑级，彰显了二十国集团在国际经济关系中的地位和作用，开启了发达国家和发展中国家共同治理全球经济的先河[②]，同时标志着二十国集团及其峰会开始向机制化的方向迈进。[③] 更为重要的是，华盛顿峰会就国际金融组织的改革以及国际金融监管的强化等重大国际经济问题达成了原则一致，从而给危机阴影下的世界经济带来了一线曙光[④]，由此拉开了新一轮国际金融体系改革的序幕。

2009年4月，二十国集团第二次峰会在英国首都伦敦举行，此即伦敦峰会（London Summit）。经密切磋商，伦敦峰会就有关问题达成了积极共识：首先，伦敦峰会确认向国际货币基金组织和世界银行等多边金融机构提供总额为1.1万亿美元的资金，以扩充国际金融组织的资金规模。其次，伦敦峰会决定加强国际金融监管，将具有系统性影响的金融机构（包括对冲基金、信用评级机构等）、金融产品和金融市场纳入国际金融监管的范围，为此，应建立以二十国集团为主干的金融稳定委员会以取代金融稳定论坛并强化国际金融监管机制。第三，伦敦

---

① 戴相龙：《当前的国际金融危机及我国的应对措施》，《中国人民大学学报》2009年第3期，第42页。

② 赵瑾：《G20：新机制、新议题与中国的主张和行动》，《国际经济评论》2010年第5期，第12页。

③ 陈素权：《二十国集团在全球金融与经济治理中的角色分析》，第4页。

④ Henry M. Paulson, Jr., *On the Brink: Inside the Race to Stop the Collapse of the Global Financial System*, New York: Business Plus, 2010, p. 405.

峰会决定加大援助发展中国家的力度,国际货币基金组织将增发 2 500
亿美元特别提款权,其分配额度应向最不发达国家倾斜;此外,国际货
币基金组织还应向最不发达国家提供 60 亿美元的贷款,以缓解国际金
融危机对最不发达国家的不利影响。[1]

伦敦峰会的成果更加具体,因而具有重要意义。首先,伦敦峰会决
定设立新的国际金融监管机构金融稳定委员会,由此强化了国际金融
监管,并将有助于国际金融体系的稳定发展。其次,根据伦敦峰会的决
定,国际货币基金组织和世界银行将普遍增资,以此为基点,国际金融
体系的改革进入了实质性运作和具体谈判的阶段,在很大程度上体现
了发展中国家的改革呼声。更为重要的是,伦敦峰会强调了对发展中
国家,尤其是最不发达国家的特别关注,明确要求国际货币基金组织的
特别提款权分配及贷款应优先考虑发展中国家的需要,因而彰显了发
展中国家的利益关切。总之,伦敦峰会的决定,包括国际货币基金组织
的改革议程均给予发展中国家更多的关注,因此,伦敦峰会无疑是国际
金融体系重大变革的起点[2],国际金融新秩序的建设由此获得了新的
动力。作为二十国集团的一次历史性会议,伦敦峰会进一步推动了改
革国际经济旧秩序和建立国际经济新秩序的进程。[3]

2009 年 9 月,二十国集团第三次峰会在美国匹兹堡举行,此即匹
兹堡峰会(Pittsburgh Summit)。此次峰会在国际货币基金组织和世界
银行的改革方面取得了突破性进展,发展中国家的发言权明显提升。
根据匹兹堡峰会的决定,发展中国家和新兴经济体在世界银行中的投
票权至少增加 3%,发展中国家和新兴经济体在国际货币基金组织中
的份额至少提高 5%。尽管尚属微调,但此种调整不仅意味着新兴国
家将在国际经济事务中拥有较大的话语权,而且开始触及国际经济秩
序中的核心结构及游戏规则[4],标志着国际金融体系改革进入实质性

---

① 孙丽丽:《开启国际经济新秩序:G20 伦敦峰会评析》,《和平与发展》2009 年第 4 期,第 45
页。

② 孙丽丽:《开启国际经济新秩序:G20 伦敦峰会评析》,第 46 页。

③ 张德广:《大危机,大变革:中国学者看金融风暴下的世界经济》,北京:世界知识出版社
2009 年版,第 88 页。

④ 黄范章:《G20 集团与国际货币体系改革》,《金融研究》2010 年第 2 期,第 48 页。

阶段。① 其次,匹兹堡峰会确认二十国集团是处理全球金融和经济问题的主要平台,决定二十国集团峰会将每年定期举行,从而实现了二十国集团由危机管理机制向宏观经济政策协调机制的角色转换②,开启了二十国集团机制化及其峰会制度化的进程,标志着承认发展中国家力量并以合作共赢作为目标的国际经济协调新机制的诞生。正因为如此,匹兹堡峰会无疑为新兴经济体和发展中国家与发达经济体在全球经济政策上的更深入合作奠定了基础③,因而是二十国集团发展进程中的一个历史性转折点,标志着二十国集团进入了一个新的发展阶段。④ 换言之,作为发达国家和发展中国家展开平等磋商的组织,二十国集团处理国际经济金融事务的进程将更具公正性和合理性,因此,二十国集团机制的形成无疑是世界新秩序演进中的一个重大突破⑤,是世界新秩序的孕育。⑥ 更为重要的是,二十国集团机制为改革现行国际经济金融体系及其制度规则与组织机构,寻求国际经济新秩序的阶段性进展开辟了新的途径。

为落实匹兹堡峰会的有关决定,世界银行年会于 2010 年 4 月通过决议,对世界银行的份额分配作出调整,中国的份额从 2.77% 提高到 4.42%,位居第三;美国的份额则从 16.36% 下调到 15.85%,仍居份额排名第一位;发展中国家的总份额从 44.06% 提高到 47.19%,整体增加 3.13%。世界银行新的份额分配顺应了发展中国家改革国际金融制度规则的呼声以及国际经济关系的新发展,体现了发展中国家在世界银行中地位的上升,是世界银行改革进程中一个进步的开始。⑦ 基于份额与投票权挂钩的原则,新的份额分配同时也是改革世界银行决策机制的一个重要步骤。至此,面对国际经济格局的变迁,国际经济新秩序有关改革世界银行决策机制的努力取得了新的阶段性进展。

---

① 敖云波:《二十国集团的崛起与中国外交的对策》,《社会主义研究》2010 年第 4 期,第 123 页。

② Henry M. Paulson, Jr., *On the Brink*, p.450.

③ 张德广:《大危机,大变革:中国学者看金融风暴下的世界经济》,第 185 页。

④ 钟龙彪:《浅析 20 国集团在全球治理中的角色嬗变》,《现代国际关系》2010 年第 4 期,第 12 页。

⑤ 赵晓春:《G20 峰会与世界新秩序的演进》,《现代国际关系》2009 年第 11 期,第 15 页。

⑥ 黄范章:《G20 集团与国际货币体系改革》,第 48 页。

⑦ 钱文荣:《浅析后危机时代的国际格局和秩序》,《和平与发展》2010 年第 5 期,第 2 页。

2010 年 6 月,二十国集团第四次峰会在加拿大多伦多举行,此即多伦多峰会(Toronto Summit)。为实现世界经济的强劲、可持续、平衡增长,推动建立国际经济新秩序,中国国家主席胡锦涛发表了题为《同心协力,共创未来》的讲话并提出三点建议:第一,本着循序渐进、互利共赢的原则推进二十国集团的机制化建设,确保二十国集团在促进国际经济合作和全球经济治理中发挥核心作用;第二,加快建立公平、公正、包容、有序的国际金融新秩序,推进国际金融监管改革和国际金融机构改革,加快完成国际货币基金组织的份额调整,提高发展中国家的代表性和发言权;第三,促进建设开放自由的全球贸易体制,反对各种形式的保护主义,按照维护多哈授权、锁定已有成果、以现有谈判案文为基础的原则,推动"多哈回合"谈判取得全面、均衡的成果。①

尽管面临诸多困难,多伦多峰会仍然达成了积极共识,通过了《二十国集团多伦多峰会宣言》,强调各国应强化金融监管,呼吁尽快恢复多哈回合谈判;进一步加强国际货币基金组织和世界银行等国际金融机构高层管理人员的选拔机制改革,推动更多新兴经济体国家和发展中国家人员出任国际金融机构高管;重申尽快落实匹兹堡峰会的改革承诺,并以此推进国际货币基金组织决策机制的改革。

作为二十国集团被确定为国际经济合作主要平台后的第一次峰会,多伦多峰会具有承前启后的意义。尽管面临诸多分歧,但多伦多峰会仍然就相关的问题达成了积极共识,尤其是再次确认了国际货币基金组织的改革目标,从而有助于推动国际货币基金组织及其决策机制的改革进程,这无疑是符合发展中国家利益的。

2010 年 11 月,二十国集团第五次峰会在韩国首都首尔举行,此即首尔峰会(Seoul Summit)。在此期间,中国国家主席胡锦涛发表了题为《再接再厉,共促发展》的讲话,就全球经济制度改革提出四点建议:第一,完善框架机制,推动合作发展;第二,倡导开放贸易,推动协调发展;第三,完善金融体系,推动稳定发展;第四,缩小发展差距,推动平衡发展。②

在与会各方的积极努力下,首尔峰会在诸多问题上达成了有益的

---

① 胡锦涛:《同心协力,共创未来》,《人民日报》2010 年 6 月 28 日。

② 胡锦涛:《再接再厉,共促发展》,《人民日报》2010 年 11 月 13 日。

原则共识。首先,首尔峰会承诺加强二十国集团的作用,推动世界经济实现强劲、可持续、平衡增长;其次,首尔峰会承诺继续推动国际金融机构改革,尽快落实将国际货币基金组织的份额向新兴市场国家及发展中国家转移 6% 以上的有关安排;第三,首尔峰会首次将发展问题列为主题之一,同意发展问题将作为二十国集团峰会的一个长期议题并通过了"首尔发展共识";第四,首尔峰会承诺继续加强金融监管,反对贸易保护主义,并确立了一系列新举措和新步骤。[①]

在取得相应成果的同时,首尔峰会亦清楚地表明,国际经济制度规则的改革历程将是艰难而漫长的。发展中国家必须坚持以发展为导向寻求改革国际经济制度规则,进一步发挥包括二十国集团在内的有关国际组织和国际机制的作用,以改革国际经济制度规则的阶段性进展来推动国际经济新秩序的建立。

在首尔峰会举行之前,国际货币基金组织提出了一项改革方案,建议将国际货币基金组织的资金总额增至 7 550 亿美元,同时向新兴国家转移 6% 的份额。这项意义深远的改革方案随即获得了首尔峰会的认可,并于 2010 年 12 月经国际货币基金组织董事会投票通过。至此,新兴市场和发展中国家在国际货币基金组织中的发言权和代表性得到明显增强,因而那是国际货币基金组织的历史性改革[②],同时也是国际货币基金组织历史上第一次最大的权力制度改革。[③] 此次国际货币基金组织的份额与投票权改革是一次最大规模的有利于新兴市场和发展中国家的制度改革,通过此轮改革,国际货币基金组织认可了新兴市场和发展中国家在全球经济体系中的重要性,标志着发展中国家寻求与发达国家平等分享国际货币基金组织投票权的努力取得了实质性进展,同时也意味着作为国际金融体系核心机构的国际货币基金组织正在逐步适应世界经济版图的多极化发展趋势,从而有利于促进全球经济治理框架的公平性、包容性和合理性。[④] 从战后国际金融制度规则

---

① 朱世龙:《二十国集团与世界经济秩序》,《世界经济与政治论坛》2011 年第 2 期,第 46 页。

② 曲博:《金融危机背景下的中国与全球经济治理》,《外交评论》2010 年第 6 期,第 57—58 页。

③ 尹承德:《金融危机与世界格局的新变化》,《国际问题研究》2011 年第 2 期,第 41 页。

④ 谢世清:《国际货币基金组织份额与投票权改革》,《国际经济评论》2011 年第 2 期,第 119 页。

的改革历程来看,面对国际金融危机的冲击以及国际经济格局的变迁,国际经济新秩序有关改革国际货币基金组织决策机制的努力最终取得了阶段性进展。

综上所述,2008 年国际金融危机进一步昭示了国际经济关系的严重失衡,进一步暴露了现行国际经济秩序的制度缺陷。面对国际金融危机的扩展与蔓延,发达国家已经无力应对,更无力单独解决国际经济所面临的一系列重大问题,因而不得不寻求同新兴经济体国家展开合作以共同应对国际金融危机的严峻挑战。在此背景下,囊括了主要发达国家和主要发展中国家的二十国集团机制应运而生,由此标志着发展中国家首次以平等姿态与发达国家共同参与全球治理,进而提升了发展中国家在国际事务中的话语权和影响力[1],并为新兴经济体参与国际经济决策提供了一个重要平台[2],因此,新兴经济体的理念、利益与需要无疑将对 21 世纪国际货币金融体系的构建产生重要影响。[3] 进而言之,二十国集团更具功能性优势,并在南北关系中架起了一座沟通的桥梁,同时将在很大程度上影响全球秩序的建构。[4] 二十国集团机制第一次将新兴国家纳入国际金融治理结构之中,并为新兴国家参与国际金融治理提供了一定程度的制度保障,因而是朝着全球性国际金融结构改革迈出的关键性一步。[5] 从这个意义上讲,二十国集团机制的诞生顺应了国际经济关系的新发展,反映了国际体系变迁、大国力量对比、国际政治经济关系新变化的现实[6],是世界格局发生重大变化的标志。[7] 作为新兴的国际对话机制,二十国集团机制将有利于全球性问题的解决以及世界和平的维护,有助于维护发展中国家的整体利益,有益于改革不合

---

[1]　杨鲁慧:《后金融危机时期国际政治格局的变革及趋向》,《当代世界与社会主义》2011 年第 2 期,第 110 页。

[2]　吴洪英:《全球化与 G20》,《现代国际关系》2009 年第 11 期,第 5 页。

[3]　Paola Subacchi, "Who Is in Control of the International Monetary System?" *International Affairs*, Vol. 86, No. 3, 2010, p. 668.

[4]　Andrew F. Cooper, "The G20 as an Improvised Crisis Committee and/or a Contested Steering Committee", *International Affairs*, Vol. 86, No. 3, 2010, pp. 743 – 744.

[5]　崔志楠、邢悦:《从"G7 时代"到"G20 时代"——国际金融治理机制的变迁》,《世界经济与政治》2011 年第 1 期,第 139—140 页。

[6]　袁鹏:《G20 的时代意义与现实启示》,《现代国际关系》2009 年第 11 期,第 17 页。

[7]　王湘穗:《世界格局多极化的雏形》,《现代国际关系》2009 年第 11 期,第 13 页。

理的国际经济秩序,促进南北关系的均衡协调发展。[1] 事实上,伴随着五次二十国集团峰会的相继举行,二十国集团在应对国际金融危机挑战、寻求国际经济合作等诸多领域均发挥了积极作用。在加强国际金融监管、改革国际货币基金组织和世界银行等国际金融机构、扩大发展中国家参与国际经济关系和国际经济决策进程等方面,以二十国集团为主要平台的有关谈判均取得了积极的阶段性成果。鉴于这些成果不同程度地体现了国际经济新秩序的原则理念与目标,二十国集团机制的问世及其谈判成果从根本上讲标志着国际经济新秩序的制度建设在新的国际背景下取得了新的阶段性进展。二十国集团的影响力主要体现在经济领域,国际经济的治理、改革与发展是二十国集团的核心功能领域[2],而且,二十国集团的机制化建设将是一个循序渐进的历程,需要有关国家,尤其是发展中国家和新兴经济体作出不懈的努力。因此,以包括二十国集团机制在内的改革方式寻求建立平等互利、合作共赢的国际经济新秩序,将仍然以阶段性进展作为基本特征。

---

① 钟龙彪:《浅析 20 国集团在全球治理中的角色嬗变》,第 12 页。
② 赵春珍:《二十国集团的作用与发展趋势评析》,《和平与发展》2010 年第 4 期,第 66 页。

后　记

　　2004年底，"985"工程哲学社会科学创新基地南京大学"经济全球化与国际关系研究"项目启动，我所提交的"国际经济新秩序：历史与现实"经论证后被列入该项目的课题研究序列。在掌握大量中英文资料，包括联合国档案资料的基础上，我开始了书稿撰写工作。经过8年忙碌，课题研究任务最终完成，谨此提请学界同仁指正。

　　在书稿付梓之际，我首先要感谢恩师朱瀛泉教授。师从朱老师11年，我能够时刻感受到先生宽以待人的宏阔胸怀和一丝不苟的治学风范，先生语重心长的切切叮咛和谆谆教诲，亦时时铭刻心中。在本书的写作过程中，我曾无数次就课题的框架设计、内容安排等问题向先生请教。不管是高屋建瓴式启发，还是细致入微的推敲，先生的观点都使我获益匪浅。面对2008年国际金融危机，国际社会要求改革国际经济制度规则的呼声此起彼伏，先生于是进一步鼓励我结合新的国际背景和改革趋势，做好国际经济新秩序及其阶段性进展的研究，将历史演进脉络与时代发展要求有机地整合起来。正是得益于恩师的悉心指导与热情鼓励，我才能够完成课题的研究和书稿的写作。每念及此，对恩师的感激之情难以言表！

　　南京大学-约翰斯·霍普金斯大学中美文化研究中心图书馆丰富的馆藏资源为本书的写作提供了极大的便利，从某种意义上讲，离开了中美中心图书馆的资料支撑，本书的写作就不会如此顺畅。因此，对于不厌其烦提供帮助的各位老师，我深表感谢！

　　最后，我还要感谢父母的养育之恩，感谢弟弟的鼎力支持，感谢妻子的体贴入微，我深深知道，在我身后，始终牵系着他们殷切期盼的目光。我更要感谢我的儿子舒坦和舒展，正是他们给了我生命的快乐与希望。

舒建中

2012年8月8日

参考文献

一、档案文件

UN, *Yearbook of the United Nations*, 1974, 1975, 1976, 1977, 1978, 1979, 1980, 1981, 1982, 1985, 1986, 1987, 1988, 1989, 1990, 1991, 1992, 1995, 1996, 1997, 1999, 2000, 2001, 2002, 2005.

二、英文著作与论文

（一）英文著作

Benn, Denis, *Multilateral Diplomacy and the Economics of Change: The Third World and the New International Economic Order*, Kingston: Lan Randle Publishers, 2003.

Feld, Werner J., *Multinational Corporations and U. N. Politics: The Quest for Codes of Conduct*, New York: Pergamon Press, 1980.

Friedheim, Robert L., *Negotiating the New Ocean Regime*, Columbia: University of South Carolina Press, 1993.

Laszlo, Ervin and Joel Kurtzman, eds., *The Unites States, Canada and the New International Economic Order*, New York: Pergamon Press, 1979.

Laszlo, Ervin and Joel Kurtzman, eds., *Western Europe and the New International Economic Order: Representative Samples of European Perspectives*, New York: Pergamon Press, 1980.

Laszlo, Ervin and Joel Kurtzman, eds., *Political and Institutional Issues of the New International Economic Order*, New York: Pergamon Press, 1981.

McIntyre, John R. and Daniel S. Papp, eds., *The Political Economy of International Technology Transfer*, New York: Quorum

Books, 1986.

Olson, Robert K. , *U. S. Foreign Policy and the New International Economic Order: Negotiating Global Problems*, 1974 – 1981, Boulder: Westview Press, 1981.

Rangarajan, L. N. , *Commodity Conflict: The Political Economy of International Commodity Negotiations*, Ithaca: Cornell University Press, 1978.

Reubens, Edwin P. , ed. , *The Challenge of the New International Economic Order*, Boulder: Westview Press, 1981.

Roberts, J. Timmons and Bradley C. Parks, *A Climate of Injustice: Global Inequality, North-South Politics, and Climate Policy*, Cambridge: The MIT Press, 2007.

Rothstein, Robert L. , *Global Bargaining: UNCTAD and the Quest for a New International Economic Order*, Princeton: Princeton University Press, 1979.

（二）英文论文

Behrman, Jack N. , "Transnational Corporations in the New International Economic Order", *Journal of International Business Studies*, Vol. 12, No. 1, 1981.

Cohen, Stephen D. , "Forgiving Poverty: The Political Economy of the International Debt Relief Negotiations", *International Affairs*, Vol. 58, No. 1, 1981 – 1982.

Cox, Robert W. , "Ideologies and the New International Economic Order: Reflections on Some Recent Literature", *International Organization*, Vol. 33, No. 2, 1979.

Doyle, Michael W. , "Stalemate in the North-South Debate: Strategies and the New International Economic Order", *World Politics*, Vol. 35, No. 3, 1983.

Ferguson, C. Clyde, Jr. , "The Politics of the New International Economic Order", *Proceedings of the Academy of Political Science*, Vol. 32, No. 4, 1977.

Friedheim, Robert L. and William J. Durch, "The International

Seabed Resources Agency Negotiations and the New International Economic Order", *International Organization*, Vol. 31, No. 2, 1977.

Grubb, Michael, "Seeking Fair Weather: Ethics and the International Debate on Climate Change", *International Affairs*, Vol. 71, No. 3, 1995.

Juda, Lawrence, "World Shipping, UNCTAD, and the New International Economic Order", *International Organization*, Vol. 35, No. 3, 1981.

Krasner, Stephen D. , "Transforming International Regimes: What the Third World Wants and Why", *International Studies Quarterly*, Vol. 25, No. 1, 1981.

McCormick, James M. , "The NIEO and the Distribution of American Assistance", *The Western Political Quarterly*, Vol. 37, No. 1, 1984.

Murphy, Craig N. , "What the Third World Wants: An Interpretation of the Development and Meaning of the New International Economic Order Ideology", *International Studies Quarterly*, Vol. 27, No. 1, 1983.

Payne, Richard J. and Jamal R. Nassar, "The New International Economic Order at Sea", *The Journal of Developing Areas*, Vol. 17, No. 1, 1982.

Rothstein, Robert L. , "Regime-Creation by a Coalition of the Weak: Lessons from the NIEO and the Integrated Program for Commodities", *International Studies Quarterly*, Vol. 28, No. 3, 1984.

三、中文著作与论文

（一）中文著作

陈立成、谷源洋、谈世中：《发展中国家的经济发展战略与国际经济新秩序》，北京：经济科学出版社 1987 年版。

舒建中：《多边贸易体系与美国霸权：关贸总协定制度研究》，南京：南京大学出版社 2009 年版。

杨松：《国际法与国际货币新秩序研究》，北京：北京大学出版社 2002 年版。

杨泽伟：《新国际经济秩序研究：政治与法律分析》，武汉：武汉大学出版社 1998 年版。

张雷声：《寻求独立、平等与发展：发展中国家社会经济发展理论研究》，北京：中国人民大学出版社 1998 年版。

朱瀛泉：《国际关系评论》（第 3 卷），南京：南京大学出版社 2003 年版。

（二）中文论文

陈迎：《国际环境制度的发展与改革》，《世界经济与政治》2004 年第 4 期。

舒建中：《关贸总协定的建立与美国对外政策》，《世界历史》1999 年第 2 期。

舒建中：《联合国贸发会议与国际经济新秩序》，《云南师范大学学报》（哲学社会科学版）2008 年第 1 期。

舒建中：《国际经济新秩序的理论争鸣：结构主义、功能主义和新功能主义》，《世界经济与政治论坛》2009 年第 2 期。

舒建中：《美国的战略性对外援助：一种现实主义的视角》，《外交评论》2009 年第 3 期。

舒建中、孙路：《金融危机、制度改革与国际经济新秩序》，《世界经济与政治论坛》2011 年第 6 期。

王书明、宋玉玲：《从"增长优先"到"发展文化"：联合国发展思想的演进历程》，《世界经济与政治》1999 年第 2 期。

索　引

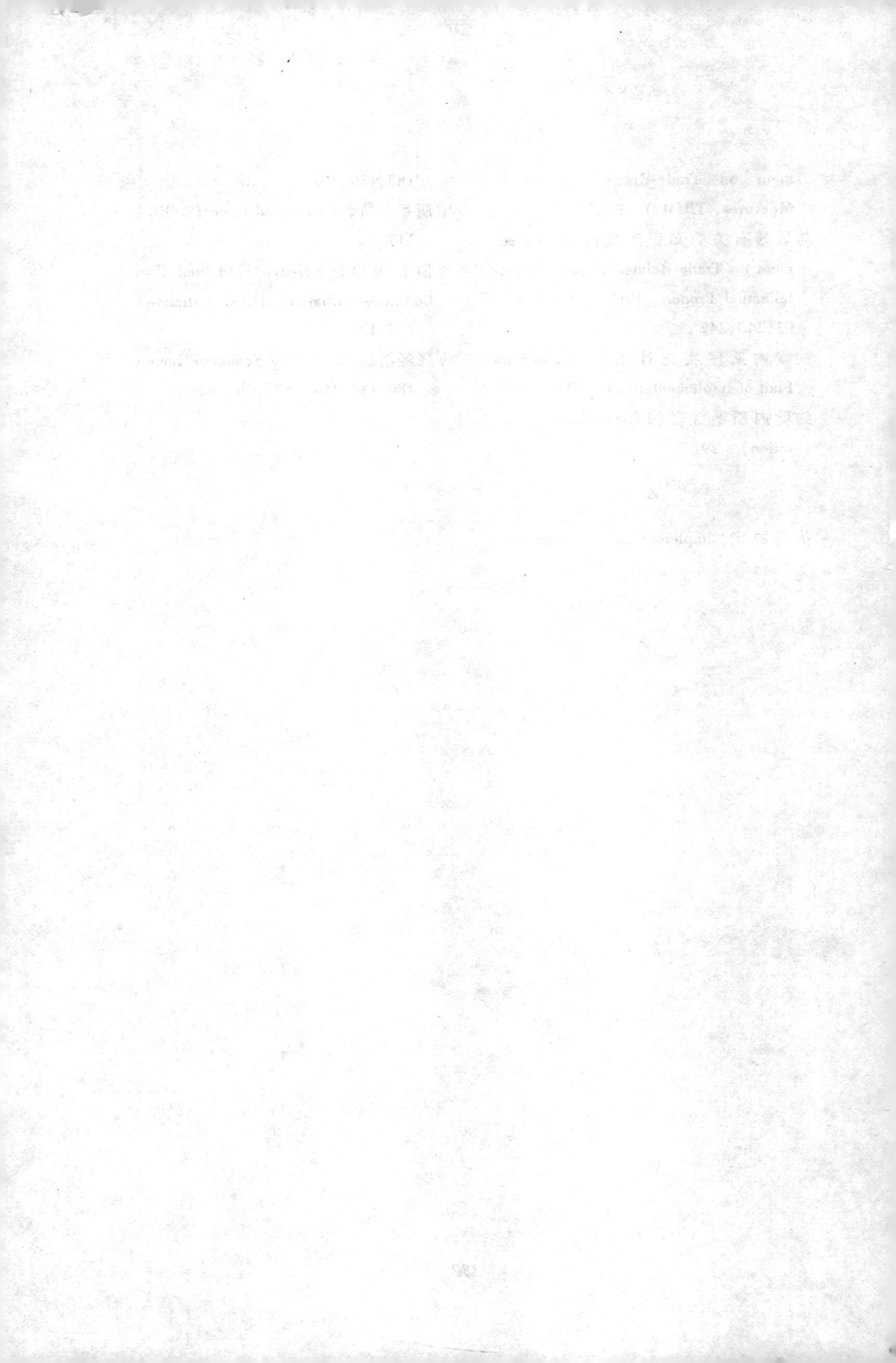